秦汉人物散论续集

孟祥才　著

山东大学出版社

图书在版编目(CIP)数据

秦汉人物散论：续集/孟祥才著．—济南：山东大学出版社，2019.12
ISBN 978-7-5607-6556-3

Ⅰ．①秦…　Ⅱ．①孟…　Ⅲ．①历史人物—人物研究—中国—秦汉时代　Ⅳ．①K820.32

中国版本图书馆 CIP 数据核字(2019)第 293206 号

责任编辑：张　瑞　郭凯迪
封面设计：牛　钧

出版发行：山东大学出版社
社　址　山东省济南市山大南路 20 号
邮　编　250100
电　话　市场部(0531)88363008
经　销：新华书店
印　刷：济南乾丰印刷有限公司
规　格：720 毫米×1000 毫米　1/16
22.75 印张　349 千字
版　次：2019 年 12 月第 1 版
印　次：2019 年 12 月第 1 次印刷
定　价：60.00 元

序

2005年,上海古籍出版社出版了我论述秦汉人物的论文集《秦汉人物散论》,该书收录了我此前发表的39篇文章(有些是从我的专著《秦始皇帝大传》《汉高帝大传》《王莽传》《汉光武帝大传》中摘出的)。此后的十多年,我又陆续发表了一批论述秦汉人物事功和思想的文章,这次将其集结成《秦汉人物散论续集》出版,算是对我退休后研究秦汉史部分成绩的检视。

从1960年进入大学历史系读书至今,已近一个甲子。除去"文化大革命"十年岁月,半个多世纪中,我都是在读书、教学和研究中度过的。我读书的面较广,古今中外、文史哲经等方面的书都有所涉猎。读书伴随着思考,想到一些题目我就写成文章,以便将自己的感悟较为清晰地表述出来。如此一来,文章内容所涉及的时间跨度就显得长了一些:从传说中"三皇五帝"的远古时代一直到中华人民共和国成立以后,我都找到一些题目写了文章。这样的结果就是,我的研究成果显得杂芜,既不集中又不深入。待发现这一毛病乃学者之大忌时,我已经活过了古稀之年,想改正已经没有多少空间了。"吾学病爱博,是用浅且芜……百凡可效我,此二无我如",梁启超当年的慨叹,我虽然在而立之年就知道了,但没有警醒,因为梁启超的"浅且芜"也是我望尘莫及的。有机会在史学领域遨游一番,自己那点不入流的聪明才智,能感悟到一星半点的历史之谜就很幸运了。我从来就没有一个关于一生事业的顶层设计,因而随波逐流,也随遇而安,想到哪里就做到哪里,缺乏一个完整的计划安排。后学者应该从我身上吸取教训。

不过,在涉及的研究领域中,我用功较多、成果也较多的还是秦汉史。而在秦汉史领域,我关注较多的是这一时期的人物与思想。这次收录的

32篇文章，涉及秦始皇帝、赵高、李斯、胡亥、子婴、王翦、项羽、刘邦、韩信、张良、黄石公、贾谊、董仲舒、桑弘羊、王莽、刘秀、桓谭、严遵、班彪、董宣、张俭、王符、徐干、黄宪、曹丕、汉献帝以及其他有关联的人物，主要探索他们不同的命运与个人思想性格，特别是与时代的复杂关系，期望从中悟出一点人生哲理。“时来天地皆发力，运去英雄不自由”，说的是任何人都不能超越时代的局限，但这并不意味着人在时代提供的天地里没有丝毫自由。其实，每个人从出生那天起，就进入一个或大或小的可以发挥主观能动性的空间。在这个有限的空间中，个人依然可以大展拳脚，创造精彩纷呈的人生之旅。其中的关键是，如何巧借时代之力，加倍努力，抓住机遇，顺势而为。从一定意义上讲，历史上的成功者和失败者都是时代的产物，也是个人修为的结果。时代不能选择，个人修为却可以选择。我的结论是，不要埋怨时代不公，而要以自己的努力应对时代的挑战。这就是我研究历史人物事功和思想得到的一点体悟。

八十老翁，于复何求？但愿老天还能借我十年、二十年光阴，让我再读些书，继续思考一些问题，再写一些文章，再出几部自己满意的书。

作　者

二〇一九年十月

目　录

秦始皇帝嬴政

一　生平事迹

(一)王位自天而降

公元前259年正月，秦始皇帝嬴政(前259～前210年)出生于赵国的首都邯郸，这一年是周赧王五十六年、秦昭襄王四十八年，历史已经进入战国时代(前475～前221年)的晚期。嬴政的父亲是秦昭襄王的孙子、被封为安国君的异人，此时正在邯郸做人质。嬴政的母亲是一个美貌绝伦的年轻女人，曾是艳名流闻遐迩的邯郸歌伎，后被阳翟大贾吕不韦收为爱姬，再后又被吕不韦作为礼物送给异人做了夫人。正因为她的这样一段离奇的经历，所以造成了至今仍然聚讼纷纭的嬴政生父之谜。同出于司马迁之手的《史记·秦始皇本纪》记载他是异人的儿子，而《史记·吕不韦列传》则又记载他是吕不韦的儿子。笔者经过考证认定嬴政的生父只能是异人，证据有二：一是嬴政的母亲是在委身异人12个月后生的他；二是异人生前决定嬴政为太子，说明他对嬴政作为自己的血胤是坚信不疑的，否则他完全可以从确凿无疑的其他儿子中确立自己的王位继承人。

嬴政的父亲异人是后来继位为秦孝王的嬴柱的儿子，在孝王的20多个儿子中，他既不是嫡长子，母亲也不受宠幸，因而继承王位的可能性微乎其微。可是由于吕不韦将他认定为可居的“奇货”，通过吕不韦金钱加智谋的巧妙运作，他居然于公元前250年在短命的孝王继位三日即崩逝后顺理成章地登上王位，他就是庄襄王。不过，这位庄襄王是同乃父一样的短命君王，他在王位上仅待了四个年头就寿终正寝，从而使嬴政在13岁的时候接过了战国七雄中最显赫的秦国的王位。

嬴政诞生于战国时代的烽火岁月，大概从记事时起，他就目睹了数不清的刀光剑影，似懂非懂地经历了无数宫廷内外的明争暗斗。他过早地接触到政治斗争以及与之相伴的残酷无情，也过早地泯灭了童心，失掉了爱心，日日耳濡目染的是武力与权力的为所欲为。这一切，对于塑造嬴政的性格无疑起了重要的作用，也深深地影响了他的帝王生涯和一系列的重大决策。

公元前247年五月，当13岁的嬴政在群臣山呼万岁的鼓乐声中登上咸阳宫中那金碧辉煌的龙座时，他面临的是对秦国最有利的政治军事形势。秦国自商鞅变法以来，150多年间，六代君王一直都在改革中奋斗，在奋斗中改革，使秦国由僻处西陲一隅的小国，逐渐跃升为战国七雄中经济最发达、军力最强大的封建大国。六世余烈，即将结出诱人的统一的硕果。不管嬴政意识到与否，他都将摘取这枚硕大的即将成熟的果实。历史为他安排的，是一系列严峻的挑战和一连串胜利的机遇。迎着五月的关中平原吹来的热风，一代历史巨人在渭水之滨的宫廷里，开始了他轰轰烈烈的前无古人的政治生涯。

(二)诛除嫪毐、吕不韦集团

嬴政即位的时候，秦国的军国大权还掌握在他的“仲父”、相国吕不韦手里。此时的秦国，“已并巴、蜀、汉中，越宛有郢，置南郡矣；北收上郡以东，有河东、太原、上党郡；东至荥阳，灭二周，置三川郡”[①]，形成了对东方六国有利的进攻态势。吕不韦利用这样的有利形势，持续不断地发动对东方六国的战争并连续取得胜利。至秦王政九年（前238年），秦国北以河东、上党两郡从西北方向威逼韩、赵、魏，中以三川、南郡隔断楚与三晋的联系，建立起东向进兵的走廊，同时北胁三晋，南威荆楚。而以濮阳（今属河南）为中心的东郡的建立，不啻在齐、楚、韩、赵、魏五国间打进一只强有力的楔子，使秦国直接与齐国接壤，便于对齐国施加外交与军事压力。东郡的建立以及为此而进行的一系列征战，是秦国取得的具有战略意义的胜利，同时也显示了吕不

---

① 《史记·秦始皇本纪》，中华书局1959年版。

韦非凡的眼光。

然而，一言九鼎、权倾朝野的吕不韦因功高震主而引起嬴政的警觉。秦王政九年（前238年），嫪毐事发。原来嫪毐是吕不韦以宦官名义给嬴政的生母安排的情人，是吕不韦为自己安排的脱身之计。谁知这位嫪毐在与嬴政的生母生了两个孩子、获得长信侯的封爵和太原郡的封地后，仍不知餍足，竟然发动叛乱，要从嬴政手上夺取秦国的美好江山。嬴政发觉后，毅然指挥平叛，经过咸阳街头的一场血战，嫪毐及其党羽彻底失败，数以千计的人被诛杀和流放。嫪毐案牵出了幕后的吕不韦及其见不得天日的密谋，嬴政于是果断免去他的相国之职，令其至河南的封地“闭门思过”。然而，由于吕不韦不思韬晦之计，毅然肆意张扬，结果再次受到嬴政的严厉谴责并勒令流放蜀地。吕不韦明白自己随时有被诛杀的危险，只得“饮鸩而死”。清除嫪毐和吕不韦集团，是嬴政登基以来的第一个杰作，充分显示了他当机立断的果敢和坚毅。从此，他消除了秦国统治集团内部妨碍他专权行政的势力，把秦国的军国大权完全集中在自己手上，毫无顾忌、不受掣肘地贯彻自己的意志，将秦国的统一大业迅速向前推进。

嫪毐和吕不韦案受牵连的主要是一大批来自六国的“客卿”，由此引起秦人对非秦国人才忠诚度的怀疑。秦国的宗室贵族借机向嬴政进谏，要求驱逐一切在秦国政府服务的“客卿”。因嫪毐和吕不韦案而处于盛怒中的嬴政于是下达了著名的《逐客令》，要求所有“客卿”立即离开秦国。这显然是一个未经深思熟虑的决策。曾任秦国长史的楚国人李斯在束装就道前夕，向嬴政呈送了雄辩滔滔的《谏逐客书》。在该文中，一方面，李斯申述开放的用人政策是秦国的传统，而众多的外国客卿为秦国的发展和强盛贡献了自己的智慧和谋略。何况，历代秦王尽情享用的珍宝、名马、音乐、美女，也大都非秦国所出。另一方面，他进一步指出，对于今天的秦国，只有实行更加开放的人才政策，以海纳百川的胸怀吸引各国贤才，才能集合众力，完成统一大业。李斯这篇情意绵绵、说理透辟的上书，使嬴政豁然开朗。他立即下令取消逐客令，派人将已经东行至骊邑（今陕西临潼境）的李斯追了回来，使这一错误决策很快停止，从而为秦国保留了一大批政治和军事人才，为即将开始的大规模统一战争和统一后的各项事业的建立与发展创造了人才方面的条件。这一事件表明，此时的嬴政有着较为清醒的头脑和从善如流的品格，正处于他生命史上朝气勃勃的时代。不过，他接着做的一件事却展示了他作为专制帝王偏听偏信、视人命如草芥的秉性，这就是著名思想家韩非的死于非命。秦王政十三年(前 234 年)，正在谋划加强对东方六国进军力度的嬴政，在阅读韩非的著作《孤愤》《五蠹》等文章时，发现了他日夜苦苦寻找的指导思想和它的创造者，为得到韩非，他立即下令出兵伐韩，硬是逼使韩国乖乖交出了韩非。然而，入秦的韩非不久即被他的同窗李斯和另一位嬴政的近臣姚贾合谋害死，他们联合向嬴政进谗言，诬陷韩非建议秦国全力图赵的战略是为了“弱秦存韩”，由此激怒嬴政，下令将韩非投入监狱。当嬴政明白韩非的冤屈下令赦免他时，韩非已经喝下李斯提供的毒药一命呜呼了。嬴政可能对韩非死于非命追悔莫及，日后，他以遵循法家理论建国和施政作为对韩非愧疚的补偿。

(三)“六王毕，四海一”

从秦王政十七年(前 230 年)至二十六年(前 221 年)，嬴政接受著名政治家李斯和著名军事家尉缭的建议，政治和军事手段双管齐下，间谍和重兵轮番上阵，向东方六国展开了日益凌厉的攻势。公元前 230 年，嬴政先拿六国中实力最弱的韩国开刀，派首都的行政长官内史腾率秦军围攻韩国最后的国都郑(今河南新郑)。由于此时的韩国已经局促于郑周围很小的一块地方，国蹙民贫，军队更是不堪一击，因而只经过一点象征性的战斗，韩王安便举起了降幡，低眉顺眼地做了秦军的俘虏。韩国的故地也就成了秦国的三川郡。

秦军灭掉韩国后，立即兵分两路，马不停蹄地向赵国进军。公元前 229 年底，王翦率领的上地兵越太原郡向东进击，很快攻克井陉(今河北石家庄西)，打开了从北部进入赵国的门户。杨端和统帅的河内兵从南部攻入赵国境内，兵锋直指首都邯郸。与此同时，秦国的间谍买通了赵王的宠臣郭开，使之解除了赵国最富谋略的两位将军李牧和司马尚的指挥权。结果是，仅仅经过三个月的战斗，王翦率领的秦军即顺利攻克邯郸，赵王迁做了秦军的俘虏。他的哥哥虽然逃至代(今河北蔚县)自立为代王，依靠燕国的庇护苟延残喘到秦王政二十五年(前 222 年)，那也不过是无望的最后挣扎而已。

秦王政十九年(前 228 年)，王翦统率的秦军灭赵后，迅速转兵北上，屯大军于中山(今河北定县),对燕国摆出咄咄逼人之势。虽然燕王喜的儿子太子丹策划了荆轲刺秦王的一幕悲壮之剧,但结果不仅没有挽救燕国的灭亡,而是加速了秦军进兵的步伐。嬴政下令增加攻燕的兵力,由王翦统一指挥,先在易水之西击垮了燕国和代王嘉的联军,第二年十月即攻克燕都蓟城(今北京市),燕王喜和太子丹率残兵败将退保辽东。其间由于燕王喜将儿子丹的头颅献给秦王,加上秦军转移主攻方向,使燕王喜在辽东延一夕之命至秦王政二十五年(前 222 年)。

秦王政二十一年(前 226 年),嬴政命王贲率军伐楚,连取十余城,隔断了楚、魏之间的联系。接着王贲转兵北上,迅速包围魏都大梁(今河南开封)。面对魏国军民的顽强抵抗,王贲引水灌城,三个月后,城墙塌陷,秦军冲进城内,逼使魏王假出宫投降,为立国 178 年的魏国画上了句号。

嬴政灭楚的战争稍有波折。秦王政二十二年(前 225 年),他先是否定老将王翦伐楚须出兵六十万的意见,命李信和蒙恬率军二十万攻楚,由于李信轻敌冒进,结果被楚军打败,损失七都尉。嬴政亲自登门求王翦挂帅出征,倾全国六十万大军交他全权指挥。王翦在前线采取以逸待劳的策略,于秦王政二十四年(前 223 年)平定了楚军的抵抗,俘虏了楚王负刍,又乘胜南征百越,使秦的领土从长江流域向珠江流域伸展。

秦王政二十五年(前 222 年),秦军在灭掉韩、赵、魏、燕、楚五国之后,乘胜前进,将攻击的矛头指向齐国。第二年,王贲、李信率领的大军在灭燕后迅速转兵南下,与已经屯兵历下(今山东济南)的秦军合力猛攻齐军。由于此时齐国内部投降派占了主导地位,临淄几乎成为不设防的城市,秦军兵不血刃拿下了齐国的首都。接着,秦国诱降了逃出临淄的齐王建,使这个历史悠久的东方大国最后归入秦的版图。

至此,“六王毕,四海一”,嬴政谋划和指挥的统一战争高奏凯歌,此前三千年即迈进文明之门的中国,第一次实现了真正意义的统一。在整个统一六国的战争中,秦王嬴政正值三四十岁的盛年,正是精力旺盛、思想成熟的岁月。十年之中,他犹如一位高明的乐队指挥,娴熟地指挥了一场完成统一大业的交响乐,其对节奏的控制、音准的把握、声部的协调都恰到好处。当最后的休止符停在齐长城的巍巍箭楼之上时,这曲天籁之乐就永远定格于中国宏伟的历史画卷。

(四)加强集权和巩固统一的各项措施

完成全国统一的嬴政,为了加强专制主义中央集权的政治体制和巩固幅员辽阔的国家的统一,建立和完善了一整套制度,制定了一系列政策措施。

他首创皇帝制度,决定取"三皇"的皇字和"五帝"的帝字,将自己的名号定为皇帝。依"五德之运",以秦为水德,十月为岁首,衣服旄旌节旗皆尚黑。皇帝独称"朕",文告称"诏""制""命""令",臣民称皇帝为"陛下",皇帝之母曰皇太后,妻曰皇后,子曰太子、皇子,女曰公主,也规定了与之相应的外戚、宦官和各种礼仪制度,目的是为了维护皇权独尊和皇位世袭。

在行政体制方面,秦始皇损益原秦国和六国的制度,在中央设立以丞相为中心的官制,围绕丞相设立御史大夫和奉常(后改称"太常")、郎中令、卫尉、太仆、廷尉、典客、宗正、治粟内史、少府等所谓"九卿",分职管理全国的行政、司法、军事、财政等各项事务。在地方设立郡、县两级政府,并在那里分别设立与中央政府对应的各种机构,贯彻皇帝和中央政府的各种指令,实施对所属地方的行政、司法、军事、财政的有效管理。为了规范全国的土地制度,秦始皇于三十一年(前 216 年)下令"使黔首自实田"①,以法律的形式确定了土地的个人私有制,也就是封建地主土地占有制。这些制度,在中国以后两千多年封建社会的历史上基本延续下来。

秦始皇为了巩固和加强对统一大帝国的统治,还制定了一系列政策措施。如统一全国的第二年,即下令修筑联通全国的道路网,在不同地区修建了驰道、直道、五尺道、新道,

同时,他还规定了道路与车轨的同一宽度,"车同轨""舆六尺",这些措施大大改善了全国的交通条件,不仅促进了全国各地区间、民族间的经济文化交流,而且加速了各地区、各民族对于统一国家的认同,对巩固国家的统一和各民族的团结具有不可估量的积极意义。为了与经济政治文化的统一相适应,秦始皇下令实施"书同文"和"行同伦",规定以李斯创造的小篆作为全国通行的字体,这一统一文字的举措,对中国历史和文化的发展产生了极

① 《史记·秦始皇本纪》《集解》引徐广曰。

其重大而深远的影响。中国地域广袤，各地方言千差万别，给不同地域不同人群的交往增加了困难，但因为全国文字是统一的，书面语言的一致给上令下达、下情上通提供了便利。更为重要的是，统一的文字沟通了共同的民族心理、价值观念和伦理亲情，从而增强了民族凝聚力和民族认同感，对祖国长久的统一起了功德无量的作用。统一之后，秦始皇比较重视"齐一风俗"，加强封建的文明建设。他四处巡行，刻石纪功，宣扬良风美俗，以求达到"行同伦"的效果。如《泰山刻石》中说："贵贱分明，男女礼顺，慎遵职事。昭隔内外，靡不清静，施于后嗣。"《琅琊台刻石》中也说："尊卑贵贱，不逾次行。奸邪不容，皆务贞良。细大尽力，莫敢怠荒。远迩辟隐，专务肃庄。端直敦忠，事业有常。"[①]秦始皇关注世风民俗，并通过各种措施促使其向良风美俗转化，是值得肯定的。其他统一的措施还有统一货币和度量衡，实施堕城、销兵与"迁豪""徙民"等，所有这些政策措施在一定程度上改变了诸侯割据时期"田畴异亩，车途异轨，律令异法，衣冠异制，言语异声，文字异形"[②]的状况，为巩固国家统一、促进经济文化的发展发挥了积极作用。

在统一全国之后，为了巩固和加强汉民族为主的中央政权，秦始皇还强化了对边疆地区的防卫和开发，这就是北伐匈奴筑长城，南平百越开灵渠。始皇三十二年(前 215 年)，他第四次出巡，先至碣石，然后由东向西，巡察了与匈奴接壤的辽西、右北平、渔阳、上谷、代郡、雁门、云中诸郡，最后自上郡返回咸阳。此次出巡，秦始皇目睹了边陲地区因匈奴侵扰形成的严峻形势，下定了伐匈奴、筑长城的决心。第二年，他即令蒙恬率军三十万北伐匈奴，"略取河南地"。经过两年的搏战，将匈奴势力赶至榆中(今内蒙古陕西交界处)以北，并沿阴山之南、黄河沿岸地区设置了 44 个县，同时筑城于河岸，作为防御匈奴的要塞。接着，他又令蒙恬渡河攻取高阙(今内蒙古潮格旗东南)、阴山、北假中(今黄河河套以北地区)，同时徙罪人充实新设的县。第二年，又征发罪人，修筑长城。为了便于运送兵员和军事物资，在始皇三十五年(前 212 年)修筑了从咸阳经云阳(今陕西淳化北)直达九原(今内蒙古包头西)的直道。从公元前 213 年至公元前 210 年四年之中，蒙恬督率数以十

① 《史记・秦始皇本纪》。

② 《说文解字・序》，中华书局 2004 年版。

万计的士卒、百姓和罪人，在原秦、赵、燕旧长城的基础上，修筑了“因边山险堑溪谷可缮者治之，起临洮至辽东万余里”[1]的长城。秦长城西起临洮（今甘肃岷县），迤逦北上，经今甘肃渭阳，折而西北，至今甘肃永靖后，再折而东行，在今兰州以东转向东北，在甘肃静远直下东南，画了一个弧线后，东北向穿越六盘山，经今之宁夏的固原、环县、陕西的吴旗继续向东北延伸，至陕西横山后，向北画了一个半圆，经榆林仍向东北延伸，直达今之内蒙古准格尔旗附近。黄河以北的长城有两条：一条西起今之内蒙古的乌兰布和沙漠边缘，向东延伸，穿越阳山，直达今之内蒙古的固阳东北；一条西起今之内蒙古的乌拉特前旗，向东在阴山、黄河间穿行，经今包头、土默特左旗为呼和浩特市辖旗呼和浩特，到达今河北的张家口后，再转而向东北方向延伸，经崇礼、围场后，直达今辽宁的赤峰，由此向东延伸，经阜新北，到达今辽宁的新民，之后沿辽水向东北延伸，在今之辽宁的铁岭附近越辽水向东，再折而南下，经今之抚顺、本溪以东，于宽甸西越马管水（今鸭绿江）进入今之朝鲜，在平壤以西终止于大海边。秦长城蜿蜒曲折，历经今之甘肃、宁夏、陕西、内蒙古、河北、辽宁等省、自治区至朝鲜，全长一万多里。它跨草原，穿沙漠，越大河，蜿蜒于崇山峻岭之巅，充分利用地形地物，或土沙、土石混筑，或石砌，并在险峻处建筑城堡，设立关卡，建立起完整宏伟的防御性国防工程，对防御匈奴南侵、保障中原地区百姓的生产生活发挥了积极作用。长城展示了两千多年前中国人民的智慧，显示了中国军事工程学达到的先进水平。

在今之浙江、福建、广东、广西及越南，从原始社会起即生活着众多的越族部落，统称“百越”。它们尽管很早就与中原王朝发生了经济文化的联系，但直到战国时期仍然各自为政。除一小部分一度进入楚国版图外，基本上仍各自为政。秦朝统一六国时，其行政管辖权仅仅到达会稽、九江、长沙、黔中诸郡，其他广大地区都在百越君长的控制之下。秦始皇决心以武力将百越纳入大秦帝国的版图。为了做好进军的准备，他下令修筑了自咸阳经南阳、南郡、长沙直抵岭南的驰道。始皇二十八年（前 218 年），他命秦尉赵佗与屠睢率楼船之士五十万，分五路对百越发动了大规模的进攻。尽管遭到百越人的顽强抵抗，秦军还是完成了对百越之地的占领，并在那里设立闽

① 《史记・匈奴传》。

中、南海、桂林、象等郡，实现了对岭南广大地区的行政管辖。在此过程中，秦始皇令监察御史禄主持开凿了灵渠，第一次将长江和珠江水系联结起来。同时又向岭南大规模移民，加速岭南与中原地区的经济文化交流，使岭南的开发跃上一个新台阶。

秦始皇完善和加强了专制主义中央集权的各项制度建设。他为巩固国家统一实施的各项政策举措，尽管以劳动人民的巨大牺牲为代价，但奠定了日后中国疆域的基础，促进了中国多民族国家的经济文化的发展。作为这些活动的设计者和主持人，秦始皇建立了不可磨灭的历史功勋。

（五）“二世而亡”的罪人

然而，秦始皇建立的空前强大的秦王朝并没有像他想象的那样一世、二世永远地存在下去，而是仅仅存活了15个年头即被“奋起挥黄钺”的秦末农民起义军所推翻。真是“成也勃焉，亡也忽焉”。如果说，秦的统一六国主要是秦始皇的运筹帷幄之功，那么秦朝的“二世而亡”秦始皇也难辞其咎。最根本的原因是，他在统一全国以后的和平年代继续实行战争时期的政策，断绝了百姓的“生之乐趣”。

秦始皇实行“以法为教”“以吏为师”的思想文化专制主义政策，倡导“罢黜百家，独尊法术”。他不知道，法家思想虽然在夺取政权、进行统一战争的年代能够显示立竿见影的效果，但在和平年代，它迷信武力、卑视道德的理念和政策却会激化阶级矛盾和社会矛盾。而儒家的“民本”理论、轻徭薄赋政策、君仁臣忠父慈子孝的道德说教，恰恰是缓和阶级矛盾和社会矛盾的美意良策。可是，秦始皇在统一六国后，不仅没有重视思想文化的整合，也没有吸纳儒家思想充实自己的执政理念，反而以“焚书坑儒”的野蛮举措将广大知识分子驱赶到敌对阵营，丧失了转变政策的最佳时机。

秦朝建立后，非但没有给经历多年战争煎熬的百姓提供喘息之机，反而变本加厉地将更加沉重的赋役压在他们身上。汉朝人这样描述秦朝百姓被压榨的程度：

> 至于始皇，遂并天下，内兴功作，外攘夷狄，收泰半之赋，发闾左之戍。男子力耕不足粮饷，女子纺绩不足衣服；竭天下之资财以奉其政，

犹未足以澹其欲也。[1]

秦朝加给百姓的负担主要有：一是土地税泰半之赋，即将土地收获粮食的一半或三分之二作为赋税上缴，此外，每顷还要缴刍（牲畜饲料）三石、稿（用作燃料的柴草）二石。二是口赋，即人头税，所谓"舍地而税人""头会箕敛，输于少府"[2]，这是比土地税更加沉重的负担。两项相加，使百姓的负担空前加重，"田租、口赋，盐田之利，二十倍于古"[3]。三是兵役和徭役。从公元前221年秦朝建立至公元前206年灭亡的十五年间，几乎无日不在征发兵役和徭役，其中伐匈奴、修长城用兵三十万人，戍岭南五十万人，建阿房宫、修骊山墓七十万人，加上其他地方服役的人数，总数不下两百万人。秦朝人口大约两千万，除去妇女、儿童和60岁以上的老人，壮年男子几乎被征发净尽，劳动人民正常的生产和生活已经难乎为继了。

为了维持对广大百姓的赋役盘剥，秦朝以"轻罪重罚""繁密苛酷"的《秦律》逼使他们就范并惩罚他们的所谓违法行为。据湖北云梦睡虎地出土的简牍，秦朝的律名已达29项，包括刑法、民法、刑事诉讼法等主要律种，其核心内容是维护封建的政治制度和财产关系。秦律的严酷既体现在"什伍连坐"，更体现在惩办罪犯的苛虐酷烈。如云梦秦简就记载了四种死刑：戮——先施以人格侮辱，然后杀掉；弃市——以刀刃刑人于市；磔——凌迟处死于市；定杀——将麻风病患者犯人抛入水中淹死。见于史籍的其他死刑还有族、夷三族、枭首、车裂、腰斩、体解、囊扑、剖腹、蒺藜、凿颠、抽胁、镬烹等，肉刑有墨（面上刺字）、劓（割鼻子）、刖（断足）、宫（破坏生殖器官）等，另外还有各种罚劳役的徒刑。由于秦朝的法律"繁于秋荼，而网密于凝脂"[4]，以致百姓防不胜防，"摇手触禁"，造成"赭衣塞路，囹圄成市"[5]的悲惨景象。

秦始皇统治下的秦帝国，赋役沉重，刑罚酷烈，劳动人民在流血中痛苦地呻吟，他们再也无法照旧生活下去了。当秦始皇在臣子们洋洋盈耳的颂

---

① 《汉书·食货志》，中华书局1962年版。
② 《汉书·张耳陈余传》。
③ 《汉书·食货志》。
④ 《盐铁论·刑德》，《诸子集成》，上海书店1986年影印版。
⑤ 《汉书·刑法志》。

歌声中即将走完他生命的全部历程时，他怎么也不会想到，由他制造的反抗怒火即将爆出冲天的烈焰！

（六）命丧沙丘

秦始皇三十七年（前 210 年）七月，嬴政在出巡途中病死于巨鹿（今属河北）沙丘平台。由于他的不可挽回的重大失误，他亲手创立的秦王朝在他寿终正寝后的第四个年头被农民起义的烈焰烧塌了。

除了思想文化专制、“焚书坑儒”，特别是对百姓无以复加的盘剥外，秦始皇最大的失误是没有确立皇位继承人和将两个背德阴毒的臣子赵高与李斯放在了关键的岗位上，从而大大加速了秦朝灭亡的步伐。

秦始皇的长子扶苏是他众多儿子中最有可能转变秦朝政策的人物，可是扶苏对他的政策稍示异议，即被他赶出咸阳，远赴长城一线做蒙恬的监军。而他最中意的、留在身边的小儿子胡亥却是他所有儿子中品质最恶劣、才具最拙劣的一个。就是这个胡亥，在秦始皇尸骨未寒的时候，被中车府令赵高和丞相李斯拖入政变阴谋，名不正言不顺地窃取了皇位，当上了二世皇帝。在赵高、李斯的教唆下，他不仅没有抓住转变秦始皇政策的最佳机会，而且变本加厉地将这个政策贯彻了下去。他继续加紧劳民伤财的驰道、直道、五尺道的修筑，继续进行招徕天怒人怨的阿房宫、骊山墓的修建。在埋葬秦始皇时，竟然残忍地将后宫无子的嫔妃全部殉葬，将了解地宫内情的工匠全部杀死。他继续推行严刑峻法，把更沉重的赋役加在百姓头上：“税民深者为明吏”，“杀人众者为忠臣”，“赋敛愈重，戍徭无已”①。“百姓之随逮肆刑，挽辂首路死者，一旦不知千万之数。”②“刑者半道，死者日积。……百姓不胜其求，黔首不胜其刑，海内同忧而俱不聊生。”③他继续肆无忌惮地“纵耳目之欲，穷侈靡之变，不顾百姓之饥寒穷匮”④。为了使自己能够独享秦始皇留下的社稷江山这份巨大的遗产，他对功臣宿将和宗室贵族肆意杀戮；甚至在沙丘回京的路上，他就与赵高一起设计害死了在百姓中颇有威望的公子

---

① 《史记·李斯列传》。

② 《淮南子·兵略训》，《诸子集成》，上海书店 1986 年影印版。

③ 《盐铁论·诏圣》，《诸子集成》。

④ 《淮南子·兵略训》，《诸子集成》。

扶苏。回到咸阳后，他又杀死了为建立秦王朝立下不朽功勋的蒙恬、蒙毅兄弟，还将自己的兄弟姐妹处以极刑。对秦始皇的旧臣，凡忠贞敢谏者，轻者遭遣，重者处死；而阿谀逢迎之徒，却得到提拔重用。然而，这个只知凶横残暴、奢靡享乐的智商极其低下的二世皇帝却在秦始皇魂归地狱的那一刻起，就堕入了赵高设计的陷阱，被赵高玩弄于股掌之上而不自知。而秦始皇最信任的两个臣子，紧随身后的中车府令赵高是一个只知玩弄权术、谋取个人私利和摒弃一切道德的阴险狡诈的巨奸大憝。是他首先提出政变的奸谋并成为政变的总导演，也是他最后将胡亥送上断头台。作为百官之首丞相的李斯是一个视个人富贵利禄为生命的利欲熏心的势利小人。是他在关键时刻屈从于赵高的淫威参与了政变阴谋，又是他教唆胡亥行"督责之术"和"肆享乐之志"，使秦始皇虐民害物的罪恶政策在二世时期进一步恶性发展。赵高、李斯与胡亥于秦始皇死后在极短的时间内迅速将秦朝的健康势力摧残净尽，同时将一切恶势力麇集于自己的周围。一个无论多么强大的王朝一旦落入这样一伙凶悍残暴、颟顸愚蠢的无耻之徒手里，其命运也只能是迅速走向死亡。

二世元年(前 209 年)七月，秦始皇死后仅一年，陈胜、吴广领导的中国历史上第一次农民大起义就在泗水郡蕲县的大泽乡(今安徽宿州)发出了震天的怒吼。很快，反抗的烈火迅速燃遍关东的每个角落，"伐无道，诛暴秦"的呼声响彻神州大地。由于秦朝统治集团已经分崩离析，昔日强大的秦军也在战场上一败涂地。二世四年(前 206 年)十月，秦王子婴在咸阳以南五十里的轵道旁向刘邦率领的起义军投降。一个空前强大统一、赫赫扬扬、阅尽人间春色的秦王朝，仅仅存在了 15 个年头，就被一班卑贱的下层民众彻底扫灭。强大和弱小，高贵和卑微，一夜之间，寒暑易节。这是躺在巍巍骊山陵墓地宫的秦始皇万万没有想到的，然而，这个结局，在很大程度上却是由他造成的。

秦始皇既是一代气势恢宏、雄才大略的英主，又是一代凶残恣睢、愚顽奢靡的暴君。他的统一六国、建立专制主义中央集权行政体制和实行的一系列巩固统一的政治经济措施，极大地促进了中华多民族国家的发展，影响了此后两千多年中国社会发展的进程，他建树的历史功勋是不可磨灭的。同时，他又以专制主义的思想文化政策，"焚书坑儒"的恶行，使用民力巨大而急促的赋役盘剥将广大劳动人民逼上死亡之路，从而以铁的事实铸就了自己暴君的形象。作为一个功过不相掩、功过皆鲜明、集英主与暴君于一身的历史人物，他的一生，典型地诠释了拿破仑的一句名言：从伟大到可笑只差一步。

二 军事谋略

(一)高瞻远瞩的战略构想

秦始皇首先是一个伟大的政治家，其次才是一个高明的军事家。作为军事家的秦始皇，他最突出的优长是以政治家的宏图远略谋划统一六国的战争，从而成为一个高瞻远瞩的战略家。

秦国统一六国的战略是逐步形成的，到秦始皇手里臻于完善。这个战略的核心是以强大的武装力量为基础，用战争手段完成统一大业。秦始皇的几代祖先都是从列国之间的血腥搏战中度过的，他们明白，到战国时期，中国历史走向统一的大势虽然已经形成，“百家争鸣”中的诸子百家也都开出了达成统一的不同药方，但只有法家倡导的武力统一方针指示了最现实、最可靠的成功路径。儒家的仁爱道义统一、墨家的和平仁道统一，都不过是好听好看而于事实无补的“迂阔而远于事情”的迂腐之论。为此，秦始皇的先辈从商鞅变法起，就紧紧抓住奖励“耕战”的政策不放，千方百计地招徕人口，创造良好的生产生活条件，使秦国的土地得到快速的开垦，农业生产获得长足的发展，从而积累了大量的粮食和财物，奠定了统一六国的雄厚经济基础。与此同时，又建立军功爵位制度，使勇敢杀敌的将士获得相应的富贵利禄，从而使秦国建立起一支庞大的能征惯战的劲旅。秦始皇亲政后，继续其先辈奖励“耕战”的政策，兴修水利，施惠于民，即使发现郑国是韩国派来行“弱秦之计”的奸细，也没有对他进行惩罚，而是利用他作为水利工程师的专长，顺利完成郑国渠的开凿，进一步扩大了农田受益面积，使关中成为名副其实的粮仓。所以司马迁说：“关中之地，于天下三分之一，而人众不过什三;然量其富,什居其六。"[1]到秦始皇对六国大规模用兵的公元前230年,秦国的经济实力已经超过了六国。他还继续完善和推行军功爵位制度,重用名将王翦,王贲父子,蒙恬、蒙毅兄弟以及李信、杨端和、桓齮等人,训练和组织了大量远较六国之军勇猛强悍的士卒,造就了战胜攻取所向披靡的威武之师,保证了对六国征伐的成功。

以雄厚的经济力量和强大的军事力量为后盾,从秦始皇的先辈到秦始皇,始终坚持武力统一的既定方针,为达此目的,始终坚持以"连横"破坏"合纵",成功运用远交近攻、由近及远、由易及难、稳步推进、各个击破的战略。当时,六国联合抗秦是对秦的统一事业造成的最大障碍,而秦国破解这种"合纵"的战略就是"连横"。"连横"与"合纵"的斗争到秦昭王时期达到白热化程度,秦国用张仪的"连横"之策,运用种种纵横捭阖的手段破坏六国不断组织的联合抗秦行动。经过几番较量,到嬴政继位时,"连横"对"合纵"的斗争已经取得了决定性的胜利。秦王政六年(前241年),楚、赵、魏、韩、卫五国最后一次"合纵"攻秦,嬴政运用"连横"之策,成功离间齐、燕两国,使之拒绝加盟,大大减弱了"合纵"的力量。当五国勉强拼凑的联军兵临函谷关时,已是疲惫不堪,所以待秦军冲出关城时,他们稍一接战即四散溃逃。此后直到齐国灭亡,东方六国再也无法组织起一次联合抗秦的军事行动。面对日益强大、咄咄逼人的秦军,六国只能采取妥协退让、以求自保、苟延残喘的保守策略。由此,秦始皇在对六国的战争中就完全掌握了战略主动权:打谁?什么时候打,什么地方打?打到什么程度?都由秦国决定,六国只能被动地应付秦国的进攻,胜负之势也就只能由秦国左右了。

掌握了战略主动权的秦始皇,自公元前230年开始有计划地推进由近及远、由易及难、稳步推进、各个击破的战略方针。此时,不仅秦国的综合国力已经远远超过六国,而且与秦接壤的韩、赵、魏、楚等国的不少领土也已经变成了秦国的郡县。然而,秦始皇并没有因为秦军具有的对六国之军的压倒优势而放弃昭王时期范雎建议的"远交而近攻"[2]的战略方针。公元前230年,他指令内史腾率军灭掉距秦国最近且实力最弱的韩国。第二年,

① 《史记·货殖列传》。

② 《战国策·秦策三》,上海古籍出版社1985年版。

派出由王翦、杨端和分别统帅的两路大军从南北两个方向进攻赵国，很快攻克邯郸。赵国灭亡后，赵公子嘉出逃至代，自立为代王。因为其力量已经无足轻重，所以秦军没有跟踪追击，而是全力谋划进攻燕国的军事行动，令王翦一军陈兵赵国故地，对燕国摆开进攻的架势。正在此时，也就是公元前227年，发生了荆轲谋刺秦王的事件，秦始皇立即放弃逼降燕国的初衷，命令王翦迅速督军北上，向燕军发起猛烈攻击。第二年冬天攻克燕都蓟城。燕王率残兵败卒逃奔辽东，因为他们已经丧失了还手之力，秦军暂停追击，转而全力筹划进军楚国的战争。由于中间发生了与王翦关于出兵人数的争议，秦始皇改派李信和蒙恬率军二十万向楚国进发。公元前225年，秦始皇又命王贲统兵伐魏。王贲包围魏都大梁，施以水攻，三个月后大梁城破，魏国灭亡。同年，李信和蒙恬攻楚受挫，秦始皇起用王翦为秦军统帅，指挥六十万大军全力攻楚。第三年，平定楚国全境的抵抗。公元前222年，秦始皇命王贲率一军扫荡燕、赵的残余势力。王贲从燕境出发，很快攻占辽东，消灭了燕王喜及其残部。接着回军攻代，俘虏代王嘉。这时，东方六国只剩下一个齐国孤处海滨。第二年，秦始皇命王贲率平燕之师迅速南下，以迅雷不及掩耳之势消灭齐历下军以后，更以雷霆万钧之力攻克齐都临淄，为秦国的统一大业画上了最后一个句号。

秦始皇以十年之功比较顺利地实现了预想的战略目标，完成了统一全国的千秋大业，这说明他们君臣的战略构想是符合实际的。十年之间，秦国虽然有力量两线甚至三线作战，但秦始皇始终坚持由近及远、由易及难、稳步推进、各个击破的既定战略方针，同一时间只保持一个主攻方向。只是在最后平楚的时候，同时派一支偏师进攻大梁。这样一来，就使秦军每战都能集中优势兵力，确保最后的胜利。其间唯一一次挫折发生在攻楚之战。由于此时秦军已经顺利地攻取了韩、赵、燕三国，魏国也灭亡在即，秦始皇产生了轻敌思想，轻信了李信的承诺，没有投入绝对优势的兵力，结果遭受重大挫折。事实使他很快醒悟，转而依王翦之意而行，倾全国六十万大军交王翦全权统帅，最后一举成功。秦始皇坚持一个时间保持一个主攻方向，不仅有着集中优势兵力的好处，而且避免了六国实施“合纵”之策。因为此时的六国都在秦军的威慑面前各求自保，对邻国的灭亡采取袖手旁观的态度，使秦国能够从容不迫、有条不紊地实施各个击破的战略。从秦军几乎每战必胜的后果看，秦始皇君臣的总体战略构想是十分高明的。

统一全国以后，秦始皇并没有陶醉于这空前的成功中，而是将目光很快转向了遥远的北方和南方。因为北方生活着一个不断给中原制造麻烦的匈奴，南方还有不服王化的百越。他命令蒙恬率三十万精锐之师北伐匈奴，将他们赶出富庶的河套地区，在那里设置郡县，移民实边，并建起绵延万里的长城，沿线筑堡设障，驻军戍守，构筑起阻止匈奴南下的坚固屏障。他派赵佗与屠睢率楼船之士五十万，分五路南下，击百越，凿灵渠，将长江和珠江流域的广袤大地置于秦帝国的版图。这又是一个大手笔的战略谋划，成为影响中华民族未来发展的千秋大业。

（二）伐谋与用间的交互运作

在总的战略思想指导下，伐谋与用间的交互运作是秦始皇及其臣僚切实有效的扫灭六国的策略。其基本要点是：以军事打击为主，兼及政治外交手段；武力与间谍相配合，威胁与利诱同时或交互使用，为达目的不择手段。战国时期，各诸侯国之间的搏战达到你死我活的程度，各国为保护发展自己和削弱战胜敌人，在充分运用武力于战场的同时，无不重视政治外交手段的运用，其中包括广泛使用间谍打入敌国内部窃取情报和离间其君臣，行反间计除去其得力将帅。“连横”与“合纵”的博弈就是当时几乎涉及所有国家的斗争。其时，说客交织于道路，人质交换于国都，各种纵横捭阖的密谋策划于各国的宫廷。为了破六国的“合纵”之策，秦始皇的祖宗们将“连横”的策略运用得出神入化。今天联甲打乙，明天联甲打丙，后天又联乙、丙打甲，再后天又联甲、乙、丙打丁，所有这些活动都是围绕着秦国的利益旋转，朝三暮四，翻云覆雨，在列国间树立了一个反复无常的“虎狼之国”的形象。在历史上，秦国是使用反间计最多且最成功的国家。例如，远在秦始皇的曾祖昭襄王时代，秦国就成功地使用反间计，使赵王以夸夸其谈兵书而实际无勇少谋的赵括代替老谋深算的老将廉颇统帅长平前线的赵国军队，致使其改变廉颇令秦军束手无策的“坚壁清野”战略，从而大败赵军，坑降卒四十万，取得了战国历史上最大的一次军事胜利。庄襄王三年（前 247 年），秦始皇的父亲庄襄王令蒙骜率军伐魏，夺取高都、汲等地。魏王于是请客居赵国的魏公子信陵君回国，任其为上将军，组织了战国历史上最大的一次“合纵”行动，统帅五国之师抗秦，大败秦军于河外，追奔至函谷关。庄襄王君臣深知信陵君的厉害，必欲去之而后快，于是又行反间计，将这位蜚声列国的公子推向自行毁灭之路：

> 秦王患之，乃行金万斤于魏，求晋鄙客，令毁公子于魏王曰："公子亡在外十年矣，今为魏将，诸侯将皆属，诸侯徒闻魏公子，不闻魏王。公子亦欲因此时定南面而王，诸侯畏公子之威，方欲共立之。"秦数使反间，伪贺公子得立为魏王未也。魏王日闻其毁，不能不信，后果使人代公子将。公子自知再以毁废，乃谢病不朝，与宾客为长夜饮，饮醇酒，多近妇女。日夜为乐饮者四岁，竟病酒而卒。①

秦始皇继位以后，开始了更大规模的扫灭六国的战争。在施以强大武力进攻的同时，更加娴熟地运用间谍手段，不惜以重金收买各国重臣为内应，或离间其君臣关系，诛除妨碍秦军取胜的文臣武将；或劝诱国君放弃抵抗，不战而降。为秦始皇献此计谋的有两人。一个是魏人尉缭，此人是当时的著名兵家，著有《尉缭子》一书传世。他建议秦王出重金收买六国重臣做秦国的间谍，既提供情报，又搅乱敌国的决策。另一个是楚人李斯，他向秦王建议："阴遣谋士赍持金玉以游说诸侯。诸侯名士可下以财者，厚遗结之；不肯者，利剑刺之。离其君臣之计……乃使其良将随其后。"②秦始皇君臣在派出大军向敌国推进的同时，又派出大批情报人员，携带大量金银珍宝，秘密潜入六国的都城，一面窃取情报，一面巧施离间之计，使敌国的君臣将帅之间矛盾重重，互相猜疑，离心离德，难以团结对敌，甚至自毁长城，冤杀智谋兼备的将帅。这自然有力地配合了军事进攻，加快了统一的步伐。最成功的例子，一是收买赵王宠臣郭开，让其进谗言杀害了赵国大将李牧，为秦军扫除了进军赵国的最大障碍，使秦军在不到三个月的时间内即轻而易举地攻取了邯郸。二是收买齐相后胜，要他力劝齐王对秦国采取妥协的方针，实际上等于解除了齐国军民的武装。结果是在秦军的突袭下不战而失历下和临淄，最后只得选择了投降之路，使齐国这个一度十分强大的东方大国如热汤沃雪般在很短时间内走向灭亡。

---

① 《史记·魏公子列传》。

② 《史记·李斯列传》。

显然，秦始皇扫灭六国的胜利，除了强大军事力量的猛烈进攻外，政治外交手段的成功运用，间谍无孔不入地紧密配合，无疑起到相得益彰的作用。

（三）机动灵活的战术

秦始皇谋划讨平六国的战争，除了有一个高瞻远瞩的战略构想的总体设计之外，在具体战役的指导上也有许多过人之处，特别是战术使用的机动灵活，不时显出匠心独运的功夫。其中，乘敌不意，攻其不备，根据不同敌情采取不同战法的战术原则被一再使用并收到立竿见影的效果。比如，公元前 230 年的韩国，经过秦军一连串的打击，已经十分虚弱不堪，地不当一郡，民少国贫，根本无力对抗秦军的重击，只要派一支不大的军事力量就可以使之就范。在秦始皇看来，灭韩之役不过是牛刀小试。所以他只派内史腾率军前往。此人军事才能平平，历史记载他领兵打仗，这是唯一的一次。派他领兵攻韩，与其让他指挥战争，不如说让他去从事行政管理。结果是未经重大战斗，韩国就变成了秦国的郡县了。赵国不仅军力强大，而且在历史上也曾与秦军进行过多次殊死较量，还有巍巍太行山足可凭恃。所以秦始皇对灭赵之役非常重视。他一边派出最有威望的军事统帅王翦率久经战阵的劲旅担任主攻，一边派出另一名将杨端和率偏师为助攻，对赵国构成两面夹击之势，同时又收买赵王宠臣郭开做奸细，离间赵王与名将李牧的关系并将其除掉。王翦飞兵奇袭井陉，一举夺得这一要隘，使秦军顺利进围邯郸，从而较快取得了灭赵的胜利。燕国虽然军力不强，但因其策划的荆轲刺秦王之谋失败，预料秦军必来惩罚，因而尽全力做好了应战准备。秦始皇知道，灭燕之役必有一场硬仗，于是即令刚取得灭赵之战胜利的王翦转兵北上，在燕、赵交界的易水之西打了一场大仗，一举消灭了燕军的有生力量，接着直捣燕都，再没有经过什么大仗就占领了燕国全境。魏国灭亡前的情况有点类似韩国，所以秦始皇在筹划灭魏之役时也决定不动用大的军力，只派王贲率一支不大的军事力量进围大梁。王贲根据大梁的地形特点，不用枪刀剑戟的拼杀，只命士卒决河灌城，历时三月，水攻奏效，大梁城头无可奈何地竖起了降幡。灭六国之役，最惨烈的战斗发生在楚国。楚国地域辽阔，人多兵众，回旋余地较大，所以伐楚之役必须使用具有压倒优势的兵力。由于开始秦始皇轻信李信的错误估计，决策失误，致使二十万秦军在楚地受挫。后请王翦再次出山任秦军统帅，倾全国六十万大军征楚。王翦根据楚军因刚刚战胜秦军士气正旺的特点，以坚壁不战堕其锐气，待其疲怠之后督秦军勇猛拼杀，终于大获全胜。韩、赵、魏、燕、楚灭亡后，只剩下一个笼罩着失败情绪的齐国。由于投降派的丞相后胜左右了齐王，齐国没有做任何抵抗的准备，国都临淄几乎成了不设防的城市。根据这种情况，秦始皇指令采取长途奔袭的战术，王贲指挥平燕的劲旅千里回师，一举克历下，再举下临淄，落荒而逃的齐王只剩下投降一途。

看来。秦始皇和他的文臣武将不仅善于宏伟战略的顶层设计，而且也善于运用机动灵活的各种战术。二者的完美结合，谱写了他们豪情万丈的统一中国的凯歌。

(四)将将——对将帅的信任和驾驭

秦始皇是一代气吞万里、雄才大略的君王，他对战争的指导主要体现在确定总体战略和任用将帅在战场上实现这个战略构想。这其中最重要的一环是用人。纵观秦始皇的用将之道，可以看出他的识人之明的才智和信人之诚、用人之专的驾驭将帅的原则，显示了一个创业帝王宏伟的气度和胸襟。

由于识人之明，秦始皇的麾下，集合了当时中国最优秀的一批军事统帅。其中有著名军事理论家尉缭，独当一面的王翦、王贲父子，蒙骜、蒙恬、蒙毅父子兄弟，青年将军李信以及王龁、麃公、杨端和、桓齮、章邯、杨翁子、屠睢、杨熊、赵贲、董翳、司马欣等。对这些人，秦始皇了解他们各自的优长和不足，做到了用其所长而避其短，人尽其才，才尽其用。如王翦是一个历经战阵、老谋深算的宿将，秦始皇就用他指挥攻赵伐楚的大仗、硬仗、恶仗。蒙恬勇谋兼备，具有很强的组织、协调和管理能力，秦始皇就用他指挥北伐匈奴、监修长城和防守北疆国防前线的重任。李信少年气盛、勇猛顽强，秦始皇就用他担当突击先锋，等等。由于秦始皇的知人善任，这些将领都能各自发挥自己最大的潜能，创造了辉煌的功业。

在秦始皇全部军事生涯中，对将领的信之诚和用之专是一个突出的特点。一旦一次战役的目标和前线指挥系统确定，他就放手让指挥该战役的主官发挥自己的主观能动性，从不遥制。这一方面显示出他对将领的信之诚和用之专，另一方面也显示出他对当时战争实际的洞悉。统一六国的战争都是在远离咸阳数百里甚至数千里的地方进行，当时的通信条件使他根本无法了解和掌握战场上瞬息万变的军情，如果遥制，轻则束缚前线将领的手脚，贻误战机，重则由于自己的愚蠢指令损兵折将，造成无可挽回的失败。正由于秦始皇的高明和开明，他麾下的将领们都能独当一面，从容不迫，当机立断，最大限度地发挥了临场指挥的优长，因而取得了一个又一个的胜利。

秦始皇在处理与将领的关系上同样高明而大度。他不仅充分肯定将领的功劳，而且能够承担决策失误的责任而不委过于下级。一旦发现自己错了，他能够迅速纠正错误，挽回损失。这突出表现在灭楚之役的谋划。秦王政二十一年（前 226 年），秦已灭韩、赵，燕国只剩下退保辽东的残余势力，虚弱不堪的魏国危在旦夕。秦始皇于是将下一个攻取目标锁定在了楚国。他先派王贲率军向楚国发起试探性的进攻，夺取十余城。这大概给他留下了楚国比较容易解决的印象。他随即命令王贲转兵攻魏，决定将平楚的任务交给李信或王翦。他先问李信："吾欲攻取荆，于将军度用几何人而足？"李信回答："不过用二十万人。"他再问王翦，王翦回答："非六十万人不可。"秦始皇对李信的回答十分赞赏，而对王翦的回答很不满意，说："王将军老矣，何怯也！李将军果势壮勇，其言是也。"他赞赏李信不是没有来由的。这位李信"年少壮勇，尝以兵数千逐燕太子丹至于衍水中，卒破得丹，始皇以为贤勇"[①]。再说，他们二人年龄相近，风华正茂，正是豪气冲天的时候。在秦始皇看来，既然二十万军队可以攻下楚国，何必用六十万大军劳师糜饷呢！秦王政二十二年（前 225 年），秦始皇派李信和蒙恬率二十万兵马出征伐楚。李信攻平舆（今河南平舆北），蒙恬攻寝（今安徽临泉），均取得重大胜利。李信又转兵攻取焉郢（今河南淮阳一带），与蒙恬在城父（今安徽亳州）会师。秦军虽然在楚国几次进击得手，但并没有消灭楚军的有生力量。楚军主力紧随李信一军之后，三天三夜不宿营，于是抓住机会，大破李信军。紧接着，攻破秦军两座营垒，斩杀七都尉，秦军大败而逃。消息传到咸阳，秦始皇意

---

① 《史记·王翦列传》。

识到李信少不更事，轻敌冒进，铸成大错，同时也佩服王翦的先见之明。此时王翦一气之下回了老家频阳（今陕西富平北）。秦始皇于是登门谢罪，恭请王翦出山统兵："寡人以不用将军计，李信果辱秦军。今闻荆兵日进而西，将军虽病，独忍弃寡人乎！"[①]王翦一开始加以拒绝，后看到秦王态度诚恳，又答应出兵六十万，遂受命统兵出征。王翦率六十万大军浩浩荡荡离开咸阳，秦始皇亲自为之送行至灞上。"王翦行，请美田宅园池甚众。始皇曰：'将军行矣，何忧贫乎？'王翦曰：'为大王将，有功终不得封侯，故及大王之向臣，臣亦及时以请园池为子孙业耳。'"[②]王翦大军出函谷关后，他还五次派出使者回咸阳向秦始皇请求良田美宅。别人对他的做法不理解，王翦说，秦王现在倾全国之军交我统帅，我这样做是让他知道我只想做富家翁，没有异志，就不会怀疑我，不会对我掣肘，这样我就可以放手用兵了。这里显示了王翦的老谋深算，但他的担心是多余的。秦始皇对所有的将领都是信任的。王翦赶到前线，接替李信全权指挥平楚的军事行动。他对付楚军的策略是，坚壁不出，养精蓄锐，待楚军麻痹而丧失警惕时突然出击，结果一举战胜楚军，经过一年余的战斗，彻底平定楚人的抵抗，到秦王政二十四年（前 223 年），楚国全境都插上了秦军的旗帜。

秦始皇与王翦的这场矛盾冲突最后以皆大欢喜的喜剧收场。这时的秦始皇，还没有后来的刚愎自用，他知错速改，诚恳向王翦认错并答应了他出山的全部条件，很快扭转了李信造成的被动局面。在这次事件中，他也没有惩办李信，而是继续重用，让他参加了消灭燕国残余势力的战斗，并且与王贲一起指挥了最后灭亡齐国的军事行动。这一方面可能因为他是李信失败行动的决策者，是第一责任人；另一方面，他对李信的宽容只能激起李信和其他将领的感激之情和更加忠勇的努力。秦始皇的驭将之术取得了良好的预期效果，正是这些忠勇睿智的将领们亲冒矢石，指挥着数十万秦军通过一次又一次的搏战，协助秦始皇将他的战略构想变成了现实。

秦始皇首先是一个政治家，其次才是一个军事家，更确切地说，他的定位应该是一个战略家。他的优长有三：一是构思宏伟战略计划的能力；二是

① 《史记·王翦列传》。

② 《史记·王翦列传》。

运筹帷幄、决胜千里的韬略；三是识人驭将的智慧。他究竟读没读过兵书？读了哪些兵书？历史上没有留下任何记载。不过，从他读《孤愤》《五蠹》等韩非著作的情况看，他绝对不是不学无术、只知享乐的昏庸之辈。而他的身边又有尉缭这样的军事理论家。根据情势推断，他很可能读过当时已经在社会上广为流传的兵书，如《六韬》《孙子》《吴子》《司马法》《孙膑兵法》《尉缭子》等。他的军事才干，一方面是他卓越政治智慧的延伸，另一方面也可能是他通过熟读兵书获得的知识的积累，再加上他过人的聪明才智，遇着祖宗六世遗烈造成的高屋建瓴的统一之势，从而将他造就成为七国君主中首屈一指的战略家。

（原载《中国古代著名军事家评传》，齐鲁书社 2013 年版）

赵　高

——巨奸大憝与心理学大师的合一

秦王朝首先是一个横空出世的伟大王朝,以致2200多年后的中国依然强烈感受到它无处不在的影响。秦王朝又是一个短命的王朝,从统一中国到落下帷幕仅仅经历了15个年头。在历史的长河中,它犹如一颗璀璨耀眼的彗星,在发出了光耀环宇的光芒后很快地变成了历史的记忆。秦王朝二世而亡的原因很多,最根本的是它在历史已经进入和平时期后依然狂热地执行战争时期的政策,使广大百姓完全丧失了"生之乐趣",他们也就以义无反顾的造反狂潮将这个王朝彻底埋葬。就秦朝本身而言,造成它灭亡的主要人物有两个:一个是它的创建者秦始皇,因为他是这个王朝所有政策的第一责任人。此人之外,还有一人,也就是秦始皇无比信任和倚重的赵高。秦始皇的政策使秦朝的灭亡具备了必然性,而使这个必然性变成现实的则是赵高的推波助澜。

一

赵高一方面是一个在秦朝无人可比的巨奸大憝,一方面是一个绝顶聪明的心理学大师。正是因为他参透了秦始皇、扶苏、胡亥和李斯等人的心中奥秘,才能得到秦始皇的信赖,才能牵着胡亥和李斯的鼻子,在将他们送入坟墓的同时也将秦王朝送到天尽头。

赵高的祖先原是战国时期赵国的宗室贵族,不过到他祖、父之时,与赵王的血统关系已经相当疏远了,只是"诸赵疏远属"。他们这一支可能在他祖父一辈流落到了秦国。赵高的父亲因为触犯《秦律》被处以宫刑,留在宫中服役。其母“被刑戮，世世卑贱”，在宫中做奴婢，大概与别人“野合”生了他们兄弟。尽管他们都随父姓赵，但血统已经说不清了。按照秦国的法律，赵高兄弟也被处以宫刑，留在宫中做宦官。如果赵高只是个浑浑噩噩的洒扫庭除的厮役，秦朝在秦始皇死后可能就不会有“沙丘政变”的阴谋，历史就会是另一番面貌。可是，偏偏赵高聪明过人，才能卓异，并且特别善于窥伺别人的心理活动，投其所好，因而得到了秦始皇父子的赏识和重用。因为秦朝是一个“以法为教”“以吏为师”的国度，赵高就特别重视《秦律》的学习和研究，“通于狱法”。因为他在秦始皇身边服务，每天经手大量的文件，所以他既重视文化知识的学习，又刻意学习书法。他写的《爰历篇》和李斯写的《仓颉篇》以及胡母敬写的《博学篇》成为政府规定的学童识字的课本。显然，赵高身上所展现的这两大优势，正是吸引秦始皇的眼球所在。再加上赵高工于心计，狡黠奸猾，处处讨得秦始皇的欢心，他就被秦始皇任命为中车府令。这个官职虽然秩级不高，与丞相、御史大夫不可同日而语，但却极其重要，他如同皇帝的贴身秘书，而且掌管着符玺。不用说赵高在这个职位上周到而恰到好出的服务赢得了秦始皇的绝对信任，而秦始皇的一举一动也逃不出赵高的眼睛。赵高看到秦始皇特别喜爱小儿子胡亥，经常将他带在身边，就利用职务之便接近胡亥，并应秦始皇之命向胡亥传授法律知识。如此一来，赵高就得到了秦始皇父子两代的信任。正因为如此，当赵高犯下死罪并被审判官蒙毅判处死刑之后能够获得秦始皇的赦免，并且官复原职。正是因为赵高摸透了秦始皇父子两代的脾性，不断投其所好，使他们将赵高认作忠贞不贰且才能卓越的奴才；赵高才能在秦始皇父子那里不断步步高升，最后登上丞相的宝座，也才能在秦始皇死后为所欲为，加速了秦王朝灭亡的步伐。郭沫若在一篇文章中认定赵高的所作所为是为被秦朝灭亡了的赵国报仇，他是作为一枚烂透了的铁钉使其他好铁生锈，从而自觉地加速了秦王朝的腐朽。这一结论虽然是推断出来的，并无直接的史料支撑，并且以赵高如此卑劣的人格也不可能有什么故国之思，但是，赵高在秦王朝灭亡过程中的实际作用和郭沫若想象力丰富的推断还是相吻合的。秦始皇父子怎么也不会想到，他们如此信任的奴才竟成了自己和数十代祖先不懈奋斗创立的大秦王朝的掘墓人。然而，这只能怪他们自己，因为正是他们自己为赵高这样的巨奸大憝的窃据要津提供了适宜的环境和土壤。更可悲的是，秦始皇至死也没有识破赵高的奸佞嘴脸。而当胡亥明白赵高是天子第一号的奸佞之辈时，他只能乖乖地选择赵高为他设定的结束生命的方式了。

二

赵高作为秦朝第一流的心理学大师的高超水准，主要体现在诱使胡亥和李斯入其彀中的精心设计和有条不紊、从容不迫的运作上。

秦始皇死前，留下了一个要扶苏回咸阳主持葬礼的遗诏，赵高故意留中不发。从这时开始，他的政变阴谋就拉开了帷幕。待秦始皇"龙御上宾"，他即刻启动诱迫胡亥的活动，启发他说："上崩，无诏封王诸子而独赐长子书。长子至，即立为皇帝，而子无尺寸之地，为之奈何？"胡亥没有听出赵高话中的"微言大义"，只是无可奈何地回应："固也。吾闻之，明君知臣，明父知子。父捐命，不封诸子，何可言者！"赵高见胡亥智商太低，不能参透他的深意，于是干脆挑明："不然。方今天下之权，存亡在子与高及丞相耳，愿子图之。且夫臣人与见臣于人，制人与见制于人，岂可同日道哉！"话说得如此明白，胡亥却不愿认同，因为他还不愿冲破封建道德的堤防："废兄而立弟，是不义也；不奉父诏而畏死，是不孝也；能薄而材谫，强因人之功，是不能也；三者逆德，天下不服，身殆倾危，社稷不血食。"[①]赵高窥透胡亥的心理，认为诱使他参与政变阴谋的关键是破除他的道德防线。他于是列举历史上那些弑君杀父的事例，开导说：

> 臣闻汤、武杀其主，天下称义焉，不为不忠。卫君杀其父，而卫国载其德，孔子著之，不为不孝。夫大行不小谨，盛德不辞让，乡曲各有宜而百官不同功。故顾小而忘大，后必有害；狐疑犹豫，后必有悔。断而敢行，鬼神避之，后有成功。愿子遂之！[②]

在唯权是视、唯利是图的氛围中成长起来并亲炙赵高尔虞我诈教诲的胡亥，其心中的道德防线本来就不堪一击。面对赵高露骨的以丑恶为美德的说教，胡亥很快上钩，唯一感到为难的是时机不合适，所以还期期艾艾地提出

① 《史记·李斯列传》。
② 《史记·李斯列传》。

疑义："今大行未发，丧礼未终，岂宜以此事干丞相哉！"赵高看到胡亥虽然已经搞定，但他还在时机问题上犹豫逡巡，于是进一步坚定其信心："时乎时乎，间不及谋！赢粮跃马，唯恐后时！"由于窥破了胡亥的心理，赵高没费多少口舌，胡亥就同意参与他策划的政变阴谋。

赵高知道，征得胡亥的首肯，成功已经过半。而成功的另一半在于将丞相李斯拉入阴谋圈中，使之成为政变的同谋。他对胡亥说："不与丞相谋，恐事不能成，臣请为子与丞相谋之。"这里赵高的思考是周密的，李斯作为百官之首的丞相，具有号令内外臣公的威望和权力。在老皇帝已逝，新皇帝尚未登基的特殊历史时期，他的一言一行，举足轻重。所以赵高一定要拉他入伙。否则，政变阴谋能否成功，就要打一个很大的问号。不过，赵高知道，使李斯入彀不会如说服胡亥那么容易，所以他决定由浅入深，根据李斯的心理变化，一步步引导他进入预设的轨道。他找到李斯，先不明言其阴谋，而是有倾向性地试探："上崩，赐长子书，与丧会咸阳而立为嗣。书未行，今上崩，未有知者也。所赐长子书及符玺皆在胡亥所，定太子在君侯与高之口耳。事将何如？"李斯被赵高一番完全出乎意料的话惊得目瞪口呆，只能义正词严地回应说："安得亡国之言！此非人臣所当议也！"赵高面对李斯似乎坚拒的态度并不生气，而是不急不躁地将他引导到对自己权位和富贵利禄的思考："君侯自料能孰与蒙恬？功高孰与蒙恬？谋远不失孰与蒙恬？无怨于天下孰与蒙恬？长子旧而信之孰与蒙恬？"赵高的话句句击中李斯的软肋，李斯知道以这五项与蒙恬相较，他处于明显的劣势。于是问："此五者皆不及蒙恬，而君责之何深也？"赵高见李斯已经进入他设定的思考之域，于是进一步以利害撞击他的心灵：

> 高固内官之厮役也，幸得以刀笔之文进入秦宫，管事二十余年，未尝见秦免罢丞相功臣有封及二世者也，卒皆以诛亡。皇帝二十余子，皆君之所知。长子刚毅而武勇，信人而奋士，即位必用蒙恬为丞相，君侯终不怀通侯之印归于乡里，明矣。高受诏教习胡亥，使学以法事数年矣，未尝见过失。慈仁笃厚，轻财重士，辩于心而诎于口，尽礼敬士，秦之诸子未有及此者，可以为嗣。君计而定之。[①]

---

① 《史记·李斯列传》。

赵高故意大讲胡亥的“仁君”品质，实际上赵高和李斯都明白，在秦始皇的二十多个儿子中，胡亥是最不具备人君素质的一个人。赵高如此赞扬胡亥，不过是示意李斯：胡亥是一个我们可以任意玩于股掌之上的傀儡。然而，此时的李斯面对秦始皇的遗诏，还是不为赵高所动：“君其反位！斯奉主之诏，听天之命，何虑之可定也？”赵高于是进一步挑明：“安可危也，危可安也。安危不定，何以贵圣？”这也未能说服李斯，因为他还不愿意冲破“臣事君以忠”的道德底线：

斯，上蔡闾巷布衣也，上幸擢为丞相，封为通侯，子孙皆至尊位重禄者，故将以存亡安危属臣也。岂可负哉！夫忠臣不避死而庶几，孝子不勤劳而见危，人臣各守职而已矣。君其勿复言，将令斯得罪。[①]

赵高针对李斯的道德考量，进而规劝他抛弃道德良心，“就变而从时”，归附能继续给他以荣华富贵的胡亥：

盖闻圣人迁徙无常，就变而从时，见末而知本，观指而睹归。物固有之，安得常法哉！方今天下之权命悬于胡亥，高能得志焉。且夫从外制中谓之惑，从下制上谓之贼。故秋霜降者草花落，水摇动者万物作，此必然之效也。君何见之晚？[②]

尽管赵高说得天花乱坠，李斯心里仍然疑虑重重，因为征诸历史，改易太子、兄弟争位、王室操戈，都会危及社稷：

吾闻晋易太子，三世不安；齐桓兄弟争位，身死为戮；纣杀亲戚，不听谏者，国为丘墟，遂危社稷；三者逆天，宗庙不血食。斯其犹人哉，安足为谋！[③]

赵高见李斯提出诸多难题，迟迟不肯入彀，知道他的心理负担很重，但对政变阴谋也没有表示坚决反对。于是他径直点出，从与不从，关系你的身家性命，何去何从，由你自己从速抉择：

上下合同，可以长久；中外若一，事无表里。君听臣之计，即长有封侯，世世称孤，必有乔松之寿，孔、墨之智。今释此而不从，祸及子孙，足

---

① 《史记·李斯列传》。
② 《史记·李斯列传》。
③ 《史记·李斯列传》。

以为寒心。善者因祸为福,君何处焉?[①]

赵高的这一着显然击中了李斯的软肋。因为作为法家的代表人物,个人和家族的利益才是李斯的最后一道防线。面对赵高的威胁利诱,软硬兼施,李斯的道德防线和心理防线一齐崩溃。他"仰天而叹,垂泪太息""嗟乎!独遭乱世,既以不能死,安托命哉",完全屈从于赵高,参与了背叛秦始皇的"沙丘政变"。李斯迈出这一步,等于将自己的身家性命和整个灵魂出卖给了赵高这个魔鬼。从此以后,他的一切行动都将受制于这个魔鬼,直到自己和整个家族都被这个魔鬼吞噬!

其实,在当时的历史条件下,李斯只要坚持原则,公开向臣民宣示秦始皇的遗诏,拥戴公子扶苏继承帝位,在朝内团结大部分臣子,在朝外以蒙恬统帅的精兵为奥援,赵高和胡亥的阴谋并非不能挫败。然而,李斯首先考虑的是个人和家族的权势利禄,唯恐扶苏继位后自己会屈居蒙氏兄弟之下,因而也就不能坚持原则,不能与赵高和胡亥的篡弑阴谋进行斗争,反而与之沆瀣一气,成为篡弑阴谋的帮凶。赵高正是看准了这一点,从而把握住了李斯心灵的脉搏,以权势和利禄为诱饵,以失势和族灭相威胁,步步紧逼,最后使之陷入了预先设计好的陷阱。在这次较量中,赵高居高临下,胸有成竹,挥舞权势和利禄的武器,一次次向李斯的薄弱环节进击。李斯则屈居下流,以他自己难以坚持的道义、良心为盾牌,步步设防,小心抵挡,结果是步步退让,最后缴械投降。赵高对李斯的心理了如指掌,知道以个人利益为依归的李斯,其价值天平上的道义良心最后只能向权力倾斜。果不其然,在经过一番攻防之后,李斯就乖乖地向赵高屈服了。所以,赵高在向胡亥报告劝说李斯同意加盟其阴谋时,得意扬扬地说:"臣请奉太子之明命,以报丞相,丞相斯敢不奉令!"

赵高将胡亥和李斯轻而易举地拉入政变阴谋,不消说是赵高这位心理学大师运用心理学原理成功操控他人命运的杰作,实在应该作为一个生动的案例写入大学心理学教科书中。

① 《史记·李斯列传》。

三

赵高由于将胡亥和李斯两个关键人物拉入政变阴谋，因而毫不费力地逼令扶苏自杀，将蒙氏兄弟送上断头台，又将秦始皇的二十多个子女一一送入阴曹地府，胡亥也就意气昂扬地占据了那个本来不属于他的龙座。李斯暂时保住了丞相的尊位，赵高更是志得意满地完全控制了胡亥。至此，说嬴氏王朝变成了赵氏王朝一点也不为过。尽管二世政权是用阴谋手段夺得的，但是，如果胡亥君臣对秦始皇的政策来一个改弦更张，实行与民休息的举措，使已经激化的社会矛盾和阶级矛盾缓和下来，秦王朝的统治未尝不可以维持下去。然而，赵高、胡亥和李斯的结合，却是当时统治集团中最坏的几个人物的组合。他们一方面无视百姓中积累的一触即发的反抗怒火，变本加厉地继续推行秦始皇那一套害民虐物的政策；一方面又互相倾轧，内斗不已。你看，李斯在胡亥向他请教如何“赐志广欲，长享天下”的时候，竟然向他兜售最横暴无忌、骄奢淫逸的“督责之术”，要求胡亥“灭仁义之途，掩驰说之口，困烈士之行”，摒弃一切仁义道德，对天下臣民实行最严酷的专制统治，同时使自己能够尽情地享受“荒肆之乐”，驰骋“流漫之志”，沉湎于“淫康之虞”[①]。赵高更是在引导胡亥奢侈享乐的同时，将其封闭于深宫之中，隔断他与群臣的外界联系，使之变成闭目塞听的可怜虫，以利于自己的专权自恣。而为了独揽朝中大权，他又设计除掉李斯父子。赵高先是离间胡亥与李斯的关系，使李斯失去胡亥的信任，接着又以“通盗”的罪名唆使胡亥将李斯父子下狱治罪。李斯虽然也向胡亥揭露赵高的奸佞行径，但由于一切都在赵高的掌控中，李斯最后得到的是族灭的大祸。

赵高除去李斯之后，在公元前208年被任命为丞相，并封为武安侯，“事大小辄决于高”。这时，项羽指挥的农民起义军虽然在巨鹿对秦军的主力进行了一次致命的打击，但张邯、董翳、司马欣统帅的秦军尚有二十万之众，稳住这支队伍对秦王朝的安危具有至关重要的意义。然而，由于赵高对这几位将领的排拒，致使他们投向了起义军，这就使秦王朝的老巢关中地区几乎

① 《史记·李斯列传》。

无可战之兵。赵高在将秦王朝推到灭亡边缘的同时，也将自己的专权推至无以复加的顶峰。但他犹未餍足，又将死亡的魔爪伸向胡亥。他先是玩了一把“指鹿为马”的把戏，让胡亥和群臣进一步认识了他生杀予夺的绝对权力。接着，将二世骗至望夷宫，使其脱离咸阳的宫卫，为击杀他创造条件。因为赵高知道，他长期对胡亥封锁起义军的消息，将其蒙在鼓里，一旦真相败露，胡亥以君王的至尊地位怪罪下来，他就吃罪不起。于是就与自己的女婿咸阳令阎乐、弟弟赵成策划了击杀胡亥的密谋。当阎乐等指挥士卒冲进望夷宫的时候，胡亥才知道自己大难临头了。然而，直到此时，他还认为赵高是一个对自己忠心耿耿的臣子，还希望见到赵高祈求活命。在被拒绝后，他仍然幻想最后以一介平民百姓延一夕之命。而在被阎乐告知“臣受命于丞相，为天下诛足下”的时候，他才明白正是他绝对信任的赵高掌握着自己的生死簿。显然，胡亥是在无限痛悔中举起利剑结束自己的生命的。但是，直到临死胡亥也不明白，是他们父子成就了赵高这样的奸佞之辈，又是他同这个奸佞之辈一起，以他们愚蠢横暴之极的政策措施，毁掉了他的祖父辈创建的万里江山。他的死于赵高之手，正是咎由自取。

四

从公元前210年秦始皇寿终正寝，赵高出场策划“沙丘政变”，到公元前207年他谋杀其拥立的二世皇帝胡亥，四年之中，赵高将数以千百计的政敌和无辜者送上断头台。四年之中，他所策划的阴谋一个接着一个，几乎所谋必中。赵高的这一系列的阴谋活动之所以通行无阻，桩桩成功，除了他掌握了胡亥这个傀儡和他代表的最高权力之外，再就是赵高作为心理学大师对于敌手心理和行动的准确掌控。这一系列的成功使赵高飘飘然，欣欣然，也昏昏然了。据《史记·李斯列传》记载，赵高在谋杀二世后，得意非凡，他径直奔向龙座，想尝一尝做皇帝的滋味，“(高)引玺而佩之，左右百官莫从；上殿，殿欲坏者三。高自知天弗与，群臣弗许”。此一记载显系出于传闻或后人的演绎。从他“指鹿为马”都能通行无阻的情况看，他就算是真的窃据龙座，“群臣弗许”的场面似乎也不会出现。从赵高以后的活动看，他或许有做皇帝的打算，但迫于当时的形势，只将此念秘藏胸中，没有付诸实行，而是召集诸大臣、公子，要求立子婴为秦王：

> 秦故王国，始皇君天下，故称帝。今六国复自立，秦地益小，乃以空名为帝，不可。宜为王如故，便。[①]

就这样，秦始皇的弟弟子婴被赵高立为秦王。由于赵高的权势如日中天，所以在他看来，子婴之被立为秦王，满朝臣子们不可能提出疑义，子婴也就只能感恩戴德地接受这个角色。赵高要求子婴依礼斋戒，然后在宗庙朝见臣僚与宗室贵族，接受王玺，算是完成新王登基的全部程序。赵高怎么也想不到，正是在子婴的斋戒期间，一个诛杀他的密谋正在紧锣密鼓地进行着。子婴对他的两个儿子悄悄谋划说：

> 丞相高杀二世望夷宫，恐群臣诛之，乃详以义立我。我闻赵高乃与楚约，灭秦宗室而王关中。今使我斋见庙，此欲因庙中杀我。我称病不行，丞相必自来，来则杀之。[②]

事情的进展果如子婴所料。赵高一连数次派人至斋宫请子婴来宗庙朝见群臣，子婴就是称病不去。赵高不知其中有诈，就亲自去斋宫请子婴。见到子婴后，他语带责备地说："宗庙重事，王奈何不行？"谁知子婴并不答话，而是拔剑趋前，直向赵高刺去。在赵高惊恐不知所措之际，利剑已经刺入他的心窝。事毕，子婴立即向满朝文武官员宣布赵高的罪状，同时将其三族及党羽全部诛杀于咸阳。子婴诛杀赵高及其党羽的活动进行得比较顺利，看来没有遇到什么阻力。这说明恶贯满盈的赵高在广大臣僚中已经人心丧尽了。善于窥视别人心理活动，精于计算，谋则必中的赵高，最后栽在子婴手里，而子婴的才干与李斯、扶苏和蒙氏兄弟相比，实在不可同日而语。这真是大江大河容易过，小阴沟里翻了船。原因何在？这是因为，赵高以前的对手都是被实践证明了的精明强干之辈，赵高对他们的才能、脾性和心理活动都有着透彻的了解，因而在对付他们的时候反复思考，认真谋划，周密设计，精心实施，从而做到万无一失。而在赵高心目中，子婴不过是一个无足轻重的无能之辈。他安排子婴做秦王，子婴肯定是感激涕零，绝不会对他有非礼的举动。这个心理学大师此时已经放弃了对子婴的心理进行深入的探索，没有

---

① 《史记·秦始皇本纪》。

② 《史记·秦始皇本纪》。

窥透作为秦宗室贵族必定萌生对自己深恶痛绝和不共戴天的仇恨。他太小瞧了子婴，又太迷信自己的权势，以致“大意失荆州”，被他小瞧的子婴父子玩的一个小儿科的权谋送进了坟墓。第一流的心理学大师的心理被一个他看不上眼的无能小辈窥破，他也肯定是带着无限的痛悔和遗恨离开人世的。不过，与胡亥一样，他的死灭更是咎由自取。一个坏事做绝的人，即使不被现世报，最终也逃不脱历史长鞭的挞伐。

（原载《秦俑馆开馆三十周年国际学术探讨会、秦俑学第七届年会论文集》，三秦出版社2010年版）

韩 信

一 生平事迹

(一)甘受胯下之辱的青年才俊

韩信(? ～前196年)秦朝淮阴(今江苏淮安)人,出身城市贫民,父母的名字也没有留下来。他母亲去世时,连丧葬费都没有着落。在秦朝的统治下,他因"贫无行,不得推择为吏,又不能治生商贾,常从人寄食饮,人多厌之者"①。开始他常寄食下乡南昌亭长家,不久被亭长的妻子赶走。万般无奈,韩信只好到护城河边钓鱼。这时,一群老年妇女(漂母)也在河边洗衣服。其中一人见他没有饭吃,可怜他,管他吃了一顿饭。以后数十天,天天管他吃饭。韩信很感激,对老妇人说:"吾必有以重报母。"老妇人见韩信穷到这个份上,还说这种大话,很不高兴,怒道:"大丈夫不能自食,吾哀王孙而进食,岂望报乎?"韩信因贫困无以为生,屡遭人们的白眼,境况是十分可怜的。有一次,他甚至被淮阴的一群市井无赖逼得从一个人的胯下钻过:

> 淮阴屠中少年有侮信者,曰:"若虽长大,好带刀剑,中情怯耳。"众辱之曰:"信能死,刺我;不能死,出我袴下。"于是信孰视之,俛出袴下,蒲伏。一市皆笑信,以为怯。②

这群以屠为业的市井无赖以此取乐,还以为韩信真的怕他们。其实韩信是

---

① 《史记·淮阴侯列传》。

② 《史记·淮阴侯列传》之《集解》引徐广曰:"典客也。"李奇云:"楚官名。"张晏云:"司马也。"

一个胸有大志的青年才俊，不是那种一触即跳的莽撞匹夫。他深知“小不忍则乱大谋”的古训，不愿意与他们较一时之短长，于是才采取这种表面上看起来怯懦无能的举动。不过，从这则故事可以看出，少年时代的韩信是一个身材高大、终日刀剑不离身的威猛刚毅的武士形象。他不仅有一身武艺，而且据情势推断，他还熟读过兵书，满腹文韬武略。与那些恶作剧的“屠中少年”相比，根本不在一个层次上，双方当然也无法沟通。胯下之辱的背后，是韩信的雄心壮志和对未来辉煌人生路的期许。

（二）登台拜将

秦二世元年（前 209 年），秦末农民大起义爆发后，群雄并起，召唤着各类精英人物投身厮杀的疆场。韩信终于等来了施展自己才干的机会，于是毅然仗剑从军，参加了项梁领导的起义队伍。项梁战死后，他又转而跟随项羽，任郎中之类的小官。在项羽麾下，韩信的军事才能始终未能得到显露和发挥。他几次向项羽献计献策，均得不到采纳。项羽太缺乏知人之明，既不能发现人才，更不会使用人才。他怎么也不会想到，就是他瞧不上眼的这个人，日后成为致他于死命的汉军统帅。韩信看到在项羽部下难以施展自己的抱负，遂于汉元年（前 206 年）初离楚归汉，被刘邦任命为连敖[①]，一个司马之类的小官。一次犯法当斩，同案犯十多人皆已斩讫，临到韩信时，正遇上夏侯婴。韩信直视夏侯婴说：“上不欲就天下乎？何为斩壮士？”夏侯婴“奇其言，壮其貌”，下令免其死罪。接着与韩信一番交谈，更感到他不同凡响，就将他推荐给刘邦。但没有引起刘邦的特别重视，只任命他做了管理粮秣的治粟都尉。

其时，萧何在刘邦手下总揽行政和军需供应，与韩信接触较多，对他的才能十分欣赏。刘邦被项羽封为汉王后，无可奈何地率军抵达汉中。这时，山东诸将中有些人对刘邦集团的前途感到茫然，悄悄地不辞而别。汉元年（前 206 年）六月，韩信感到自己在汉军中也得不到重用，于是愤然出走。萧何知道后，来不及与刘邦打招呼，就星夜将韩信追回。接着极力向刘邦推荐韩信是“国士无双”的帅才，他说：“王必欲长王汉中，无所事信；必欲争天下，

---

① 《史记·淮阴侯列传》。

非信无所与计事者。""王计必欲东，能用信，信即留；不能用，信终亡耳。"[1]刘邦最后被萧何说动，决定举行隆重的仪式，筑拜将台拜韩信为大将，即汉军的统帅。由于事先没有公布大将人选，消息传开，"诸将皆喜，人人各自以为得大将。至拜大将，乃韩信也，一军皆惊"[2]。看来韩信拜将着实制造了一场轰动效应。通过这一事件，萧何的知人之明、荐人之切，刘邦的坦诚率直、从谏如流，都表现得淋漓尽致。后来楚汉战争的历史进程表明，韩信的破格重用对刘邦的胜利起了多么重大的作用。

(三)巍巍军功

拜将台上，韩信仔细分析了楚汉双方各自的优劣，力劝刘邦还定三秦，出关东向，与项羽一决雌雄。刘邦接受韩信的建议，要求他全权筹划东向进军的战略和策略。汉元年(前 206 年)八月，韩信指挥汉军明修栈道，暗度陈仓，出奇兵突袭，一举夺取关中，将项羽封王关中的三个秦朝降将章邯、董翳、司马欣一一扫除，为刘邦建立了稳固的前进基地。第二年，韩信又率领汉军冲出函谷关，使项羽封在中原地区的魏王、殷王、河南王在刘邦的马前叩首称臣。公元前 205 年四月，当急躁冒进攻入彭城的刘邦一军被项羽一个回马枪打得落荒而逃时，韩信立即发兵荥阳接应，从而稳住阵脚。由于齐、赵、魏等诸侯王慑于项羽的威势反汉归楚，中原战局一时变得对汉军十分严峻。为了打破对汉军不利的局面，韩信奉刘邦之命进击盘踞今之山西一带的魏国。当时魏军主力集中防守蒲坂(今山西永济西)附近的黄河渡口，韩信故意在临晋(今陕西大荔西)虚张声势，而将主力悄悄运动至夏阳(今陕西韩城)，"以木罂缶渡军"，奇袭安邑(今山西夏县境内)，很快击垮魏军，俘虏魏王豹。接着，刘邦给韩信增兵三万，派张耳协助，乘战胜之威进兵赵国。韩信飞军越太行山，准备自井陉突入赵境。赵王歇和谋士陈余否定了另一谋士李左车抵抗汉军的正确意见，而是在井陉正面摆开决战架势，而这正是韩信所希望出现的军事态势。他命令汉军主力背水结营，同时派出一支小部队从崎岖的山间小路偷袭敌营，迅速打了一场痛快淋漓的歼灭战，

---

① 《史记·淮阴侯列传》。
② 《史记·淮阴侯列传》。

杀死陈余,俘虏赵王。韩信对被俘的李左车待之以礼,接受李提出的“以长击短”的谋取燕国的方案,陈大军于燕国边境,然后派人入燕游说。由于汉军新破魏、代、赵诸国,声威远振,燕军抵抗没有丝毫取胜的希望,只得老老实实地投降。汉军兵不血刃,黄河以北燕国的广土众民就归到了刘邦名下。

灭燕后,手握重兵的韩信遣使向刘邦报捷,并请求刘邦封张耳为赵王,以管辖刚刚占领的赵国的土地,自己则率军征伐齐国。汉三年(前 204 年)六月,刘邦把韩信一军的精锐留在荥阳一线加强对付项羽的正面战场,同时拜韩信为相国,统帅张耳名下的赵国军队向齐国进兵。但当韩信一军进至平原(今山东平原南)的时候,齐国已经被刘邦的谋士郦食其说降了。韩信本打算停止进兵,但其幕僚蒯通认为既然没有接到刘邦停止进军的命令,就应该乘齐军不备消灭他们,以增加自己的军功。在蒯通功名利禄的煽惑下,韩信坚定了以武力攻占齐国的决心。汉四年(前 203 年)十月,当齐国君臣与郦食其置酒高会之时,韩信指挥汉军突袭了屯驻历下(今山东济南)的齐军主力。齐王田广一怒之下,烹杀郦食其,通款项羽,与楚军联合抵抗汉军的进攻。韩信乘胜攻取齐都临淄以后,继续东进,与齐国残余军事力量和楚将龙且统帅的楚军夹潍水(今山东安丘境)对峙。这时,有一谋士向龙且提出了一条坚壁清野、以逸待劳、策动反叛、相机破敌之计,可惜刚愎自用、骄傲轻敌的龙且未采用,反而督军与汉军隔潍水布阵,从而为韩信的胜利创造了条件。韩信知悉齐楚联军的部署,大喜过望,立即命令军士连夜将万余只袋子装满砂石,把潍水上游的河道堵塞。然后引军半渡,向龙且军攻击。双方一场激战,韩信军佯败,回渡潍水。龙且不知是计,以为汉军真的败退,急忙挥军追击。正当齐楚联军渡水之时,韩信已命士卒将沙袋所筑之拦河坝决开,滚滚而来的大水将正渡河的齐楚联军将士淹死不计其数,其余敌军被河水分开,彼此不能相救。汉军回师猛击,杀死龙且,潍水以西敌军全军覆没,以东敌军则纷纷溃逃。齐王田广继续东逃,楚军残余则向西南狂奔,企图逃归彭城。韩信命汉军穷追不舍,至城阳(今山东菏泽北),将楚军残余尽皆俘虏。潍水一战,汉军彻底打垮了二十万齐楚联军,并很快占领了齐国全境,也再次展示了韩信高超的指挥艺术。不过,韩信平齐的胜利虽然从军事上看不乏积极意义,但从政治上看却并不光彩。因为郦食其本来用和平手段解决的问题,韩信又重新用战争手段去解决,不仅使郦食其惨遭烹杀,而且无端牺牲了许多士卒的生命。对于韩信擅自决定如此重大的军事行动，刘邦并未对他谴责和惩罚，原因有二：一是刘邦并未下达停止进军的命令；二是韩信平齐的胜利大大减轻了刘邦正面战场的压力，进一步加快了刘邦集团胜利的步伐。刘邦纵使心有不悦，也没有理由谴责和惩罚一个胜利的英雄。

（四）索封假齐王的风波

韩信完成平齐之役，已经为刘邦夺取了大半个中国，其功劳是刘邦集团中任何人也无法比拟的。随着韩信战功的增加和占地的广阔，他的个人权力欲也逐渐膨胀起来。他认为相国的头衔已不足以当其功，于是径直向刘邦要求"假齐王"的封赏。汉四年（前 203 年）十一月，他派出使者向刘邦请求说："齐伪诈多变，反覆之国也，南边楚，不为假王以镇之，其势不定。愿为假王便。"[①]这时候，刘邦正被项羽的大军围困在荥阳，形势十分危急。他对韩信在此时此刻要挟自己给予封赏又惊又怒，大骂韩信不知好歹。张良、陈平意识到此时还不是指责韩信的时候，当务之急是必须笼络住韩信，使他在关键时刻参加对楚军的战斗，以解决刘、项两个集团争夺天下的问题。于是示意刘邦答应韩信的要求。刘邦一经点拨，立即醒悟，马上转变态度，命张良为特使前去齐国，封韩信为齐王，同时命令他迅速挥师南下，从北面攻击楚军。

韩信平齐之后，势力大增，成为刘邦、项羽之外一支举足轻重的力量。项羽意识到，再也不能小觑这一位在自己手下溜走的小郎中了。此时如果能够使韩信背汉向楚，或者在楚汉之间保持中立，楚军所处的不利形势就会出现转机。于是他派出辩士武涉秘密潜入齐地，拜见了因功被封为齐王而踌躇满志的韩信，竭力游说他背汉向楚。武涉在韩信面前煽惑说：

> 足下所以得须臾至今者，以项王尚存也。当今二王之事，权在足下。足下右投则汉王胜，左投则项王胜。项王今日亡，次则取足下。足下与项王有故，何不反汉与楚连和，参分天下王之？今释此时，而自必

① 《史记·淮阴侯列传》。

于汉以击楚，且为智者固若此乎?[1]

武涉鼓动韩信背汉向楚，以求三足鼎立，尽管是从项羽的利益出发，但也的确看到了刘邦与韩信间隐蔽着的矛盾，具有先见之明地指出了韩信将来潜在的危险。这时的韩信只感到刘邦对自己言听计从，而随着功劳的增加，自己的爵位和官职也不断上升。既然刘邦现在对自己如此厚爱，将来的富贵荣华更不会有什么问题。显然，此时的韩信对自己的未来还缺乏清醒的认识，所以婉言拒绝了武涉的要求。武涉走后，韩信身边的谋士蒯通又上来劝他据齐地自立，进而独制天下：

> 天下初发难也，俊雄豪杰建号一呼，天下之士云合雾集，鱼鳞杂遝，熛至风起。当此之时，忧在亡秦而已。今楚汉分争，使天下无罪之人肝胆涂地，父子暴骸骨于中野，不可胜数。楚人起彭城，转斗逐北，至于荥阳，乘利席卷，威震天下。然兵困于京、索之间，迫西山而不能进者，三年于此矣。汉王将数十万之众，距巩、雒，阻山河之险，一日数战，无尺寸之功，折北不救。败荥阳，伤成皋，遂走宛、叶之间，此所谓智勇俱困者也。夫锐气挫于险塞，而粮食竭于内府，百姓疲极怨望，容容无所倚。以臣料之，其势非天下之贤圣固不能息天下之祸。当今两主之命悬于足下。足下为汉则汉胜，与楚则楚胜。臣愿披腹心，输肝胆，效愚计，恐足下不能用也。诚能听臣之计，莫若两利而俱存之，参分天下，鼎足而居，其势莫敢先动。夫以足下之贤圣，有甲兵之众，据强齐，从燕、赵，出空虚之地而制其后，因民之欲，西乡为百姓请命，则天下风走而响应矣，孰敢不听！割大弱强，以立诸侯，诸侯已立，天下服听而归德于齐。案齐之故，有胶、泗之地，怀诸侯以德，深拱揖让，则天下之君王相率而朝于齐矣。盖闻天与弗取，反受其咎；时至不行，反受其殃。愿足下孰虑之。[2]

蒯通的计策从韩信的个人利益看来是有吸引力的，但究其实，无非是项羽式的分封的变种，既不合历史潮流，事实上也难以成功。韩信如果真的这样做，那也只是蹈项羽的覆辙，不过给刘邦的统一天下增加一些困难，延长一

① 《史记·淮阴侯列传》。
② 《史记·淮阴侯列传》。

点时间而已，总的历史趋势是不会改变的。韩信一时犹豫不决，拿不定主意。他认为刘邦对自己恩义深厚，应该知恩图报，不能见利而背恩忘义。思虑再三，他还是重复给武涉说的那句话："汉王遇我甚厚，载我以其车，衣我以其衣，食我以其食。吾闻之，乘人之车者载人之患，衣人之衣者怀人之忧，食人之食者死人之事，吾岂可以乡利倍义乎！"[①]蒯通对韩信的"执迷不悟"仍心有不甘，又进一步以历史和现实为例，反复申述"世态炎凉，利尽则交亡"的道理，敦促韩信痛下决心。但韩信仍不为所动。几天之后，蒯通再见韩信，提出最后的忠告：

> 夫听者事之候也，计者事之机也，听过计失而能久安者，鲜矣。听不失一二者，不可乱以言；计不失本末者，不可纷以辞。夫随厮养之役者，失万乘之权；守儋石之禄者，阙卿相之位。故知者决之断也，疑者事之害也，审毫厘之小计，遗天下之大数，智诚知之，决弗敢行者，百事之祸也。故曰"猛虎之犹豫，不若蜂虿之致螫；骐骥之跼躅，不如驽马之安步；孟贲之狐疑，不如庸夫之必至也；虽有舜、禹之智，吟而不言，不如喑聋之指麾也"。此言贵能行之。夫功者难成而易败，时者难得而易失也。时乎时，不再来。愿足下详察之。[②]

蒯通进而告诫韩信，在楚汉之争胜负未定之时，正是独树一帜的最佳时机，因为此时楚、汉两家只能采取拉拢韩信的措施，谁也无力对他进行征讨。必须趁此时机，为自己创出一个新局面。但面对蒯通苦口婆心的劝说，韩信"犹豫不忍背汉，又自以为功多，汉终不夺我齐，遂谢蒯通"。蒯通知道韩信难以说动，叹息说："夫迫于细苛者，不可与图大事；拘于臣虏者，固无君王之意。"[③]应该承认，蒯通的说辞表明，他看到了剥削阶级代表人物以利害相结合以至反目成仇的历史和现实，比较准确地预言了韩信在不久的将来遇到的危险处境，其眼光的确是锐敏而深刻的。但是，他开给韩信的自救之方却并不高明。历史的潮流正导向统一，蒯通反而劝韩信重温齐桓、晋文的美梦，韩信即使真的依其计而行，到头来也不会成功。

---

① 《史记·淮阴侯列传》。

② 《史记·淮阴侯列传》。

③ 《史记·淮阴侯列传》《集解》徐广曰。

本来，韩信要求“假齐王”的封号一事已经在刘邦心中留下阴影。所以，刘邦在满足他要求的同时也准备好了在不久的将来除掉他。对此，韩信在当时显然是毫无觉察。这时的韩信只是想到自己建树的巨大功劳，更想用这些功劳从刘邦那里换取更多的地盘、财富和权力，以及享不尽的荣华富贵。武涉、蒯通的游说之所以未能打动韩信，是因为他把要求刘邦封赏看成顺理成章的平等交易。所以，在得到齐王的封号以后，韩信并没有收敛自己的欲望，而是得寸进尺，得陇望蜀。汉五年(前202年)十月，当刘邦率领的汉军主力追击楚军到固陵(今河南太康与淮阳之间)，要求韩信迅速率军前来参战时，韩信竟故意拖延，迟迟不奉命南下。结果使楚军获得喘息之机，项羽一个回马枪，把汉军打得狼狈不堪。张良洞悉韩信不及时率军南下的隐秘，是想得到故乡楚地，将其划归自己的封国，并以此作为他参战的筹码。于是建议刘邦满足他的要求。这一着果然灵验，韩信马上督军南下，最后出色地指挥了垓下之战，为刘邦立下最后一桩汗马功劳。

从索封“假齐王”开始，刘邦和韩信之间出现了裂痕并最终造成了韩信的杀身之祸。

(五)十面埋伏——指挥围歼楚军的垓下之战

汉五年(前202年)十月，刘邦接受张良的建议，派出使者，封彭越为梁王，将楚地划归韩信为王的齐国领地，从而换取两支劲旅迅速南下，向楚军的侧背进行猛烈攻击。韩信一军在顺利攻取楚都彭城(今江苏徐州)后，继续向南挺进。与此同时，彭越一军也渡过濉水，直插东南。两军会合，形成了从北面对楚军的大包围。十一月，刘贾统帅的另一支汉军渡过濉水，招降了据守寿春(今安徽寿县)的楚大司马周殷。周殷以楚之九江兵迎回英布，与刘贾统帅的汉军一起自南而北向楚军进击。十二月，在汉军的三面夹击下，项羽统帅的楚军节节败退至垓下(今安徽灵璧东南)。刘邦、韩信、彭越、英布、刘贾等指挥的汉军不下几十万，将仅剩十余万人马的楚军团团围住。韩信以其超群的军事才干，统一指挥最后围歼楚军的战斗。他十面设伏，八方进击，使楚军处处被动，陷于绝境。时届严冬，天寒地冻，朔风怒号，雨雪交加。楚军士卒大量减员，粮食军资又极端匮乏，再加上士气极度低落，因而几乎每战必败。项羽一筹莫展，只得坚壁不出。此时，由张良作词的一首

《楚歌》成为最后瓦解残余楚军的武器：

九月深秋兮四野飞霜，天高水涸兮寒雁悲伤。
最苦戍边兮日夜彷徨，披坚执锐兮孤立沙岗。
离家十年兮父母生别，妻子何堪兮独宿孤床。
白发依门兮望穿秋水，稚子忆念兮泪断肝肠。
家有余田兮谁与执守？邻家酒熟兮谁与之尝？
一旦交兵兮蹈刃而死，骨肉为泥兮衰草蒿凉。
魂魄悠悠兮往之所以，壮志寥寥兮付之荒唐。
汉王有德兮降军不杀，指日擒羽兮玉石俱伤。
我歌岂诞兮天谴告汝，汝其知命兮勿为渺茫。①

四面楚歌悲凉凄苦的旋律使楚军再也鼓不起战斗的勇气而纷纷逃亡。项羽在演出了荡气回肠的霸王别姬后突围至乌江（今安徽和县东北）。由于他拒绝了乌江亭长回江东的劝告，最后在韩信部署的追兵面前自刎身亡。

垓下之战为韩信辉煌的军事生涯画上了一个圆满的句号，而由此开始，韩信进入了运交华盖的最后岁月。

（六）英雄末路

垓下之战是韩信军事生涯的最后一个杰作。当他在十二月的风雪中巡视楚、汉两军最后搏斗的战场时，他还意识不到他对刘邦的功用已经完结。既然最大的敌人项羽已经死灭，潜在的对手韩信也就成了刘邦最主要的防范对象。刘邦在垓下之战结束后回军经过韩信的统帅部驻地定陶（今属山东）时，就在韩信毫无觉察的情况下收回了他对汉军的指挥权。接着又宣布改封他为楚王。这两项措施显然是刘邦为防范韩信反叛而精心策划的。因为韩信的特长是带兵，帅而无兵，就不易兴风作浪。齐国连城七十，地广人众，有鱼盐之利，加之民风慓悍，自春秋以来就是东方大国。将这一重要地方封赏给韩信，刘邦是既不乐意，更不放心。因而差不多在剥夺其军权的同时，也宣布了改封其为楚王的决定。淮北地方较齐地为小，地瘠民贫，四面

---

① 《史记》《汉书》等文献均未载传说是张良所作的这首《楚歌》，此引自江苏丰县出刊的《刘邦研究》1993 年第 3 期，伪托的可能极大，但似可反映当时楚军的心境，故录于此。

又无险可守，由韩信经营其地，即使他日后反叛，也比较容易对付。

尽管楚汉战争结束时刘邦剥夺了韩信的军权并削减了他的封地，但此时的韩信却没有丝毫反叛刘邦的意思，作为城市贫民出身的一介武士，投军七年，凭着自己的军事才能，迅速晋升至位极人臣的诸侯王，他已经心满意足了，他压根就没有觊觎刘邦所占的那个皇帝位子，只想在楚王宫中尽情地享受一番。楚汉战争结束后，韩信奉命领衔上书，将刘邦推上皇帝的尊位。之后他就来到自己的封地，对故旧论功行赏。他首先召见给他饭吃的瓢母，表示深深的谢意，并以千金为报。这位心地善良的老人大概从此告别了洗衣生涯，能够衣食无虞地安度晚年了。接着，韩信找到了当年的下乡南昌亭长，送给他100个大钱，曰："公，小人也，为德不卒。"算是对其妻子当年驱逐自己的一点报复。最后，又召见了那位令自己出其胯下的少年，不仅未加惩罚，还任命他做了王国中尉。他对疑惑不解的王国官员说："此壮士也。方辱我时，我宁不杀之邪？杀之无名，故忍而就于此。"[①]

汉六年（前201年）十月，刘邦与韩信在钟离眛问题上发生抵牾。钟是韩信在楚军时的朋友，楚汉战争结束后他成为朝廷通缉的要犯。韩信出于朋友之情，将钟窝藏在自己的王府里。刘邦知悉后，严令韩信将钟逮捕归案。韩信碍于故人情面，拖延未执行。刘邦对此自然十分恼火。恰在此时，刘邦派到楚地的耳目诬告韩信"行县邑，陈兵出入"，有谋反之嫌。陈平建议刘邦"伪游云梦"，借机逮捕韩信。十二月，韩信得到刘邦到达楚国边境的消息，只得依礼持钟离眛之首前往陈（今河南淮阳）谒见，希望得到刘邦的谅解，结果被刘邦如愿以偿地逮捕。至此，韩信才明白中了刘邦的诱捕之计。他满腹委屈，愤怒地对刘邦说："果如人言，'狡兔死，良狗烹；高鸟尽，良弓藏；敌国破，谋臣亡。'天下已定，我固当烹！"[②]韩信这里引述的是春秋时期越国大夫范蠡的名言，道出了古代君臣可共患难、不可共安乐的真谛。刘邦将韩信押至洛阳后，大概因为查不出谋反的证据，就将他赦免，贬为淮阴侯，留在京师监视起来。

韩信此次的被捕被贬是他政治生涯的重大转折。以此为契机，韩信内

① 《史记·淮阴侯列传》。
② 《史记·淮阴侯列传》。

心潜伏的叛逆意识开始迅速滋长。由于无罪而被削地夺爵，韩信自然是委屈满腹，耿耿于怀，同时对刘邦彻底绝望。他于是采取消极抵抗办法，“常称疾不朝从。信由此日夜怨望，居常鞅鞅，羞与绛、灌等列”。有一次，他来到樊哙的住处闲聊，樊哙恭恭敬敬地迎送，言必称臣。韩信出门，自嘲说：“生乃与哙等为伍！”[①]韩信以淮阴侯的爵位住在长安，时时处于刘邦的监视之下。如果他意识到自己的处境，随遇而安，乐天知命，或斗鸡走狗，或醇酒妇人，装出一副与世无争的模样，刘邦纵使想除掉他也找不到像样的理由，他或许能够得以善终。但是，韩信却是一个自视甚高、不甘寂寞、锋芒毕露并且念念不忘自己功劳的人物。这就注定了他悲剧的命运。在韩信闲居无聊的时候，刘邦有时也找他聊天。一次，二人议论到汉朝诸将能力高下时，刘邦问韩信：“如我能将几何？”韩信脱口而出：“陛下不过能将十万。”刘邦又问：“于君如何？”韩信得意扬扬地回答说：“臣多多益善耳。”刘邦也很不客气地说：“多多益善，何为为我擒？”韩信只好回答说：“陛下不能将兵，而善将将，此乃信之所以为陛下擒也。且陛下所谓天授，非人力也。”[②]韩信在刘邦面前表现了惊人的坦率。对于这样一个善于统兵的帅才，刘邦自然是日夜加以警惕的。韩信在数年的近于囚徒般的生活中，对刘邦由失望、怨尤、愤怒，逐渐走上了谋反的道路。他时时痛悔自己不听蒯通之言，不断思考如何对刘邦的“负义”进行报复。不久，机会终于等来了。韩信与阳夏侯陈豨感情甚笃，恰巧刘邦任命陈豨以相国的职务监领代、赵两地的兵权。莅任前，陈豨特来向韩信辞行。韩信握着他的手，屏退左右，与之步于庭，仰天长叹曰：“子可与言乎？欲与子有言也。”陈豨恭敬地说，唯将军之命从。韩信遂与他密谋说：“公之所居，天下精兵处也；而公，陛下之信幸臣也。人言公之畔，陛下必不信；再至，陛下乃疑矣；三至，必怒而自将。吾为公从中起，天下可图也。”[③]这样，韩信就与陈豨定下了里应外合、发动叛乱的密谋。陈豨到任以后，蓄养大批宾客死士为叛乱积蓄力量。有一次，陈豨告归路过邯郸时，竟有车千乘，偌大的邯郸官舍都容纳不下。在礼仪上这显然是一种僭

① 《史记·淮阴侯列传》。
② 《史记·淮阴侯列传》。
③ 《史记·淮阴侯列传》。

越。赵相周昌对陈豨提出弹劾，刘邦下令调查，引起了陈豨的惊恐不安，于是加速了谋反的步伐。

汉十年（前 197 年）九月，陈豨自立为代王，公开举起了反叛的旗帜。刘邦决定亲自率兵征伐陈豨，临行前，他大概已经怀疑韩信与陈豨勾结，就故意要求韩信随军赴前线效力。韩信认为这正是他在首都谋叛的良机，就以生病为由拒绝从行。刘邦率兵进至邯郸，由于争取了赵、代地区官吏和百姓的支持，很快平定了陈豨的叛乱。刘邦率大军赴邯郸后，京师一时空虚。韩信立即紧张地进行谋反的策划。他一面派出心腹秘密赴陈豨那里联络，一面与家臣密谋，决定乘夜间诈赦诸宫徒奴，发兵袭击吕后与太子。一切部署既定，只待陈豨密报一到，就开始行动。这时，淮阴侯府有一舍人得罪于韩信，被韩信囚禁准备杀掉。舍人弟将韩信的密谋向吕后告发。汉十一年（前 196 年）正月，吕后本打算立即召见韩信加以惩处，又恐其识破难以达到目的。于是同相国萧何谋议，让人诈称从前线归来，报告陈豨兵败身死，今群臣皆上朝祝贺。韩信听到这一消息，正在惊惧痛惜不知所措的时候，萧何登门拜望，力劝韩信上朝祝贺。韩信不知是计，一入宫门即被全副武装的士兵逮捕，随后吕后下令将其斩杀于长乐宫悬钟之室。韩信临死前，后悔莫及地说："吾悔不用蒯通之计，乃为儿女子所诈，岂非天哉！"[1]韩信的家属也遭到了当时最严厉的惩罚：夷三族。

韩信以一介寒士投身军旅，将自己的军事才能充分发挥出来。数年之内，克城夺地，迭获胜利，最后裂土封王，成为西汉初年历史上一个显赫莫比的特殊人物，其猎取富贵权势利禄之心得到很大的满足。在大汉王朝建立前后，他对刘邦是忠心拥戴的。所以，他不仅拒绝了武涉背汉向楚的游说，也拒绝了蒯通离汉自立、三分天下的建议。然而，王位还没有坐稳，就被诬谋反，削地夺爵，继而又被扣押京师，形同俘虏。在如此情势下，其后悔、怨愤之心可想而知。追求富贵权势的欲望一变而为谋反是一种合乎逻辑的发展，其感激刘邦的知遇之恩不忍背汉和后来参与陈豨密谋铤而走险都是真实的。对于韩信悲剧的酿成，后来的许多思想家和史学家都做出了自己的诠释，比较而言，司马迁和司马光的解读是最有见地的：

---

① 《史记·淮阴侯列传》。

假令韩信学道谦让，不伐己功，不矜其能，则庶几哉，于汉家勋可以比周、召、太公之徒，后世血食矣。不务出此，而天下已集，乃谋畔逆，夷灭宗族，不亦宜乎！①

世或以韩信首建大策，与高祖起汉中，定三秦，遂分兵以北，禽魏，取代，仆赵，胁燕，东击齐而有之，南灭楚垓下，汉之所以得天下者，大抵皆信之功也。观其距蒯彻之说，迎高祖于陈，岂有反心哉！良由失职怏怏，遂陷悖逆。夫以卢绾里闬旧恩，犹南面王燕，信乃以列侯奉朝请；岂非高祖亦有负于信哉？臣以为高祖用诈谋禽信于陈，言负则有之；虽然，信亦有以取之也。始，汉与楚相距荥阳，信灭齐，不还报而自王；其后汉追楚至固陵，与信期共攻楚而信不至；当是之时，高祖固有取信之心矣，顾力不能耳。及天下已定，信复何恃哉！夫乘时以徼利者，市井之志也；酬功而报德者，士君子之心也。信以市井之志利其身，而以士君子之心望于人，不亦难哉！②

事实上，韩信之类人物在当时的历史条件下，其人生的悲剧几乎是不可避免的。一方面，刘邦对异姓诸侯王的分封虽然有时代的原因，但更多的出于一种权宜之计，是为了孤立项羽而设计的一种暂时的联盟。当楚汉战争结束之后，这种联盟的历史使命也就宣告完结。不管有无正当理由，刘邦最后一定要扫灭他们。另一方面，在楚汉战争中崛起的韩信之类的实力派军人，抱着裂地分封、子孙永享的观念要求和对待已经得到的土地和权利，这种要求既与刘邦原来的意图南辕而北辙，又与汉王朝加强专制主义中央集权的现实要求相悖谬。随着时间的推移，两者之间的矛盾必然要趋于激化，斗争也就不可避免。既然刘邦的汉王朝已经证明了自己的历史正当性，韩信之类悖谬历史潮流人物的失败也就是必然的了。就韩信本人而言，他的军事才能在当时虽然是第一流的，但他的政治眼光却是短浅的。在处理与刘邦的关系上，他既缺乏萧何忠心到底的品格，又缺乏张良功成身退的机智。他用春秋战国时期诸侯国对周王室的要求来要求大汉皇帝刘邦，不能不说是犯了时代的错误。军事上的天才，政治上的庸人，韩信的悲剧结局在很大程度

① 《史记·淮阴侯列传》。

② 《资治通鉴·汉纪四》“高帝十一年”，中华书局 1955 年版。

上源自他自身。

平心而论，韩信的被诛虽然是咎由自取，但由于刘邦的处置不当也是促成此一悲剧的重要原因，更因为韩信功勋卓著，因而他的遭际引起后世人们的深切同情。无数文人墨客在凭吊韩信的历史遗迹时留下连篇累牍的诗文：

韩信庙

刘禹锡

将略兵机命世雄，苍黄钟室叹良弓。
遂令后代登坛者，每一寻思怕立功。

韩侯钓台歌

王士祯

丈夫生即为真王，蒯通岂必谋非臧。
食人之食死人事，不知鸟尽良弓藏。

汉　台

郭士藩

万尺风云大将台，凌空高峙对城隈。
漫讥隆准非仁辟，毕竟王孙是俊才。
弓影直教高鸟尽，鱼钩饵得假王来。
黥彭功烈同销歇，汉水滔滔去不回。

这些一咏三叹而有余哀的诗句，除了寄托着对韩信的深切同情之外，更多的是抒发对历代君王残酷屠戮功臣的愤激。不过，这些古代诗人对问题的看法是比较肤浅的，有的停留在就事论事的水平，有的仅是借机表达一种世事兴亡之感。他们缺乏的恰恰是司马迁和司马光那样的较为深邃的历史眼光。

二 军事谋略

韩信是秦汉之际第一流的军事家。他不仅指挥过许多重大的取得辉煌战绩的军事行动，而且具有深厚的兵学素养，留下了兵学著作《韩信》三篇，是《汉书·艺文志》记载的“兵权谋十三家”之一，与孙武、孙膑、商鞅、吴起等兵家并列。不宁唯此，他还与张良一起，对流传至西汉初年的兵书进行整理：“汉兴，张良、韩信序次兵法，凡百八十二家，删取要用，定著三十五家。”[①]看来韩信在从军前就读过当时流传的兵书如《吴孙子》（即《孙子兵法》）、《齐孙子》（即《孙膑兵法》）、《吴子》、《尉缭子》等，汲取其精华，并在他指挥的军事行动中运用到炉火纯青的地步。

（一）知己知彼

韩信首先是天才的战略家，这体现在他对整个楚汉战争的战略构想。在拜将台上，他详细分析了楚汉双方各自的优劣，预言了汉军必胜的前景，力劝刘邦还定三秦，打出函谷关，与项羽争夺天下。你看，他对楚汉双方各自优劣的分析何其深刻：

> 项王喑噁叱咤，千人皆废，然不能任属贤将，此特匹夫之勇耳。项王见人恭敬慈爱，言语呕呕，人有疾病，涕泣分食饮，至使人有功当封爵者，印刓敝，忍不能予，此所谓妇人之仁也。项王虽霸天下而臣诸侯，不居关中而都彭城。有背义帝之约，而以亲爱王，诸侯不平。诸侯之见项王迁逐义帝置江南，亦皆归逐其主而自王善地。项王所过无不残灭者，天下多怨，百姓不亲附，特劫于威强耳。名虽为霸，实失天下心。故曰其强易弱。今大王诚能反其道：任天下武勇，何所不诛！以天下城邑封功臣，何所不服！以义兵从思东归之士，何所不散！[②]

后来楚汉战争的进程基本上应验了他的战略构想。在四年的楚汉战争中，汉军在韩信总的战略指导下，绝大多数时间处于战略主动地位。韩信与刘

---

① 《汉书·艺文志第十》。

② 《史记·淮阴侯列传》。

邦大部分时间都是分兵作战，以刘邦统帅的汉军在黄河以南对付楚军主力，在力量对比对汉军不利的异常艰难的情况下拖住楚军使之难于分身，这就给韩信统帅的汉军创造了在黄河以北每战必胜的条件。当韩信灭魏、破赵、降燕、定齐、占领整个北中国并南下围歼残余楚军的时候，汉胜楚败的战略态势连项羽也不存疑义了。

韩信同时也是百战百胜的常胜将军，是指挥大兵团作战的行家里手。他之所以能够做到每战必胜，最根本的原因是他在知己知彼的前提下进行了精心的战役谋划。韩信指挥的第一个战役是还定三秦之战，就在拜将台上，他对当前之敌三秦王与汉军优劣进行了深入细致的分析：

> 三秦王为秦将，将秦子弟数岁矣，所杀亡不可胜计，又欺其众降诸侯，至新安，项王诈坑秦降卒二十余万，唯独邯、欣、翳得脱，秦父兄怨此三人，痛入骨髓。今楚强以威王此三人，秦民莫爱也。大王之入武关，秋毫无所害，除秦苛法，与秦民约，法三章耳，秦民无不欲得大王王秦者。于诸侯之约，大王当王关中，关中民咸知之。大王失职入汉中，秦民无不恨者。今大王举而东，三秦可传檄而定也。①

由于知己知彼，韩信指挥的还定三秦之战势如破竹般取得了胜利。接着，韩信被刘邦任命为左丞相，率军攻魏。他询问自魏归来的郦食其魏国大将是不是周叔时，得到的回答是柏直，因为他了解此人不过是个无能的“竖子”，于是在汉二年(前205年)九月，顺利攻取魏国，俘虏魏王豹。紧接着，刘邦又命他率三万人马攻赵。当时，赵国有二十万大军，但统帅陈余却是一个对兵法一窍不通而又骄傲轻敌的“迂远而阔于事情”的腐儒。韩信知道赵王不用谋略出众的李左车而用陈余时，自然喜出望外，于是运用巧妙的奇袭战胜赵军，打了一场以少胜多的漂亮歼灭战。

破赵一战，陡然提升了韩信的威望和汉军的威势，当汉军陈兵燕境，摆出进击的架势，燕国君臣的心理防线已经崩溃。归降韩信的李左车精辟分析了汉军的有利条件和燕国君臣的恐惧游疑，认为可以顺利劝降燕国。韩信认同李左车对敌我形势的分析，依计而行，果然使燕国乖乖归服。当韩信率胜利之师兵临齐国边境时，齐国因为已决定降汉而毫无戒，韩信乘机突袭

① 《史记·淮阴侯列传》。

驻历下的齐军主力，自然是一举成功。继而追击齐军残余力量至潍水，遇到龙且统帅的二十万齐楚联军的抵抗。此时的力量对比，汉军并不占优势。然而，当韩信了解敌手是一个刚愎自用、骄傲轻敌的愚悍之辈并且作了愚蠢的军事部署之后，一个战胜敌人的方案也就形成了，结果是二十万齐楚联军在韩信的马前一败涂地。

韩信指挥最后围歼楚军的垓下之战时，汉军的力量已经占了绝对优势：刘邦、韩信统帅的汉军主力，彭越、黥布、刘贾等统帅的偏师，将疲惫不堪的十万残敌团团围住。此时的项羽不过是瓮中之鳖，但韩信并未掉以轻心，而是在项羽可能的突围路上设下十面埋伏，然后命令各路军马一齐进击，穷追不舍的汉军终于逼迫项羽自刎乌江，为四年之久的楚汉战争画上另一个完满的句号。

对敌我情势的透辟了解和精准把握，是韩信无往而不胜的最重要、最根本的前提条件。

(二)巧用兵法

在秦汉之际的数以十计的军事统帅和将领中，韩信的军事素养绝对是第一流的，对古代兵法著作的熟悉程度无出其右。在与刘邦的谈话中他说自己指挥兵马是“多多益善”并不是吹牛，而是真实的自白。但是，作为军事家的韩信，其最可贵之点却不在他熟读了多少兵书，而在于他能够消化这些兵书并且灵活机智地运用这些兵书所阐述的原理，想常人不敢想，做常人不敢做，在看起来无望胜利的条件下取得惊人的成功。

韩信灵活运用兵法的典型战例是破赵之战。当时敌我情势显然对汉军不利：赵军二十万，据险防守，以逸待劳；汉军三万，远来赴敌，履险攻坚。而作为军事统帅的韩信却与这支军队互不熟悉，彼此间还没有建立起生死与共的情谊。如此之军，如此之敌，如此之帅，在常人看来，韩信指挥的这场战争简直毫无取胜的希望。然而，韩信却充分利用敌军骄傲轻敌、部署错误的严重失误将战争导向了胜利的坦途。

当韩信挥军越太行，准备自井陉突入赵境的时候，赵军二十万已经屯兵井陉口，摆开了与汉军决战的架势。显然，两军对峙的形势对汉军是不利的。然而，此时的赵军却犯了一个致命的错误，拒绝了李左车“坚壁坚持，断敌粮道”的正确建议，采取了正面迎敌的战术。这就给韩信打败赵军创造了有利条件。当侦察人员报告赵军不用李左车之计而在井陉正面摆开了决战的架势时，韩信立即命令全军沿崎岖险峻的山间小路迅速东进，在距井陉三十里的地方安营扎寨。子夜时分，韩信点拨轻骑两千，令每人持一赤帜，抄一条小路秘密接近赵军军营，悄悄隐蔽在赵军难以发现的山谷中，并指令他们说：“赵见我走，必空壁逐我，若疾入赵壁，拔赵帜，立汉赤帜。”同时又命裨将传令全军，先草草吃点东西即投入战斗，待攻破赵军后再放心地饱餐一顿。对于韩信如此不寻常的部署，汉军将士半信半疑。韩信命令万余大军做前锋向既定目标前进。天刚蒙蒙亮时，汉军在离赵国军营不远的地方背水立阵。赵军望见后皆大笑不止。天大亮以后，韩信令军士竖起大将旗帜，指挥全军向赵军冲锋。一霎时，战鼓咚咚，杀声震天，汉军勇猛地跃出井陉口。赵军开壁迎战，一时杀得难解难分。两军酣战之际，韩信命汉军装出力不能支的样子，丢弃旗鼓军械，败退至河畔的汉军背水营地，与背水阵中的将士们合军一处，转而复战。赵军见汉军败退，立即全军出动，一窝蜂般地抢夺汉军的旗鼓军械，并对汉军发起猛烈进攻。由于此时汉军已是背水而战，无后退之路，士卒皆奋勇当先，殊死拼搏，赵军人数虽众但占不了上风。而韩信预先埋伏的两千骑兵，待赵军空壁而出之时，立即迅速突入赵军营寨，拔去赵军旗帜，换上汉军旗帜。赵军见攻击汉军不能取胜，欲返回自己的军营固守时，发现自己营垒上遍插汉军的旗帜，皆大惊失色，纷纷落荒而逃。汉军乘胜前后夹击，彻底打垮了赵军，陈余被杀，赵王歇作了俘虏。井陉之战的胜利大大出乎汉军将士的意料，在庆祝胜利的时候，诸将与韩信有一段对话，显示了韩信打破常规指挥这次战役的谋略：

> 诸将效首虏，毕贺，因问信曰：“兵法右倍山陵，前左水泽，今者将军令臣等反背水陈，曰破赵会食，臣等不服。然竟以胜，此何术也？”信曰：“此在兵法，顾诸君不察耳。兵法不曰‘陷之死地而后生，置之亡地而后存’？且信非得素拊循士大夫也，此所谓‘驱市人而战之’，其势非置之死地，使人人自为战；今予之生地，皆走，宁尚可得而用之乎！”诸将皆服曰：“善。非臣所及也。”①

---

① 《史记·淮阴侯列传》。

破赵之战显示了韩信在战争实践中灵活运用兵法的卓越才能。因为他在看起来无法取胜的地点和条件下出人意料地取得了胜利。当时的情势对韩信统帅的汉军不利:汉军人数少于赵军且刚刚经过灭魏之战,远来疲惫;而赵军人数众多,又以逸待劳;井陉地形乃一山间小径,崎岖蜿蜒,不仅行军困难,而且大部队既不易集中亦不易展开,如赵军于途中设伏,后果不堪设想;特别是,韩信初任汉军统帅,还没有更多地展示自己的才能而取得将士们的信任。正是在如此不利的情况下,他灵活地运用兵法,出奇制胜,险中取胜,打了一场痛快淋漓的歼灭战,写下了自己军事生涯的最辉煌的篇章。

汉四年(前 203 年)的潍水之战是韩信灵活运用兵法的又一杰作。当时龙且统帅的齐楚联军有二十万之众,还有相当的战斗力,如果正面交锋,以韩信统帅的军力,彻底消灭这支敌军肯定是费时费力。然而,两军夹潍水布阵给韩信提供了利用水利资源的条件。他看到龙且骄傲轻敌的致命弱点和对水利资源的无知,巧妙地将上游的河水用沙袋截流蓄积,接着又巧妙地将战场安放在潍水河谷,在将齐楚联军引进潍水河谷后,出其不意地以水攻将敌军断为两部分,使之在极度惊慌失措中丧失了应该发挥的战斗力,最后被汉军彻底消灭,再次显示了韩信娴熟地运用兵法的指挥艺术。

(三)出奇制胜

韩信用兵,不断使用“出奇制胜”的指挥艺术,一个接一个,频频出招,将“出其不意,攻其不备”的战术运用到出神入化的程度。你看,还定三秦之战,他是“明修栈道,暗度陈仓”:当三秦王还被他的“明修栈道”的招数忽悠得昏昏然的时候,“暗度陈仓”的汉军却悄没声息地突然出现在渭水两岸的原野上,使三秦王的抵抗只能是无望的挣扎。接着,灭魏之战,韩信又玩了一次出奇制胜的技艺:他利用魏王豹估计汉军必定在临晋(今陕西大荔西)渡河的错觉,避开魏军部署在蒲坂(今山西永济西)的精锐,一面在临晋虚张声势,摆出一副要在那里渡河的架势,一面将汉军主力秘密运动至夏阳,“以木罂缶渡军”,飞兵奇袭魏都安邑(今山西夏县境),惊慌失措的魏豹倾全国之军迎击汉军,但为时已晚。仅仅经过不足一个月的战斗,魏豹被俘,魏军覆没。紧接其后,韩信在对赵国的战争中使出了一次更大的险招,转瞬之间将兵强马壮的赵国从政治地图上抹掉了。

招降燕国后，韩信立即转兵南下，迅速达到齐国边境。他利用齐军解除戒备、齐国君臣与郦食其“置酒高会”的时机，以迅雷不及掩耳之势袭击了齐国屯驻历下的精锐之师，使之基本上丧失了独立对抗汉军的能力。这时，被汉军的“背信弃义”激怒得发昏的齐国君臣，立即转向项羽，与楚军结盟，共同对抗汉军。于是迅速组成的二十万齐楚联军，在楚将龙且的指挥下拼命阻挡东进的汉军。这就有了双方对决的潍水之战。而在这场战斗中，韩信又一次玩了一个出其不意的绝招：水攻。结果是滚滚而下的潍河之水使最后一搏的齐楚联军死伤大半，余众落荒而逃，溃不成军，被乘胜追击的汉军一一消灭在齐鲁的原野上。

(四)“知人善任”和“不战而屈人之兵”

一个英明的军事统帅，必须具备两大优势：一是懂得并能娴熟地运用兵法的各种原理，制定克敌制胜的战略和战术；二是知人善任，虚心听取和采纳谋士们的各种正确的意见和建议。韩信指挥的每一次战役，都使其麾下将士的才干得到尽情的发挥。而对赵国谋士李左车的招降和信用，更是他知人善任的一个典型事例。

李左车是赵国国君最信任的谋士陈余的幕僚。韩信率汉军攻赵时，赵王将军事指挥的全权交给了陈余。面对来势汹汹的汉军，李左车向陈余献上了颇有价值的克敌之策：

> 闻汉将韩信涉西河，虏魏王，禽夏说，新喋血阏与。今乃辅以张耳，议欲下赵，此乘胜而去国远斗，其锋不可当。臣闻千里馈粮，士有饥色；樵苏后爨，师不宿饱。今井陉之道，车不得方轨，骑不得成列，行数百里，其势粮食必在其后。愿足下假臣奇兵三万人，从间道绝其辎重；足下深沟高垒，坚营勿与战。彼前不得斗，退不得还，吾奇兵绝其后，使野无所掠，不至十日，而两将之头可致于戏下。愿君留意臣之计。否，必为二子所禽矣。[①]

李左车的上述建议，显示了他不凡的战略眼光。如果其计被采纳，韩、张二人是否遭禽虽不一定，但汉军攻赵必然要经历更多的曲折。可惜陈余愚蠢

---

① 《史记·淮阴侯列传》。

而自傲，没有采纳李左车的建议，结果使韩信的奇谋得逞，赵国灭亡，陈余被杀。韩信得知李左车的建议，立刻认定他是个不可多得的人才，下令汉军不得伤害此人，并决心将其收容麾下，悬出的赏格是："有能生得者购千金。"李被生俘后，韩信的礼贤下士之风使他心甘情愿地供其驱使，向韩信献出"不战而屈人之兵"的取燕良策：

方今为将军计，莫如案甲休兵，镇赵抚其孤，百里之内，牛酒日至，以飨士大夫醳兵，北首燕路，而后遣辩士奉咫尺之书，暴其所长于燕，燕必不敢不听从。燕已从，使喧言者东告齐，齐必从风而服，虽有智者，亦不知为齐计矣。如是，则天下事皆可图也。兵固有先声而后实者，此之谓也。①

收降李左车并采纳他的建议，就收到兵不血刃而取燕的结果，这就是统帅和谋士的相得益彰。"不战而屈人之兵"，是战胜敌军的最理想的结果。然而，能否在战争中取得此一理想的战果，需要各种条件的配合，其中最主要的是超过敌军的强大军力形成的泰山压顶的威势，以及示敌宽仁和游说之士的巧妙配合。韩信的招降燕国就是"不战而屈人之兵"的典范之作。当其时，韩信灭魏破赵，威震华夏，与赵国毗邻的燕国已经感受到汉军无形的威压，"不战而屈人之兵"的军事形势自然形成。处于战与降两难选择的燕国君臣肯定是惶惶不可终日，只要派出一个能言善辩的说客对燕国君臣晓之以理，示之以威，动之以利，他们就会乖乖接受投诚的条件。对此，韩信完全同意生俘的原赵国谋士李左车的建议，"从其策，发使使燕，燕从风而靡"②，这是韩信审时度势、运筹帷幄的杰作。

总之，韩信的军事生涯，既是他个人军事天才的一个完美展示，又是古代兵学遗产的一次辉煌弘扬。作为中国古代军事史上一个承前启后的伟大人物，他的战略战术思想沾溉了此后两千多年的中国将帅。

（原载《中国古代著名军事家评传》，齐鲁书社 2013 年版）

① 《史记·淮阴侯列传》。

② 《史记·淮阴侯列传》。

齐鲁思想家与秦朝政治

一

众所周知，秦国自商鞅变法以来，就形成了法制主义的传统，在思想文化领域中长期实行的是“以法为教”“以吏为师”的政策。但是，这并不是说秦国在其长时间的发展过程中丝毫不接受其他思想文化的影响。由于秦国与东方六国相比是一个文化不太发达、思想资源比较贫乏的国度，同时又在用人问题上一贯实行比较开放的政策，因而在官吏队伍中就有相当数量的外国客卿。这些客卿带着他们固有的思想意识来到秦国，在其行政过程中自觉或不自觉地传播着各自的意识或理念。在战国时期发荣滋长的齐鲁之学，以其强大的影响力、渗透力、浸润力，随着齐鲁思想家和学者作为客卿进入秦国的庙堂，必然产生潜移默化的影响。

在秦国统一全国后，齐鲁之学对秦朝政治影响最大的是墨学、黄老之学和阴阳五行学说。《韩非子·显学篇》称墨翟死后，墨家分而为三，有相里氏之墨、相夫氏之墨、鄧陵氏之墨。他们除一部分仍然在齐鲁活动外，不少人去了其他国家，其中秦、楚等国都留下了他们的足迹。据《吕氏春秋·去私》记载，有一个叫腹䵍的墨家钜子，此人里籍不详，但为齐鲁之人的可能性最大，因为墨家起源于鲁。他在秦惠王时来到秦国，任理官即法官。其子杀人，论刑当死。惠王曰：“先生之年长矣，非有他子也，寡人已令吏弗诛矣，先生之以此听寡人也。”腹䵍对曰：“墨者之法曰：‘杀人者死，伤人者刑。’此所以禁杀伤人也。夫禁杀伤人者，天下之大义也，王虽为之赐，而令吏弗诛，腹䵍不可不行墨者之法。”不许惠王而遂杀之。《吕氏春秋·首时》，《韩非子》

中的《外储说左上》《问田》等还记载了齐人墨者田鸠在楚、秦的故事。《吕氏春秋·去宥》也记载了墨者田姑果与另一墨者谢子在秦惠王面前争宠的故事。这说明墨子学说在秦国得到了传播。由于墨家"尚同"等思想和该学派勇武轻死的风尚与法家的精神容易找到契合点，所以墨家学派在秦国一直有着较大的势力，且对秦国当时和其后的政治与思想都产生了较大的影响。马非百先生评论说：

> 观惠王一代墨者之多，则墨者之学在秦已得有相当流行之地位，实可想见。居秦之墨，虽不免有排斥秦以外诸墨之事实，而其所具有之宗教精神，与秦之立法精神，根本上不唯不相冲突，而且适足以相反相成。秦人之所以保持其一贯的勇武轻死之风尚，数世有胜者，此种宗教精神之传布于关中，未始非其一极重要之原因也。惠王以后墨者在秦发展情形如何？今已不能详知。然吾观吕不韦书，其中称述墨家之道者，实不在少。此自是吕氏宾客中之墨者之徒所执笔。然则墨学在秦，直至吕不韦当政时期，犹未稍衰矣！[①]

显然，墨家学派虽然诞生于齐鲁，但其在政治上发挥最大影响的地方，却是三秦。

黄老之学也是对统一其后的秦朝发生重大影响的学派。司马迁父子将其定名为道家，熊铁基将其定名为"新道家"[②]。郭沫若认为其诞生地为齐："黄老之术，值得我们注意的，事实上是培植于齐，发育于齐，而昌盛于齐的。"[③]丁原明则认为黄老之学分南北两支。[④] 秦统一前，黄老之学对秦国的影响突出表现在《吕氏春秋》一书中。《汉书·艺文志》将该书定位"杂家"，不少学者认同这种定位，但也有学者认为该书不应该定为"杂家"，而应该定位为"新道家的代表作"[⑤]。不论怎么说，《吕氏春秋》中展现了不少黄老之学则是一个铁定的事实。其基本特点是"以道德为标的，以无为为纪纲"，"采

① 马非百：《秦集史》(上)，中华书局1982年版，第346页。
② 熊铁基：《秦汉新道家》，上海人民出版社2001年版，第5、9章。
③ 《郭沫若全集·历史编》，人民出版社1982年版，第155～156页。
④ 参见丁原明：《黄老学论纲》，山东大学出版社1997年版，第2、3章。
⑤ 参见熊铁基：《秦汉新道家》，上海人民出版社2001年版，第5、9章。

儒、墨之善，撮名、法之要”[1]，恰恰显示了黄老之学的灵魂。后来，由于吕不韦牵进嫪毐一案被诛灭，他为未来统一的秦王朝设计的统治思想也被秦始皇一起抛弃了。但是，由于吕不韦在秦国任丞相十多年，他不遗余力宣扬的黄老思想对秦始皇及其治下的秦朝统治还是产生了潜移默化的影响。所以，尽管秦朝统一全国后大力张扬法制思想，黄老之学的影响还是有所彰显。有的学者在《秦刻石文》中就发现了这种影响的痕迹。如其中有“体道行德”就是黄老之学惯用的概念：

今皇帝并一海内，以为郡县，天下和平。昭明宗庙，体道行德，尊号大成。

再如对秦始皇的歌颂用了大量的“圣”字，“圣法”“圣治”“圣烈”“圣志”，还用了“秦圣”这样的专称。这种“圣人”“圣治”的观念实际上是从《道德经》那里移植过来的：

大圣作治，建定法度，显著纲纪。

圣法初兴，清理疆内，外诛暴强。……后嗣循业，长承圣治。群臣嘉德，祗诵圣烈。

秦圣临国，始定刑名，显陈旧章。……圣德广密，六合之中，被泽无疆。

皇帝躬圣，既平天下，不懈于治。……远近毕理，咸承圣治。[2]

不过，黄老之学对秦始皇的影响比之法家学说毕竟小得多，并且也不是他的自觉选择，但这也正说明黄老思想润物细无声的能力与特点。

对秦始皇及秦朝政治影响较大的，除法家思想外，再就是阴阳无行学说了。阴阳五行学说在中国很早就产生了，一开始是五行自五行，阴阳自阴阳。最早提到五行的是《尚书·甘誓》：“有扈氏威侮五行，怠弃三正。”其后《尚书·洪范》第一次讲到五行的物理性能。周朝太史伯则明确指出五行是构成物质世界的基本元素：“故先王以土与金、木、水、火，杂以成百物。”后来，五行学说在发展中产生了阴阳学说周朝的伯阳父最早提出阴、阳是矛盾运动着的物质之气：

---

① 熊铁基：《秦汉新道家》，第5、9章。

② 《史记·秦始皇本纪》。

阳伏而不能出，阴迫而不能烝，于是有地震。今三川实震，是阳失其所而镇阴也。①

阳失而在阴，川源必塞，源塞，国必亡。夫水土演而民用也，水土无所演，民乏财用，不亡何待！②

显然，最早的阴阳学说具有朴素辩证法因素，最早的五行学说具有朴素唯物论因素。此二种学说发展到战国时代，被齐国稷下学派的邹衍加以综合引申，形成了较完整的阴阳五行学说。邹衍一方面利用五行的物理性能，将木、火、土、金、水之间的关系说成是比相生、间相胜（又叫"相克"）的关系，一方面又将此种关系推衍到社会领域，认为五行就是五德，每一个王朝都有其相对应的德，王朝更替就是依照五行相克的顺序所进行的五德转移，即土克水、木克土、金克木、火克金、水克火、循环往复以至无穷。邹衍的著作没有完整留下来，他的思想散见于他同时代以及后来的一些著作中。吕不韦的门下客中显然不乏阴阳五行学者，因而在《吕氏春秋·应同》中就比较完整地保留了邹衍的"五德终始"说：

凡帝王之将兴也，天必先见祥乎下民。黄帝之时，天先见大螾大蝼，黄帝曰："土气胜。"土气胜，故其色尚黄，其事则土。及禹之时，天先见草木秋冬不杀，禹曰："木气胜。"木气胜，故其色尚青，其事则木。及汤之时，天先见金刃生于水，汤曰："金气胜。"金气胜，故其色尚白，其事则金。及文王之时，天先见火赤乌衔丹书集于周社，文王曰："火气胜。"火气胜，故其色尚赤，其事则火。代火者必将水，天且先见水气胜。水气胜，故其色尚黑，其事则水。③

吕不韦将五德终始说纳入自己的思想体系，无疑是告诉未来统一中国的君王嬴政，他统一全国后所建立的朝代当水德之运。吕不韦可能因为自己没有看到他全心全意辅佐的嬴政完成统一大业而抱恨终天，但他可以含笑于九泉的是，嬴政成为统一中国的皇帝之后，在秦朝的当运问题上，完全执行了"仲父"的遗志。

---

① 《国语·郑语》，上海古籍出版社1985年版。

② 《国语·周语》。

③ 许维遹：《吕氏春秋集释》，中华书局2016年版，第245页。

始皇二十六年(前221年),秦始皇扫灭六国,从更完整的意义上实现了中国的统一。当年,他就宣布自己的王朝当“水德”之运,并使正朔服色与之相匹配:

> 始皇推终始五德之传,以为周得火德,秦代周德,从所不胜。方今水德之始,改年始,朝贺皆自十月朔。衣服旄旌节旗皆上黑,数以六为纪,符、法冠皆六寸,而舆六尺,六尺为步,乘六马。更名河曰德水,以为水德之始。刚毅戾深,事皆决于法,刻削毋仁恩和义,然后合五德之数。于是急法,久者不赦。①

这里,秦始皇将五德之运的水德与自己实行的法制紧密结合起来,“以法为教”“以吏为师”,继续推行战争年代实行的残酷的剥削压迫政策,其结果是迅速激化了阶级矛盾和社会矛盾,引发了大规模的农民起义和农民战争,致使秦朝二世而亡,成为中国历史上最短命的王朝之一。墨学、黄老之学和阴阳五行学说,都是战国时期齐鲁思想家创造的学术流派,它们在战国中后期先后传入秦国,并在不同程度上受到秦朝统治者的青睐。但其命运却各不相同:墨学逐渐与法家合流并在秦以后泯灭了自己的旗帜;黄老虽然对秦朝君臣的思想与政治有所影响,但比较微弱;只有阴阳五行学说特别是五德终始的理论,被秦始皇堂而皇之地运用和标榜,从而给秦朝的政治打上鲜明的印记。然而,由于五德终始与法家思想联姻并成为秦王朝严酷统治政策的理论支撑,它在秦朝所起的作用并不是积极的。不过,五德终始学说作为一种循环论和命定论的历史观念,对秦以后的中国社会产生的影响还是巨大而深邃的。这种历史观念影响着一代又一代的思想家和史学家,使之在对历史和社会的认识上脱不出循环论的窠臼。这种历史观更影响着一代又一代的封建王朝的当国者,使之在心目中总是有一个挥之不去的“运”的影子。其实,这个“五德之运”只不过是邹衍的任意杜撰,没有任何科学根据。所谓黄帝土德、夏朝木德、商朝金德、周朝火德,更是邹衍随心所欲地编排,在商、周的文献中找不到一点蛛丝马迹,当时的当国者自然也没有这种意识。然而,自邹衍杜撰出这个“五德之运”以后,特别是秦始皇自认为当“水运”之后,历代王朝都或明或暗地寻觅自己的所当之运,而皇帝的

---

① 《史记·秦始皇本纪》。

诏书都以“奉天承运”开头，他们陵前的神道碑也一律以此四字显示自己历史的正当性。

二

齐鲁思想家对秦朝政治的影响，还表现在博士与方士一度在秦朝政坛上的活跃。

春秋战国时期的文献中已有“博士”出现，不过，最早出现的“博士”只是对儒家博学之士的一种尊称，还不是官职的名称。大概到战国末期，齐、魏、秦等国开始设置博士官，由是博士就由对博学之士的泛指变成了官职名称。如以滑稽闻名的大文学家淳于髡，就是齐威王时的博士。西汉贾山的祖父贾怯就曾做过魏国博士的弟子①，可见那时魏国已经有了博士官。秦始皇二十六年（前 221 年）刚完成统一大业，就命群臣为之议帝号，有博士参与其中，这说明秦在统一六国前就已经有博士官的设置。

秦朝统一后，博士官队伍不仅被保留下来，而且有扩大之势。秦始皇时有博士 70 多人，二世时有博士 30 多人。据统计，秦时博士有姓名可考者 12 人，其中大部分为儒家学者，大都应该出自齐鲁。如事迹较著的周青臣、淳于越、伏生、叔孙通，除周青臣籍贯不可考外，其余三人皆为齐鲁儒生。

秦朝的博士是奉常的属官，直接管理他们的是博士仆射。周青臣即任过此官。博士的秩级虽不高，但由于他们是“博古通今”之士，在秦朝具有比较特殊的地位。他们能够参与皇帝主持的御前会议，对重要军国大事发表自己的意见。据文献记载，秦朝博士的主要职责是议政、制礼、管理国家图书，并随时听从皇帝召唤或陪侍出巡，以便对皇帝提出的问题提供咨询意见。如《史记·秦始皇本纪》记载，始皇二十六年（前 221 年）议帝号，二十八年（前 219 年）议封禅，三十四年（前 213 年）议分封，二世元年（前 200 年）议讨伐陈涉起义军，博士们都是参加了的。二十八年，秦始皇巡衡山、南郡，沿江至湘山，“逢大风，几不得渡”，他问博士“湘君何神”？博士答以“尧女，舜之妻”，他于是怒而使刑徒三千“伐湘山树”。三十七年（前 210 年），秦始皇

① 参见《史记·秦始皇本纪》。

至琅琊,“梦与海神战”,即命博士为之占梦。这都算“备顾问”的例子。由于儒家博士大都精通古代礼制,在秦朝统一全国后的制礼活动中,他们肯定扮演了重要角色。叔孙通在西汉初年毛遂自荐为汉高帝制定朝仪,就因为他对秦朝礼制非常熟悉,因而能够胜任此项工作。博士们的另一项重要职掌是典藏图书。中国古代王朝典藏图书具有较悠久的历史,“惟殷先人,有册有典”,说明商朝已经大量典藏图书。周朝继之,典册更加丰富。老聃担任的周室守藏史的官职就近似于后世的国家图书馆馆长。秦朝在统一六国的过程中,将大量各国珍藏的图书汇集咸阳,学识渊博的博士们自然也就成了这些图书的管理者和使用者。李斯建议“焚书”时判定的被焚对象是“非博士官所职的《诗》、《书》、百家语”,这说明博士们管理与使用的图书不在焚毁之列。

秦朝设立博士官,应该说给以齐鲁儒生为主的知识分子找到了一个用武之地,如果秦始皇父子能够充分利用博士们之所长,放手让他们议论政事,汲取有益的建议意见,就能使自己的重大决策减少失误,同时还能利用他们的专业知识,进一步加强秦朝的礼制建设和文化教育事业。这就可以在一定程度上补法家思想之偏狭,纠正法家指导下的政策之弊。然而,秦始皇父子在政治实践活动中不仅未能充分发挥博士们的作用,而且一步步走上了与他们分道扬镳之路。本来,以齐鲁儒家知识分子为主,几乎汇集了战国百家争鸣中各学派代表人物的博士们,面对大一统的政况国势,是以满腔热情为秦王朝服务的。因为他们原来就比较明了中国走向统一的大势,对统一后的政治制度、礼乐制度、文化教育事业都有自己的想法和建议,他们积极参政议政,在一些重大问题上毫无保留地贡献自己的意见,以求对新王朝的各项事业建设贡献自己的力量。始皇二十六年(前 221 年),博士们参与议定皇帝名号之事,确定秦朝当水运。在这次御前会议上,丞相王绾提出了封王皇帝诸子的建议:“诸侯初破,燕、齐、荆地远,不为置王,毋以填之。请立诸子,唯上幸许。”[①]这个建议其实反映了博士们的观点。该建议由于李斯的反对,没有得到秦始皇的首肯。但无论是王绾还是博士,他们提出此项建议都出于主观忠于秦朝的真诚,目的是为了秦朝的长治久安,不存在丝毫

---

① 《史记·秦始皇本纪》。

的恶意。后来西汉王朝在地方实行郡国并行制，显然是力图纠正秦朝单纯实行郡县制的弊端。始皇三十四年(前 213 年)，在秦始皇于咸阳宫举行的一次盛大宴会上，有 70 位博士为秦始皇祝寿，他们的长官仆射周青臣大肆颂扬秦始皇的功德：

他时秦地不过千里，赖陛下神灵明圣，平定海内，放逐蛮夷，日月所照，莫不宾服。以诸侯为郡县，人人自安乐，无战争之患，传之万世。自上古不及陛下威德。[①]

这里周青臣对秦始皇的颂扬并不是一味违心的阿谀奉迎，其中既不乏主观的忠诚，所颂扬的内容也基本符合事实。当然也有虚誉的成分。周青臣的言论说明，在 70 位秦博士中，至少有一部分人心悦诚服地接受了秦王朝的统治，对它建立的制度和实行的政策都是毫无保留地衷心拥护的。周青臣的颂扬自然使秦始皇龙颜大悦。博士淳于越对周青臣的阿谀之词十分不满，于是斗胆出来大唱反调：

臣闻殷周之王千余岁，封子弟功臣，自为枝辅。今陛下有海内，而子弟为匹夫，卒有田常、六卿之臣，勿辅拂，何以相救哉？事不师古而能长久者，非所闻也。今青臣又面谀以重陛下之过，非忠臣。[②]

这里淳于越的言论基本上重复了丞相王绾八年前的意见。他的话尽管在秦始皇听起来有点刺耳，但其出发点仍然是为了巩固秦王朝的统治。不料李斯以此为借口，大讲言论自由的害处，并提出了“焚书”和一套钳制言论的建议。以此为标志，博士们发现他们面对的舆论环境已经变得越来越阴森可怖了。第二年，又发生了“坑儒”的惨剧。被坑杀的 460 多个儒生中可能有一部分博士。二世元年(前 209 年)，当陈涉、吴广起事的消息传到咸阳后，二世召集博士儒生 30 余人谋议，多数博士儒生主张重视此事，立即派大军严厉镇压。但这些人的回答不符合二世的意愿而遭到惩罚。此后，秦王朝在反秦起义军的猛烈打击下朝不保夕，博士们各自选择自己的出路：有的如叔孙通毅然投奔起义军，为推翻秦王朝的统治做出了自己的贡献；有的如伏生，逃回故乡聚徒讲学；也可能有一些人忠于秦王朝到底，最后随子婴一起

① 《史记·秦始皇本纪》。
② 《史记·秦始皇本纪》。

向刘邦为首的起义军投诚了。

从现有文献资料看，秦朝多达70余人的博士队伍是一个比较复杂的知识分子为体。这一群体大概包括战国时代“百家争鸣”中所有学派的代表人物，但以出身于齐鲁的知识分子为主。他们从不同的领域，通过各种途径，可能主要是征召，进入秦王朝的庙堂。这些人是当时中国知识分子的代表，是非常宝贵的一笔财富。作为思想文化的载体，在秦王朝的各种制度、礼乐，特别是文化教育建设中，他们的重要作用是不可替代的。而在这些领域中，他们也的确发挥了重要的作用。在秦始皇、二世和李斯等秦朝当权派看来，博士们是秦王朝征召的官员，他们必须完成他们应该完成的本职工作。对于他们遇事则以其所学自由议论的风气十分不满。可是，由于博士们中的大部分人都经历过“百家争鸣”的洗礼，而齐鲁儒生出身的博士们又大都受过稷下学宫各学派自由辩诘风气的熏陶，他们对官员和学者定位的不同还缺乏清醒的认识，认为官场仍然是他们自由讲学的论坛，所以每逢议政，总是“夸主以为名，异取以为高”，以标新立异展示自己的学术风范。这就不能不与官场的“尚同”要求相冲突。同时，由于在战国时期的学术争鸣中儒、法就是两个对立斗争比较厉害的学派，儒家“祖述尧舜，宪章文武”，始终有一个“法先王”的情结，时时露出“师古”的意识，这与法家“法后王”“美新圣”的观念是很难协和的。因此，博士们与秦王朝当权派的冲突就不可避免。而冲突的结果也就可想而知：思想虽不一定屈从权力，但却在斗争中总是败给权力。始皇三十四年的“焚书”，三十五年的“坑儒”，使博士们目睹了当权者对思想文化的态度，又使他们亲身感受到对他们作为文化载体的态度。博士们明白，秦王朝新设博士官，征召有名望的知识分子担任此职，目的不是让他们展示自己的思想观念，而是要他们以自己的学识为这个统一王朝提供它需要的服务。对于在“百家争鸣”中习惯于自由表达思想的博士们来说，他们肯定感到别扭，觉得难以适应。除了个别博士适应秦王朝的要求并追随它到底外，大部分博士必定萌生去志。尤其是二世登基后，农民起义的烈火越烧越旺，博士们再也不愿守着一只即将沉没的漏船等待灭顶之灾。其中的大部分显然与叔孙通采取了同一立场，乘机溜走，自谋出路了。秦王朝建立博士官制度，给当时有名望的知识分子一个为国效力的机会，也使他们有了实现自我价值的途径。秦王朝统治者的初衷还是值得肯定、无可厚非的。然而，在后来的行政实践中，尽管博士们忠实履行自己的职责，为秦朝的制度建设和文化建设发挥了不可替代的作用，可是由于当权者与博士们在思想理念上存在矛盾，最后发生了激烈冲突，满腔热望而来的博士们最后不得不在惊恐不安中绝望而去。秦朝统治者对待博士的政策是失败的。本来，秦王朝以法家思想作为行政的指导思想极易走向激化阶级矛盾和社会矛盾，以齐鲁儒生为主的博士们所持“师古”“仁政”的理念有助于调和各种矛盾，两种思想可以互相补充，起到相辅相成的作用。如果秦朝统治者能够认识博士们的价值，充分发挥他们智库的作用，秦朝政治的法家色彩就可能会被冲淡，秦王朝的历史就可能是另一番面貌。对待博士政策的失误应该是秦朝二世而亡的原因之一吧。

与博士有密切关联、对秦朝政治产生较大影响的还有方士其人。方士这个群体大体可归于道家，是道家中热衷于长生术、神仙术的那一类人，他们大都产生于齐、燕之地。大概因为齐、燕之地黄老之学比较兴盛，加之面临大海，航海业发达，容易引发人们的遐想，于是产生对仙人、仙山及长生不死的向往，黄老一派道学中由是派生出方士一流人物。有些方士如卢生等成为博士，大多数方士活跃在民间，宣扬修仙、长生之术。这类方士有徐福、卢生、侯生、韩众、石生、黄公、茅蒙、茅盈、宋毋忌、正伯侨、充尚、羡门子高等，其中两个最著名的方士徐福和卢生都是齐人（卢生一说是燕人）。由于方士宣扬成仙和长生不老之术，迎合了秦始皇热望将人世的享受永远持续下去的心态，因而与秦始皇一拍即合，由此使方士们介入秦朝的政治活动并产生了巨大影响。始皇二十八年（前 219 年），秦始皇东巡至琅琊，齐方士徐福上书言海上有“三神山，仙人居之”，诱发了秦始皇寻仙山、求仙人的愿望，由此促成了徐福的远航。此后，一大批方士从四面八方汇集到秦始皇的身旁，诱使他采取了一系列的愚蠢行为。始皇三十二年（前 215 年），秦始皇巡行至碣石，“使燕人卢生求羡门、高誓”这两位传说中的古人，卢生就煞有介事地入海了。接着，他又派“韩终、侯公、石生求仙人不死之药”。以后秦始皇巡视北部国防前线，从上郡返回咸阳。这时，卢生在海上转了一圈之后，回咸阳复命。他当然不可能找到仙人和不死药，但必须奏报一个符合秦始皇意愿的话题。他估计秦始皇刚刚巡视过与匈奴接壤的北部边陲地区，肯定对匈奴的威胁十分关注，于是“奏录图书”，其中的谶语是“亡秦者胡也”。

这一谶语正好与秦始皇对匈奴的忧虑相契合，于是“胡”被指为匈奴，所以就有了秦始皇下令蒙恬率三十万大军北伐匈奴和修筑万里长城的壮举。这一举措尽管对于巩固边防不无积极意义，但也使广大百姓付出了生命和财产遭受巨大损失的代价。始皇三十五年（前 211 年），卢生又推出一个新招欺骗秦始皇，他装出百倍虔诚的样子对秦始皇说：

臣等求芝奇药仙者常弗遇，类物有害之者。方中，人主时为微行以辟恶鬼，恶鬼辟，真人至。人主所居而臣知之，则害于神。真人者，入水不濡，入火不热，陵云气，与天地久长。今上治天下，未能恬淡。愿上所居宫毋令人知，然后不死之药殆可得也。①

对卢生的一派胡言秦始皇居然深信不疑。他于是自称“真人”，“乃令咸阳之旁二百里内宫观二百七十复道甬道相连，帷帐钟鼓美人充之，各案署不移徙。行所幸，有言其处者，罪死”②。于是又一个劳民伤财的巨大工程夜以继日地进行了。此后，秦始皇隐秘自己的行踪，臣民们想见他比登天还难。这种自我封闭，使他无法了解最真实的社会情况，失去了对政况国势的真实感知，成了真正的孤家寡人，也就使他不可能转变政策缓和日益尖锐的阶级矛盾和社会矛盾。到他寿终正寝的时候，秦朝的鱼烂之局已经无法挽回了。

卢生为秦始皇出了以上的馊主意之后，也意识到逼近自己的危险，因为他们设计的觅仙人、寻仙药之类的骗局总有一天会暴露无遗。为了逃避惩罚，卢生和侯生只能悄悄地溜掉。以此为导火索，结果引发了“坑儒”的惨剧。

始皇三十七年（前 210 年），秦始皇最后一次出巡，游云梦，浮江而下，过丹阳，至钱塘，临浙江，观钱塘潮，上会稽，祭禹陵，然后渡江北上，再次来到琅琊。按理，方士卢生与侯生逃跑一案应该使秦始皇清醒并终止这个虐民害物的寻求仙人不死药的蠢行。可是，企望长留人世的欲念使他至死也未能清醒。在琅琊，第一次出海但却两手空空归来的徐福，又编造谎言说：“蓬莱药可得，然常为大鲛鱼所苦，故不得至。愿请善射与俱，见则以连弩射

① 《史记·秦始皇本纪》。
② 《史记·秦始皇本纪》。

之。"[1]再次轻而易举地骗取了秦始皇的信任，徐福于是在秦始皇巨大人力物力的支持下顺利地进行了他最后一次的不归航。

齐、燕方士虽然可以视为黄老道家的一个支派，但他们实在不过是其中的旁门左道。他们在学理上利用道家关于长生的理论和"真人"的神话，推行的不过是仙人仙药的低级骗术。他们利用秦始皇渴求长生的欲望以售其奸，诱使他干了许多劳民伤财的勾当。其中，除了徐福的远航在中外文化交流史，特别是中日文化交流史上具有积极意义外，其余的活动都是一些可恶可笑的蠢行，既不会给百姓带来丝毫实际利益，也不会有促进历史发展的进步作用，展示的不过是骗子的丑恶嘴脸和秦始皇的愚昧暴虐而已。令人发笑的是，雄才大略、智谋过人的秦始皇却一再上当受骗，身在骗中不知骗，被几个并不高明的骗子玩于股掌之中。其中的缘由，只能用渴望长生令智昏来诠释了。显然，方士及其所代表的思想文化只能算作齐鲁文化的糟粕，其对秦朝政治和社会的影响基本是消极的。

三

"孔子西行不到秦"，通常人们大都认为，儒学对秦朝的影响很小，或说基本是没有影响。这种看法并不完全符合实际。的确，孔子周游列国并未涉足秦国，在春秋儒学的初创阶段，其对秦国的影响显然是十分微弱的。到了战国时期，兴起了"百家争鸣"的思潮，各学派间展开了激烈的思想交锋，儒与墨、道、法诸家之间的辩诘尤为激烈。商鞅变法以后，秦国形成了法制传统，儒学在秦国很难得到迅速广泛的传播。不过，这并不等于说，儒学在秦国一点影响也没有。在战国时期列国间人员往来频繁的情况下，各种学说都会在国与国之间传播。儒家著名代表人物荀子曾涉足秦国，吕不韦的宾客中也有一批儒家学者，因而《吕氏春秋》一书中展现了不少儒学的观点。如民本思想："宗庙之本在于民。"[2]仁政观念："仁人之于民也，可以便之，无

① 《史记·秦始皇本纪》。

② 许维遹：《吕氏春秋集释》，第 257 页。

不行也。”[①]修齐治平的理论：“为国之本在于为身，身为而家为，国为而天下为。故曰：以身为家，以家为国，以国为天下。”[②]等等，以致有不少学者认为《吕氏春秋》的主导思想也是儒学。这表明儒学在秦国已经传播并产生了影响。秦王嬴政逼杀吕不韦，但并没有烧掉他主持编写的著作，也没有下令禁止其流布。全国统一后，秦王朝建立了博士制度，被征召担任博士的知识分子尽管万分复杂，可能包括各学派的代表人物，但就可考的博士里籍看，其大多数为齐鲁儒生。这些儒生参与议政，备顾问，制礼作乐，管理国家图书典册，自然也能宣传儒家思想，扩大儒学在秦国的影响。而刚刚完成全国统一的秦始皇，一开始对这种思想也表现了一种宽容的态度，自觉不自觉地吸纳各种思想为自己的新王朝服务。秦始皇在多次出巡中，都带着大批博士、儒生，以便随时就各种知识与古代礼仪向他们咨询。如到泰山行封禅大典，其仪式就主要听取了儒生们的意见。就是李斯这位法家代表人物，由于曾师从荀子学习儒家学说，也不能不接受儒学的某些思想影响。他为秦始皇撰写的那些石刻文字，也不时反映儒学的理念。如《泰山刻石》文：

> 贵贱分明，男女礼顺，慎遵职事。昭隔内外，靡不清净，施于后嗣。[③]

《琅琊台刻石》文：

> 皇帝之明，临察四方。尊卑贵贱，不逾次行。奸邪不容，皆务贞良。……端直敦忠，事业有常。[④]

《会稽刻石》文：

> 饰省宣义，有子而嫁，倍死不贞。防隔内外，禁止淫泆，男女絜诚。夫为寄豭，杀之无罪，男秉义程。妻为逃嫁，子不得母，咸化廉清。[⑤]

显然，这些内容宣扬的主要是儒家的礼义道德。这表明，秦王朝对儒学的内容在一定程度上是吸纳和兼容的。

应该看到，儒学所倡导的仁义道德、等级秩序以及修齐治平、内圣外王的思想观念，对于实现统一、进入和平发展阶段的秦王朝来说，是一种比较

---

① 许维遹：《吕氏春秋集释》，第518页。

② 许维遹：《吕氏春秋集释》，第408页。

③ 《史记·秦始皇本纪》。

④ 《史记·秦始皇本纪》。

⑤ 《史记·秦始皇本纪》。

适合的理论。如果秦王朝能够自觉地认识和运用这些理论，对于维护自己统治的长治久安是有益的。然而，正如上面已经指出的，秦始皇、李斯等秦王朝的当权派，继承的是“以法为教”“以吏为师”的法制传统，他们对儒学某些理念的吸纳并不是出于理性的自觉，并且，法家学说对儒学的不少内容是采取批判和排拒态度的。而在刚刚统一的秦王朝，大批儒家知识分子还没有改造到完全适应的状态，他们往往遇事张扬其学派意识，对秦王朝的各项制度和政策进行肆无忌惮的批评。如此一来，思想上的冲突就不可避免，再加上方士们参与其中，就使冲突最后酿成了“焚书坑儒”的惨祸。

“焚书坑儒”是秦始皇政治生涯中的一件大事，是中国统一的封建王朝实行文化专制主义的第一件“杰作”。无论怎么说，它都是毁灭文化的空前惨烈的暴行，是丝毫也不值得肯定的。首先，“焚书坑儒”是史有明载的事实。有人认为它对中国典籍的破坏作用不大，最大的破坏是项羽的火烧咸阳宫。其实，两者都是对文化的浩劫，而秦的焚书更甚于项羽的焚宫。因为藏于民间的文化典籍的数量肯定超过秦宫的收藏。两次大火使一部分典籍永远消失，这对中国古代文化的破坏是永远无法弥补的。西汉时期的献书虽然使一部分典籍重见天日，但焚掉的却永远无法复活了。有人认为所坑之儒主要是方士，都是文成、五利之类骗子，坑之无损于文化，在一定程度上甚至可以说是扫恶除秽的一件好事。应该承认，在所坑的460余人中，的确有卢生、侯生之类的江湖骗子，这类人欺世盗名，引诱秦始皇干了许多劳民伤财的蠢事。秦始皇迁怒于他们，坑杀几个是毫不足惜的。但是，被坑杀的绝大多数人不会都是方士，而是以儒生为主兼有其他学派代表人物的一个知识分子群体。因而从总体上看，坑儒与焚书一样都是一种摧残文化的野蛮行径。

其次，秦王朝与以儒生为代表的知识分子的冲突具有深刻的时代原因。秦国自商鞅变法以后，形成了悠久的法制传统，较早建立了专制主义中央集权的行政体制。秦始皇武力统一的成功，进一步使之坚信法家理论的正确性，加之秦国较少受到“百家争鸣”的思想洗礼，就使统一后的秦始皇君臣不习惯，甚至厌恶知识分子的自由辩论之风。他们要求知识分子群体中人不管来自何方，有什么学派背景，必须绝对地无条件地“尚同”到秦始皇的政治法律制度。秦始皇的这种要求显然与儒生们的理念、习惯相冲突。上面已经提到，秦博士中的儒生绝大部分来自齐鲁，而齐鲁从春秋中期到战国时代的三百多年中，一直是中华文化的中心。孔子在鲁国首创儒学，教育出大批弟子，为儒学的勃兴，也为百家争鸣思潮的勃兴，立下了“金鸡一鸣天下晓”的首功。战国时期，稷下学宫汇集了当时中国的几乎所有学术流派，大师辈出，名流云集，成为“百家争鸣”的学术中心。他们被征召到咸阳的宫廷，在感觉上却以为到了第二个稷下学宫。因而面对秦朝的制度和政策时，他们习惯于以自己学派的理论审议其对错、真假，大言炎炎，百无禁忌，议论生风。儒生们不知道，秦始皇、李斯已经不是齐威王、齐宣王。儒生们的职责是歌功颂德和在知识上提供服务。而此时的儒生还停留在“百家争鸣”的岁月，大部分人都还没有完成角色转换。

最后，还应该看到，不管秦王朝实行此一措施有多少理由，焚书坑儒都是暴行和蠢行，都是其知识分子政策的重大失误。以齐鲁儒生为代表的知识分子，从战国时期的列国林立状态汇集到统一的秦帝国的庙堂，除少数隐居岩穴的清高之士外，绝大部分都愿意以自己的知识技能为秦王朝服务。观其在战国时期风尘仆仆奔走列国间择主而事的情况，就说明他们对服务对象的选择是不分国别的。条件仅仅是是否信任自己、自己值不值得为之服务。因此，如何调动这批知识分子的积极性，充分发挥他们的聪明才智为秦王朝的经济文化教育事业的发展贡献力量，应该是秦朝知识分子政策着力解决的问题。可惜秦始皇、李斯在此问题上完全采取了错误的政策。第一，秦始皇与李斯没有从思想上认识知识分子，尤其是儒生和儒学的重要性，根本不了解“逆取顺守”的真理，不了解儒学在和平时期维护稳定秩序的重要作用。在全国已经统一，历史已经转入发展经济和文化的和平时期，仍然坚持战争年代即夺取政权时期的指导思想和用人政策。其所重用之人，非好大喜功之武夫，即刻薄寡恩之狱吏。他们顽固地坚持法家思想，只能将秦朝的政策推向对内残酷压榨、对外穷兵黩武的绝路。第二，无论从什么角度看，焚书坑儒都只能是一次空前的愚蠢和野蛮的暴行。它既是战国时期“礼贤下士”之风的反动，也是对“百家争鸣”学术思潮的扼杀，是中国思想文化史上的一次大倒退，它所造成的损失是无法弥补的。

秦始皇和李斯满以为，通过“焚书”可以统一人们的思想，朝野再也不会发出与统治思想不同的声音；通过“坑儒”能够从肉体上消灭持不同政见的知识分子，朝野再也不会有人犯上作乱了。然而，与秦始皇和李斯的愿望相反，“焚书”并不能将持不同政见者一网打尽。这一暴行,彻底打掉了儒生们对秦王朝的最后一点幻想,使之产生了对秦王朝的不共戴天的仇恨。大概除了周青臣之类少数死心塌地地拥秦分子之外,绝大部分在朝与在野的儒生们都放弃了与秦朝继续合作的愿望。博士与诸生中的劫后余生者,有的相继逃出咸阳,有的虚与委蛇,而更多的在野者则彻底打消了出仕秦朝的念头。当秦末农民战争的烈火燃起的时候,儒生们便公开地站到了秦王朝的对立面,勇敢地投入起义队伍,与造反的农民相结合,变成了反秦的重要力量。孔子的八世孙孔鲋(甲),怀抱礼器,毅然投奔陈涉,被任为博士,最后与陈涉一同死难。博士叔孙通、御史张苍等人也由秦朝的官吏投降起义军,后来成为西汉王朝的开国功臣。历史的发展往往与当权者的愿望背道而驰。当焚书的烟焰还没有散尽,儒生们的鲜血还在渭水之滨汩汩流淌的时候,东方的原野上已经响起了人民反秦的怒吼。秦始皇和他的王朝为自己的野蛮举措付出了最高昂的代价,这就是秦朝的二世而亡和嬴姓家族的绝嗣灭宗。唐人章碣写了一首咏史诗:

竹帛烟消帝业虚,关河空锁祖龙居。
坑灰未冷山东乱,刘项原来不读书。

诗中慨叹“焚书坑儒”事与愿违,秦始皇坑杀了非议其政的儒生,但他的王朝却被两个不读书的浑小子领导的起义大军送进了坟墓。

齐鲁儒生以博士和诸生的身份大批进入秦王朝的庙堂,希冀为之服务的初衷,最终以“焚书坑儒”画上了句号。但他们没有悲观,没有消沉,有的继续讲学,传授儒家经典,延续儒学的香火;有的投入反秦的武装力量,寻找重新走向政坛的新机遇。

(原载《齐鲁文化研究》第三辑,山东大学出版社 2004 年版)

忽视道德教化：秦王朝灭亡原因的文化视角

在中国古代历史上，由于忠、孝、节、义的教育深入人心，因而在大多数封建王朝灭亡的时候，差不多总有几个或一批臣子为这个王朝殉节，从而给这个王朝的灭亡增添一点悲壮的行色。例如，当南宋被蒙古铁骑灭亡的时候，既有李庭芝、姜才、张世杰等臣子领导的汉族军民的拼死抵抗，又有陆秀夫背负小皇帝赵昺毅然蹈海而死的壮烈之举，还有在大都被羁押三年的文天祥面南而跪与故国诀别的从容就义。当明朝的首都北京被北李自成领导的农民军攻破的时候，陪同崇祯皇帝吊死于煤山老槐树上的还有一个司礼太监王承恩。而当八旗劲旅向江南推进的时候，遇到的是南明小朝廷旗帜下汉族军民前赴后继的抵抗，出现了史可法、阎应元、陈明遇、张煌言等一系列殉国者的名字。三国末，当兵微将寡的蜀汉政权面对魏军的凌厉攻势即将灭亡之时，诸葛亮的儿子诸葛瞻和孙子诸葛尚率军在绵竹誓死抵抗，拒绝投降，最后双双战死疆场；而当这个政权被魏军灭亡、后主刘禅毫无愧疚地俯首而降的时候，他的年幼的第四个儿子刘湛还以自杀殉国，为这个政权送上了悲恸的挽歌。即使以篡政而立的王莽新朝灭亡的时候，也还有王邑父子、王巡、王揖、赵博、唐尊、王盛和千余名卫士为保卫王莽在渐台与起义军进行惨烈的搏战，最后全部战死。与上述形成鲜明对照的是，当历史上空前统一、强大的秦王朝在公元前206年十月被刘邦率领的十万大军灭亡的时候，为这个王朝送行的是自缚的秦王子婴和他命人抬着的棺材，全朝上下，竟然找不到一个殉节的臣子，从而使这个不久前在中国历史上演出过英雄史诗的王朝的落幕显得特别的悲凉和寂寞。原因何在？历史学家可以给出许多答案，但有一点大概可以达成共识：秦始皇和他的王朝只用利益，而且是个人私利来规范君臣关系，从来不进行道德教化。如此一来，道德在同私利博弈的时候只能节节败退，最后落荒而逃。

让我们回溯秦王朝从建立到灭亡的十五年岁月，看看这个王朝的君臣们在国家社稷与个人利益冲突时的抉择吧。

先看武将。秦朝统一后，第一号武将是蒙恬，他理所当然地被秦始皇任命为防守长城一线的三十万大军的统帅。秦始皇死后，他和弟弟蒙毅成了赵高、胡亥和李斯共同策划的宫廷政变的牺牲品，除了等待死亡的命运外，他们已经失去了选择的权力。秦末农民起义爆发后，蒙恬遗下的部队由王离、苏角和涉间统帅南下参加镇压农民起义军的军事行动。在巨鹿战场上，他们在还意识不到农民军胜利的前景下投入了对农民军的战斗，结果一个被俘，一个被杀，一个自焚而死。他们没有选择投诚并不能证明他们没有投降的意识，而是因为农民军当时没有给他们提供投诚的空间。第二号武将是章邯。此人是率领秦军主力与农民军对战的一号人物，曾经取得了打垮陈涉起义军和突袭定陶、杀死项梁的胜利。巨鹿之战后，尽管他手上还有二十多万训练有素的大军，继续与农民军战斗仍然有取胜的希望，但他选择了投降。使他做出这一抉择的原因是个人利益战胜了他对秦王朝的忠诚。而促使他下最后决心的是长史司马欣的一段话和陈余的一封信。司马欣回咸阳汇报战况被赵高和二世皇帝拒见后逃回前线。他对章邯说："赵高用事于中，下无可为者。今能战胜，高必疾妒吾功；战不能胜，不免于死。愿将军孰计之。"这就是说，胜与不胜，都没有他们的好果子吃。这时，个人利益已经动摇了章邯对秦朝的忠诚。恰在此时，陈余的一封书信摆到了他的面前：

白起为秦将，南征鄢郢，北坑马服，攻城略地，不可胜计，而竟赐死。蒙恬为秦将，北逐戎人，开榆中地数千里，竟斩阳周。何者？功多，秦不能尽封，因以法诛之。今将军为秦将三岁矣，所亡失以十万数，而诸侯并起滋益多。彼赵高素谀日久，今事急，亦恐二世诛之，故欲以法诛将军以塞责，使人更代将军以脱祸。夫将军居外久，多内隙，有功亦诛，无功亦诛。且天之亡秦，无愚智皆知之。今将军内不能直谏，外为亡国将，孤特独立而欲长存，岂不哀哉！将军何不还兵与诸侯为从，约共攻秦，分王其地，南面称孤；此孰与身伏鈇质，妻子为戮乎？[1]

在这封信中，陈余用以拨动章邯心弦的不是道德，而是赤裸裸的生死存亡的个人利益。不过直到此时，章邯还没有下定投降的决心。使他犹豫不决的自然不是道德的考量，仍然是个人利益得失的权衡。就在他犹豫难决时，农民军又给了他几次重大打击，这促使他下定了最后的决心，于是才有了二十多万秦军在殷墟向农民军归服的一幕。其实，此时农民军的力量也已经山穷水尽，他们的粮食几近告罄，再也无力向秦军发动新的进攻了。章邯只要再坚持一下，迅速脱离与农民军的接触转向关中退却，他仍然有重整旗鼓的可能。然而，背叛曾经给他巨大荣华富贵的秦王朝，选择能够保住性命的投降，是符合章邯的思想逻辑的。后来，章邯和其他两个秦军将领司马欣、董翳以二十万投诚秦军的被坑杀以及对秦朝的背叛为代价，从项羽那里讨得封王的实惠。其实，他们的个人利益并没有得到他们想象的满足。在不久之后进行的楚汉战争中，他们因追随项羽而付出了生命的代价。

其他秦军将领的表现又如何呢？看看刘邦西进路上的情况吧。

公元前207年十月，刘邦率领不足万人的起义军自彭城出发向咸阳进发。破城阳（今山东菏泽北），战成武（今属山东），攻昌邑（今山东金乡），下高阳（今河南杞县境），进军陈留郡城（今河南开封南）。守着大量粮秣军资的陈留郡守，经审食其一番劝说，立即开城投降。之后，在开封（今河南开封西南）、白马（今河南濮阳）、曲遇（今河南中牟境）、颍阳（今河南禹县南）、平阴（今河南洛阳北）等地，又经过并不激烈的战斗，占领了这些地方。再后，转向西南方向进军，在犨（今河南鲁山东南）打败南阳郡守吕齮指挥的秦军，包围南阳郡城（今河南南阳）。在该郡舍人陈恢的劝说下，吕齮开城归顺。接着，所经之地望风披靡。七月，起义军兵不血刃，就占领了丹水（今河南淅县境）、析（今河南西峡县）、郦（今河南南阳北）、胡阳（今河南唐河北）等城。八月，攻破武关，打开了从南面通向咸阳的门户。九月，起义军兵临峣关（今陕西蓝田县境）。张良了解到守关秦将出身商人，就建议刘邦一面遣郦食其、陆贾前去说降，一面派将士绕过峣关，翻越蒉山，从关后突袭占领关城。显然，是秦军守关将士在忠于秦朝还是固守自己利益的犹豫，使他们失关毙

---

[1] 《史记·项羽本纪》。

命。此关一失，关中已经无险可守，面对兵临咸阳的起义军，秦王子婴为了保命，也只有投降一条路可走了。

以上史实表明，在巨鹿之战前，秦军的武将、地方守尉在相信秦军能够战胜起义军的前提下，还是同起义军打了一些硬仗、恶仗。他们这样做，与其说是出于对秦王朝的忠诚，倒不如说是为了守护秦王朝给予他们的富贵利禄。巨鹿之战以后，秦王朝灭亡的征兆已经显现，再为它继续卖命已经不能守护自己的生命财产了，所以就出现了愈演愈烈的投降风潮。

再看文臣。秦始皇寿终正寝时，李斯正做"百官之首"的丞相，然而，在将其一路推升的君王尸骨未寒之时，他就变成了这位君王"遗诏"的背叛者，参与了由赵高一手导演的"沙丘政变"。

秦始皇这个人一生发疯般地追求长生不老，所以生前根本就没有立太子的打算。及至死亡临头，才想到安排后事，留下了"为玺书赐公子扶苏曰：'与丧会咸阳而葬'"[①]这个"遗诏"。尽管这个"遗诏"没有明确由扶苏继承皇位，但按照西周以来形成的嫡长子继承制的传统，扶苏应该顺理成章地成为二世皇帝。对此，时任中车府令的赵高心如明镜。他虽然在秦始皇生前得到了这位君王的绝对信任，可到秦始皇一死，他就立马翻脸，决定背叛他的君王。使他毫不犹豫地做出这一决定的纯粹是个人私利的驱动：扶苏即位，他现在的位子是否能够保住便是未知数，遑论更大的荣华富贵？而眼前的这个秦始皇最小的儿子胡亥尽管不是白痴，却可以成为自己手中的玩物。所以他决定做胡亥的工作。他启发胡亥说："上崩，无诏封王诸子而独赐长子书。长子至，即立为皇帝，而子无尺寸之地，为之奈何？"[②]胡亥没有听懂赵高的弦外之音，只是无可奈何地说："固也。吾闻之，明君知臣，明父知子。父捐命，不封诸子，何可言者！"显然胡亥准备接受"遗诏"的安排。赵高见他不开窍，干脆挑明："不然。方今天下之权，存亡在子与高及丞相耳。愿子图之。且夫臣人与见臣于人，制人与见制于人，岂可同日道哉！"话说到这个份上，胡亥还不无惧意地说："废兄而立弟，是不义也；不奉父诏而畏死，是不孝也；能薄而才谫，强因人之功，是不能也。三者逆德，天下不服，身殆倾危，社

① 《史记·李斯列传》。

② 《史记·李斯列传》。

稷不血食。”[1]赵高于是找出历史上弑君弑父的事例给予肯定的评价，以彻底击破胡亥的道德防线：

> 臣闻汤、武杀其主，天下称义焉，不为不忠。卫君杀其父，而卫国载其德，孔子著之，不为不孝。夫大行不小谨，盛德不辞让，乡曲各有宜而百官不同功。故顾小而忘大，后必有害；狐疑犹豫，后必有悔。断而敢行，鬼神避之，后有成功。愿子遂之。[2]

胡亥被赵高的似是而非的谬论折服了，他表面上有一点羞羞答答地同意了赵高的阴谋，实际上内心是十分高兴的，因为他也是一个长期在赵高训导下的绝对个人利益至上的人物。在个人利益与道德博弈的时候，道德很快就被私利吞噬了。二人密谋一就，赵高认为此密谋能否成功的另一个关键人物是时任丞相的李斯。得不到他的首肯，这个政变阴谋就不可能实施。因为秦始皇的“遗诏”必须由丞相副署才能发出，何况还是篡改“遗诏”这样的大事。不过赵高似乎对争取李斯参与已经成竹在胸，因为他对李斯这个人的思想脾性似乎已经摸透了。他找到李斯，试探说：“上崩，赐长子书，与会葬咸阳而立为嗣。书未行，今上崩，未有知者也。所赐长子书及符玺皆在胡亥所，定太子在君侯与高之口耳。事将如何？”[3]因为这是事发突然的大事，李斯没有思想准备，只能顺着从前一切唯秦始皇马首是瞻的思路行事，对赵高的提议断然拒绝：“安得亡国之言！此非人臣所当议也！”李斯的如此反映似乎早在赵高的意料之中，他既不生气，更不丧气，而是一连提出五个问题让李斯认真思考：“君侯自料能孰与蒙恬？功高孰与蒙恬？谋远不失孰与蒙恬？无怨于天下孰与蒙恬？长子旧而信之孰与蒙恬？”这五点比较一下子击中了李斯的软肋，他只得承认自己处于劣势并向赵高求教：“此五者皆不及蒙恬，而君责之何深也？”赵高见李斯渐入彀中，于是进一步开导说：

> 高因内官之厮役也，幸得以刀笔之文进入秦宫，管事二十余年，未尝见秦免罢丞相有封及二世者也，卒皆以诛亡。皇帝二十余子，皆君之所知。长子刚毅而武勇，信人而奋士，即位必用蒙恬为丞相，君侯终不

---

① 《史记·李斯列传》。
② 《史记·李斯列传》。
③ 《史记·李斯列传》。

怀通侯之印归于乡里，明矣。高受诏教习胡亥，使学以法事数年矣，未尝见过失。慈仁笃厚，轻财重士，辩于心而诎于口，尽礼敬士，秦之诸子未有及此者，可以为嗣。君计而定之。

这里赵高对胡亥的出格赞扬实际上是向李斯示意，胡亥这小子是秦始皇儿子中最易操控的人物，立他为新皇帝是我们可以任意摆弄的。不过，李斯听了赵高的点拨感到兹事体大，仍然拿不定主意："君其反位！斯奉主之诏，听天之命，何虑之可定也？"赵高再深一步说："安可危也，危可安也。安危不定，何以贵圣？"至此，李斯对赵高的意图虽然已经心知肚明，但对舍弃忠于君王的道德面纱还有思想障碍，不愿立即答应赵高的要求，理由是：

斯，上蔡闾巷布衣也，上幸擢为丞相，封为通侯，子孙皆至尊位重禄者，故将以存亡安危属臣也。岂可负哉！夫忠臣不避死而庶几，孝子不勤劳而见危，人臣各守其职而已矣。君其勿复言，将令斯得罪。

针对李斯的道德良心，赵高以"就变而从时"加以回应，同时告诉他"高能得志"即有成功的把握，要求李斯从速决断：

盖闻圣人迁徙无常，就变而从时，见末而知本，观指而睹归。物固有之，安得常法哉！方今天下之权命悬于胡亥，高能得志焉。且夫从外制中谓之惑，从下制上谓之贼。故秋霜降者草花落，水摇动者万物作，此必然之效也。君何见之晚？

话说到这里，赵高以为李斯应该开窍了。可是李斯还是期期艾艾，认为征诸历史，改易太子、兄弟争位、王室操戈都曾造成社稷倾覆的恶果，他很害怕这样的事情发生：

吾闻晋易太子，三世不安；齐桓兄弟争位，身死为戮；纣杀亲戚，不听谏者，国为丘墟，遂危社稷；三者逆天，宗庙不血食。斯其犹人哉，安足为谋！①

赵高看到李斯老是不愿突破道德防线，可能是有点面子上磨不开。但他明白，对李斯来说，个人及家族的身家性命、富贵利禄肯定是他首要考虑的问题。只要点到这里，他的道德防线就守不住了：

上下合同，可以长久；中外若一，事无表里。君听臣之计，即长有封

① 《史记·李斯列传》。

侯，世世称孤，必有乔松之寿，孔、墨之智。今释此而不从，祸及子孙，足以为寒心。善者因祸为福，君何处焉？[1]

果不其然。在赵高的软硬兼施、威胁利诱下，李斯的道德防线全面崩溃。他“仰天而叹，垂泪叹息”：“嗟呼！独遭乱世，既以不能死，安托命哉！”为了自己和家族的性命与富贵利禄，他就只能背叛他昔日的君王了。其实，在当时的条件下，李斯只要坚持丞相副署诏书的制度和原则，在朝内争取大部分臣子的支持，在朝外以蒙恬统帅的精兵为奥援，赵高与胡亥的阴谋并非不能挫败。然而，由于李斯首先考虑的是个人和家族的权势利禄，唯恐扶苏继位后自己会屈居蒙氏兄弟之下，因而也就只能服从赵高为他安排的命运了。赵高正是看准了这一点，于是以权势利禄为诱饵，以失势与族灭相威胁，步步紧逼，最后使李斯陷入了他预先设计的陷阱。在这次较量中，赵高居高临下，胸有成竹，以权势利禄和失势族灭为武器，一次次向李斯的薄弱环节进攻。李斯则屈居下流，以不堪一击的道义、良心为盾牌，步步设防，小心抵挡。结果是处处被动，节节败退。赵高知道，对于笃信法家学说的李斯来说，在其价值观的天平上，道义和良心只能向权势利禄倾斜。不出赵高所料，经过一番攻防，李斯就乖乖地向赵高屈服了。所以在赵高向胡亥报告拉拢李斯加盟阴谋时，得意扬扬地说：“臣请奉太子之明命以报丞相，丞相斯敢不奉令！”[2]就这样，赵高、胡亥、李斯三人联手，轻而易举地策划了“沙丘政变”，以他们伪造的假诏书将扶苏、蒙恬、蒙毅与胡亥的十二个亲兄弟、十一个亲姊妹一一送上了断头台。

当胡亥、赵高和李斯得意扬扬地弹冠相庆的时候，当他们为自己和家族的富贵利禄长盛不衰而窃笑的时候，农民战争的烈焰已经从东方燃起，并迅速发展成燎原之势，在他们谋划的军事镇压失败后，他们会为这个王朝殉节吗？

作为熟悉国家政务的丞相，面对汹涌而来的农民大起义，李斯开始还算清醒，就同右丞相冯去疾、将军冯劫一起劝谏二世胡亥停建阿房宫和减少其他劳民伤财的赋税和徭役，谁知引来二世的震怒。冯去疾和冯劫被逼自杀，

① 《史记·李斯列传》。

② 《史记·李斯列传》。

善于自保的李斯则进一步迎合二世以求巩固自己的权位。此时的二世对于逼近自己的死亡全然不觉，而是一个劲儿地要李斯告诉他如何“赐志广欲，长享天下”的秘诀。李斯从决定参与政变阴谋时起，就将自己的灵魂交给了两个魔鬼赵高和胡亥，此后他也就只能伴随着魔鬼的节拍跳舞了。他“乃阿二世意，欲求容”，于是向二世献上了以“督责之术”为核心的帝王骄奢淫逸经：

夫贤主者，必且能全道而行督责之术者也。督责之，则臣不敢不竭能以徇其主矣。此臣主之分定，上下之义明，则天下贤不肖莫敢不尽力竭任以徇其君矣。是故主独制于天下而无所制也。能穷乐之极矣，贤明之主也，可不察焉！故申子曰“有天下而不恣睢，命之曰以天下为桎梏”者，无他焉，不能督责，而顾以其身劳于天下之民，若尧、禹然，故谓之“桎梏”也。夫不能修申、韩之明术，行督责之道，专以天下自适也，而徒务苦形劳神，以身徇百姓，则是黔首之役，非畜天下者也。何足贵哉！夫以人徇己，则己贵而人贱；以己徇人，则己贱而人贵。故徇人者贱，而人所徇者贵，自古及今，未有不然者也。凡古之所谓尊贤者，为其贵也；而所为恶不肖者，为其贱也。而尧、禹以身徇天下者也，因随而尊之，则亦失所为尊贤之心矣……明主圣王之所以能久处尊位，长执重势，而独擅天下之利者，非有异道也，能独断而审督责，必深罚，故天下不敢犯也。……且夫俭节仁义之人立于朝，则荒肆之乐辍矣；谏说论理之臣间于侧，则流漫之志诎矣；烈士死节之行显于世，则淫康之虞废矣。故明主能外此三者，而独操主术以制听从之臣，而修其明法，故身尊而势重也。凡贤主者，必将能拂世磨俗，而废其所恶，立其所欲，故生则有尊重之势，死则有贤明之谥也。是以明君独断，故权不在臣也。然后能灭仁义之途，掩驰说之口，困烈士之行，塞聪掩明，内独视听，故外不可倾以仁义烈士之行，而内不可夺以谏说忿争之辨。故能荦然独行恣睢之心而莫之敢逆。若此然后可谓能明申、韩之术，而修商君之法。法修术明而天下乱者，未之闻也。故曰“王道约而易操”也。唯明主为能行之。若此则谓督责之诚，则臣无邪，臣无邪则天下安，天下安则主严尊，主严尊则督责必，督责必则所求得，所求得则国家富，国家富则君乐丰。故督责之术设，则所欲无不得矣。群臣百姓救过不给，何变之敢图？若此则帝道备，而可谓能明君臣之术矣。[1]

李斯的这套“督责之术”将申不害发明、韩非加以系统论证的“术”的理论，做了恶性的发展，其核心就是“灭仁义之途，掩驰说之口，困烈士之行”，摒弃一切仁义道德，对天下臣民实行最严酷的专制统治，使之终日在恐惧中过日子，唯恐惩罚落到自己头上，“救过不及”，也就不会产生任何非分之想，这样自然天下太平，国君就可以尽情地享受“荒肆之乐”，驰骋“流漫之志”，沉湎“淫康之虞”了。李斯的这套“督责之术”使胡亥明白和领会了最残酷、最恶劣、最无耻、最腐朽的专制方略，从而使秦始皇身后的秦王朝进一步沿着“税民深”和“杀人众”的罪恶之路滑向灭亡之途。李斯满以为，既然他传授的“督责之术”已经取得了使胡亥心花怒放的效果，他的教师爷的尊位就一定稳如泰山了。殊不知，在胡亥的眼里，所有的臣子都在他“督责之术”的辖区内，灾难很快就降临到李斯的头上。赵高虽然拉李斯参加了政变阴谋，但政变成功后他就把李斯看成自己专权的障碍，必欲除之而后快。于是设计陷阱，以“谋反罪”将李斯父子拘捕。李斯在囹圄中对自己和秦朝的前途进行了一番文过饰非的反思：

嗟乎，悲夫！不道之君，何可为计哉！昔者桀杀关龙逄，纣杀王子比干，吴王夫差杀伍子胥。此三臣者，岂不忠哉，然而不免于死，身死而所忠者非也。今吾智不及三子，而二世之无道过于桀、纣、夫差，吾以忠死，宜矣。且二世之治岂不乱哉！日者夷其兄弟而自立也，杀忠臣而贵贱人，作为阿房之宫，赋敛天下。吾非不谏也，而不吾听也。凡古圣王，饮食有节，车器有数，宫室有度，出令造事，加费而无益于民利者禁，故能长久治安。今行逆于昆弟，不顾其咎；侵杀忠臣，不思其殃；大为宫室，厚赋天下，不爱其费；三者已行，天下不听。今反者已有天下之半矣，而心尚未寤也，而以赵高为佐，吾必见寇至咸阳，麋鹿游于朝也。[2]

你看，李斯的这段话与上面他传授的“督责之术”显然是决然相反的两种思想，而又竟然出自同一个人之口，这只能说明李斯是一个心口不一的两面派，是一个为了富贵利禄不惜出卖良心、泯灭良知的唯利是图的奸佞之辈，

① 《史记·李斯列传》。
② 《史记·李斯列传》。

他自诩关龙逢、比干和伍子胥，还大言不惭地说什么要“以忠死”，其实都是一种自欺欺人的鬼话。他死到临头，对自己参与“沙丘政变”铸成的大错还没有清醒的认识。他既不能忠于对他信任有加的秦始皇，自然也就更谈不到对他毫无恩义的秦二世。为了延一夕之命，他在被“榜掠千余，不胜痛”的情况下诬服，承认了赵高加给他的“谋反罪”，但仍未放弃求生的一线希望，于是在狱中写了对二世的上书，正话反说，大谈自己对秦王朝的“功劳”。在赵高的操控下，这样的上书自然到不了二世手里，他的死罪也就铁定了。二世二年（前 208 年）七月，李斯具五刑，被腰斩于咸阳街头，随同他被处死的还有他的儿子和三族。李斯走出监狱，走向刑场时对儿子说：“吾欲与若复牵黄犬俱出上蔡东门逐狡兔，岂可得乎！”但悔之已晚。他最终死在了追求富贵利禄的道路上。李斯为秦朝的建立和发展立下不世之功，但最后却以晚节不终不光彩地结束了自己的生命。他的结局正是他人生价值理念的合乎规律的逻辑归宿，因为驱使他一生奋力拼搏的唯一动力就是个人和家族的利益。在他的一生中，压根就没有道德的追求。你看他在辞别恩师荀子只身去秦国闯荡天下时说的一段话吧：

> 斯闻得时无怠，今万乘方争时，游者主事。今秦王欲吞天下，称帝而治，此布衣驰骛之时而游说者之秋也。处卑贱之位而计不为者，此禽鹿视肉，人面而能强行者耳。故诟莫大于卑贱，而悲莫甚于穷困。久处卑贱之位，困苦之地，非世而恶利，自托于无为，此非士之情也。故斯将西说秦王矣。[①]

李斯一生的活动就是围绕着改变自己和家族的卑贱和贫困地位而奋斗。在通向权力和利禄道路上，他抛弃道德，泯灭良知，心狠手毒，无所不用其极。他到秦国后，立即投到权倾朝野的相国吕不韦门下，做了他的舍人，为自己在秦国的发展做了最初的铺垫。待到吕不韦失势自杀，大批门下客惨遭杀戮流放的时候，他不仅没有受到影响，反而进入秦王的宫廷受到重用。在这一事件中，他显然以对自己故主的背叛做了进身之阶。不久，韩国水利工程师郑国以在关中开凿灌溉渠疲惫秦国的阴谋败露，盛怒中的秦王下达了“逐客令”。也在被逐之列的李斯在束装就道的前夕，不甘心刚到手的富贵利禄

① 《史记·李斯列传》。

化为泡影，就斗胆向秦王投递了千古名文《谏逐客书》，以客卿在秦国的巨大作用和异国为秦国提供的享受之资如宝玉、明珠、骏马、美女去撞击秦王嬴政那恣意享乐的心灵，最终使秦王收回成命，保住了自己已经得到的富贵利禄。不久，又一个妨碍他升迁的人物横亘在了他的面前：他的同窗韩非以客卿的身份来到秦国并得到了秦王的信任。李斯于是决定除掉这位竞争者，他阴毒地对秦王进谗言："韩非，韩之诸公子也。今王欲并诸侯，非终为韩不为秦，此人之情也。今王不用，久留而归之，此自遗患也，不如以过法诛之。"这又显然与他《谏逐客书》的观点完全相左，而一时糊涂的秦王竟听信李斯的谗言将韩非下狱治罪。而李斯竟装出关心老同学的样子，送毒药进监狱哄骗韩非喝下结束了自己的生命。再后来，他建议"焚书坑儒"，参与"沙丘政变"。桩桩件件的事实表明，只要能获得权势和富贵，李斯从来是不顾信义的，是从来不惮于以别人的鲜血染红自己的官帽的。李斯摒弃道德原则的卑劣的品格，对权力和富贵发疯般的追求，既是他不断升迁的秘诀，也是他走向死亡的引擎。对他的结局，司马迁在指出了一系列的问题之后说："人皆以斯极忠而被五刑死，察其本，乃与俗议之异。"①王夫之评论说："斯抑谓天下后世之不以己为戎首而无所恤乎？无他，畏死患失之心而有所不避耳。"②于慎行的评论更到位："本其所从，皆一念重禄之心为之也。故曰：苟患失之，无所不至矣。"③

赵高挟持胡亥除掉李斯，他个人专擅朝政的最后障碍被扫除。他被任命为中丞相，封武安侯，"事无大小辄决于高"④。但他并不满足。于是一面玩弄"指鹿为马"的把戏，使朝中大小官员绝对听命于自己，将胡亥蒙在鼓里；一面将章邯和他统帅的20万大军逼上背叛朝廷、投降农民军之路。由此加速了秦朝灭亡的步伐。面对日益逼近咸阳的农民军，赵高害怕胡亥追究自己谋划失策的责任，又设计杀了胡亥。胡亥死到临头，还不明白诛杀他的主谋是赵高，还希冀见到赵高，乞免一死；被拒绝后，又请求"愿得一郡为王"；继续遭到拒绝后，又退一步"愿为万户侯"；再遭拒绝后，再退一步"愿与

① 《史记·李斯列传》。
② 王夫之：《读通鉴论》。
③ 于慎行：《读史漫录》，齐鲁书社1996年版。
④ 《史记·李斯列传》。

妻子为黔首，比诸公子”。面对胡亥步步后退的乞哀告怜，赵高女婿咸阳令阎乐直言相告：“臣受命于丞相，为天下诛足下，足下虽多言，臣不敢报。”[①]至此，胡亥彻底绝望，只能很不情愿地拔剑自杀了。胡亥在死亡面前，表现得是何等的可怜、可悲、可耻和可笑！他既没有对自己造成秦朝灭亡原因的沉痛追悔，也没有为这个王朝殉节的道德勇气，剩下的只是延一夕之命的无望哀求。秦朝的二世皇帝竟是如此一个卑劣的孱头，这个王朝除了灭亡外，实在也不配有更好的命运。如果秦始皇在天有灵的话，一定会发出“龙种生跳蚤”的悲叹了。

据《史记·李斯列传》记载，赵高在诛杀胡亥以后，曾有自己做皇帝的如意算盘，但因时机不成熟，没有付诸实行，而是召集诸大臣、公子，要求立秦始皇之弟子婴为秦王。理由是：“秦故王国，始皇君天下，故称帝。今六国复自立，秦地益小，乃以空名为帝，不可。宜为王如故，便。”赵高要求子婴依礼斋戒，并在宗庙召见臣僚与宗室，接受王玺。子婴已经看透了赵高是一个将秦朝引向灭亡的巨奸大憝，于是在斋戒期间与自己的两个儿子密谋诛灭了赵高及其三族和党羽。恶贯满盈的赵高得到了他应得的下场。与李斯在背叛秦始皇时还流露一点道德自责不同，在赵高的心灵里根本就不存在“道德”二字。从入秦宫起，他的一切活动就是围绕着个人利益旋转。他认为对秦始皇的信任丝毫不需要道德的承诺和回报，因而在秦始皇尸骨未寒即策划背叛他的政变。他认为对给予他最高官位和权力的秦二世也不需要道德的承诺和回报，所以他残忍地将自己扶起来的这位幼主及其妻子儿女杀于望夷宫。最后，看秦王朝大势已去，他又密谋与农民军进行“灭秦宗室而王关中”的交易。如果不是子婴谋划于前，他的阴谋很可能再一次成功。这样的人，只要死亡才能结束他对道德的一而再、再而三的亵渎和背叛。

应该说，在秦宗室贵族中，秦王子婴还是一个有魄力、善决断、精谋划的人物，这从他接受秦王的权力即完成对赵高集团的诛杀行动就可以显现出来。然而，他接掌权力后的政治军事形势已经没有他充分发挥谋略才智的空间了。当刘邦统帅的十万大军的钲鼓叩响国门的时候，偌大的咸阳城已经是既无可凭之险，又无可战之兵。摆在子婴面前的路只有两条：或进行无

① 《史记·秦始皇本纪》。

望的抵抗而悲壮地死去，或投降农民军而延一夕之命。子婴选择了后者，他“素车白马，系颈以组，封皇帝玺、符、节”[1]，到咸阳以南五十里的轵道亭，恭恭敬敬地向刘邦递上了降表。但子婴的一夕之命也只延长了不足一个月，即在公元前206年的十一月惨死在项羽的利剑下。这样，子婴作为秦王朝的象征，献给历史的就不是悲壮的殉国，而是为了苟活的投降，从而以一个屈辱的符号为秦王朝的落幕留下了悲寂的最后记忆。

人们不禁要问：为什么“奋六世之余烈，振长策而御宇内”的秦始皇建立的这个空前强大统一的王朝，集中了当时中国众多精英人才的大帝国，在落幕的时候是如此悲寂，竟然找不到一个为之殉难的君王和忠臣？看不到一个如丧考妣为之恸哭的孝子？秦朝灭亡以后，也觅不到一个为之哼唱挽歌的遗民？这里自然有着许多复杂的原因，但正如前面所说，秦国和秦朝从来就不进行道德教育应该是其中最重要、最直接的原因。秦国的发祥地远在中国西部的甘陇地区，从其建国时起就处于同戎狄斗争的严酷环境，后来又在同东方六国的战争中度过了春秋战国时代，再加上商鞅、韩非等法家思想的深刻影响，就形成了重“力”“威”“耕”“战”和倡导“以法为教”“以吏为师”的法家思想文化传统。秦始皇以武力完成统一六国的大业以后，通过强化专制主义的中央集权和“焚书坑儒”进一步强化了这一思想文化传统。虽然秦朝建立后儒家学者以博士身份进入咸阳的宫廷稍稍扩大了儒学的影响，但并没有从根本上改变法家思想作为主流意识形态的局面。以韩非为代表的法家将荀子的“性恶论”推向极致。荀子虽然坚持了“性恶论”，但他同时强调“礼义教化”可以使人改恶向善。而韩非则认为，人性恶不仅是绝对的，而且是不可改变的。这种性恶的社会表现就是对个人私利的无厌追求，而这种追求是完全合理的。所以一切仁义道德的说教统统应该弃之如敝屣。在他看来，规范社会上人与人关系的准则就是利害：

> 故王良爱马，越王勾践爱人，为战与驰。医善吮人之伤，含人之血，非骨肉之亲也，利所加也。故舆人成舆，则欲人之富贵；匠人成棺，则欲人之夭死也。非舆人仁而匠人贼也，人不贵则舆不售，人不死则棺不

[1] 《史记·高祖本纪》。

买，情非憎人也，利在人之死也。[①]

所以在韩非眼里，人与人之间也就根本不存在道德亲情的联系，只是建立在赤裸裸的利害关系基础上的交换和买卖关系，他以雇主和庸客的关系加以说明：

夫卖庸而播耕者，主人费家而美食，调布而求易钱者，非爱庸客也。曰：如是，耕者且深，耨者熟耘也。庸客致力而疾耘耕者，尽巧而正畦陌畦畤者，非爱主人也，曰：如是，羹且美，钱布且易云也。[②]

仅就雇主和庸客的关系而言，韩非的论断并不是没有一点道理。可他却将这一论断推演至所有的人与人之间的关系，认为君臣、君民，甚至夫妻、父母、儿女即所有人间的关系都是如此。他认为，如果说上古时代在生产不发达、民风淳朴的条件下道德还起点作用的话，那么，当历史已经发展利益至上的战国时代，仁义道德的功用就丧失净尽了："上古竞于道德，中世逐于智谋，当今争于力气。"[③]韩非的这种绝对功利主义的社会伦理学说，斩断了社会上本来就存在的非功利的伦理亲情关系，将社会上所有人与人的关系全说成是利益交换关系。这种理念作为真理广泛宣传，其对国家民族和社会的危害是显而易见的。深受其害的恰恰就是这一理念的笃信和推行者秦始皇和他建立的王朝。由于他以纯利害规范君臣和君民关系，必然斩断臣民对这个王朝的道德和感情的丝缕，而以自我利益作为衡量与君王关系的唯一标准。于是君臣就在这一关系国家和社会命运的至关重要的问题上达成了共识：吕不韦以"奇货可居"的商人心态进行政治投机，在秦国如鱼得水；李斯带着猎取富贵利禄、改变贫困地位的目的来到秦国活动大获成功；老将王翦率六十万大军出征楚国时屡屡向秦王索要田宅而竟能博得嬴政的会心微笑。如此君臣关系，在这个王朝有资源与臣子进行交换的时候，臣子们自然为其服务；而一旦这个王朝没有资源与臣子交换的时候，臣子们就会离开或背叛它。所以，当秦王朝陷于灭顶之灾的时候，也就是它没有资源与臣子交换的时候，它的臣子纷纷作鸟兽散的选择便是再自然不过的了。"种豆得

① 《韩非子·备内》,《诸子集成》,上海书店 1986 年影印出版。

② 《韩非子·外储说左上》。

③ 《韩非子·五蠹》。

豆，种瓜得瓜”，秦国和秦朝长期忽视道德特别是操守教化，它最后得到的只能是众叛亲离的苦果。

看来，一个国家和社会什么时候也不能忽视道德教化，让核心价值观成为全民的共识能够发挥出强大无比的正能量。

（原载《西安财经学院学报》2008 年第 5 期）

精英人才的逆淘汰是秦朝“二世而亡”的重要原因

在秦始皇二十六年(前221年),秦朝完成对六国的军事征服,第一次在真正意义上实现了对中国的统一,建立起东亚第一个专制主义中央集权的大帝国,其开国的气势和发展的前景犹如雨后的彩虹那么恢宏和壮丽。然而,这个赫赫扬扬的大帝国却在15年后的汉高祖元年(前206年)的十月被一个名叫刘邦的沛郡“无赖”领导的起义军画上了句号。自那时以来,历史的车轮已经碾过了两千多年的悠长岁月,但历史学家对中国这个短命王朝的兴趣却有增无已。其中对其“二世而亡”原因的探索就是一个不断出新的话题。

秦朝“二世而亡”是各种因素综合交互导致的结果,其中最重要的就是秦朝统治者在战争已经结束的时候,还在继续执行战争年代的政策,将沉重的赋役盘剥和残酷的刑罚强加到日夜渴望和平生活的百姓头上,使之失去“生之乐趣”,被迫铤而走险,迅速集合到陈涉、吴广、项羽、刘邦等造反领袖的旗帜下,组成了推翻秦朝的浩荡大军。而与此同时,秦朝统治者又以极其酷烈残忍的手段,在很短的时间内将自己体制内的精英赶尽杀绝。如此一来,精英人才的逆淘汰使统治集团只剩下一群愚蠢、残暴、颟顸的无能之辈,而他们面对的却是日益壮大、集合了体制外精英的起义大军。二者较量的后果,也就只能是秦朝末日的早日降临。

让我们追踪秦朝统治者的步伐,看他们如何实施精英人才逆淘汰的苛虐政策吧。

一

秦朝建立后，以秦始皇为首的秦朝统治者及其“跳蚤”般的后继者，一改统一六国时期发现、提拔、重用精英人才的政策，反其道而行之，推延出一套愈演愈烈、愈演愈惨烈无耻的精英人才逆淘汰机制，将秦朝多年选拔历练出来的一大批治国领军、允文允武的体制内的精英人才，一批又一批地送上不归路。当他们将统治者的核心集团变成残暴、无耻和蠢材集合体的时候，他们怎么也没有想到，他们只能步自己逆淘汰精英人才的后尘，到断头台上发出最后的无可奈何的叹息。

秦始皇逆淘汰体制内精英人才的“杰作”是“焚书坑儒”。此事发生在公元前 213 至前 212 年(秦始皇三十四至三十五年)。从总体上看，坑儒与焚书一样都是一种摧残文化的野蛮行径。实际上，以儒生为代表的广大知识分子，从战国的分裂状态汇集到秦帝国统一的局面下，不管他们原来属于何家何派，除少数隐居岩穴的清高之士以外，绝大部分人都愿意以自己的知识技能为秦王朝服务。他们显然是当时知识分子精英的主体。如何调动这一批人的积极性、充分发挥他们的聪明才智为秦王朝的经济文化建设贡献力量，应该是秦王朝的知识分子政策和思想文化政策着力解决的问题。可惜秦始皇君臣在此问题上完全采取了错误的政策。首先，秦始皇君臣没有从思想上认识知识分子，尤其是儒生的重要作用，根本不了解“逆取顺守”的真理。在全国已统一，历史已转入发展经济文化的和平时期，仍然坚持战争年代的用人政策。其所重用之人，除少数政治军事精英外，其余非好大喜功之武夫，即刻薄寡恩之狱吏，他们只能把秦王朝的政策推向对内残酷压榨，对外穷兵黩武的绝路。其实，儒生虽然未能进入秦统治集团的核心，但作为思想文化的最重要的载体，他们坚持的“仁政”理想和德主刑辅的理念，恰恰可以纠秦朝“以法为教”“以吏为师”的独尊法术的治世原则的弊端，为秦朝由战争政策向和平政策的转变提供最重要的思想文化的支撑。他们的被清除，使这种转变成为泡影。其次，焚书坑儒无论从什么角度讲都是一种空前野蛮和愚蠢的暴行，它是战国时期“礼贤下士”之风的反动，也是对“百家争鸣”学术思潮的扼杀，是思想文化史上的一次大倒退。焚书毁掉了一大批珍贵的文化典籍，是中国文化史上一场空前的浩劫，造成永远无法弥补的损失。与秦始皇君臣的愿望相反，焚书坑儒非但难以禁止人们的自由思考，而且一举打掉了儒生们对秦王朝的最后一点幻想，使他们不能不产生对秦王朝的不共戴天的仇恨。那些劫后余生者，有的逃出咸阳，有的暂时隐藏，在朝者则虚与委蛇。公元前209年，当秦末农民战争的烈火冲天而起的时候，不论在朝还是在野的儒生们便公开站到了秦王朝的对立面，勇敢地投入起义队伍，与造反的农民相结合，变成了反秦的重要力量。孔子的八世孙孔鲋，怀抱礼器，毅然投奔陈胜，被任为博士，最后与陈胜一起死难于下城父。秦朝的博士叔孙通、“主柱下书”的御史张苍等人也由秦朝的官吏归降起义军，后来成为汉王朝的开国功臣。显然，秦始皇君臣最后也为他们焚书坑儒的野蛮举措付出了最高昂的代价，这就是秦朝的二世而亡和嬴氏家族的绝祀灭宗。当焚书的烟火还未消失，儒生的鲜血还在渭水之滨流淌的时候，人民起义反抗的号角已经吹响了。

焚书坑儒的另一个逆淘汰的副产品是秦始皇长子扶苏的离开京城远赴长城监军。他的被逐出京，主因是他对坑儒提出了不同的意见：“天下初定，远方黔首未集，诸生皆诵法孔子，今上皆重法绳之，臣恐天下不安。唯上察之。”[①]这是多么有卓越见地的意见！却被秦始皇不屑一顾。扶苏是秦朝皇位的第一继承人，也是皇室中精英人才的代表。从其思想和行动看，他是统治者中最有希望也最有能力转变秦始皇政策的人物，他之离开京城，恰恰使后来赵高、胡亥策划的政变成为可能。此一大错，等于秦始皇亲自启动了秦朝灭亡进程的旋钮。秦始皇在位三十七年，前二十七年可谓英明睿智，后十年可谓半清醒半糊涂，而这个愚蠢和颟顸构成的半糊涂却铸成了秦朝二世而亡的不可逆转的基因。

二

如果说秦始皇对体制内精英人才的逆淘汰开启了恶劣的先例，那么，在秦始皇死后，以赵高、胡亥为首的秦朝新统治者则将这一精英人才的逆淘汰

---

① 《史记·秦始皇本纪》。

进一步变本加厉地推行下去，从而将这一恶例变成了他们坚守不渝的通则。

先是，秦始皇三十七年（前 210 年）七月，出巡途中的秦始皇突然命丧沙丘平台（今河北广宗西北），赵高通过软硬兼施、威胁利诱的狡黠手段，先将胡亥诱入彀之。接着，又用同样的方法，使丞相李斯就范。然后，赵高、胡亥和李斯这个罪恶的“三人帮”就谋划了淘汰精英人才的第一个“杰作”——“沙丘政变”。通过这次政变，使秦始皇儿子中最不具备皇帝资质、最愚蠢无能的胡亥登上了皇位，同时将皇位的第一继承人扶苏和朝臣中的有识之士蒙恬、蒙毅兄弟送上死亡之域。这三人之中，扶苏是最有思想和能力转变秦始皇政策的帝王之才。在秦始皇的 20 多个儿子中，扶苏无论就识见、能力，还是阅历、事功，都能拔得头筹。但由于他与秦始皇在政见和政策上略有分歧，加上他胸无城府，直言敢谏，引起秦始皇的不快，因而被逐出京，不能随侍秦始皇的左右，既失去及时继承皇位的机会，也难以阻止赵高、胡亥的政变密谋，最后成了可悲的牺牲品。蒙恬、蒙毅兄弟与扶苏关系密切，并且都是治国领军的干才。蒙恬曾在统一六国的战场上奋勇搏战，统一全国后，又奉命率三十万大军修筑长城并戍边保境，使匈奴“不敢南下牧马”，成为秦朝巩固边防的坚强柱石。蒙毅不仅是一位智勇兼备的将军，而且熟知秦朝法律，曾治罪犯法的赵高。此时正奉命“还祷山川”，回程即遭遇赵高、胡亥的暗算。他们与扶苏的冤死，使能够引领秦始皇以后的秦帝国走出困境的最重要的三个人物惨遭淘汰。

紧接着，赵高和胡亥将淘汰的触须伸向秦始皇的其他儿女。赵高进言说：“夫沙丘之谋，诸公子及大臣皆疑焉，而诸公子尽帝兄，大臣又先帝之所置也。今陛下初立，此其属意怏怏皆不服，恐为变。”最安全的办法就是毫不犹豫地诛除他们：

> 严法而刻刑，令有罪者相坐诛，至收族，灭大臣而远骨肉；贫者富之，贱者贵之。尽除去先帝之故臣，更置陛下之所亲信者近之。此则阴德归陛下，害除而奸谋塞，群臣莫不被润泽，蒙厚德，陛下则高枕肆志宠乐矣。计莫出于此。[①]

赵高阴毒的谋划得到胡亥的首肯，于是胡亥的 12 个亲兄弟、10 个亲姊妹都

① 《史记·李斯列传》。

被以随意诬陷的罪名诛杀，“财物入于县官，相连坐者不可胜数”[1]。这些金枝玉叶，其中相当多的人属于皇室精英，他们的死灭，就使嬴氏骨肉至亲几乎被斩斫净尽。如此一来，使胡亥血缘关系最近的奥援尽失，变成了真正的孤家寡人。当赵高等将死亡的威胁置于他面前的危急时刻，施以援手的力量已经不存在了。

这时以陈胜、吴广、项羽、刘邦为首的起义大军已经在关东向秦朝发起了一波急似一波的冲击，洞悉世事、明察舆情的右丞相冯去疾、左丞相李斯和将军冯劫联名向二世提出忠谏：

> 关东群盗并起，秦发兵诛击，所杀亡甚众，然犹不止。盗多，皆以戍漕转作事苦，赋税大也。请且止阿房宫作者，减省四边戍转。[2]

这个忠谏可视为扭转不利形势的良药，可在二世看来，简直就是佛头上抹粪，于是将“群盗并起”的责任一股脑儿推给这三个人，下令将他们送进监狱治罪。冯去疾和冯劫不甘受辱，愤而自杀。其后李斯与其儿子三川守李由也被赵高、胡亥以“通敌”的罪名斩杀于咸阳街头。尽管李斯屈从赵高的威胁利诱参与了“沙丘政变”的密谋，后来又教唆胡亥以残忍毒辣的“督责之术”对付自己的臣民百姓，但在当时的统治集团中，他与冯去疾和冯劫还是最具力挽狂澜智谋的精英人物，他们的无情被淘汰，标志着秦朝统治集团再也找不出挽回颓势的智勇之士了。

赵高、胡亥的精英人才逆淘汰策略进行至此，当年追随秦始皇统一六国和治理天下的智勇之才几乎被砍斫净尽，剩下的就是几个还在战场上与起义军周旋的带兵将领，是他们督率秦军在战场上拼力鏖战，勉强支撑着秦帝国这座在风雨中飘摇的大厦暂时得以维持不倒。然而，他们能够逃脱被淘汰的命运吗？

从秦二世二年（前 208 年）开始，秦朝统兵与起义军对阵的将领是少府章邯、丞相长史司马欣、董翳以及统帅长城守军的王离、苏角等人。其中的少府章邯，尽管奉命统兵前没有指挥作战的纪录，但在战场上却表现了极其高明的智谋和韬略：

---

① 《史记·李斯列传》。

② 《史记·秦始皇本纪》。

> 二年冬，陈涉所遣周章等将西至戏，兵数十万。二世大惊，与群臣谋曰："奈何？"少府章邯曰："盗已至，众强，今发近县不及矣。郦山徒多，请赦之，授兵以击之。"二世乃大赦天下，使章邯将，击破周章军而走，遂杀章曹阳。二世益遣长史司马欣、董翳佐章邯击盗，杀陈胜城父，破项梁定陶，灭魏咎临济。楚地盗名将已死，章邯乃北渡河，击赵王歇等于巨鹿。①

你看，反秦的怒火一经燃起，不到一年，关东地区已成燎原之势。陈胜所遣的周章统帅的数十万义军已经兵临函谷关，即将饮马渭水了。可是章邯指挥的秦军开关迎敌，即连连在战场上重挫义军，将起义军的旗帜陈胜和战力最强的另一支起义军的首领项梁斩杀，使起义军面临起事以来的最大危机。然而，在二世三年（前 207 年）与项羽统帅的起义军于河北的对阵中，章邯指挥的秦军却流年不利，被项羽大败于世鹿城下。不过，此时的章邯麾下仍有二十多万大军，依然是一支不可小觑的武装力量，依然能够对起义军构成巨大威胁，依然是拱卫关中的坚强屏障。况且，胜败乃兵家常事。此时的章邯、司马欣、董翳需要得到的是赵高和胡亥的理解和支持。可是，他们得到的却是谴责和随之而将来的惩罚。面临逆淘汰的章邯等人只能从叛降中寻找出路：

> 三年……夏，章邯等战数却，二世使人让邯，邯恐，使长史欣请事。赵高弗见，又弗信。欣恐，亡去，高使人捕追不及。欣见邯曰："赵高用事于中，将军有功亦诛，无功亦诛。"项羽急击秦军，虏王离，邯等遂以兵降诸侯。②

在赵高和胡亥将精英人才逆淘汰的方针指引下，秦军能征惯战的将军非死即降，当这些将领和他们统帅的秦军在军事地图上消失的时候，即使易守难攻、固若金城的关中地区也无法抗拒起义军汹涌澎湃的进击了。

这样，从秦始皇以"焚书坑儒"开始的精英人才逆淘汰方针，被赵高、胡亥接手后做了恶性发展，经过一波又一波的逆淘汰，到二世三年（前 207 年），秦朝体制内的几乎所有精英人物，从睿智贤明的皇位继承人、最忠心皇室的嬴

① 《史记·秦始皇本纪》。

② 《史记·秦始皇本纪》。

氏兄弟姊妹，到眼界高远、谋略出众的政治干才，再到智勇兼备、战胜攻取的军事将领，无不被淘汰出局，与这一过程相对应的是，农民起义的烽火从初燃到燎原，从夺取广袤的关东地区到对秦朝腹地形成围攻之势，秦朝的灭亡之势已经不可逆转了。

此后，赵高自知作恶多端，害怕胡亥以帝王之尊治他以死罪，于是又策划了置胡亥于死地的密谋。最后，他拉出皇室仅存的子婴，让他以秦王的名义继续在关中地区的统治，同时与起义军进行划分势力范围的谈判，以求苟延残喘，延一息之命。然而，他太小瞧了子婴的智谋和能力，结果是赵高和他那个恶贯满盈的群体被子婴彻底诛灭。这当然是一次大快人心的正淘汰，但却无法阻止秦朝灭亡的步伐，原因很简单：一方面是起义军对残存的秦军形成了难以逆转的绝对优势，一方面是经过精英人才逆淘汰的秦朝廷，再也没有使军事形势逆转的帅才和可战之兵了。精明过人的子婴为了保命，最后只能乖乖地在刘邦的马前递上降表。从秦始皇开始的精英人才逆淘汰的恶果和苦果，最后由最不该负责的子婴吞食了。历史的吊诡，这里又提供了一个鲜活的例子。

三

在中国历史上，劣币驱逐良币，精英人才逆淘汰，几乎是所有衰世王朝共同的规律。当一个王朝以种种卑劣无耻的手段将它的精英人才一一淘汰的时候，丧钟也就为它敲响了。请看历史的真实记载：

当夏朝最后一个国君桀“不务德而武伤百姓”[①]，并且淘汰伊尹这个第一流的治国安邦的人才时，他失败的命运已经注定，而识才、重才的商汤正是在伊尹的辅佐下，将其推下中原王朝的宝座，流放到南方荒蛮之地的鸣条。

当商朝最后一个国君纣厉行精英人才逆淘汰，剖比干之心，逼箕子“详狂”而囚之，致使大师、少师“持其祭器奔周”的时候，周武王伐纣的大军也兵临牧野，纣王只剩下“登鹿台……赴火而死”[②]的归宿。

---

① 《史记·夏本纪》。

② 《史记·殷本纪》。

当西汉最后几个国君不断厉行精英人才逆淘汰，如汉元帝之信任宦官石显、弘恭而排陷清流之官萧望之、周堪、张猛、京房以及贾捐之，汉成帝之罢斥丞相王商、冤杀京兆尹王章、斥逐大鸿胪冯野王，汉哀帝之罢斥师丹、傅喜、王嘉而任用22岁的同性恋者董贤为大司马大将军，这就预示着汉王朝的衰败已经无可挽回。果然，它在公元9年就被外戚王莽的新朝取代了。

王莽建立新朝后，一开始似乎颇为振作，厉行改革，出了几个大动作。然而，一方面因为他的改革是违背经济规律的任意胡为，一方面因为他同时厉行精英人才逆淘汰的政策，如纳言冯常因谏罢行“六筦”之法而失官，中郎区博因谏议废除“王田奴婢”之法而弃职，大司马司允费兴因提出正确的地方施政方略而被取消任命，大司马严优因建议结束对匈奴战争而丢官，翼平连率田况因镇压农民起义军卓有成效而去职，等等。这样一来，等待王莽的也就只能是渐台上被砍下脑袋的最后一幕了。

东汉末年，精英人才逆淘汰愈演愈烈，两次“党锢之祸”使在朝在野的不少知识分子精英罹难。第一次“党锢之祸”，宦官挟持汉桓帝，将清流派官僚李膺、杜密、陈翔、陈寔、范滂等200多人逮捕入狱。第二次“党锢之祸”，宦官挟持汉灵帝发诏捕杀窦武、陈蕃等人，经过一场血战，窦武、陈蕃兵败被杀。宦官借机大捕党人，李膺、杜密、虞放、朱寓、荀翌、翟超、刘儒、范滂等100多人被诬杀，妻子徙边。其他受牵连被处死、流放、禁锢者多达六七百人。当东汉统治者将自己的精英人才淘汰净尽的时候，地方州郡军阀割据势力却乘机坐大，刘氏皇统被曹丕通过“禅让”的喜剧变成了曹氏皇统。

唐朝后期，体制内精英人才逆淘汰的问题开始显现。唐玄宗晚年，任用两个奸佞之辈李林甫和杨国忠为相，擅权跋扈，嫉贤妒能，排除异己。李林甫为相时，要求谏官闭嘴，补阙杜琎上书言事，第二天即被贬为下邽令。杨国忠为相时，公然再兼四十余职，台省官员凡品才兼优而不党与他者，一律赶出京城。顺宗时期，宦官势力膨胀并掌控了朝廷实权。他们不仅逼迫顺宗禅位太子李纯，还将改革派的“二王八司马”王叔文、王伾、柳宗元、刘禹锡、韦执谊、韩泰、韩晔、陈谏、凌准、程异等十人治罪，二王死于非命，其他八人皆贬至边远地区做司马。唐文宗时期，又发生“甘露之变”，改革派的宰相李训、舒元舆，凤翔节度使郑注以及他们群体中的罗立言、王璠、贾餗、韩约等皆被宦官残杀。这样一来，唐朝政权只能在最凶残、最无能的宦官手里苟延残喘，等待着朱温前来接收。

北宋末年，朝廷大权落入假变法分子蔡京等人手中。宋徽宗重用蔡京、王黼、童贯、梁师成、李彦、朱勔等“六贼”，大肆排斥打击异己，将拒绝与他们同流合污或持不同政见的官员统统打成“奸党”，人数达309人，其中包括已经去世的著名史学家司马光和著名文学家苏轼，几乎囊括了当时所有的政治精英和文化精英。如此腐败愚蠢的一个政权，当然经不住金兵的冲击，不久发生的“靖康之变”，导致北宋灭亡，自然形成对他们的一个最严厉的惩罚。

明朝中期以后，政况国势开始走下坡路，宦官擅权，内阁党争不断，再加上国内阶级矛盾和民族矛盾日益尖锐，明朝政治从此进入多事之秋。到明朝末年，宦官魏忠贤秉政，收罗一批无耻的官僚文士，组成“阉党”，飞扬跋扈，为非作歹，挟持明熹宗，将清流派官僚和在野的关注国计民生的儒生组成的“东林党”人，加上牵连在内的辽东经略熊廷弼、巡抚王化贞，尽皆逮捕入狱，加以残酷的杀伐和监禁。这批体制内外精英人才的被淘汰，就使明朝廷失去了最后可以依恃进行改革弊政的力量，也就失去了重振朝纲的希望，致使明朝廷在内忧（李自成、张献忠农民起义军）外患（清军）的夹击下走向灭亡。

著名历史学家何兆武先生曾经慨叹：“社会进步的规则（不是指规律law，而是指 the rule of the game）本来应是择优汰劣；但有时候历史的现实却反其道而行之，把它最优秀的分子淘汰掉了。”[①]我们观察中国历代王朝的兴衰更替时，不难发现一个带有规律的现象：当一个王朝肆无忌惮地淘汰它的精英人才时，它实际上是在为自己吟唱最后的挽歌。

（原载《西安财经学院学报》2014年第2期）

---

① 何兆武：《思想文化随笔·回忆联大师友》，科学出版社2012年版。

论导致秦王朝最后灭亡的两个关键人物胡亥和子婴

在中国历史上打下不可磨灭印记的秦王朝，是一个短命王朝。从公元前221年统一全国，建立以皇帝为最高统治者的强大帝国，到公元前206年它的最后一个统治者子婴在轵道旁向刘邦率领的起义军递上降表，它只存在了16个年头。引导这个横空出世、赫赫扬扬的王朝走向灭亡的，是一个集英雄、暴君、奸佞、凶残、愚蠢之辈混合的群体，其中，秦始皇、蒙恬、章邯、董翳、司马欣、李斯、赵高、胡亥、子婴，是脱不了干系的最重要的人物。

这里只说胡亥和子婴。

一

公元前210年，秦始皇50岁的生命走到尽头。而在他执掌这个统一大帝国的十一年中，既办了许多促进社会发展的大事、好事，也推出了许多导致阶级矛盾和社会矛盾极度激化的凶残愚蠢的举措，这就是加给广大百姓的日益沉重的赋税和徭役负担，残民以逞的苛法酷刑，使百姓失去了“生之乐趣”，致使反抗的星星之火开始在关东的原野上不断闪现。这时，秦始皇的生命走到尽头，他也把自己亲手建立的大帝国带到生死存亡的危急关头。

公元前210年的秦王朝虽然已经面临灭亡的危险，但是，灭亡还不是这个王朝未来的必然指向。关键是这个王朝的统治集团以怎样的政策措施因应秦始皇之后他们面临的形势。

首先，这个集团推出谁来填补秦始皇留下的皇帝位子，具有至关重要的意义。因为在以皇帝为最高首领的专制主义中央集权的体制下，皇帝本身的行政思想、能力才情在很大程度上决定着王朝的政策走向。恰恰在这个最重要的问题上，秦朝统治集团做了错误的选择。本来，按照秦始皇的遗嘱和嫡长子继承制度，“刚毅而勇武，信人而奋事”①的长子扶苏应该顺理成章地继承大位，然而，在赵高、李斯和秦始皇最小儿子胡亥的阴谋运作下，扶苏被赐死，最有可能接任丞相之位的蒙恬也被送上断头台。最缺乏皇帝气度和才智的胡亥通过血腥占据了皇帝的尊位。而推尊他上台的两个关键人物赵高和李斯却又是一切以个人利益为依归的阴毒奸佞之辈。如此一来，秦始皇之后的秦王朝就向灭亡迈出了一大步。

其次，这个新的统治集团执行什么政策。推出胡亥做皇帝，已经使秦王朝走错了一大步。但是，即使如此，灭亡也还不是这个王朝未来的必然指向，因为这个统治集团在政策选择上还有向好处转圜的余地。可是，他们不是向好处转圜，而是向最坏的方向转圜。在赵高、李斯的撺掇下，胡亥先是谋杀了扶苏和蒙恬、蒙毅兄弟，斩杀了秦朝统治集团中最健康的因素，接着又除掉了自己20多个兄弟姊妹，从而大大削弱了统治集团的力量。这又使秦王朝向灭亡迈出了一大步。至此，秦王朝已经是危乎其危。然而，它仍然未到灭亡的最后关头。因为，这些举措激化的毕竟是统治集团的内部矛盾，如果在对待百姓的关键问题上不出大错，它仍然能够延长灭亡的时日。

最后，也是胡亥、赵高、李斯为首的统治集团迈出了最大的错步：他们继续变本加厉地推行秦始皇虐民害物的罪恶政策，由此，使秦朝的灭亡就成了不可挽回的必然指向。

其实，秦始皇的死亡对秦朝统治集团来说并不是坏事，因为它给胡亥为首的后继者一个千载难逢的转变秦始皇罪恶政策的契机，那可是柳暗花明的另一福地洞天。可惜他们没有抓住，让一个能够使秦朝延一夕之命的机遇瞬间付诸蓝天白云。西汉初年的洛阳才子贾谊，以深邃的历史眼光，在《过秦论》中第一次对这一问题进行了极其深刻的论述：

> 今秦二世立，天下莫不引领而观其政。夫寒者利短褐而饥者甘糟糠，天下之嗷嗷，新主之资也。此言劳民之易为仁也。向使二世有庸主之行，而任忠贤，臣主一心而忧海内之患，缟素而正先帝之过，裂地分民

---

① 《史记·秦始皇本纪》。

以封功臣之后，建国立君以礼天下，虚囹圄而免刑戮，除去收帑污秽之罪，使各反其乡里，发仓廪，散财币，以振孤独穷困之士，轻赋少事，以佐百姓之急，约法省刑以持其后，使天下之人皆得自新，更节修行，各慎其身，塞万民之望，而以威德与天下，天下集矣。即四海之内，皆欢然各自安乐其处，唯恐有变，虽有狡猾之民，无离上之心，则不轨之臣无以饰其智，而暴乱之奸止矣。二世不行此术，而重之以无道，坏宗庙与民，更始作阿房宫，繁刑严诛，吏治刻深，赏罚不当，赋敛无度，天下多事，吏弗能纪，百姓穷困而主弗收恤。然后奸伪并起，而上下相遁，蒙罪者众，刑戮相望于道，而天下苦之。自君卿以下至于众庶，人怀自危之心，亲处穷苦之实，咸不安其位，故易动也。是以陈涉不用汤武之贤，不借公侯之尊，奋臂于大泽而天下响应者，其民危也。故先王见始终之变，知存亡之机，是以牧民之道，务在安之而已。

历史证明，胡亥是一个最不适宜做皇帝的人选，是秦始皇的龙种生出的一只最蹩脚的跳蚤。然而，由于他易于操纵做傀儡，他也就成为赵高这个巨奸大憝阴谋推出的秦始皇继承人的首选。他既没有眼光，也没有能力，压根就没有心思去改变秦始皇推行的政策。而是在赵高和李斯两位教师爷的教唆引导下，将秦始皇的罪恶政策做了恶性的发展。你看，招来天怒人怨的长城、阿房宫、骊山陵墓等工程，他继续修建；驰道、直道、五尺道等也继续加工修筑。在埋葬秦始皇的时候，他下令残忍地将后宫无子的嫔妃全部殉葬，将了解地宫情况的工匠全部杀死。他继续实行严刑峻法，把更沉重的赋税和徭役加在广大百姓的头上，“税民深者为明吏”，“杀人众者为忠臣”，“赋敛愈众，戍徭无已”[①]。“百姓之随逮肆刑，挽辂首路死者，一旦不知千万之数”[②]“刑者半道，死者日积。……百姓不胜其求，黔首不胜其刑，海内同忧而俱不聊生”[③]。与此同时，他变本加厉地“纵耳目之欲，穷侈靡之变，不顾百姓之饥寒穷匮”[④]。他征材士五万人屯卫咸阳，令教射狗马禽兽。为了解决这些人的粮食问题，下令郡县转输菽粟刍稿，服役者需自带粮食，“咸阳三百里内不

① 《史记·李斯列传》。
② 《淮南子·兵略训》。
③ 《盐铁论·诏圣》。
④ 《淮南子·兵略训》。

得食其谷”。

不宁唯此，胡亥不仅没有经历其祖宗创业的艰难，而且生下来之后就耳闻目睹了老爷子为所欲为的权力和无以复加的享受，他登基之后所想的就是如何将这种权力和享受保持和发展下去。当东方的反秦起义已经燎原烈火般燃烧，当右丞相冯去疾、将军冯劫劝谏他停建阿房宫和终止其他徭戍时，却遭到他的严厉谴责，被逼自杀。他萦绕心中的就是如何“赐志广欲，长享天下”。为此，他提出问题，要求狡黠万端的李斯给一个满意的回答：

> 吾有私议而有所闻于韩子也，曰“尧之有天下也，堂高三尺，采椽不斫，茅茨不剪，虽逆旅之宿不勤于此矣。冬日鹿裘，夏日葛衣，粢粝之食，藜藿之羹，饭土匦，啜土铏，虽监门之养不觳于此矣。禹凿龙门，通大夏，疏九河，曲九防，决渟水致之海，而股无胈，胫无毛，手足胼胝，面目黧黑，遂以死于外，葬于会稽，臣虏之劳不烈于此矣”。然则夫所以贵于有天下者，岂欲苦形劳神，身处逆旅之宿，口食监门之养，手持臣虏之作哉？此不肖之人所勉也，非贤者所务也。彼贤人之有天下也，专用天下适己而已矣，此所以贵于有天下也。夫所谓贤人者，必能安天下而治万民，今身切不能利，将恶能治天下哉！[①]

在李斯看来，作为帝王，为天下万民安乐而艰苦备尝的“以身徇天下”的尧和禹都不是效法的榜样，效法的榜样就是法家申不害、韩非赞美的手握“督责之术”、享尽人间骄奢淫逸的那些混世魔王：

> 明主圣王之所以能久处尊位，长执重势，而独擅天下之利者，非有异道也，能独断而审督责，必深罚，故天下不敢犯也。……且夫俭节仁义之人立于朝，则荒肆之乐辍矣；谏说论理之臣间于侧，则流慢之志诎矣；烈士死节之行显于世，则淫康之虞废矣。故明主能外此三者，而独操主术以制听从之臣，而修其明法，故身尊而势重也。凡贤主者，必将能拂世磨俗，而废其所恶，立其所欲，故生则有尊重之势，死则有贤明之谥也矣。是以明君独断，故权不在臣也。然后能灭仁义之途，掩驰说之口，困烈士之行，塞聪掩明，内独视听，故外不可倾以仁义烈士之行，而内不可夺以谏说忿争之辩。故能荦然独行恣睢之心而莫之敢逆。……

① 《史记·李斯列传》。

> 若此则谓督责之诚，则臣无邪，臣无邪则天下安，天下安则主严尊，主严尊则督责必，督责必则所求得，所求得则国家富，国家富则君乐丰。故督责之术设，则所欲无不可得矣。群臣百姓救过不给，何变之敢图？若此则帝道备，而可谓能明君臣之术矣。虽申、韩复生，不能加也。[①]

胡亥于是大行“督责之术”，尽情享受他的“荒肆之乐”“流慢之志”和“淫康之虞”。然而，他并不知道，自从他登上皇位那天起，他就被赵高玩于股掌之上。而赵高在清除了所有妨碍他专权的障碍，特别是诛杀李斯父子、自任丞相“事无大小辄决于高”[②]之后，他就将魔爪伸向了胡亥。先是“指鹿为马”，将胡亥孤立起来，使他根本不了解军国大事的真相，而是“日游弋猎”，歌舞升平。接着，将胡亥迁至咸阳东南、僻处泾水之滨的望夷宫，使之脱离咸阳防守严密的宫卫，为诛杀他创造条件。由于赵高的女婿阎乐担任郎中令这个相当于皇帝卫队长的高官，胡亥就被完全掌控在赵高集团的手中。二世三年(前207年)，随着巨鹿之战的结束，关东已经是起义军的天下，形势之危殆使赵高已经无法对胡亥继续欺瞒。赵高害怕胡亥怪罪自己未能阻挡起义军发展壮大的失误，更害怕他以皇帝的至尊之位降罪己身，于是决定诛杀胡亥。

由于设计周密，阎乐指挥的士卒没有经过大的战斗即冲进望夷宫胡亥的居室。他按剑直斥惊恐万状、觳觫不已的胡亥：“足下骄恣，诛杀无道，天下共畔足下，足下其自为计。”示意胡亥自裁。死到临头的胡亥还不明白诛杀他的密谋就是赵高一手策划，还幻想见到赵高求免一死。但被阎乐严词拒绝。这时的胡亥摇尾乞怜，丑态毕现：

> 二世曰：“吾愿得一郡为王。”弗许。又曰：“愿为万户侯。”弗许。曰：“愿与妻子为黔首，比诸公子。”阎乐曰：“臣受命于丞相，为天下诛足下，足下虽多言，臣不敢报。”麾其兵进。二世自杀。[③]

显然，面对剑拔弩张的士卒，面对怒目而视的阎乐，胡亥只能以自杀结束自己罪恶的生命。

---

① 《史记·李斯列传》。
② 《史记·李斯列传》。
③ 《史记·秦始皇本纪》。

胡亥死灭的悲剧尽管由许多偶然因素促成,但由于秦朝的灭亡已经具备了必然性,胡亥的不得善终也就具有了必然性。他即使不死于赵高的阴谋,最后也必然死于起义军的刀剑,犹如因果报应中对立的两极,恶贯满盈的胡亥显然不配有死灭之外的另一种命运。

胡亥这个人,虽然有点小聪明,会耍点小智术,但因为自幼长于深宫,根本不了解民情和政况国势,更无执掌军国政务军务的磨炼和经验。骤然被推上君位,只能听凭赵高、李斯之类权臣摆布。而他既无知人之明,也无自知之明。工于心计的奸佞小人赵高的凶残阴毒早在秦始皇时期已经暴露,秦始皇死后更是天下尽知,但胡亥终其一生都未怀疑他的忠诚。李斯是一个为了个人私利不顾恩义的奸佞之辈,他教唆的“督责之术”正是将秦朝导向终结的死亡之术,而胡亥却欣然接受并卖力推行。由于把身心和灵魂交给这样两个魔鬼,他只能被魔鬼引导至万丈深渊。胡亥更缺乏自知之明。他只知道帝王的威严和权势,却不知道自己缺乏帝王的气度和才能;只知道帝王的龙座万众仰慕、令人心醉,却不知道那也是一个高处不胜寒并且犹如烈马般难以驾驭;他只知道这个位子能够给人带来无以复加的享受,却不知道这个位子也能将人引向万劫不复的死亡之路。作为秦始皇最坏的接班人,他继承的却是秦始皇身上最坏的东西。他没有秦始皇的雄才大略却有秦始皇的暴戾恣睢;没有秦始皇的创业宏图却有秦始皇的享受欲望;没有秦始皇的知人之明却有秦始皇的偏听偏信。所以,他登基后的所作所为只能是将秦始皇身上最坏的东西做了恶性发展。胡亥实际上是占据了他不该占据也没有能力占据的皇帝位子,而他无法选择的合伙人又是最坏的合伙人,如此一来,他的悲剧就是不可避免的了。最后,长安杜南宜春苑的一抔黄土,成为他和妻子儿女年轻生命的最后归宿。

胡亥死了,死得窝囊、丑陋、卑微和无可奈何。作为一个亲手将秦王朝送入坟墓的罪人,从某种意义上说,对于秦朝的二世而亡,他的责任是第一位的,因为阻止秦王朝灭亡的契机曾一度掌握在他的手上。

二

胡亥死了，赵高并没有径直奔向龙座，而是将秦始皇的弟弟子婴[①]推上王位，期望保住关中和巴蜀这块秦王朝的龙兴之地，以便与起义军继续周旋。

赵高满以为，既然是他将子婴推上龙座，子婴对他只有感恩戴德的份儿，所以丝毫没有觉察逼近自身的危险。他怎么也不会想到，他选择的这个“仁俭”的谦谦君子，正是他的掘墓人。当赵高决定在宗庙举行子婴的登基典礼时，他的死期已经届临。因为子婴压根就不相信这个阴毒奸佞的恶魔会让自己安坐王位。他与两个儿子密谋说：

> 丞相高杀二世望夷宫，恐群臣诛之，乃详以义立我。我闻赵高乃与楚约，灭秦宗室而王关中。今使我斋见庙，此欲因庙中杀我。我称病不行，丞相必自来，来则杀之。[②]

赵高果然中计，被子婴顺利诛杀于斋宫。时间是公元前 207 年的九月。之后，子婴飞遣将士据守峣关，同时加强对函谷关的防卫，力图阻挡起义军攻入关中，以保住自己关中王的位子。然而，一切都已晚矣。此时刘邦统帅的起义军已经兵临峣关并很快将它攻取，接着又在蓝田北与秦军最后的精锐激战，大获全胜。至此，咸阳门户洞开，子婴再也没有力量阻挡起义军攻取这座雄伟壮丽的都城了。公元前 206 年十月，刘邦的大军进至灞上（今陕西蓝田县西），此去咸阳，不过百里之遥。子婴据守空城，既无可守之险，又无可战之兵。面对刘邦“约降”的最后通牒，他只得采取最后的也是最明智的保命策略，“素车白马，系颈以组，封皇帝玺、符、节”，到咸阳以南五十里的轵道（亭名，在今西安市内）旁，向刘邦递上了降表，宣告了秦王朝的灭亡。此时距子婴登上王位只有 46 天。

从形式上看，亲手撕下秦王朝最后一页日历的就是子婴。那么，子婴应该对秦王朝的灭亡负责吗？

---

① 关于子婴的身份，学术界有秦始皇之弟、之子、之孙三种说法，这里取之弟说。

② 《史记·秦始皇本纪》。

贾谊认为子婴应该负责。在《过秦论》中，他讲了自己的理由：

借使子婴有庸主之材，仅得中佐，山东虽乱，秦之地可全而有，宗庙之祀未当绝也。秦地被山带河以为固，四塞之国也。自缪公以来，至于秦王，二十余君，常为诸侯雄，岂世世贤哉？其势居然也。且天下尝同心并力而攻秦矣。当此之世，贤智并列，良将行其师，贤相通其谋，然困于阻险而不能进，秦乃延入战而为之开关，百万之徒逃北而遂坏。岂勇力智慧不足哉？形不利，势不便也。秦小邑并大城，守险塞而军，高垒毋战，闭关据阨，荷戟而守之。诸侯起于匹夫，以利合，非有素王之行也。其交未亲，其下未附，名为亡秦，其实利之也。彼见秦阻之难犯也，必退师。安土息民，以待其敝，收弱扶罢，以令大国之君，不患不得意于海内。贵为天子，富有天下，而身为禽者，其救败非也。①

从司马迁郑重其事地引述贾谊的大段论述的倾向看，他显然赞同贾谊的观点。而另一个与司马迁相伯仲的大史学家班固却对司马迁和贾谊的观点表述了不同意见：

子婴度次得嗣……餐未及下咽，酒未及濡唇，楚兵已屠关中，真人翔霸上，素车婴组，奉其符玺，以归帝者。……河决不可复壅，鱼烂不可复全。贾谊、司马迁曰："向使婴有庸主之，仅得中佐，山东虽乱，秦之地可全而有，宗庙之祀未当绝也。"秦之积衰，天下土崩瓦解，虽有周旦之材，无所复陈其巧，而以责一日之孤，误哉！俗传秦始皇起罪恶，胡亥极，得其理矣。复责小子，云秦地可全，所谓不通时变者也。……吾读《秦纪》，至于子婴车裂赵高，未尝不健其决，怜其志。婴死生之义备矣。②

对于班固的观点，后人也有不同看法。如清朝人强汝询的《求益斋文集》中，就有一篇《论秦子婴》的文章，全面申述贾、马的意见，对班固进行了全面批驳：

贾生论秦，责子婴不能救败，司马迁取其说，班固则非之。余以为贾生深明大略非班氏所及也。夫秦何以败，以苛法虐民也；汉何以帝，

① 《史记·秦始皇本纪》。

② 《史记·秦始皇本纪》附班固评贾、马赞语之说。

以除秦苛法也。使子婴能为沛公之所为，虽复得天下不难，奚有于救败哉？不知出此，秦钟以亡。贾生责之，宜矣。或谓沛公入秦，民争附恐后，知其怨嬴氏已久，子婴亦何能为？是大不然，秦民之戴嬴氏数百年矣。孝公变法以后，世世暴虐，秦农常为之力战以并六国，天下苦秦之暴，争起攻秦，秦民无一人叛者，又为之力战，殄陈涉、魏咎、田儋、项梁之属。及章邯率之降楚，秦民心犹不服，为项羽所坑者二十四万人，彼其心岂忘嬴氏哉？沛公入关，民争附之，无怪也。彼积苦秦法，若在水火之中，一旦有能拯之者，则其戴嬴氏之心不胜其避水火之心，遂翻然不暇复顾。且夫秦民之与刘氏，非素有结约也，徒以一日之恩而归之若此，况子婴席上世之资，使果能为沛公之所为，民之爱之必过沛公远甚，其戴嬴氏且益坚，而谓必舍而归汉，吾不信也。或曰子婴甫即位，诸侯之兵已逼，虽得民心，庸有及乎？曰：子婴即位，下书悉除苛法，不出十日，令已遍于国中矣。选将誓师，东拒函谷，南塞武关，不出十日而军已集矣。深沟高垒，固守勿战，诸侯之兵阻险不进，求战不得，师老饷绌，必逡巡引退，项羽虽强不足虑也，而沛公奚自入哉！或又谓沛公遣兵守关，且不能拒项羽，恐非子婴所能抗，是又必然。秦民之善战，无敌于天下久矣。沛公入关，虽急收人心，然未能用之也。守关者皆山东吏士，素畏项羽，其败固宜。及既定三秦，乃收关中兵东击楚，散而复合，败而更发，死战于荥阳、成皋之间，楚卒不得过而西。况函谷之险过于成皋，秦民新及宽政，无不愿为子婴死者，又惩新安坑杀之祸，其力战必倍于为汉击楚之时，而谓项羽必能西入，吾又弗信也。或曰：六国皆以立王，子婴能自保，幸矣，安见复一天下乎？曰：陈涉一呼而天下响应，人人发愤，争操兵西向者，以秦暴故也。一旦闻秦改纪，其政其吏士必懈，其将相必惧，叩关不克而退，其气势必沮，子婴拊循境内，布德修政，训民厉兵以俟山东之衅，兼弱攻昧，取乱侮亡，虽复得天下，不亦可乎？呜呼！自古亡国乱朝，未尝无救败之策，安危转于呼吸，存亡决于毫厘，固非庸常之士所能识也。

以上两种关于子婴评价的观点，虽然看起来都言之成理，持之有故，但若仔细辨析，班固的观点似更贴近实际，贾谊、司马迁，尤其是强汝询的观点，尽管全面细密、雄辩滔滔，却基本上都是纸上谈兵的书生之见。

平心而论，子婴并不是如贾谊贬低的连“庸主之才”都达不到的低能君王，而是有着相当的智谋、胆识和韬略的政治军事人才，在秦国数以十计的君王中，他绝对处于中上的水平。你看，在赵高、胡亥之流穷凶极恶地诛灭功臣和嬴姓宗室贵族的大屠杀中，他作为与秦始皇血统最近的公孙王子，竟能安然无恙地渡过险关，保住了自己的身家性命和妻子儿女，这需要多么高超的应对智谋和生存技巧！在诛杀赵高及其党羽的活动中，他虑事之周，思考之细，设计之巧，时机把握之精准，展示了多么难得的善于谋划和临事果决的才能与气度！诛杀赵高之后，他立即发兵据守咸阳南部的门户峣关，巩固函谷关的守卫，以对付项羽和刘邦两支起义军的进攻，显示了多么成熟的战略眼光和军事才能！应该说，子婴已经为挽救秦王朝的灭亡尽了自己最大的努力。然而，所有这一切，都无法挽救秦王朝的灭亡，因为这个王朝已经被秦始皇、赵高、李斯、胡亥等人推到了不可救药的境地，任是天神下凡，也不可能有东山再起、恢复其昔日辉煌的机会了。明朝的杨士奇等编辑的《历代名臣奏议》，在论及秦亡和子婴的关系时，就曾正确地指出：“自二世暗弱，赵高专恣，其亡也，非子婴之罪也。”又说：“子婴虽立，去帝为王，孤危无辅，四旬而亡。此由邪臣擅命，指鹿为马，所以速秦之祸也。”[①]

子婴的悲剧在于，他是在秦王朝的灭亡已经是不可挽回的历史时刻登上王位的，他所有为挽救秦朝灭亡所做的努力，除了为自己的行动增添一点悲剧色彩之外，一切都是徒劳无功的。

这是因为，子婴登基时，巨鹿之战已经结束，秦王朝赖以存在的最精锐的两支武装力量——王离统帅的长城劲旅和章邯统帅的关中雄师都被起义军彻底消灭，项羽指挥的数十万大军正向函谷关挺进。而刘邦指挥的另一支起义军也从南面攻破武关，叩响了咸阳最后一道门户峣关的城门。这时的秦朝统治集团，经过赵高和胡亥的数次杀戮，当年追随秦始皇统一六国的那些智略超群的文臣武将几乎损失殆尽，剩下的不是对赵高、胡亥的阿谀之徒，就是毫无才干的无能之辈。子婴上台伊始，面临的就是秦朝建立以来最为凶险的形势：内有赵高等一批凶残的宵小之徒随时可能危及自己的生命，而自己却找不到一个智勇兼备的有力辅佐；外有逼近国门的几十万起义军，

---

① 明杨士奇等撰：《历代名臣奏议》卷四三、七九，清文渊阁《四库全书》。

而自己却无可战之兵。子婴虽然被推上了王位，但与他的任何前任，包括胡亥相比，历史为他提供的活动空间却空前的狭窄，纵使他有天大的本事，也几乎没有一个可以转身的舞台。即使在这种情况下，子婴还是发挥了自己最大的主观能动性，他迅速果断地诛除赵高集团，扫荡自己行政的最大障碍；他飞兵据守峣关，力图将刘邦一军挡在三秦大地的边界之外，以便有较多的时间整饬内部，调整政策，征调兵员和军需物资，积聚更多与起义军周旋的有利条件。然而，这些看起来的最佳举措，却因刘邦一军的攻克峣关而迅速夭折。这时，面对刘邦的最后通牒，子婴已经被逼至死角：要么是将咸阳仅存的军事力量组织起来，宁为玉碎，与刘邦决一死战，自己壮烈殉国；要么出城投降，保住自己和咸阳军民的生命。子婴选择了后一条路，扮演嬴氏历史上最不光彩的角色：以亡国之君宣布为自己祖宗数十代不懈奋斗创建的秦王朝画上一个辛酸的句号。可能是刘邦履约，不仅没有杀他，还可能想用他为自己服务。曹无伤向项羽告密"沛公欲王关中，以子婴为相，珍宝尽有之"，恐非空穴来风。如果没有后来的楚汉战争，刘邦很快统一天下；如果没有项羽几十万大军打进关中，刘邦集团能在关中牢牢立定脚跟，子婴的命运至少也应该同东汉亡国之君献帝刘协、蜀汉亡国之君刘禅一样，不仅可以保住自己和宗族的性命，而且还能够获得一小块封地，保证宗庙香火不断，祖宗之灵得到奉祀血食。然而，不久，项羽率军打进关中，以绝对优势的兵力左右了当时的形势。他火烧咸阳，大开杀戒，子婴和众多的嬴姓贵族命丧黄泉。至此，子婴的悲剧之旅走到尽头。他的悲剧命运实在令人同情：他不能也不应该对秦始皇和赵高、李斯、胡亥等造下的孽债负责，但却以秦王朝最后的亡国之君承受了这一孽债的后果。历史就在无限吊诡中完成了一次新的转折。

英雄身后不寂寞

——项羽身后评论的评论

项羽是秦汉之际中国政治舞台上一个功业盖世、勇毅超群、以巨鹿之战给秦王朝敲响丧钟、以乌江自刎给自己画上悲壮句号的英雄人物。他身死之后两千多年，也一直没有淡出政治家、思想家、文学家和历史学家的视野。不仅政治家、思想家和历史学家对他的评论连篇累牍，历代诗人歌颂他的诗词积案盈箱，而且被戏剧家以《霸王别姬》的剧目推到舞台上，又经过近代京剧大师梅兰芳的倾情演绎，他与那个国色天香的绝代佳人虞姬永远嵌刻到中国人民的记忆里。项羽之所以成为身后并不寂寞的历史人物，一是因为他是反秦起事群雄的杰出代表，是一个横空出世的推翻秦朝这个庞然大物的头号英雄；二是因为他“其兴也勃焉，其亡也忽焉”，留给后人无限思索追问的空间。检视项羽的身后评论，可以发现其中存在不少有益的启示。

一

项羽 24 岁时随叔父项梁起兵会稽郡城（今江苏苏州），响应陈胜、吴广，参加反秦起义，率八千江东子弟兵渡江北上，很快成长为秦末农民起义军中叱咤风云的伟大统帅。在三年血雨腥风、艰难的反秦战争岁月里，他始终活跃在战斗的最前线。即使在项梁战死、章邯率领的秦军凶焰万丈、农民军处境最困难的时候，他也不气馁、不妥协，始终以压倒敌人的气魄、必胜的信心，同秦军进行最激烈的战斗。在公元前 207 年底到前 206 年初的巨鹿决战中，他更是以一往无前的气势、必死的决心、无与伦比的英勇顽强，破釜沉舟，义无反顾，率领十万起义军将士，与秦军进行了一场空前残酷的战略决战，把秦王朝十数年来屡经战阵的精锐之师一举摧毁在漳水之畔，从而最后改变了双方力量的对比，决定了秦王朝覆灭的命运。如果说，在秦末农民战争中，陈胜的首义之功不可没，那么，项羽摧毁秦军主力的卓著战功亦将彪炳日月，永垂青史。

对于项羽的这一历史功绩，后世的评论都是给予充分肯定的。如写《史记》的司马迁就这样评论：

> 夫秦失其政，陈涉首难，豪杰蜂起，相与并争，不可胜数。然羽非有尺寸乘势，起垄亩之中，三年，遂将五诸侯灭秦，分裂天下，而封王侯，政由羽出，号为"霸王"。位虽不终，近古以来未尝有也。①

宋朝的朱熹则赞扬项羽具有"必死无还心"的气势，他说："项羽救赵，既渡沉船，破釜，持三日粮，示士必死无还心。故能破秦，若瞻前顾后，便做不成。"②同是宋朝的王迈也赞扬他具有"以盖世之气，直欲摧岳岱而倾河海"③的大无畏精神。清朝的李清馥所撰的《闽中理学渊源考·姚德辉先生》一文，记载了蔡文庄给姚德辉的一封信，其中对项羽勇往直前的气势也发出了由衷的赞叹："昔项羽之救赵也，既渡河，沉船，破釜，持三日粮，示士卒必死，无还心。一战胜之，由此遂霸天下。夫羽无足言也，然能决志用勇，直于死中求生，如此，是亦学者所当师其一节，而未可以人废也。"元朝的陶宗仪对项羽的品德也有所肯定："世俗之所谓忍者，残义害善之本，杀身覆族之由也。项羽为人不忍，虽不能成事，要之良心犹在。伍子胥为人刚戾忍诟，虽能成事，然良心丧失尽矣。"④明朝的王世贞认为，仅就品格而言，项羽也胜于刘邦：

> 至楚汉之为讼，则羽之负汉者一，而汉之负楚者三。羽之负汉不王关中而王巴蜀而已。当羽入关，与沛公兄弟也，又皆楚臣，何必拒而不纳？其负一也。鸿门之会，不杀而封之巴蜀，甫就国而兵东向，其负二也。然犹有可言者，至太公甫脱烹俎，盟血未干，而反戈尾其后，其负三也。羽自得罪义帝耳，不得罪高祖，高祖死，何以见羽地下哉？⑤

---

① 《史记·项羽本纪》。

② 《朱子语类》卷八，清文渊阁《四库全书》。

③ 王迈：《臞轩集》卷三《论·高帝论一》，清文渊阁《四库全书》。

④ 陶宗仪：《说郛》卷十五《忍字说》，清文渊阁《四库全书》。

⑤ 王世贞：《读书后》卷一《书项羽传后》，清文渊阁《四库全书》。

明朝的黄淳耀为项羽自立西楚霸王、分封诸侯之事进行辩护，认为那是当时的形势造成的。项羽除了用这种办法酬赏那些跟随他与秦军进行殊死鏖战的将帅外，似乎没有其他更好的选择：

项王立六国后树秦敌，此入关以前事，非入关以后事也。项羽破秦为西楚霸王矣，复封诸侯王将相，此正与郦生立六国后之策暗合，后著用前著，所以败也。景陵钟氏论羽如此，愚谓不然。羽率诸侯兵西入关，不过以破章邯军为诸侯冠耳，此时诸侯所推戴之怀王尚在，楚先入关，有功之沛公不可杀，从入关之诸侯各有功，不分王之，将置何地乎？盗亦有道，羽既称诸侯长，能一切以无道行之乎？①

清朝康熙皇帝似乎有点疑古精神，他在给大学士等朝臣的一个上谕中，对《史记》记载的项羽新安坑秦降卒之事提出质疑："朕又览《史记》《汉书》，亦仅文词之工，记事亦有不实处，即如所载项羽坑秦卒二十万，夫二十万卒，岂有束手待毙之理乎？"②不少评论项羽的学者一方面对他的功业和勇毅倍加赞扬，另一方面又对他的失败十分惋惜，因而在评论的字里行间就充溢着叹其败亡、惜其失误的情绪。宋朝的李观可谓这类学者的典型代表。请看他下面这段三叹而有余哀的评论吧：

溥观周秦之颠，粲乎简册，吁可骇耶！惟秦失在强，惟周失在弱，上慢下渎，政无纪纲。若然者，神灵得不哀，世教得不张，且天命不可以坐得。故有心者经纶。于是汉王起于丰沛，籍起于会稽，陈吴之徒自称曰假王，其余揭竿而呼，争先刺秦者如林如薮。于时乱浩浩，兵憧憧，风从虎，云从龙，三灵昏而四海空。籍乃仗剑拨乱，希当天功。浮江而西，有壮士八千，枹鼓于舟中，维御乎群凶，所以谋大业，拯万灵而争雌雄者，独汉祖与公。遂号百胜之师，趣累卵之危，活赵歇，擒王离，十壁愕眙，一麾靡余。然后飘锐气，耸利锋，抵秦关，怒汉先，因语曰：捐约则违人，固信则自违，恶取乎？乃军鸿门，屠咸阳，鼎峙于神州，幅裂于四方，始退与汉祖东西而王天下。是知量不足，谋不长矣。然犹兵众于汉，战捷于汉。其后则有灵壁之败太公虏，荥阳之围纪信焚，广武之守伤其胸，

---

① 黄淳耀：《陶庵全集》卷四《史记评论·项羽本纪》，清文渊阁《四库全书》。

② 《圣祖仁皇帝圣训》卷五，清文渊阁《四库全书》。

固陵之役挠其师。与汉祖龙虎相逐，干戈合离，五年之后，胜败乃知。是知兵亦不可穷物，亦不可终天地否？而开云雷屯而通故有三将，溃围孤军何归？良马在御，美人在帷，楚歌夜闻，哀泣独垂，遂饮帐中，弃甲麾下，镜分美人，飚举良马，晓漫漫，云茫茫，失道于阴陵，问津于乌江，其犹鱼遭网而逝，鸟婴罗而翔，然终不免矣。尚能合从亡之人，御追逃之兵，旗鼓指掌，鹈鹕丘陵足罔不餍首，胡不横然。始解马于舟子，结缨于死地，痛矣哉！何自慷慨断焉，若斯之甚耶？而曰"天实亡我，非战之罪"，何执而不寤哉？公实勇而无谋，刚而无亲，忌而信谗，暴而残人，是以人得蹈其资，兵得害其身，真自亡也，岂天亡乎？使公勇而能亲，诸将不携矣。明而察谗，奇计得施矣。恕而爱人，百姓乐推矣。然则举天下如转圜，何汉氏与一二臣之能计之哉？至观谋于汉者，皆昔其臣也，公实弃之。兵于汉者，皆昔其将也，公不容之。故得人者昌，失人者亡。噫！从始而言，盖天理有素乎？故生项以静难，生汉以牧人。静难者授勇，牧人者授仁。不然，何鸿门阽而复平，成皋跳而复振，入关而缓来，王楚而骤归者哉？[①]

二

项羽毕竟是一个失败的英雄，尽管他在巨鹿之战后达到军事生涯的巅峰，进入关中后又在各路诸侯中处于号令一切的尊位；但经过四年的楚汉战争，却被开始时军力远小于自己的刘邦集团战胜，落得个自刎乌江的悲惨结局。因此，后世评论更多的是对他失败原因的探寻。

最早探索这个问题的是项羽的对手刘邦。《史记·高祖本纪》非常传神地记载了刘邦君臣在这个问题上互相切磋的情态和各自表述的观点：

> 高祖置酒雒阳南宫。高祖曰："列侯诸将无敢隐朕，皆言其情。吾所以有天下者何？项氏之所以失天下者何？"高起、王陵对曰："陛下慢而侮人，项羽仁而爱人。然陛下使人攻城略地，所降下者因以予之，与天下同利也。项羽妒贤嫉能，有功者害之，贤者疑之，战胜而不予人功，

① 《历代名贤确论》卷三八《项籍》，清文渊阁《四库全书》。

得地而不予人利，此所以失天下也。”高祖曰：“公知其一，未知其二。夫运筹策帷帐之中，决胜于千里之外，吾不如子房。镇国家，抚百姓，给馈饷，不绝粮道，吾不如萧何。连百万之军，战必胜，攻必取，吾不如韩信。此三人皆人杰也，吾能用之，此吾所以取天下也。项羽有一范增而不能用，此其所以为我擒也。”①

这里刘邦、高起和王陵对刘胜项败原因的探求，虽然说法不一样，但其实着重点没有太大区别，都集中指向了项羽用人的失误。如此评论，尽管抓住了项羽失败的重要原因，但仅指出此点就失之片面了。后来，史学家司马迁的认识就比刘邦君臣深刻和全面多了。他批判项羽“天实亡我”的自我认识，认定他失败的原因是“背关怀楚，放逐义帝而自立”，“自矜功伐，奋其私智而不师古，谓霸王之业，欲以力征经营天下”②。东汉末年的徐干也批判项羽“天实亡我”的饰词，将其失败之因归结为迷信武力，昧于仁智：

项羽既败，为汉兵所追，乃谓其余骑曰：“吾起兵至今八年，身经七十余战，所击者服，遂霸天下。今而困于此，此天亡我，非战之罪也。”斯皆存亡所由欲南反北者也。夫攻战，王者之末事也，非所以取天下也。王者之取天下也，有大本有仁智之谓也。仁则万国怀之，智则英雄归之，御万国总英雄以临四海，其谁与争？若夫攻城必拔，野战必克，将帅之事也。羽以小人之器，闇于帝王之教，谓取天下一由攻战，矜勇有力，诈虐无亲，贪啬专利，功勤不赏，有一范增既不能用，又从而疑之，至令愤气伤心疽发而死。豪杰背叛，谋士违离，以至困穷，身为之虏，然犹不知所以失之，反瞋目、溃围、斩将、取旗以明非战之罪，何其谬之甚欤！③

晋朝的向雄认为，“秦失其鹿，豪杰竞逐。项羽既得而失之，其咎在烹韩生而范增之谋不用”④，这显然还是将拒贤才、逆忠言作为项羽失败的主要原因。唐太宗君臣则强调项羽的“失信”：

太宗谓侍臣曰：“传称去食存信，孔子曰‘人无信不立’。昔项羽既入咸阳，已制天下，向能力行仁信，谁夺耶？”房玄龄对曰：“仁义礼智信

① 《史记·高祖本纪》。
② 《史记·项羽本纪》。
③ 徐干：《中论·慎所从》，清文渊阁《四库全书》。
④ 《晋书·向雄传》，中华书局1985年版。

谓之五常，废一不可。能勤行之，甚有裨益。殷纣狎侮五常，武王夺之。项氏以无信，为高祖所夺。诚如圣旨。”[①]

宋朝的司马光在指出项羽用人失误的同时，进而指出“废公义而任私意”是其失败的主要原因：

世皆以项羽不能用韩生之言，弃关中之险，故失天下。窃谓不然。夫秦据函谷，东向以制天下，然孝、惠、昭、襄以之兴，而二世、子婴以之亡，顾所以用之之道何如耳，地形不足议也。项羽放杀其君，不义之名明于日月。宰制天下王诸侯，废公义而任私意，逐其君以置其臣，其受封者争夺不服，疏斥忠良，猜忌有功，使臣下皆无亲附之意，推此道以行之，虽重金袭汤不能以一日守也，况三秦之险哉？[②]

同是宋朝的杨时，对项羽失败原因的探索较之前人进了一大步。他指出，项羽之所以失败，关键不在于用人失察，而在于根本政策的失误。他没有反秦之道而行之，在政策上给一个“与民更始”的气象，而是“以秦攻秦”，赓续了亡秦虐民害物的残暴行径。在这种情况下，即使他对范增言听计从，也改变不了彻底灭亡的命运：

至高祖谓“项王有一范增不能用，故为我擒”，常以为信然。及读《项羽传》，观范增所以佐羽者，然后知羽虽用范增无益于败亡也。夫秦人齮龁其民，天下背而去之，莫肯反顾。当是时，民之就有道正犹饥者之嗜食，不必豢稻粱而皆可于口也。项籍以闾阎匹夫之资首天下，豪杰西向而并争，视秦车之覆曾不知戒，犹蹈其故辙，欲以力制天下，所过烧夷残灭，是以秦攻秦也。范增曾无一言及此，乃区区欲立楚后为足以怀民望，何其谬哉！其后项王卒有弑义帝之名为敌国之资，增实兆之也。增之得计，不过数害沛公耳。使项王不改其辙，则前日之亡秦是也。借令沛公死，天下其无沛公乎？[③]

这里杨时表述的观点实在是卓识灼见。因为即使项羽的第一谋臣范增也只不过给他出了点阴杀刘邦的诡计，而在争取民心、协和内部、毙敌方略等关

① 《贞观政要》卷五，清文渊阁《四库全书》。

② 司马光：《传家集》卷六七《项羽诛韩生》，清文渊阁《四库全书》。

③ 杨时：《龟山集》卷九《史论·项羽》，清文渊阁《四库全书》。

乎项羽集团生死存亡的大政方针问题上，却没有丝毫建树。因此，即使范增之谋得逞，项羽集团也不可能取得最后胜利。差不多同时的黄震也循此思路，但比杨时的认识更进一步，他认定项羽的政治意识落后于时代，在秦朝已经建立统一王朝、“定于一”是时代潮流的情况下，仍想继续西周的分封制度，恢复战国时期列国林立的旧观，应该是项羽政治意识中最为致命的弱点：

迁以羽尝宰制天下而纪之秦汉之间，疑已过矣。然既君之而又字之，抑扬之义，岂有在欤？世谓羽与汉争天下，非也。羽何尝有争天下之志哉？羽见秦灭诸侯而兼有之，故欲灭秦复立诸侯如曩时，而身为盟主尔。故既分王即都彭城，既和汉即东归，羽皆以为按甲休兵。为天下盟主之时，不知汉之心不尽得天下不止也。身死东城，不过欲以善战白于世，略无功业不就之悲。而汉之心羽终其身不知，羽何尝有争天下之志哉？①

黄震上述的认识无疑是深刻的。应该承认，秦始皇统一全国后实行颇有地域差别的残暴政策，使得山东原六国之民产生怀旧情绪，这是正常的。正因为如此，陈胜的国号才定为“张楚”，而其他六国旧贵族也乘机打出“复兴故国”的旗帜。在人们普遍怀旧的气氛里，在六国贵族的包围中，项羽自觉不自觉地变成了他们的代表。他把列国分立的政治形式理想化，认为重行分封制度是维护和平安定社会秩序的灵丹妙药。殊不知，当统一已经成为历史运转趋势的时候，硬是人为制造一个列国分立的局面，显然违背了当时中国经济文化发展的要求。黄震能够正确地认识到这一点，与秦、汉、隋、唐、宋大统一的启示不无关系。还是宋朝的史尧弼，集中从军事角度分析项羽失败的原因，这也是有相当见地的：

古之英雄，其力之强未有若项羽者。其败之亟亦未有若羽之亟者，此其何故也？尝读史，见楚汉转战，以必争成皋也。不然羽之亡不至若是亟也。沛公长者，天下之所归。羽暴害残贼，故天下去之速。且当是时，齐、魏、燕、赵、九江已尽入汉，羽孤立无与为助而又轻用其锋，使汉得乘其弊，是数者羽所亟败，而岂在成皋之得失哉？虽然，羽之势固必

① 黄震：《黄氏日抄》卷四六《读史一·项羽纪》，清文渊阁《四库全书》。

亡，然汉之君臣，论战皆无足当羽者。使羽衰而斗之锐，亦足与旷岁相劫，而岂遽至于遁哉？夫人必有羸疾之久，筋力精气悉已耗散，一旦赫然就尽，此无足怪者。至于雄勇健特之人，冲击水火，冒犯风雷而不少衰，而亦卒然不救，此必其有所重伤亟困以至于此也。呜呼！羽之强亦必其形势有所大去，故其败若此速也。且楚汉百战之场，实当中原八达之地，使其无有要害岩险为之扼塞，则楚汉之成败将决于一日之间，而又何俟夫百战哉？夫惟当时之势，楚东而汉西，而成皋以天下之险介其两间，以限二国之冲，彼此皆不能逾焉，故相持而不决者数岁。使其不然，则高祖可以长驱于楚之彭城，羽亦可以直捣汉之关中，而又何难哉？始羽东击齐，成皋不可守，故汉得以劫五诸侯兵直指彭城，据羽之巢穴，幸其兵败，故引而西，羽亦知天下之势在此而不可缓也。故百战京索、荥阳间而必取之。既得而使枞公守之，汉亦力破而必据之。及汉败于广武，而成皋复归羽。羽又使司马咎守之，戒勿与汉战，俾汉无得东。是时汉已失据，欲退保巩洛。会听郦生计，故复留，遂尽锐诱司马咎而破之，成皋始复入于汉。而项羽明年遂亡，此其理岂不昭然甚明也哉。今夫猛虎负嵎咆哮而凌厉，虽使万夫荷戈而不可向；及其失势奔走平地，则匹夫设阱取之如杀狐兔无异也。向使项羽得成皋出入乎其间，以冲汉之腹心，汉将为羽冲轶之不暇而能窘羽哉？惟其形势一决，使汉得通兵于东，追羽固陵，韩、彭、英布四面以至，当是时，羽欲不亡得乎？故夫兵家之要，必求重地以为门键出入往来之孔道而重扼之，以制敌之命，不然则反为敌制。汉之成皋，光武之河内，唐之潼关，皆当时所谓孔道者也。汉惟得成皋而楚亡，光武得河内故河北遂定，唐惟一失潼关禄山得以西，唐社几不血食。然则兵家孔道之所在，其可不谨之欤？[①]

史若弼在这里正确地指出项羽没有全力据守成皋的战略失误是加速其灭亡的重要原因，这显示了他不凡的战略眼光。因为从当时楚汉战争的形势看，成皋具有举足轻重的战略地位，谁占据了它，谁就获得了进攻对方的前进基地。更重要的是，与成皋毗邻的敖仓积聚着大批粮食，项羽没有认识到成皋的重要性并全力固守；而刘邦经郦食其提醒后认识到了成皋战略地位的重

① 史若弼：《莲峰集》卷七《项羽论》，清文渊阁《四库全书》。

要性，在击杀项羽的成皋守将司马咎并占领该城后，立即夺取敖仓，派重兵牢固据守。此后，以这里丰富的粮食储备保障了前线的供应，成为汉军在成皋一线长期坚持、最后战胜项羽的重要条件。元朝的陶宗仪虽然也从军事角度探索项羽失败的原因，但他将项羽在巨鹿同秦军主力决战视为最大的失策：

> 呜呼！项籍有百战百胜之才而死于垓下无惑也，吾于其战巨鹿也见其虑之不长，量之不大，未尝不怪其死于垓下之晚也。方籍之渡河，沛公始整兵向关，籍于此时若急引军趋秦，及其锋而用之，可以据咸阳制天下。不知出此，而区区与秦将争一旦之命，既全巨鹿而犹徘徊河南新安间，至函谷则沛公入咸阳数月矣。夫秦人既已安，沛公而仇籍，则其势不得强而臣，故籍虽迁沛公汉中而卒都彭城，使沛公得还定三秦，则天下之势在汉不在楚。楚虽百战百胜，尚何益哉？故曰兆垓下之死者巨鹿之战也。或曰：虽然，籍必能入秦乎？曰：项梁死，章邯谓楚不足虑，故移兵伐赵，有轻楚心，而良将劲兵尽于巨鹿，籍诚能以必死之士，击其轻敌寡若之师，入之易耳。且亡秦之守关与沛公之守，善否可知也。沛公之攻关与籍之攻，善否又可知也。以秦之守而沛公攻入之，沛公之守而籍攻入之，然则亡秦之守籍不能入哉？或曰秦可入矣，如救赵何？曰：虎方捕鹿，罴据其穴，搏其子，虎安得不置鹿而返？返则碎于罴明矣。①

巨鹿之战是中国军事史上的一个杰作，是项羽军事生涯中最光彩夺目的诗章。陶宗仪对其全盘否定不过是自己闭门凝思的一厢情愿。如果项羽舍巨鹿不顾而全力进军关中，章邯势必顺利地消灭河北的诸侯联军，然后乘胜尾随攻击项羽一军。以此时秦军的力量和士气，又是在秦的腹地与项羽决战，地理民情都有利于秦军，项羽取胜的把握并不是绝对的。如果项羽出此下策，秦末农民战争的结局很可能是另一番面貌。元朝的方回在《续古今考》中，对项羽的失败进行了全面分析，认为他西屠咸阳、杀亲降王子婴、烧秦宫室等举措，不仅是愚蠢的暴行，而且更是“偏隘谬戾而无远图”的错误决策，

---

① 《说郛》卷九下《项籍》。

从这里开始已经种下了失败的种子:"秦始皇以王翦、蒙武虏楚王负刍而灭之。诸侯兵起,秦章邯又击杀项梁。春秋复九世之仇,项羽以复仇为事乎?则秦亦灭矣,子婴已降楚矣,以子婴归之,令楚怀王待其自毙可也,杀之亦何益于威武?屠咸阳则秦之百姓何罪焉?秦之宫室奢侈已甚,存其可存者,而毁其材以赐贫民可也,焚之则亦暴殄天物而已。至如收货宝,略妇女而东,则无异盗贼之所为也。意者迁沛公于汉中,封章邯、董翳、司马欣之谋已定,不欲留此以遗他人也。残忍贪婪,偏隘谬戾而无远图,不待垓下之围而败证已见矣。"[①]他进而认为,尽管项羽将封刘邦于汉中视为得意之举,但实际上同样是愚蠢而错误的决策:

> 项羽此策,恐汉王不就国或有他谋,以此防之也。必有某将以统此众而受之策,然天下成败之势方如反掌,将吏士大夫之心视其主之可否而为去就也。此暴彼宽,则羽之兵实所以为汉王之资耳。甚哉,项羽之愚而无识也。烧秦宫室,掠秦府库,虏秦妇女,杀秦降王子婴,怀衣锦故乡之陋见,行讥以沐猴之滥诛,谓徙义帝于上游,迁汉王于巴蜀,四分天下以取其一,余十七王可以力控,田荣与己有隙而不与之释憾:陈余与张耳有隙亦不与之解仇;彭越故剧盗在梁而无以处其众涣其群。方且欲弑所尊之帝而夺所封诸侯之地,如是而欲久长,未之有也。且羽既封诸侯之地,罢戏下各就国,不闻有一训诰誓命之言。周之封建皆有策书,齐桓公葵丘之会盟,以五禁而不歃血。而羽咸无之,谓宜建坛刑牲盟所封诸侯王为要约,以楚实首事,灭秦报天下仇,尊楚怀王为帝,天下诸侯戮力一心,共奖王室。平心和气,以沛公王关西,而以己王关东地亦不必大广。当是时,沛公鲁公功最大,为天下二伯以征伐诸侯之不臣服者,亦不必自为西楚霸王。古所无有名,不雅驯,诸四方彪勇暴悍崛起乘时之徒,处置弥缝亦宜缜密,以仁恩宥之,以威武恐之,以义理督教之,则焉有不服者。范增为羽腹心之臣,岂全不致思入虑,而以一切苟且行之,尊一帝,封诸侯,以三万人护汉王就国,谓姑如此而可以无后

① 方回:《续古今考》卷九《西屠咸阳杀秦王子婴烧秦宫室》,清文渊阁《四库全书》。

患。呜呼！亦愚而已矣。[①]

不过，这里方回为项羽设计的“以楚汉为二伯以讨不臣”的方案，亦只是一种不具备实践价值的纸上谈兵而已，其所反映的是儒家知识分子的迂阔之思。另一元朝人杨翮对项羽失败原因的思考较之方回似略胜一筹。他痛惜项羽没有在入关以后乘战胜之威速正大位，错过了以皇帝的名号宰制群雄、一统天下的大好形势，结果因自己的短视不得不吞下失败的苦果：

天下有可乘之势，适因其势而乘之，天下可袭而取。故善取天下者乘其势，非乘其势乘其机也。盖后世之所恃以取天下者，惟气与力耳。苟即其力强气盛之际，一举而掩收其功，则其事在我，而况乎我与机适会？人未及动而我先之，时未及过而我遇之，沛然其谁能御哉？论至于此，吾未尝不惜夫项羽之智有不及乎此也。彼其合诸侯之师，拥数万之众，非无其力，以蹶起之锐而加以屡胜之锋，非无其机，然而大事已集而复隳，天位可致而仍失者，何哉？论者皆曰忍而吝赏也，虐而多杀也，不仁而无义也，刚愎而轻用其锋也，是岂足以尽其不得天下之失乎？论者又曰斩宋义也，疑范增也，不杀沛公也，是亦不足以尽其不得天下之失也。盖羽之不得天下，则以其有可乘之势不能因其势而乘之耳。当其力方强，气方盛，秦军既坑，函谷既入，子婴既降，而咸阳之未屠也，于是乎建大号，登大宝，号令诸侯，自立为天子，天下其谁敢拒之？天下虽间有未定，吾得以天子之名临之矣。惜乎有可乘之势不能因而乘之也。羽之心，盖以为拔山之力、盖世之气可以常恃而久存，海内之乱未艾则天下终吾之有。迟迟而取固无害，而不知气穷则竭，力穷则衰，而乱极则思定。于乱极思定之际为之，吾之气与力不足用矣。惟羽一失其机而沛公遂得以因其势而奄有焉。使天下后世皆得成败立论，不亦惜乎？方羽之烧阿房，收宝货，略妇女而东也，韩生盖尝说之曰：“关中阻山带河，四塞之地，肥饶可都以伯。”此盖劝其即真之说也。羽能听之以正天子之名而建万世之业，则所处者尊，所据者固，沛公可得而夺之乎？顾乃怀思东归，不用其计，已而气衰力竭，天下非其有，则曰“此天之亡

① 方回：《续古今考》卷九《羽使率三万人从汉王》。

我”，呜呼！此岂天亡羽哉？故夫取天下者贵乎因其势而乘之，不使其气衰力竭而机不可为也。[①]

杨翩的上述思考自然是有见地的，但如此要求项羽则就是一种苛求了。因为当时项羽的政治意识还停留在为楚国复仇和恢复六国的理想中，这应该是他败于刘邦的根本原因。比较而言，刘邦集团的政治意识能够与时俱进，他们推出的政策措施能够较好地回应时代的需要和百姓的愿望。宋元以降的明清时期，从皇帝到臣下以及众多思想家和历史学家，都对项羽失败的原因有所评论，但新意不多，大多是重复前人的一些观点。总起来看，古人对项羽失败原因的探索是比较全面而深刻的：从宏观的大政方针的缺失，到具体的坑杀降卒、焚烧咸阳、诛杀子婴、用人失察、分封不公、舍关中而都彭城以及一系列战略战术的失误，几乎都涉及了。有些论述还相当精彩并切中肯綮，对后来深化这一段历史的认识不无启示意义。但所有这些认识都基本停留在就事论事的水平上，有些观点更是想当然地纸上谈兵，他们的历史哲学还没有进入到对历史必然性和规律性的探索中。

三

项羽那柄让敌人闻风丧胆的利剑的最后一挥，对准的是自己的头颅，他以自己悲壮的死结束了历时四年的楚汉战争。当刘邦将他的遗体礼葬于谷城（今山东东阿县境、山东曲阜、安徽固始皆有项羽墓）的时候，他的自然生命和政治生命虽然宣告结束，但他作为一个具有重要影响的历史人物并没有退出历史学家、思想家和文学家的视野，还继续活在百姓的记忆和怀念中。与他有关的历史遗迹，如徐州的戏马台，荥阳的项羽堆，安徽固始与山东东阿、曲阜的项羽墓，还有众多的霸王山、项王庙，都寄托着百姓深情的怀念与哀思，香火不绝，凭吊者络绎。特别是唐朝以来大量歌咏项羽的诗词，展示着诗人们极其复杂的感情和从不同角度对他的评价。如李清照对他功业和品格的赞颂：

① 杨翩：《佩玉斋类稿》卷九《项羽论》，清文渊阁《四库全书》。

生当作人杰，死亦为鬼雄。至今思项羽，不肯过江东！[①]

如贺铸对他品格的赞颂和对他结局的悲悯：

分张天下付群雄，回首咸阳卷地空。六国三秦随扰攘，锦衣何暇到江东？

楚都陈迹久灰埃，一曲虞兮尚寄哀。不作偷生渡江计，可须千里更西来？

三户睢盱竟破秦，君王武略世称神。途穷一夜无遗恨，挈首殷勤予故人。[②]

如黎廷瑞对他悲壮结局的怀思和追问：

鲍鱼腥断，楚将军鞭虎驱龙而起。空费咸阳三月火，铸就金刀神器。垓下兵稀，阴陵道隘，月黑云如垒。楚歌哄发，山川都姓刘矣。

悲泣呼，醒虞姬，和伊死别，雪刃飞花随。霸业休休骓不逝，英气乌江流水。古庙颓垣，斜阳老树，遗恨鸦声里。兴亡休问，高陵秋草空翠。[③]

如李新等人除了歌颂他的功业之外，更多的是对他没有返回江东卷土再起的决策失误的惋惜和衣锦回乡情结的深深遗憾：

平生虎力鼎可扛，愤气不作咸阳降。江东子弟累千百，谁知国士元无双。一夕楚歌四面起，伯图未就人怀邦。自古功业有再举，何不隐忍过乌江？[④]

鸿沟时暂割山河，楚国山河一半多。欲去故乡夸富贵，不知沛有大风歌！[⑤]

长城骸骨丘山积，群雄操戈争奋击。将军手提三尺剑，长呼渡江天

① 李清照：《淑玉集·夏日绝句》，清文渊阁《四库全书》。
② 贺铸：《庆湖遗老诗集补遗·题项羽庙三首》，清文渊阁《四库全书》。
③ 黎廷瑞：《芳洲集》三《题项羽庙——大江东》，清文渊阁《四库全书》。
④ 李新：《跨鳌集》卷四《项羽庙》，清文渊阁《四库全书》。
⑤ 李俊民：《庄靖集》卷四《读项羽传》，清文渊阁《四库全书》。

地圻。马上叱咤风雷生，千人万人俱辟易。新安坑平士卒怨，咸阳火烈宫殿厄。衣锦得志归故乡，讵知缟素起相责。陈平谈笑捐黄金，一朝君臣坐离隔。事几尽逐亚父去，帷幄空虚竟无策。吁嗟垓下兵尽折，慷慨歌声绕营壁。八千子弟在者谁？独拥虞姬帐中泣。仓皇不上亭长舟，膏血甘濡汉人戟。回首英雄安在哉？古庙虚凉尚陈迹。愁予泚笔一长吟，萧瑟江风暮潮急。①

更多的诗篇在惋惜项羽功败垂成的同时，从不同方面对他的一系列失误和失策进行反思和批判：

沙丘车过亡明镜，人头畜鸣自贤圣。阿房殿里醉宫娃，赵高手中持国柄。群雄云扰荡山东，邯郸却堕秦围中。项王一战动天地，诸侯膝行趋下风。割裂山河建侯国，天下畏威心不服。只贪衣绣荣楚猴，岂识金刀得秦鹿？楚歌一夜四面发，泣别虞姬歌数阕。残兵牢落似晨星，独骑凌兢踏寒月。乌江渡口方唤船，五侯追奔已江边。苦道天亡非战罪，剑化壮气成飞烟。君王雄武古无比，独无仁义谁相济？向能忠计资范增，未必汉家能卜世。谷城东头土一丘，悠悠遗恨何年休？②

多疑难逞拔山雄，失道阴陵计已穷。更恐舣舟人见绐，不缘无面见江东。③

失计鸿门恨未消，一生霸业也徒劳。当时漫筑台千尺，争似歌风地步高。④

破釜沉舟北渡河，英雄到此顿消磨。入关不解除秦法，失路徒劳怨楚歌。敌国岂专韩信勇，谋臣惟一范增多。子婴见杀怀王死，却叹虞姬

① 卢琦：《圭峰集》卷上《题项羽庙》，清文渊阁《四库全书》。
② 《御订全金诗增补中州集》卷二七《楚歌》，清文渊阁《四库全书》。
③ 尹延高：《玉井樵唱》卷上《项羽》，清文渊阁《四库全书》。
④ 《月屋漫稿·项羽台》，清文渊阁《四库全书》。

奈若何。[①]

英雄盖世竟何为，故里凄凉越水涯。百二势倾争逐鹿，八千兵散独乘骓。计疏白璧孤臣去，泪落乌江后骑追。遗庙荒村人酹酒，至今春草舞虞姬。[②]

三叹而有余哀，低回而有浩叹，哀其不幸，怒其不争，惋惜其失误，痛惜其功败垂成，历史的兴亡之感充溢于字里行间。历史充满太多的遗憾，但遗憾永远伴着历史前行。

往事越千年，时光的流水淘尽了多少赫赫扬扬的显贵人物，但历史没有忘记项羽，百姓还在怀念他，诗人仍在歌咏他，一代又一代的历史学家依然钟续着对他的评价。在戏剧舞台上，在电影电视里，他的身影依然不断闪现。项羽尽管失败了，但后人仍然将其置于伟大英雄的行列并毫不吝啬地倾洒着同情的泪水。项羽地下有知，他应该感到欣慰与自豪！

（原载《项羽文化》2010 年创刊号）

---

① 侯克中：《艮斋诗集》卷三《项羽》，清文渊阁《四库全书》。

② 徐火勃：《徐氏笔精》卷五《题项羽庙》，清文渊阁《四库全书》。

成亦悲壮，败亦悲壮，死亦悲壮

——评项羽由失误、失败到死灭

司马迁是一位个性鲜明、感情充沛且极其理智的思想家和历史学家。他对自己服务的“当朝”最有作为的两个皇帝——开国之君刘邦和鼎盛之君刘彻，都没有无原则地一味歌颂：在客观记述刘邦雄才大略的同时，并不掩饰他的大言炎炎、贪财好色、戏父弃子、报怨睚眦的流氓品性；在全面肯定刘彻文治武功的前提下，对他滥杀无辜、迷信长生不老术、屡遭方士蒙骗而不觉悟的暴戾恣睢的暴行和蠢行也加以辛辣的讽刺。在《史记·项羽本纪》中，他以饱含深情的笔触描绘了项羽世罕其匹的军事谋略、气势如虹的无比神勇和出众超群的指挥艺术，以及言信行果、视死如归的贵族气质。但是，他并不回护项羽思想和性格上的缺陷，也不回避他政治谋略和军事战略上的严重失误，而是进行深入腠理的理性分析，力图找出项羽最后失败的自身原因。《史记·项羽本纪》“太史公曰”：

> 吾闻之周生曰“舜目盖重瞳子”，又闻项羽亦重瞳子，羽岂其苗裔邪？何兴之暴也！夫秦失其政，陈涉首难，豪杰蜂起，相与并争，不可胜数。然羽非有尺寸乘势，起陇亩之中，三年，遂将五诸侯灭秦，分裂天下，而封王侯，政由羽出，号为“霸王”，位虽不终，近古以来未尝有也。及羽背关怀楚，放逐义帝而自立，怨王侯叛己，难矣。自矜功伐，奋其私智而不师古，谓霸王之业，欲以力征经营天下，五年卒亡其国，身死东城，尚不觉寤而不自责，过矣。乃引“天亡我，非用兵之罪也”，岂不谬哉！

今天看来，司马迁对项羽失败原因的总结并不全面，但他从项羽自身寻觅，将“背关怀楚，放逐义帝而自立”和“自矜功伐，奋其私智而不师古……欲以力征经营天下”作为主要原因，还是有一定见地的。

不仅历史上的许多思想家、政治家和历史学家对项羽的死灭怀有深深的惋惜之情，而且至今仍然有不少人在以浓笔酣墨讴歌项羽巨大历史功勋的同时，为他英雄末路的慷慨悲歌洒下一掬同情之泪。的确，项羽是一个成亦悲壮、败亦悲壮、死亦悲壮的英雄：你看，他会稽起事反秦的果决，巨鹿之战破釜沉舟的豪情，何等悲壮！屡战屡败，愈挫愈奋，败亦堂堂，和亦堂堂，何等悲壮！英雄末路，拔剑自刎，不求怜悯，不乞活命，何等悲壮！但他在创造了辉煌的功业之后很快走向不归路。“力拔山兮气盖世”的悲愤之歌可能千载之后仍然传唱不绝，然而，历史学家对项羽失败的认识却不能停留在“流氓战胜正人君子”的情绪化的浅层次上，而应该从政治和战略的高度锁定他的致命失误之所在。

一

项羽在军事上的最大优长是临阵时的战役战术指挥才能。无论是在进击秦军的战场上，还是在楚汉争雄的鏖战中，他都绝对是天字第一号的强人。他的指挥艺术简直达到了出神入化的完美境界，不论谁碰上他，也一定是非死即伤，必败无疑。不要说巨鹿之战、成皋之战、荥阳之战、彭城之战这些在他力量相对强大之时指挥的战役，就是面对韩信“八面埋伏”的垓下之战，他也能突出重围，胜利到达乌江渡口。如果他听信乌江亭长的劝告，渡江重整军马，那真是“江东弟子今犹在，卷土重来未可知”了。然而，一股“生当作人杰，死亦为鬼雄”的英雄之气使他毫不犹豫地选择了死亡。可是，就在此前的东城之战，他仍然率领麾下仅存的二十八骑，如猛虎般冲入敌阵，完成了溃敌、斩将、刈旗几个漂亮的战术动作，创造了他军事生涯的最后一个杰作：

> 项王乃复引兵而东，至东城，乃有二十八骑。汉骑追者数千人。项王自度不得脱。谓其骑曰：“吾起兵至今八岁矣，身七十余战，所当者破，所击者服，未尝败北，遂霸有天下。然今卒困于此，此天之亡我，非战之罪也。今日固决死，愿为诸君快战，必三胜之，为诸君溃围、斩将、刈旗，令诸君知天亡我，非战之罪也。”乃分其骑以为四队，四向。汉军

围之数重。项王谓其骑曰:"吾为公取彼一将。"令四面骑驰下,期山东为三处。于是项王大呼驰下,汉军皆披靡,遂斩汉一将。是时,赤泉侯为骑将,追项王,项王瞋目叱之,赤泉侯人马俱惊,辟易数里,与其骑会为三处。汉军不知项王所在,乃分军为三,复围之。项王乃驰,复斩汉一都尉,杀数十百人,复聚其骑,亡其两骑耳。乃谓其骑曰:"何如?"骑皆伏曰:"如大王言。"①

如此的指挥若定、勇冠三军、身先士卒、果毅沉稳,数遍秦汉之际的将军,实在无出其右者。然而,项羽卓越的指挥艺术只能使他取得一些战役的胜利,却不能使他避免最后失败的结局。原因很简单,他在政治和军事战略上的严重失误最终使其战役战术指挥的优长化为历史的遗憾。

项羽在战役战术指挥上的确是一个稀有的天才,但在政治上却是个庸人。秦始皇父子十多年变本加厉的暴政引起了原东方六国的全民大起义,所以一开始几乎所有反秦的武装都得到了百姓的拥护。然而,一个政治军事集团如果想在以后的岁月里站住脚跟,成就大气候,则必须以自己顺应历史潮流的政治经济政策回应百姓的需求,使百姓认可你作为自己利益的代表。在这方面,刘邦集团胜过所有其他集团,因为汉军进入关中后,立即宣布了"约法三章"。不要小看"杀人者死,伤人及盗抵罪"这仅仅十个字的政策宣示,它的核心是对生命和财产的保护,而这一点正是反秦之暴政而行之,是对百姓最迫切需求的积极回应。项羽集团虽然在军事上一直是一个强势集团,可他本人就不是一个高瞻远瞩的政治家,而他的集团中最缺乏的也就是这方面的人才,其中最具谋略的范增也只不过是个熟谙纵横之术的策士。这个集团从头至尾都没有提出一套治国安民的政治经济政策。最要命的是,这个武装集团从来都没有以"解民倒悬"的"仁义之师"的形象出现,而是军纪败坏,"所过无不残灭"。你看,在新安,坑杀秦降卒二十万;在咸阳,杀掉已经投降的秦王子婴,放火焚烧秦的宫室;在齐国,更是烧杀抢掠,无所不为。如此野蛮的行径,与秦朝相比只不过是以暴易暴,怎么能够得到百姓的拥护而长久立于不败之地呢?

如果说,在秦朝灭亡之前,因为无暇顾及政治经济政策的制定犹可原

① 《史记·项羽本纪》。

谅，那么，秦朝灭亡后，项羽已经处于执牛耳的绝对强势地位之时，总应该有暇制定一套回应百姓需求的政治经济政策了吧。然而，令人遗憾的是，值此关节点上，项羽集团关注的焦点仍不及此。他们着意于瓜分胜利果实，以分封酬赏那些参加反秦起义的各路诸侯。这当然也是一个亟待处理的问题。但是，比较而言，此事的重要程度远不及关乎百姓安危的政治经济政策的制定。在这方面，项羽集团较之刘邦集团，就不是棋失一着，而是最根本、最重大的失误。此着一失，百姓就倒向刘邦集团，最后失败的命运也就无法挽回了。

现在，不少学者都为项羽实行分封诸侯王的举措辩护，认为那是由当时政治情势决定的顺乎人心和民意的政略，是反秦朝统一之道而行之的正确举措，刘邦建立汉朝以后，不是也分封了一批异姓诸侯王吗？这自然不无道理。然而，项羽的分封既不“公正”，亦太匆忙。以他当时的力量、威势，他完全有能力建立起一个能够挟制其他诸侯王的中央权力机构，制定出制衡诸侯王的政策，可是他没有做。他的头脑完全被恢复战国割据格局的意识所占据，天真地认为此举能够带来天下太平。他就没有仔细考虑，既然战国时代的诸侯割据局面是纷争和战乱的原因，那重新分封的诸侯能够带来和平和安宁吗？最后他应该发现，正是自己自愿吞下了分封的苦果：过于自信又过于轻敌，在以战争手段对付诸侯王的反叛使自己本来强大的军力逐渐被销蚀净尽之后，就只能眼睁睁地看着万里锦绣江山被一个他看不上眼的姓刘名邦、排号老三的流氓亭长收入囊中。

二

正是因为项羽在军事上具有战役战术指挥的卓越才能，并且曾经取得过一系列的辉煌战绩，才使他自视太高，笃信自己能打遍天下无敌手，从而低估了对手的能量，对未来的前景过于乐观，结果很快陷于被动，之后着着失算，最后酿成乌江自刎的悲剧。

在历时四年的楚汉战争中，项羽在军事上的失败主要是战略上的失败。

分封而没有制定出挟制诸侯王的制度和策略，已经是最大的失误了。其后，他战略上的失误一再出现，因而再没有脱出自己和刘邦共同制造的被动局面，这使他只能在疲于奔命中不断消耗自己的有生力量，加速走向灭亡的步伐。

分封之后，他没有听从韩生的建议，执意舍关中而都彭城，这是第一个战略失误。关中为四塞之地，易守难攻，地理环境优越，且经周、秦近千年的经营，民众物阜，又没有经历战争的破坏，是当时最理想的建都之地。如果项羽在此安放下首都，整军经武，全力经营，使之变成牢固的根据地，那么不仅被赶至汉中的刘邦集团不会轻而易举地回军反噬，夺取关中，而且东方诸侯王也较易对付。虽很难说项羽一定会建立一个持续百年的王朝，但至少不会失败得那么迅速而彻底。计不出此，而是以“衣锦还乡”的短视之见为由，以彭城（今江苏徐州）为国都，希冀以此为中心镇抚各路诸侯王，由此铸成大错。彭城地处黄淮平原的结合部，虽是历来的兵家必争之地，但易攻难守，而且周围地区都是反秦战争激烈搏战过的地方，经济残破，人口锐减，很难支撑持续的战争消耗。在其后四年的楚汉战争中，建都彭城的弊端一再显现出来：楚军的人力消耗得不到及时补充，后勤供应捉襟见肘，难乎为继；而据守关中的刘邦却依靠关中与巴蜀的丰厚的财富支持，能够从一次次失败中迅速恢复元气，同项羽进行持久的消耗战，最后战而胜之。

项羽以为分封会使诸侯王对他心存感激从而对其俯首帖耳，但事实上却把自己置于众矢之的。当他踌躇满志地回到彭城，西楚霸王的龙座还没有焐热的时候，诸侯王反叛的声浪即如洪波起涌，很快使他陷入四面楚歌的困境。尽管他掌控的楚军是当时最强大的一支武装力量，单独对付任何一支反叛势力都绰绰有余，但因为他要同时对付的是两支以上的叛军，必须两面作战或三面作战，这就使他左右支绌，首尾难顾，本身所具备的战术优势始终无法改变战略上的劣势。你看，楚汉战争伊始，楚军就一直在三个战场作战：在荥阳一线对付冲出关中的刘邦统帅的汉军主力，在楚国腹地对付彭越、刘贾、卢绾等指挥的游击兵团，在齐国对付田荣、田横等领导的异己力量。最早向项羽发出挑战的并不是刘邦集团，而是齐地的田氏兄弟和赵地的陈余一伙。当项羽率领楚军亲征叛齐，取得决定性胜利的时候，刘邦一军却乘机夺取关中，冲出函谷关，千里奔袭，攻克彭城，将他的老窝搅得人仰马翻、一片狼藉。待项羽率三万精锐之师千里回救彭城，将汉军驱至荥阳一线的时候，东方的齐军又乘机反攻，梁地的彭越也乘势骚扰，不时截断粮道，使荥阳一线的楚军再现危境。待楚军回军击溃彭越，巩固后方根据地的时候，荥阳一线又频频告急，项羽只得再回军相救。就这样，在四年的楚汉战争中，项羽三次从东方赶至荥阳前线打击汉军主力，又两次从荥阳回师东方对付彭越等军的袭扰，如此一来，就使楚军将士处于终日苦战和奔波中，不得休息，难以整补。经过四年的严重消耗，楚军的战术优势也逐渐失掉了。汉军在刘邦、张良、韩信的巧妙部署指挥下，不时转变攻击重点，就使楚军被动地跟着转变战略重点。这样一来，既使汉军避免了毁灭性的打击，又使楚军陷于有增无已的困顿之中。汉军一直将战略主动权掌握在自己手上，就使楚军一直在战略被动的情况下作战，纵使能够赢得多次战役的胜利，也无法改变总体上被动的格局。当战役战术的优势也最后失掉的时候，楚军的失败也就不可避免了。

项羽战略上的短视还表现在没有全力固守敖仓。楚军在荥阳一线与汉军对峙，最大的困难是粮秣和其他军资的供应。由于楚军的根据地远在彭城，千里运输线又不时被彭越、刘贾、卢绾等指挥的游击兵团截断，就地取粮、就粮于敌，就更具战略意义。荥阳附近的敖仓是秦朝时期东方最大的囤粮基地，这时仍存有大量的粮食。楚军在战争开始时完全有力量夺取并控制这个地方，可项羽却没有这样做。而刘邦经郦食其的指点，全力夺取并控制了敖仓，从而保证了源源不绝的军粮供应，这成为转败为胜的重要条件。后来项羽主动同刘邦讲和，约定划鸿沟而治，主要原因并不是军力不济，而是军粮供应不继使其无力再战。讲和之后，项羽严守和约，撤军东返，刘邦却乘机进击毫无防备的楚军，士气低落的楚军虽然一时还能给汉军以重创，但从此难以再振昔日的雄风。

更有甚者。与汉军相较，项羽在楚军中是一枝独秀，他麾下麕集的却是一批常败将军。除他之外，楚军再没有一个可以独当一面、临阵制敌的统帅。项羽尽管走到哪里就能够将胜利带到哪里，可他一旦离开，那里的胜利就很快化为乌有。你看，公元前 204 年(汉三年)九月，当项羽从荥阳前线回军对彭越作战时，他留下坚守成皋的大司马曹咎就忘记了他的忠告，离开坚固城防的成皋，被汉军诱至无险可守的汜水作战，结果损兵折将，连主帅曹咎、董翳和司马欣都自刎而死，从此荥阳一线的军事形势发生了绝对有利于汉军的逆转。公元前 203 年(汉四年)十月，当韩信击破齐国历下军占领临淄之后，项羽应齐国要求派大将龙且前往救援，而这位楚军统帅指挥的二十万齐楚联军却被韩信痛快淋漓地歼灭于潍水河畔。反观汉军，不仅韩信能够独当一面，就是曹参、彭越、英布、卢贾之流，也能够独帅一军战胜攻取，迭获成功。拿破仑曾说，一支猛虎领导的绵羊军队可以战胜一支绵羊领导的老虎军队，强调智勇兼备的统帅对战争胜负的决定意义。然而，一支猛虎领导的绵羊军队却经不起数只猛虎领导的虎狼之师的多面轮番进击。至为可叹的是，与刘邦集团猛将如云、谋臣如雨的人才盛况相比，项羽集团更是相形见绌：谋臣只一范增却忠而见疑被半路开除，猛将寥寥数员也不过是赳赳武夫。这样的人才队伍与刘邦集团对阵，焉有不败之理？

项羽的一生就是一曲悲壮的歌，成亦悲壮，败亦悲壮，死亦悲壮。然而，历史从来不卖后悔药。不管他意识到与否，这首壮歌的作者只能是项羽自己。

（原载《项羽研究》2012年第3期）

项羽刘邦异同论

唐代诗人章碣曾写过一首著名的咏史诗："竹帛烟销帝业虚，关河空锁祖龙居。坑灰未冷山东乱，刘项原来不读书。"作者对秦始皇当年"焚书坑儒"的暴行进行辛辣的抨击：不可一世的祖龙秦始皇残酷地坑杀了自认为对他的统治构成最大威胁的 460 多个手无寸铁的儒生，然而，历史却给这位暴君开了一个大大的玩笑，导致他空前统一强大的秦帝国覆亡的并不是那些叽叽喳喳好发宏论的儒生，而是两个不读书的浑小子——盖世英雄的项羽和创建大汉王朝的雄主刘邦。秦朝建立 15 个年头之后，先是两个佣工陈涉、吴广在大泽乡带领九百戍卒发出反抗的怒吼，接踵而起的是项羽、刘邦率领的起义军通过一场又一场惨烈的搏战，将秦帝国的巍巍大厦变成一片废墟。再后，刘邦和项羽又为争夺统一中国的帝王宝座进行了四年之久的被历史学家称为"楚汉战争"的血战，最后是刘邦战胜项羽，建立起绵延四百多年的两汉王朝。在推翻秦王朝的历史大搏战中，项羽、刘邦是两个彪炳史册的功劳最大的英雄。他们先是"约为兄弟"，共擎反秦的大旗；继而兵戎相见，进行你死我活的厮杀；最后是项羽自刎乌江，刘邦蹑足九五，中国历史在一个新的起点上迈开了雄健的前进步伐，并导向中国封建社会第一个发展的高峰。

同是反秦英雄，同是那个时代顶尖军事天才的项羽、刘邦，在后世作为成功和失败对立的两极而被历史学家不断地评述。人们似乎更多地看到两人的差异，其实，作为处于同一时代的两个英雄，他们的表现可以说是同中有异，异中见同，同异相当，大同而大异。作为秦汉之际军事政治舞台上耀眼的双子星座，他们都以永不褪色的英雄形象活在中华民族壮丽的史册之上。

一

刘邦和项羽尽管出身背景不同，生活经历各异，但他们同时都是不甘卑贱、胸怀鸿鹄之愿的英雄，都志存高远，雄心勃勃，不约而同地将目光射向秦始皇占据的那个金碧辉煌的龙座，期望创建震古烁今的伟业。先看项羽：

> 项籍少时，学书不成，去学剑，又不成。项梁怒之。籍曰："书足以记名姓而已。剑一人敌，不足学，学万人敌。"于是项梁乃教籍兵法，籍大喜，略知其意，又不肯竟学。……秦始皇帝游会稽，渡浙江，梁与籍俱观。籍曰："彼可取而代也。"梁掩其口，曰："毋妄言，族矣！"梁以此奇籍。籍长八尺余，力能扛鼎，才气过人，虽吴中子弟皆已惮籍矣。[①]

此时的项羽不过是秦王朝治下的一介默默无闻的子民，与秦始皇所占据的那个尊位的距离何止十万八千里！再看刘邦：

> 高祖为人，隆准而龙颜……仁而爱人，喜施，意豁如也。常有大度，不事家人生产作业。……高祖常繇咸阳，纵观，观秦皇帝，喟然太息曰："嗟乎，大丈夫当如此也！"[②]

此时的刘邦不过是一个小小的亭长，相当于今日的一个维持基层治安的派出所所长，与秦始皇地位的尊卑之别不啻霄壤。

显然，刘邦和项羽都不是庸庸池中物，他们都期盼着有朝一日能一飞冲天、叱咤风云，向着秦始皇盘踞的那个龙座发起冲击。正因为有如此的宏图大志，所以刘邦远在陈涉、吴广于大泽乡发出"伐无道，诛暴秦"的吼声之前，就斩蛇起义，聚众于芒砀山泽岩石间，伺机而动。而项羽追随他的叔父项梁，在听到陈涉、吴广起事的消息后也毅然拉起八千江东子弟兵，向秦王朝这个庞然大物发起了义无反顾的挑战。不久，两支起义队伍在楚怀王的旗帜下联合起来，成为推翻秦王朝的最重要的军事力量。

由于项羽、刘邦都以倾覆秦王朝为目标，所以他们起事后，就成为众多起义队伍的中坚，发挥了特别能战斗的主力军作用。在陈涉、吴广之军被章邯指挥的秦军扑灭而项梁又被斩杀于定陶，整个起义军处于危殆之境时，只

---

① 《史记·项羽本纪》。

② 《史记·高祖本纪》。

有项羽、刘邦领导的队伍不避艰险，无所畏惧地继续对秦军作战。项羽一军在黄河以北，以巨鹿一战消灭了秦王朝最主要的军事力量，敲响了秦王朝的丧钟；刘邦一军在黄河以南，扫荡了所过郡县的地方武装，破武关，夺峣关，叩开了进入关中、直捣咸阳的门户。最后在轵道旁接受秦王子婴投降，撕下秦王朝的最后一页日历。正是由于他们互相配合、共同战斗，才使反秦战争经过短短三年时间就奏响了胜利的凯歌。项羽、刘邦显然是这场胜利中的最大功臣，是所有反秦将领中最突出的熠熠闪光的盖世英杰！

项羽、刘邦在这场反秦战争中都展示了自己超常的军事天才。你看项羽指挥的巨鹿之战：他先是不动声色地斩杀毫不体恤士卒、畏敌如虎的宋义，夺取对义军的指挥权。接着督率全军迅速渡过漳河，“皆沉船，破釜甑，烧庐舍，持三日粮，以示士卒必死，无一还心”。之后立即指挥义军主力马不停蹄地投入与秦军主力的决战：

> 于是至则围王离，与秦军遇，九战，绝其甬道，大破之，杀苏角，虏王离。涉间不降楚，自烧杀。当是时，楚兵冠诸侯。诸侯军救巨鹿下者十余壁，莫敢纵兵。及楚击秦，诸将皆从壁上观。楚战士无不一以当十，楚兵呼声动天，诸侯军无不人人惴恐。于是已破秦军，项羽召见诸侯将，入辕门，无不膝行而前，莫敢仰视。项羽由是始为诸侯上将军，诸侯皆属焉。[①]

这场以少胜多、以弱胜强的痛快淋漓的歼灭战，既展示了项羽压倒敌人的气势、战胜强敌的决心和灭此朝食的无畏精神，更展现了他世罕其匹的指挥艺术。面对巨鹿城下的强敌，他采取的第一个行动是命令英布率两万将士偷渡漳河，一举切断王离一军的后勤供应线，使之变成一支孤立的饥饿之师。接着，他督率全军渡河，以必胜的信心、必死的决心，指挥义军犹如猛虎下山般地冲入敌阵。出其不意，攻其不备，不顾疲劳，不怕牺牲，连续作战，速战速决，几天之内，就干脆利落地歼灭了秦王朝在灭亡六国的战争中建立起来的最精锐的部队。这一年的项羽只有 26 岁。他在这次战役中表现的勇毅顽强、睿智奇谋和指挥艺术的娴熟从容，即使久经沙场的老将也无可比拟。这只能用“天授之才”“天纵之才”概之了。

公元前 207 年九月，与项羽在黄河以北鏖战秦军主力的同时，刘邦率领

---

① 《史记·项羽本纪》。

一支不足万人的队伍在黄河以南踏上了进军咸阳的征程。一年之中，刘邦指挥这支义军迂回曲折，纵横驰骋，屡歼敌军，迭克名城，不仅把这支武装力量发展成十余万人的浩荡大军，而且取得了推翻秦王朝的伟大胜利。究其原因，除了黄河以南没有秦军主力这一客观有利条件之外，刘邦正确的战略策略和机动灵活的指挥艺术也起了重要作用。他充分利用秦末农民战争造成的有利形势，敢于藐视暂时还显得强大的敌人，以雄伟的胆魄，敢于斗争、敢于胜利的气势，毅然走向与强敌决斗的战场。而在每次具体战役中，又能缜密思考，精心部署，以自己的决心和行动，去赢得每一场胜利。特别是在萧何、张良、郦食其、陆贾、曹参、周勃、樊哙等文臣武将的协助下，刘邦巧妙地选择了一条阻力最小的进军路线，通过采取迂回曲折、避实击虚、分化瓦解、各个击破的战略战术，将政治谋略与军事手段交互并用，从而以最小的代价取得了最大的战果。

不可否认，项羽、刘邦都是“天降大任”的军事天才，他们的合作谱出了高亢激越的战争协奏曲，完成了“伐无道，诛暴秦”的历史使命。

项羽、刘邦基于对“暴秦”的认识，特别是感受到原六国百姓对故国的怀念，都把恢复诸侯分土而治作为未来政治的蓝图。你看，项羽在进入关中后，就自封西楚霸王，尊楚怀王为“义帝”，而后又封了刘邦、章邯、司马欣、董翳、魏王豹、申阳、韩王成、司马卬、赵王歇、张耳、黥布、吴芮、共敖、韩广、臧荼、田市、田都、田安等十八个诸侯王。刘邦并未对项羽的分封本身提出疑义，他气愤不过的是项羽未能“如怀王约”封自己为关中王。而刘邦在之后不久开始的楚汉战争中，同样封了韩信、彭越、黥布、卢绾、韩王信、张敖等为诸侯王，承认了吴芮的诸侯王之位。这一切说明，在反秦战争和楚汉战争中，项羽、刘邦心目中的未来中国将会恢复战国时期多国并立的“理想”状态。

最后，项羽、刘邦作为楚人，在才情上也颇有相近之处。他们的文化素养虽然不高，但都喜爱“楚声”，还能写出传诵千古的楚辞。你听，项羽在垓下被困的军帐中那粗犷豪壮的慷慨悲歌，多么震撼人心：

> 力拔山兮气盖世，时不利兮骓不逝。骓不逝兮可奈何，虞兮虞兮奈若何！[1]

① 《史记·项羽本纪》。

刘邦写楚辞的本事也不让项羽。在因吕后和臣子的阻挠而改易太子未能遂愿时，刘邦和戚姬都十分无奈和伤感。刘邦让戚姬跳一个楚国的舞蹈，他自己则吟唱了一阕自编的楚地歌曲：

鸿鹄高飞，一举千里。羽翼已就，横绝四海。横绝四海，当可奈何！虽有矰缴，尚安所施！①

刘邦这里唱出的是帝王也无力能及的缕缕悲情，他似乎只能以此抚慰那个如花似玉的戚夫人了。刘邦去世的前一年，在征伐黥布胜利后返回故乡，与父老乡亲相聚于沛宫。在宴会上，他与120名儿童合唱他写的《大风歌》：

大风起兮云飞扬，威加海内兮归故乡，安得猛士兮守四方？②

此歌虽只有三句，但意蕴深远，气势恢宏，概括了他一生的伟业，表达了他临终前的期望，足可流传千古了。鲁迅曾对楚汉之际楚声广被的现象做了这样的解释："楚汉之际，诗教已熄，民间多乐楚声，刘邦以一亭长登帝位，其风遂亦被宫掖。盖秦灭六国，四方怨恨，而楚尤发愤，誓虽三户必亡秦，于是江湖激昂之士，遂以楚声为尚。"③这是很有见地的观点。

二

项羽、刘邦之同乃大同，这些大同是基于共同反秦的目标而形成的。然而，他们也存在明显的大异，而这些大异产生于因出身以及生活背景的不同而形成的气质品格的差异和认知上的不同。

项羽出身楚国贵族之家，他一生也没有忘记并且非常看重这个家庭背景。这使他自视高贵，目空一切。他看重的是那些与他同样出身的六国旧贵族的利益，在他主持的分封活动中，尽量照顾他们的要求。而对出身下层的草根之人则不屑一顾。他不知道正是下层的这些草根构成了他麾下冲锋陷阵的士卒群体，而只有满足他们的基本要求才能立下不败之基。可是，项羽自始至终没有出台一项回应百姓生存要求的政策，反而纵容部下烧杀抢掠，"所过无不残灭"，正是这个致命弱点使他在楚汉战争中最终失败。以孙

① 《史记·留侯世家》。

② 《史记·高祖本纪》。

③ 鲁迅：《汉文学史纲要》第九卷，人民文学出版社2005年版，第398页。

子兵法衡量，他恰恰输在“道”上，既未能“与民同欲”，也未能与士卒同欲。与之相反，刘邦没有显赫的家世，自幼混迹于草莽之中，吃喝嫖赌，沾了一身痞子气，处处显示出无赖式的狡黠。即使后来做了秦王朝的基层小吏，也本性难改。然而，也正是由此他与下层百姓打成一片，了解他们的喜怒哀乐和生活诉求。进军咸阳的路上，他整肃军纪，严禁扰民。拿下关中后，立即宣布“约法三章”：“杀人者死，伤人及盗抵罪，余悉除去秦法”[①]，目的是稳定秩序，安定民生，由此奠定了他日后战胜项羽的民心基础。与项羽相较，他恰恰赢在了“道”上。

项羽生性高傲，睥睨群雄，师心自用，专断一切。因而孤独寂寞，既缺乏知人之明，不善于发现人才，更不善于使用人才，“其所任爱，非诸项，即妻之昆弟，虽有奇士不能用”[②]。陈平、韩信这些政治军事干才，离他而投奔刘邦，唯一的一个谋士范增被离间计开缺。他最后只能成为孤家寡人，“(憞)群策而自屈其力”[③]，演出“霸王别姬”的悲剧。刘邦尽管有时也有慢待智能之士的毛病，但因为他一直生活在基层百姓中，经常交往的朋友不乏偷鸡摸狗之辈，所以他平等待人，大度宽容，虚心纳谏，知错必改，善于凝聚各方面的人才并放手使用他们，结果是“群策屈群力”[④]，形成了他日后战胜项羽的人才基础。

项羽、刘邦同是不世出的军事天才，但又有很大的不同。项羽的军事才能更多表现为个人的勇敢坚毅和出色的战役指挥艺术。他年轻彪悍，勇猛顽强，身先士卒，在战役和战术指挥上出众超群。在与秦军的一系列激战中，他几乎很少有失败的时候。他走到哪里，就把胜利带到哪里，仿佛与胜利之神结下不解之缘。在楚汉战争中同样如此。他亲临西线，刘邦就被打得狼狈不堪，甚至数履险境，几度突围，险些被俘。他以三万之师挥戈彭城，刘邦的五十六万大军即刻土崩瓦解，本人乘车落荒而逃，演出了三次将亲生子女推到车下的闹剧。项羽跃马东线，立国不久的齐国就溃不成军，如汤沃雪。就是在垓下突围，只剩二十八骑到达东城，失败已成定局的情况下，他也能面对数千倍于己的汉军，再次展示自己的英勇与无畏：他统帅二十八

---

① 《史记·高祖本纪》。

② 《史记·陈丞相世家》。

③ 扬雄：《法言》，《诸子集成》，上海书店1986年影印出版。

④ 扬雄：《法言》，《诸子集成》。

骑，犹能如猛虎冲入羊群，溃敌，斩将，刈旗，杀得汉军前仰后合，一片惨象，实在是惊心动魄。战争中的项羽，犹如一股巨大的旋风，无论走到哪里，都能排除障碍，横扫一切，反掌之间，就能把胜利夺到手上。其气势和勇武、果毅与顽强，千载之后，犹令人感佩和钦敬。这一方面，恰恰是刘邦所短。

然而，项羽在战略谋划上却是极其短视、低能。他不听韩生建议，放弃富甲天下的关中，建都彭城，本身就是一个重大的战略失误。彭城为四战之地，易攻难守，极易为敌所乘。他分封诸侯王而赏罚不公，使其中的不少人变成了敌人，因而使自己陷入四面皆敌的困境。虽然他统帅楚军对付任何一个诸侯王都有着致敌于死命的绝对战术优势，但同时对付数个敌人就使他分身无术，因而处处陷于被动局面，使其战术优势不能改变战略上的劣势。在整个楚汉战争中，项羽一直处在三面作战的窘境：在荥阳一线，他要对付刘邦统帅的汉军主力；在楚国腹地，他要对付彭越、刘贾、卢绾等指挥的游击兵团；在齐国，他要对付田荣、田横等反叛势力。尽管项羽走到哪里，哪里就可以出现胜利的局面，但是，只要他一旦离开，那里已经取得的胜利也就立即化为乌有。在历时四年的楚汉战争中，项羽没有过一天安闲的日子。他一直在东征西讨，马不停蹄，仆仆于黄尘古道，顾此失彼，疲于奔命。他三次从东方赶往荥阳前线，又两次从荥阳回师东方对付彭越等军的袭击，致使数以十万计的将士也跟着他终日奔波和苦战。经过四年的严重消耗，楚军的战术优势也逐渐失掉了，最后的失败自然也就接踵而至。项羽的战略失误还表现在他没有全力据守敖仓。敖仓是秦朝在东方最大的囤粮基地，楚军开始完全可以凭借强大的军力控制这个地方，以就地解决军食。可他却未能占领并控制这个对楚军生死攸关的战略要点，而刘邦一军却牢牢控制该地。结果是，战至最后，楚军饥饿难耐，汉军饱食从容，项羽的最后失败与此不无关系。另外，项羽个人勇敢善战而又专断独行，造成他麾下的将领普遍低能而又缺乏自主意识和独立作战的能力，只要离开项羽，他们一个个都成了常败将军，把项羽艰苦搏战夺得的地盘在转瞬之间就丢给了刘邦。

反观刘邦，尽管他在战场指挥艺术上不如项羽高明，勇敢精神更是相差甚远，甚至在战场上屡有失误，数陷困厄。但是，刘邦在战略上却比项羽高明得多。被封为汉王之后，刘邦明白自己无力与项羽在关中争锋，就接受臣下的建议，以屈求伸，顺从地退至汉中，同时烧毁栈道，以麻痹项羽和他分封的三秦王。之后，积蓄力量，精心谋划，以奇袭的手段、迅猛的攻势，很快占领关中，使关中、汉中和巴蜀连成一片，建立起稳固的后方根据地。他背靠关中，面向中原，进可攻，退可守，从此立于不败之地。刘邦根据楚军一帅强而众将弱的特点，避其所长，击其所短，一开始就设计出三个战场，使楚军陷于腹背受敌、顾此失彼的困境。刘邦自己一直坚持在最困难、艰险的正面战场，几次遇险，数度危殆，毫不动摇。他冒险分兵让韩信开辟河北战场，命令刘贾、卢绾率兵两万深入楚军后方，协助彭越肆意骚扰，屡屡截断楚军后方运输线。最后，刘邦全力夺取敖仓，控制大量粮食军资。在最困难的时候还南出武关，在宛、叶间开辟第二战场，以减轻荥阳前线的压力。经过数个回合的斗争后，楚强汉弱的形势逐渐发生逆转，最后楚军的战术优势也损失殆尽，项羽的失败也就不可避免了。

如果说项羽是一个勇冠三军、所向披靡的孤胆英雄，那刘邦则是一个麾下谋臣如雨、猛将如云的领袖群伦的统帅。与项羽的师心自用、独断专行、既无容人之量也无人尽其才的用人政策不同，刘邦是既能吸引人才又善使用人才，能使自己麾下人才的潜能最大限度地发挥出来。韩信说他不善将兵而善将将，并非虚谀。你看，项羽手下称得起智谋之士的只有一个年过70岁的范增，而这个范增最后还被他开缺回家。可在刘邦手下却汇聚了当时中国最优秀的人才。其中，“镇国家，抚百姓，给馈饷，不绝粮道”的萧何，“运筹策帷帐之中，决胜于千里之外”的张良，“连百万之军，战必胜，攻必取”的韩信，就是他们中的代表。一个无论多么高明的孤家寡人，也不可能战胜一个人尽其才的英雄群体。

如果说项羽是一个“力拔山，气盖世”的将才，那刘邦则是一个以谋取胜的智士。公元前203年十月，在楚汉两军对峙的荥阳前线，项羽指名要与刘邦单挑：“天下匈匈数岁者，徒以吾两人耳，愿与汉王挑战决雌雄，毋徒苦天下之民父子为也。”这里项羽以己之长比刘邦之短，把楚汉两个集团的斗争看得像两个拳击运动员在赛场上交手那么简单。他迷信自己的武力，却不明白，两个集团之间的斗争有着十分复杂的政治经济内容，而军事斗争是为这种政治经济内容服务的。面对项羽的挑衅，刘邦理直气壮地回敬说：“吾宁斗智，不能斗力。”[①]刘邦的回答充满智慧：以己之长斗项羽之短。结果是，坚持斗智的刘邦战胜了迷信武力万能的项羽。毛泽东在读《史记·高祖本

① 《史记·项羽本纪》。

纪》的时候，写下这样一段批注："项王非政治家，汉王则为一位高明的政治家。"这应该是他们二人最大的差异了吧。

项羽身上不时表现出高贵的贵族气质：讲义气，重然诺，言信行果。而出身草根的刘邦则不时露出市井无赖言而无信的狡黠。项羽渡河救赵的义无反顾，鸿门宴上放弃斩杀刘邦的机会，分封之后的毅然履约回彭城，与刘邦签订中分天下和约后的坦然撤兵东归，最后是"无颜见江东父老"的视死如归的乌江自刎，都展现出一个贵族勇士的无畏、质直和坦诚的高贵品格。刘邦虽然出身农民之家，但从小不事生产，游手好闲，贪财好色，言而无信，惹是生非，身上残留着浓重的市井之徒的粗野狡狯之风。他敢言别人所不敢言，敢为别人所不敢为。他买酒不还钱，参加沛县令贺宴一毛不拔而诡称贺钱一万。在楚汉两军对峙的荥阳前线，当项羽要烹杀他的老父时，他竟然嬉皮笑脸地要求项羽"幸分我一杯羹"。最后，当中分天下和约签订、项羽撤兵东归时，他却乘势违背承诺，进击毫无防范、正在撤退途中的楚军。而在群臣参加的宴会上，他当众奚落自己年迈的父亲，使之尴尬万分。

项羽和刘邦，两个"约为兄弟"、并肩反秦的起义军领袖，两个在黄河南北紧密配合、优势互补、共同歼灭秦军主力的军事双星绝配，两个撑起楚汉之际近十年岁月、共同创造辉煌业绩的英雄，他们大同中的大异却是那么鲜明：一个贵族，一个市井；一个高贵，一个卑微；一个勇冠三军，一个智谋超群；一个大义凛然，一个唯利是图；一个言信行果，一个背信弃义；一个高傲地死去，一个放肆地享受；一个集人杰与鬼雄于一身，一个冶无赖与睿智于一炉；一个令人扼腕叹息，洒下一掬同情泪，一个使人思之陶然，留下一串讪笑声。然而，历史从来不相信眼泪，也不特别看重德行，只是赞誉和颂扬成功。项羽作为中国历史上"最后一个贵族"，以自己悲壮的自刎为三代贵族的风流余韵画上了一个悲戚的句号。而刘邦则将"兵者诡道"原则运用于政治斗争作了里程碑式的弘扬。从此以后，中国古代的历史编纂学就在对道德和事功的二元矛盾评价中蹒跚前行，为寻找二者的平衡点煞费苦心。

（原载《孙子研究》2017年第2期）

军事家亦须有政治眼光和政治智慧

——以王翦、张良、韩信等为例

《孙子兵法》充分肯定将帅对于国家社稷的重要性，明确指出，“知兵之将，生民之司命，国家安危之主也”①，“夫将者，国之辅也。辅周则国必强，辅隙则国必弱”②。自从人类社会由野蛮进入文明后，战争就成为解决国家与国家、民族与民族、阶级与阶级、集团与集团之间矛盾的最高的、最后的形式，战争因而也就成为迄今为止的文明社会摆脱不开的时而可爱时而可恨的伴侣、一种必然的常态存在。这样，将帅的至关重要的作用也就凸显出来，一个强大的国家必然有一支由智勇双全的将帅统帅的强大军队，作为这个国家立于世界民族之林的坚强柱石。

智勇双全的将帅一定是通晓军事学、能够指挥全军将士克敌制胜的军事家，但他同时必须具有高远的政治眼光和高超的政治智慧。《孙子兵法》认定将帅必须具备智、信、仁、勇、严五种品质，《孙膑兵法》也认定将帅必须具备义、仁、德、信、智五种品质，其中不少内容涉及政治智慧。因为战争是政治的继续，它需要完成的是政治决定的任务。所以，缺乏政治眼光和政治智慧的将帅，即使具有超常的军事才干，也只能是跛足将军，有时连自己的生命也保不住。在中国古代史上，极具政治眼光和智慧的军事家不乏其人，但也有一批顶尖的军事家缺乏甚至极其缺乏政治眼光和智慧，结果是在建树了震古烁今的丰功伟绩后死于非命，留下了令后人唏嘘不已的结局。这里有一长串排闼而来的名字，伍子胥、文种、商鞅、吴起、白起、韩信、英布、彭

① 《孙子·在战篇》，《诸子集成》，上海书店1986年影印版。

② 《孙子·谋攻篇》。

越、刘基……他们或是统帅雄师攻城略地、迭获胜利的将军，或是运筹帷幄、决胜千里的谋略家，或是文能安邦、武能定国的文武双全的政治家兼军事家；可到头来，他们都是一一喋血于他们服务的君王前。历史为什么如此吊诡和不公平？

中国古代的军事家之所以必须具有相应的政治眼光和智慧，原因说来也非常简单：除了属于创业之主的军事家外，其余的军事家必须受制于他们服务的君王，而这个君王却直接操控着他们的命运。他们的才能能否得到展示和发挥，他们的功劳能否换得相应的富贵利禄，他们的归宿能否是生荣死哀的善局，都取决于君王的好恶甚至一念之差。因而他们的政治智慧在很大程度上就表现在如何处理与君王的关系，只有做到功高而不震主，才智超越君王而不使他感到威胁，居高酷似居下而仰上，教导君王却犹如学生请教师尊，将在外君命虽可不受，但必须将取得的成功归功于君王的“英明”。将一切过错归于自己，将一切功劳归于君王。谦卑似弟子，恭顺如绵羊。更重要的是，他们还必须揣摩透君王的脾性，认清当时的历史走向，使自己的一切行动都为促成这一历史走向而发挥正能量。对于一个军事家来说，这种要求似乎高了点，但非如此就可能将自己推向不归路。

军事家而兼有超常政治智慧的人，在中国古代史上几乎代有其人。王翦和张良是两个突出的典型。

秦朝的王翦既是一个卓越的军事家，也是一个极富政治智慧的政治家。他的这种潜质，凸显于秦国的伐楚之役。秦王二十一年(前 226 年)，秦已经顺利地灭掉韩国和赵国，燕国只剩下败退于辽东的残余势力，虚弱不堪的魏国也危在旦夕。秦王于是将下一个攻击目标锁定于楚国。他先派王贲率军向楚国发起试探性进攻，很快连下十余城。这大概给他留下楚国易取的印象，于是命王贲转攻魏国，决定将伐楚的任务交给李信或王翦。当他询问两将军伐楚需多少兵力时，李信的回答是二十万人，而王翦的回答却是“非六十万人不可”。秦王对王翦的回答很不满意，说：“王将军老矣，何怯也！李将军果势壮勇，其言是也。”第二年，秦王命李信与蒙恬率二十万人马出征楚国，结果遭受惨败，被楚军斩杀七都尉，溃退败逃。秦王这时才认识到王翦具有先见之明。这时，王翦负气回频阳(今陕西富平北)老家闲居。秦王于是亲自登门谢罪，恭请王翦出山统兵。王翦开始加以拒绝，后看到秦王态度诚恳，又答应出兵六十万人，遂受命统兵出征。请看司马迁对这次出征的描述：

> 于是王翦将兵六十万人，始皇自送至灞上。王翦行，请美田宅园池甚众。始皇曰："将军行矣，何忧贫乎？"王翦曰："为大王将，有功终不得封侯，故及大王之向臣，臣亦及时以请园池为子孙业耳。"始皇大笑。王翦既至关，使使还请善田者五辈。或曰："将军之乞贷，亦已甚矣。"王翦曰："不然。夫秦王怚而不信人。今空秦国甲士而专委于我，我不多请田宅为子孙业以自坚，顾令秦王坐而疑我邪？"①

在这决策伐楚的关键时刻，王翦之所以敢同秦王叫板：不答应给六十万人马决不接受统兵的任命，是因为他算定非六十万人马不足以消灭楚军，而少不更事的李信统兵二十万伐楚必然失败。此时对楚用兵是秦国统一六国进程中的重中之重，秦王决不会因他态度倨傲而弃置不用，更不会为了君王的面子而置他于死地，只会屈尊答应他的要求。事实恰如王翦所料。然而，王翦掌控军权后，却一再向这位君王讨要美田宅园，不厌其烦地前后派出五个使者向秦王啰嗦，摆出一个视财如命之徒的饕餮相。但正是看来如此不堪的作为，透出了王翦这个"老姜"超常的政治智慧：秦王将全国绝大部分的军力交给自己统帅，等于将国命一手托付，以秦王之雄猜其品性，肯定对自己疑惧丛生，说不定早在自己身边安下暗探，时刻监视自己的行动。为了坚定秦王对自己的信任，王翦才想出这一看似"愚而诈"的招数。这一招数果然奏效，秦王对王翦信任有加，在整个伐楚的军事行动中没有出现横生枝节的掣肘之事。王翦创建了他军事生涯的最后一桩辉煌业绩，并在极度的富贵荣华中寿终正寝。这是何等的政治智慧！

西汉的张良，是一个被他服务的君王刘邦誉为"运筹帷幄之中，决胜千里之外"的军事谋略家，与萧何、韩信并称"汉初三杰"。张良作为刘邦的头号谋臣，在反秦之役和楚汉战争的关键时刻，为刘邦贡献过出众超群的谋略：攻占宛城的献策，夺取峣关的计谋，咸阳享乐的劝止，中分鸿沟契约的弃置，封王六国之议的放弃，封王韩信、彭越、英布的促成，等等，都对刘邦集团的一连串胜利起了至关重要的作用。对于汉帝国的建立，张良之功可谓大

---

① 《史记·王翦列传》。

矣！然而，汉朝建立之后，当刘邦重奖他的功劳，要他在齐地“自择三万户”作为封地时，他却选定只有五千户的留县作为封地，并且只担任一个无足轻重的太子太傅的清闲之官，这显示出他对功名利禄的淡漠和达观。张良在汉朝建立之后之所以消极处世，与此前的积极进取相比，简直判若两人，最根本的原因是他信奉道家“无为”养生的理念，淡泊名利，对于君王可共患难不可共安乐的古训有着比较清醒的认识。他只求颐养天年，优游岁月，而不愿卷入激烈政治斗争的漩涡，以免招来杀身之祸。他将自己功成身退的思想用“学辟谷，道引轻身”加以掩饰。他自述人生态度说：“家世相韩，及韩灭，不爱万金之资，为韩报仇强秦，天下振动。今以三寸舌为帝者师，封万户，位列侯，此布衣之极，于良足矣。愿弃人间事，欲从赤松子游耳。”[①]实际上，张良明白，在刘邦创业时期，他与功臣们为一个共同目标奋斗，是比较容易团结一致的。一旦敌人被消灭，刘邦与功臣之间就有一个财产、权力再分配的问题，这时内部矛盾最容易暴露和激化。作为一个臣子，如果太热衷于功名利禄，就有可能引起君王的疑忌而使自己成为可悲的牺牲者。一个功臣要想在和平时期平安无事，最要紧的是对权位功名、富贵利禄采取恬淡的态度。张良正是以自己无与伦比的聪明才智为汉朝建立了不可磨灭的功勋，更以洞若观火的明哲、深思熟虑的举措，在权势面前恬淡自守，优游岁月，在统治集团的矛盾斗争中急流勇退，甘于寂寞，在世人的崇敬与哀婉中得以寿终。这是何等的豁达睿智！

与张良一样同为汉初三杰之一的韩信，尽管是那个时代最杰出的军事家，但因为缺乏政治眼光和智慧，一步走错步步错，最后被斩杀于长乐宫的钟室，直教后世诗人发出“将略兵机命世雄，仓黄钟室叹良弓”[②]的无限感慨，引来数以十计的诗人吟出悲情难抑的浩叹之词！

韩信是秦楚之际第一流的军事家，一个百战百胜的天才统帅。他自归附刘邦后，一直统帅着汉军主力，战斗在搏击楚军和其他割据者的最前线。明修栈道，暗度陈仓，使关中的三个降王瞬间死灭；井陉鏖兵，把赵国从地图上抹掉；历下奇袭，让齐国精锐尽失；潍河施计，导致齐楚联军分崩离析；十

① 《史记·留侯世家》。

② 刘禹锡：《韩信庙》，《刘宾客文集》卷二四，清文渊阁《四库全书》。

面埋伏，垓下围歼，逼使不可一世的西楚霸王自刎乌江。所有这些军事史上的杰作，韩信都操控得精准干脆、得心应手、从容不迫、游刃有余，痛快淋漓地谱写了一曲曲凯歌。因为军功盖世，他在西汉建立后获得淮阴侯的酬赏；因为无人堪比的兵学造诣，他奉命“申军法”，不仅对此前的兵学遗产进行首次综合整理，而且制定了汉王朝的军事法规。作为一个军事家，韩信取得了空前的成功，他获得的功名利禄在西汉初年独占鳌头，无人堪比。

然而，由于他严重缺乏政治眼光和智慧，在获得诸侯王尊位的第二年十二月，即被刘邦设计捕获，失去王位，以侯爵的身份被软禁于首都长安。如蛟龙被困沙滩，在屈辱悲戚中度过囚徒般的岁月。第七年正月，又被萧何与吕后合谋诛杀于长乐宫的悬钟之室。一个傲世的军事天才，就这样走向了悲惨的不归路。

韩信的败亡，刘邦消灭异姓诸侯王的既定政策当然是主因，但韩信缺乏政治眼光和智慧这一短板也是推向此一结局必不可少的条件。

秦汉之际的历史走向，是因秦的暴政而引发全民大起义的社会动乱，再由群雄割据走向统一和恢复秩序，所有违背这一潮流的政治势力和个人，最后都必然归于失败。而韩信恰恰对于这一历史走势缺乏清醒的认识。他从参加秦末起义军开始，一直到生命终结，都在做齐桓、晋文的列国分封迷梦。他在汉元年（前 206 年）举行的登台拜将仪式上，对刘邦分析项羽分封诸侯王后的全国政治军事形势，在准确指出项羽和楚军的弱点后，说：“今大王诚能反其道：任天下武勇，何所不诛！以天下城邑封功臣，何所不服！以义兵从思东归之士，何所不散！”[①]这已经露出以功取封的强烈愿望。汉四年（前 203 年），当他打赢平齐之役，为刘邦夺取几乎半个中国时，就径直向刘邦要求“假齐王”的封赏。这一举措，暴露了他的野心，气得刘邦七窍生烟。虽然由于张良、陈平的提醒，刘邦勉强同意封他为齐王，但也准备在以后适当的时机除掉他。汉五年（前 202 年），当刘邦率汉军主力追击楚军至固陵（今河南太康和淮阳之间），迫切要求韩信迅速率军前来参战时，韩信却故意拖延，迟迟不奉命南下，结果使楚军获得喘息之机，一个回马枪把汉军打得狼狈不堪。张良洞悉韩信不及时率军南下的隐秘，其实是想得到故乡楚地并将其

① 《史记·淮阴侯列传》。

划归自己的封国。张良建议刘邦满足韩信的要求，韩信果然立即督军南下，从北面完成了对楚军的包围。接着，韩信出色地指挥了对楚军最后围歼的垓下之战，为汉王朝的建立立下最后一桩功劳。韩信不知道，此时他的功业虽然已经达到顶点，但他对刘邦的功用却止步于此。遗憾的是，韩信并没有觉察这个对他命运至关重要的历史转折点，依然念兹在兹地以功臣自居。如此一来，他与刘邦的冲突就不可避免，杀身之祸也就悄悄地向他逼近。既然最大的敌人项羽已经消灭，潜在的对手韩信也就成了刘邦主要的防范对象。刘邦在垓下之役结束后回军经过韩信的统帅部驻地定陶时，就在韩信毫无觉察的情况下收回了他对汉军的指挥权，接着又宣布改封他为楚王。这两项措施显然是刘邦为防范韩信反叛而精心策划的。因为韩信的特长是带兵，帅而无兵可带，就不易兴风作浪。齐国连城七十余座，地广人众，有鱼盐之利，加之民风彪悍，自春秋以来就是东方大国，将这一重要地方交由韩信掌控，刘邦既不愿意，更不放心。因而差不多在剥夺他军权的同时，也宣布了改封他为楚王的决定。楚国所辖的淮北地方小于齐国，地瘠民贫，四面又无险可守，由韩信经营该地，即使他日后反叛，也比较容易对付。

对于这些决定自己命运的重大变故，韩信似乎没有特别在意。他服从刘邦的安排，有点自满自足地到封地做他的楚王了。如果此时的韩信洞悉当时走向统一的历史趋势，像张良那样退而求封一个小侯，或者如长沙王吴芮那般温顺，收敛锋芒，韬晦自守，脱离刘邦那鹰隼般的视线，他可能安保无虞。然而，此时的韩信既没有看清时代走向，又没有意识到逼近自己的危险，到封地做王后，竟敢窝藏刘邦的通缉要犯。原来楚将钟离眛是韩信在楚军时的朋友，楚汉战争结束后成了汉朝皇帝通缉归案的要犯。韩信出于朋友之情和侠义之气，毅然将逃到他那里的钟离眛窝藏起来，这显然是对汉朝法律和皇帝权威的公然蔑视，此举已将韩信置于十分被动的地位。刘邦知悉实情后，立即命令韩信将钟犯逮捕归案，但韩信碍于情面，拖延未与执行，这使他进一步陷于被动。正在此时，刘邦接到派往楚国监视韩信的耳目的报告，韩信“行县邑，陈兵出入”，有谋反之嫌。于是，刘邦决定解决韩信。他依陈平之谋，设“伪游云梦”之计，轻而易举地将韩信骗到陈城（今河南淮阳）谒见并如愿以偿地将其捕获。韩信满腹委屈，愤怒地对刘邦说：“果若人言：

‘狡兔死，良狗烹；高鸟尽，良弓藏；敌国破，谋臣亡。’天下已定，我固当烹！”[1]刘邦听后哈哈大笑，回敬韩信说：有人告你谋反，我不得不逮捕你。刘邦将韩信带至洛阳后，大概因为查不出什么谋反的真凭实据，就将他赦免，贬为淮阴侯，留在京师监视起来。

这次事件是韩信政治生涯的重大转折，如果他能认清形势，明白面临的形势是人为刀俎，我为鱼肉，自己不仅没有翻盘的可能，而且随时有性命之忧，从此深居简出，深自贬抑，似愚似傻，如痴如呆，人前人后都装出戴罪之身的模样，特别是在刘邦面前更以安于侯爵、感激涕零的形象出现，乐天知命，随遇而安，或斗鸡走狗，或醇酒妇人，装出一副与世无争的样子，刘邦纵使想除掉他也找不到像样的理由。这样，就会大大消除刘邦对他的疑忌，使逼近自己的危险慢慢消退。然而，韩信计不出此，而是采取了相反的策略。如果说，此前韩信对刘邦没有丝毫反叛之意，那么此后，他内心潜藏的反叛意识开始迅速滋长。他一面以消极反抗表示自己对刘邦的不满：“常称病不朝从，信由此日怨望，居常鞅鞅，羞与绛、灌等列。”有一次，他来到樊哙的居处闲聊，樊哙恭恭敬敬地迎送，言必称臣。韩信出门，自叹说：“生乃与哙等为伍！”[2]表现了极大的不屑之情。另一面又以毕露的锋芒展示自己的才干。刘邦有时找韩信闲聊，借以观察他的动向。一次，二人谈到汉朝诸将能力的高下时，刘邦问韩信：“如我能将几何？”韩信脱口而出：“陛下不过能将十万。”刘邦又问：“于君如何？”韩信洋洋得意地回答说：“臣多多益善耳！”刘邦也不客气地回敬：“多多益善何为我擒？”韩信只好解嘲说：“陛下不能将兵，而善将将，此乃信之所以为陛下擒也。且陛下所谓天授，非人力也。”[3]这里韩信尽管说的是实话，但在政治上说实话而招实祸的例子却多有。刘邦对于韩信这样一位善于统兵用将而又不安分的帅才，自然是日夜加以警惕，进行全天候的监视。

可是，就是在这种处境下，韩信居然铤而走险，参与了陈豨的反叛密谋。这最后的一步棋，彻底将自己送入地狱之门。汉十一年（前196年），吕后与

---

① 《史记·淮阴侯列传》。
② 《史记·淮阴侯列传》。
③ 《史记·淮阴侯列传》。

相国萧何以朝贺之名将他诱入长乐宫，斩杀于悬钟之室。韩信临死前，后悔莫及地说："吾悔不听蒯通之计，乃为儿女子所诈，岂非天哉！"[1]韩信的家属也遭到当时最严厉的惩罚：夷三族。应该说，韩信的死灭是罪有应得。他临死之前把自己的失败归咎于天意，更是与项羽将自己的失败归之于"天之亡我"一样的愚昧可悲。其实，韩信的悲剧缘于他政治上的低能，既没有政治眼光，也缺乏政治智慧，所以不仅保不住富贵利禄，而且连自己和家属的生存权也没有保住，实在是一种悲惨至极的结局。

韩信以一介寒士投身军旅，并在很短时间内即被破格任命为汉军统帅。数年之内，克城夺地，连奏凯歌，最后裂土封王，成为汉初历史上一个显赫莫比的特殊人物，其猎取功名利禄的热望得到很大满足。在汉朝建立之后，他对刘邦是衷心拥戴的。所以，他不仅拒绝武涉背汉向楚的游说，还拒绝了蒯通离汉自立、三分天下的建议。然而，王位还没坐稳，就被诬谋反，削地夺爵，继而软禁京师，形同俘虏，其后悔、怨愤之心可想而知。不过，他参与陈豨的密谋反叛虽看似顺理成章，但实质是缺乏政治眼光和政治智慧的表现。在楚汉战争中崛起的韩信之类实力派将帅，抱着裂地分封、子孙永享的观念要求永久占有已经得到的土地和权力，这种要求恰恰与刘邦的意图南辕北辙，又与汉王朝加强专制主义中央集权的现实要求相悖谬。随着时间的推移，两者之间的矛盾必然趋于激化，斗争也就不可避免。既然刘邦的汉王朝已经证明了自己存在的历史正当性，韩信之类悖谬历史潮流的人物的失败也就是必然的了。就韩信本人而言，他的军事才能尽管绝对一流，但政治眼光却极度短视。在处理与刘邦的关系上，他既缺乏萧何忠贞到底的品格，又缺乏张良功成身退的机智。他用春秋战国时代诸侯国对周王室的要求来要求大汉皇帝刘邦，不能不说是犯下了时代认知的错误。司马迁的评论最先指明了这一点：

> 吾如淮阴，淮阴人为余言，韩信虽为布衣时，其志与众异。其母死，贫以无葬，然乃行营高敞地，令其旁可置万家。余视其母冢，良然，假令韩信学道谦让，不伐己功，不矜其能，则庶几哉，于汉家勋可以比周、召、太公之徒，后世血食矣。不务出此，而天下已集，乃谋畔逆，夷灭宗族，

---

[1] 《史记·淮阴侯列传》。

不亦宜乎![1]

性格即命运,“命运的力量在政治中体现得最明显”[2]。“时来天地皆同力,运去英雄不自由”[3],韩信的结局,不啻一个缺失政治眼光和政治智慧的天才将帅的命运悲歌!诗人们在对其三叹而有余哀的咏叹之余,是否也应该冷峻地思考:如何才能避免这种悲剧的发生。

然而,历史上众多将帅的悲剧结局,其主因似乎又不能完全甚至不能主要归结于这些将帅在政治智慧上的短板,因为他们的命运在很大程度上掌控在他们为之服务的君王手里。有时,他们即使具有盖世的功业和对君王的矢志忠贞,但遇到拒谏饰非、喜佞爱馋、多疑善变、言而无信的君王,欲加之罪也会“莫须有”地降临到他们的头上。而这样的君王在古代社会的君王中是绝对的多数。你看,平定吴楚七国之乱的主帅周亚夫死于汉景帝的疑忌,抗金名将岳飞亡于宋高宗的“和金”方略,为明朝的创建立下不世之功的谋略家刘基毙命于明太祖和胡惟庸联手的卑鄙谋杀,使清军无法越雷池一步的明军督师袁崇焕凌迟于崇祯皇帝误中反间计后的刚愎自用。他们既没有丝毫错误,也没有对君王的离心怨怼,却因为君王眼中的拂违“圣意”而付出生命的代价。这说明在君主专制的政治体制下,臣子的命运在很大程度上取决于君王的喜怒哀乐甚至一念之差。显然,将帅的命运回归正常状态的生死荣辱,只能是在专制制度被民主和法制制度替代的时候。

(原载《山东师范大学学报》2016 年第 5 期)

① 《史记·淮阴侯列传》。

② [美]伯顿·史蒂文森主编:《世界名言博引词典》,周文标等编译,辽宁人民出版社 1990 年版,第 1014 页。

③ 罗隐:《筹笔驿》,《御定全唐诗》卷六五七,清文渊阁《四库全书》。全诗如下:“抛掷南阳为主忧,北征东讨尽良筹。时来天地皆同力,运去英雄不自由。千里山河轻孺子,两朝冠剑恨谯周。唯余岩下多情水,犹解年年傍驿流。”

黄石公与《素书》简论

《素书》，自北宋宰相张商英为之作注后就在社会上流传，但关于该书的价值及其与黄石公的关系的学术讨论却一直是聚讼纷纭，莫衷一是。总的趋向是，对该书价值的判断是贬多于褒；对该书真伪的确认是视伪者多于定真者。笔者属文意欲就以下两个问题简述个人看法：第一，《素书》的作者究竟是谁？第二，《素书》本身的价值何在？

一

“素书”二字，在中国的古文献中出现的频率不低，仅《四库全书》收集的典籍中，它就出现了1300多次，但含义各不相同，以同于书信者使用最多，其次是同于书法作品，同于《黄帝内经·素问》，同于绢帛之书，同于神授之书。真正置于黄石公名下作为兵谋之书，确切讲应该是在北宋张商英为之作注付梓之后。

北宋以前可能附会黄石公《素书》的文献有：

《古微书》卷三二：

> 吴王阖闾出游包山，见一人自言姓山名隐居，阖闾扣之，乃入洞庭，取《素书》一卷呈阖闾，其文不可识。

如果此处记载的《素书》就是后来黄石公传授给张良的《太公兵法》之一，“其文不可识”似乎就难以理解。

《三国志·吴书》卷十八《赵达传》：

> 饮酒数行，达起，取《素书》两卷，大如手指。达曰：“当写读此，则自解也。”

此处的《素书》自然可以附会为黄石公之书，但还不能成为唯一确解。

《晋书》卷四九《嵇康传》：

> 康又遇王烈，共入山。烈尝得石髓如饴，即自服半，余半与康，皆凝而为石。又于石室中见一卷《素书》，遽呼康往取，辄不复见。

此处的《素书》如果为黄石公之书，就不应该“辄不复见”，可见它属于神授之书。

《新唐书》卷五九《艺文志》第四十九所记载的《枕中素书》一卷，似乎就是张商英为之作注的那本书，但该《艺文志》没有张商英“晋乱，有盗发子房冢，于玉枕中获此书”的记载。而这本《枕中素书》内容如何，至今没有当时的版本能够提供确证。

由于迄今没有发现张商英作注前的《素书》，而他作注的《素书》的来源又没有北宋以前的文献作证，因而人们对该书的真伪提出怀疑就是顺理成章的了。

北宋的王安石没有否定《素书》的价值，只是说“《素书》一卷天与之”，否定了黄石公的著作权：

> 张良美好如妇人，五世相韩韩入秦。倾家为主合壮士，博浪沙中击秦帝。脱身下邳世不知，举国大索何能为。《素书》一卷天与之，谷城黄石非吾师。固陵解鞍聊出口，捕取项羽如婴儿。从来四皓招不得，为我立弃商山芝。洛阳贾谊才能薄，扰扰空令绛灌疑。[①]

南宋的黄震认为张商英为之作序作注的《素书》，根本就不是黄石公之书，而是张商英的伪作：

> 《素书》六篇，曰原始，曰正道，曰求人之志，曰本德宗道，曰遵义，曰安礼。其说以道、德、仁、义、礼五者为一体，虽于指要无所取，而其间言语杂出，多生于卑谦，损节背理者寡，特非圯上老人授子房手乱世之书耳。张商英乃妄为训释，取老子失道而后德，失德而后仁，失仁而后义，失义而后礼之说以言之，与本书五者一体之说正相反，甚至为之后序，谓晋乱有盗发子房冢，于玉枕中获此书，何其鄙欤？幸此言出于商英，

---

① 《历代名贤确论》卷四〇，清文渊阁《四库全书》。

识者固所不屑观尔。①

明朝的郑瑗也认为该书为“赝本”：

太公《六韬》、黄石公《三略》《李卫公问对》皆伪书也。……盖圯桥授受之书亡矣，此与所谓《素书》皆其赝本耳。②

明朝的王世贞在《读黄石公》一文中，认定圯桥授《素书》之事纯属子虚乌有，以张良之精明过人，对于“至为浅显”之《素书》根本就应该不屑一顾：

黄石公《素书》六篇，至为浅显，孔老荀卿之所雅言者，岂别有不传之秘以授子房？而此则约其凡为可示人者哉？不然当报仇、大索之后，跪而进履于圯桥，与夜半不失约，子房已思过半矣，何用是《素书》为也？③

揆诸张商英对《素书》来源的记述，再较之于《素书》内容本身，应该说历代学者对该书真伪的质疑不是没有道理的。第一，如果张商英对《素书》来源的记述是真的，那么，从晋至唐五代近七百年间该书应该流传于世，“盗发子房冢”也应该有记载，否则，张商英据何发布此说？为什么近七百年间无人知晓的这本书突然空降到张商英手上？第二，从晋至隋朝的史书皆没有记载《素书》，只是在《新唐书·艺文志》中冒出了一本《枕中素书》，这本书与张商英作注的《素书》有什么联系？张商英本人没有说明，他显然将他手中的《素书》故意炒作成独传的神秘孤本，以此增强该书的价值和神秘感。

据笔者推测，张商英作注的《素书》就是在唐朝流传的《枕中素书》，是魏晋南北朝时期某个好事者造出来附会到“圯桥授书”故事里的。因为其书没有多少创新的东西，长时间不为读书人所注意，也就一直没有进入《晋书》至《隋书》等正史的《艺文志》中。宋朝欧阳修等修《新唐书》时，第一次将该书网罗进《艺文志》。张商英得到《枕中素书》之后，认为这本长期无人关注的著作“奇货可居”，于是为之作注，并写了那篇极尽吹捧之能事的序，使之较前更广泛地流传开来。显然，《素书》为张商英伪造的可能性虽然不能完全排除，但也不是板上钉钉的。不过，张商英以丞相之尊为之作序无疑使该书

① 《黄氏日钞》卷五六《黄石公素书》，清文渊阁《四库全书》。

② 《井观琐言》卷二，清文渊阁《四库全书》。

③ 《读书后》卷一《读黄石公》，清文渊阁《四库全书》。

提升了社会的关注度，扩大了流传面。如此看来，张商英对《素书》知名度的扩展功莫大焉。

二

《素书》本身的价值何在？

对《素书》评价最高的是明朝的周琦，他在《东溪日谈录》卷十二《孙子十三篇》中说：

> 尝读《孙子十三篇》，其词厉，其意奇，其谋变诈而不常，其法多不正出，非仁义之师也。若《黄石公书》，则先仁义而后杀伐，其与子权谋有余而仁义不足者异矣。《孙子十三篇》比黄石公《素书》尚不及耳。郑原以厕易《论语》之后，则原之不谙道也可知矣。

周琦此论显系迂儒的“迂阔”之音，所谓“其权谋变诈不常”正是《孙子兵法》最精华的部分之一，他竟认为不及《素书》，可见眼光之低下。同是明朝的胡居仁在《居业录》卷四中说：

> 先儒言张子房，平生事业皆自《素书》中出，此诚然也。盖其权谋智术、处身处事、进退行藏，与《素书》无一不合。后世智谋之高妙无出于此。但其不知天理本然之妙，足乎已而感乎人，有诸中而形诸外，不必全假智谋，明哲保身亦非全计利害，以此论之，黄张之道不出一私字，圣贤之道不出一公字。

在该书卷五中进一步说：

> 黄石公《素书》始终只是一个私。或曰《素书》先说道德仁义礼，如何谓之私？曰：道德仁义礼非私，石公以私见窥之，私意用之，故私。然所窥所用非真道德仁义礼也。

胡居仁与周琦一样，不否认黄石公对《素书》的著作权，对《素书》所阐发的“权谋智术”更是赞誉有加，而对其最大的不怿是“所窥所用非真道德仁义礼”，由此透出迂儒的心声。

与胡居仁、周琦等对《素书》有条件的赞誉相反，宋朝的学者如黄震、晁兆武，元朝的学者如刘壎，明朝的学者如郑瑗、胡应麟、王世贞，清朝的学者如陆世仪等，对该书的价值持否定态度。黄震认为该书为“道家鄙诞之谈”，胡应麟认定“其书中悲莫悲于精散，病莫病于无常，皆仙经佛典之绝浅近者”[①]，他们的意见是值得重视的。

现在，我们抛开《素书》与黄石公、张商英的关系，将其放置于魏晋南北朝的时段，对其价值进行评判。细检全书，我们可以看到，这是一部杂糅儒道并掺入部分佛教义理的著作。如《原始章第一》：

> 夫道、德、仁、义、礼，五者一体也。道者，人之所蹈，使万物不知所由。德者，人之所得，使万物各得其所欲。仁者，人之所亲，有慈慧恻隐之心，以遂其生成。义者，人之所宜，赏善罚恶，以立功立事。礼者，人之所履，夙兴夜寐，以成人伦之序。

这《原始章第一》是全书的总纲，它将道、德、仁、义、礼视为“五者一体”，就是典型的杂糅儒道。其中，除对道的解释接近道家思想外，其余对德、仁、义、礼的解释都源自儒家学说，与道家思想相去甚远，甚至决然相反。因为在道家思想中，德、仁、义、礼是社会发展失范后的产物，而在儒家那里却是保证社会有序运行的重要规范。孔子、孟子、荀子等儒学大师都曾给予这些规范以崇高的评价。

接下来，在《正道章第二》中，作者对德、信、义、才、明、行、智、廉等信条依照儒家思想进一步进行诠释。其中的“守职而不废，处义而不回。见嫌而不苟免，见利而不苟得，此人之杰也”，更是体现了儒家“义利之辨”的本意。

《求人之志章第三》又是明显杂糅儒道，如“绝嗜禁欲，所以除累”“避嫌远疑，所以不误”“高行微言，所以修身”“恭俭谦约，所以自守”“深计远虑，所以不穷”“括囊顺会，所以无咎”“孜孜淑淑，所以保终”等比较接近道家思想。而“博学切问，所以广知”“亲仁友直，所以扶颠”“近恕笃行，所以接人”“任材使能，所以济物”“瘅恶斥谗，所以止乱”“推古验今，所以不惑”“先揆后度，所以应卒”等都明显反映出儒家思想的因素，其中的“推古验今，所以不惑”“先揆后度，所以应卒”则显示了王充《论衡》一书的影响。

如果说第二、三章更多反映的是儒学的理念，那么，《本德宗道章第四》几乎全篇都在诠解道家的人生理念，尤其是生存智慧：

> 夫制心笃行之术：长莫长于博谋，安莫安于忍辱，先莫先于修德，乐

① 《钦定四库全书总目》卷九九《素书》，清文渊阁《四库全书》。

莫乐于好善，神莫神于至诚，明莫明于体物，吉莫吉于知足，苦莫苦于多愿，悲莫悲于精散，病莫病于无常，短莫短于苟得，幽莫幽于贪鄙，孤莫孤于自恃，危莫危于任疑，败莫败于多私。

全篇将长、安、先、乐、神、明、吉、苦、悲、病、短、孤、危、败等十四种人生的生存景况和精神状态的优劣选择展示出来，几乎每一个命题都出自老子的《道德经》，是道家人生智慧的浓缩凝结。

如果说第四章浓缩了道家的人生智慧，那么，《遵义章第五》则更多地总结了儒、道、法等家尤其是儒家对高层执政智慧的理解。如“怒而无威者犯，好众辱人者殃，戮辱所任者危，慢其所敬者凶”“阴计外泄者败，厚敛薄施者凋”“能有其有者安，贪人之有者残”等较多反映的是道家的意识，“以明示下者暗”“私人以官者浮，陵下取胜者侵，名不胜实者耗”“为人择官者乱，失其所强者弱”“战士贫，游士富者衰，货赂公行者昧”“小功不赏，则大功不立；小怨不赦，则大怨必生；赏不服人，罚不甘心者叛”等则较多地摭拾了法家的信条。其他如“有过不知者蔽，迷而不返者惑，以言取怨者祸，令与心乖者废，后令谬前者毁”“貌合心离者孤，亲谗远忠者亡，近色远贤者昏，女谒公行者乱”“略己而责人者不治，自厚而薄人者弃废，以过弃功者损，群下外异者沦，既用不任者疏，行赏吝色者沮，多许少与者怨，既迎而拒者乖，薄施厚望者不报，贵而忘贱者不久，念旧而弃新功者凶，用人不正者殆，强用人者不畜”“决策于不仁者险”“闻善忽略，记过不忘者暴，所任不可信，所信不可任者浊，牧人以德者集，绳人以刑者散”“听谗而美，闻谏而仇者亡”等，都是儒家对高层执政者的要求和训诫，在孔子、孟子、荀子等儒学大师的著作中几乎都能找到相应的论述。

《安礼章第六》是六篇中篇幅最长的，主要是用格言的形式阐述儒道互补的人生智慧。如“地薄者大物不产，水浅者大鱼不游，树秃者大禽不栖，林疏者大兽不居”“山峭者崩，泽满者溢”“畏危者安，畏亡者存。夫人之所行，有道则吉，无道则凶。吉者百福所归，凶者百祸所攻”“释己而教人者逆，正己而化人者顺；逆者难从，顺者易行。难从则乱，易行则理”等，比较集中地汇聚了道家的思想理念。特别是“同志相得，同仁相忧，同恶相党，同爱相求，同美相妒，同智相谋，同贵相害，同利相忌，同声相应，同气相感，同类相依，同义相亲，同难相济，同道相成，同艺相规，同巧相胜”一段话，是运用道家朴素的辩证思维对不同事物机理的观察和归纳。其他内容基本上是儒家思想的展现，如“枉士无正友，曲上无直下”“爱人深者求贤急，乐得贤者养人厚；国将霸者士皆归，邦将亡者贤先避”“务善策者无恶事，无远虑者有近忧”等。另外，其中的“福在积善，祸在积恶”则接近佛教的“善恶报应”的义理。

从《素书》的内容看，它主要阐述的是治国理政的政治思想和长生避患的人生智慧，很难归入兵书系列。因为全书涉及战争的内容只有第六章的“重可使守固，不可使临阵。贪可使攻取，不可使分阵。廉可使守主，不可使应机。此五者，各随其才而用之”这样几句话，讲的是如何根据将领的特点和资质用其所长，避其所短，这在《孙子》等兵书中早已讲过了。

以上简要分析了《素书》的基本内容。可以看出，这部1336字的著作，用比较流畅精粹的文字，以格言般的简洁句式，将传统的儒、道两家的政治社会思想和人生智慧表述出来，自然能够获得部分读者的青睐；北宋宰相张商英为之作注，更促进了它的流布。不过，对这部著作的价值不能估计过高，至少与《三略》不可同日而语。原因很简单，它没有创造出任何新的思想和理念。这就是为什么自宋以来几乎所有顶尖的学者都没有对它发出赞语的原因。

（原载《孙子研究》2013年3期）

论黄石公与《三略》

一

北宋时期编撰的《武经七书》是当时朝廷训练将士的兵学宝典，包括《太公兵法（六韬）》《司马穰苴兵法》《孙子兵法》《吴子兵法》《尉缭子兵法》《黄石公三略》《李卫公问对》。从一定意义上说，这七部书应该是中国兵学著作中最重要的精华经典。但后世学者对其中的《太公兵法（六韬）》和《黄石公三略》的真实性持怀疑态度，有人干脆判其为后人伪托之书。最典型的是宋朝黄震在《黄氏日抄》卷五八《黄石公三略六韬》一文中所表述的观点：

> 韬略世谓出太公，虽李卫公亦云。以愚观之，伪书尔。春秋荀吴始尝舍车而步，汉以后始有骑将，今其书以车骑步分三，太公时有之乎？春秋后始霸，三代虽有伯不以霸称也，今其书历叙皇帝王霸，太公时有之乎？春秋霸主始有结连与国，深入人境者，今其书称必得大国之与邻国之助，又云行数百里人马倦休，太公时有之乎？又谓取天下者若逐野兽，天下皆有分肉之心，此袭用秦失其鹿天下共逐之语，而赘婿者秦始有之，其书亦称赘婿，且自谓《三略》为衰世作，则不能自掩其为后世之伪明矣。况其为书类多掇拾，《三略》大率以柔弱不贪为主，此老子之说也。《六韬》言犹豫狐疑之戒，乃《吴子》之所已言也。言山兵者即《吴子》之谷战，言泽兵者即《吴子》之水战，十四变即《吴子》之十三，系十一卒即《吴子》之五练，锐教战即其士先教戒之说，分险即其过敌溪谷之说，雨不张盖等语出《尉缭子》书，火战等说亦备《孙子》书，而涓涓不绝等语又遍集古书者也。要其前后本无主说，《三略》既不见上中下可分

之的,《六韬》亦不见文武龙虎豹犬之义,大抵书之不切于兵者居半,切于兵者多死法敌,而木偶人也则可耳。其最无理者,文伐十二节皆阴刻陷人之语,岂文伐之义乎?股肱羽翼七十二人轻重夫次泛其无纪,岂股肱羽翼之义乎?文王圣人也,太公闻风兴起动,盍归乎来之,思武王以圣继圣,顺天应人,而太公兴鹰扬之师。今顾以孩提视文武,谓其求教太公,虽帝尧之圣,亦文王所未闻,待倾听而始知焉,此皆根于卜猎得师一语,故附会至此耳。然按《六韬》谓太公坐茅而渔,《尉缭子》又谓太公屠牛朝歌,卖食盟津,余七年主不听而遇文王,是则卜猎之说尚未定也,况韬略可信其为太公之书乎?

这里黄震指出,《六韬》和《三略》的内容与姜尚所处周朝初期的时代矛盾,应该说是很有见地的。但这并不能构成否定姜尚享有《六韬》和《三略》著作权的理由,因为古代典籍在流传过程中大都经过后人不断的润色,他们在润色过程中不仅进行文字加工,而且添加他们所处时代的内容。笔者在《先秦兵学与齐鲁文化》一文中曾肯定姜尚对《六韬》的著作权:

如果说《黄石公三略》一书与他的关系还难以确定的话,那么,他的《六韬》的著作权应该是没有疑义的。河北定州汉墓出土的《太公》竹简,山东临沂银雀山汉墓出土的54枚《六韬》残简就是最重要的佐证。正如有的学者所指出的,《六韬》的主要内容,“或是姜太公所论,或是源于姜太公,或是发展姜太公思想而成的。”(姜国柱:《齐太公的军事韬略思想》,载《齐太公与齐国军事文化》,齐鲁书社1997年版)不过,流传至今的这部兵书肯定不是姜尚时代的原貌,中间经过了许多人的润色、增删、修改。据许多学者推定,其定稿时间最早在战国中晚期,最晚在西汉韩信“申军法”之时。后世看到的文本内容既饱含战国时代的色彩,行文也辞采华美,流畅通达,比之《尚书》文辞的佶屈聱牙,不可同日而语。正如余嘉锡《四库提要辨正·六韬》所说:“周秦诸子,类非一人之手笔,此乃古书之通例,又不独《六韬》为然。”《六韬》集中体现了姜尚的政治智慧和军事谋略。其中最重要的是“官天下”“爱民”“三宝农工商”“上贤去不肖”,选任人才的六条标准仁、义、忠、信、勇、谋,战略战术原则和选将、练兵、武器装备、战法布阵等内容。古代兵学的方方面面几乎都涉及了。由此,《六韬》就成为中国古代兵学的开山和奠基之作,由它开启的兵学传统也就深深地影响了后世齐鲁的兵家。

那么,究竟应该如何看待《黄石公三略》呢?清朝修《四库全书》时,要求对所有收录的著作写出一个简明的评介,《钦定四库全书总目》卷九九对《黄石公三略》做了这样的评介:

> 案黄石公事见《史记》,《三略》之名则始见于《隋书·经籍志》,云下邳神人撰,成氏注。唐宋《艺文志》所载并同。相传其源出于太公圯上老人,以一编书授张良者即此。盖自汉以来言兵法者往往以黄石公为名。史志所载有《黄石公记》三卷,《黄石公略注》三卷,《黄石公阴谋乘斗魁刚行军秘》一卷,《黄石公神光辅星秘诀》一卷,又《兵法》一卷,《三鉴图》一卷,《兵书统要》一卷。今虽多亡佚不存,然大抵出于附会,是书文义不古,当亦后人所依托。郑瑗《井观琐言》称其剽窃老氏遗意,迂缓支离,不适于用,其知足戒贪等语盖因子房之明哲而为之辞,非子房反有得于此,其非圯桥授受之书明甚。然后汉光武帝诏引黄石公柔能制刚、弱能制强之语,实出书中所载军谶之文,其为汉诏援据此书,或为此书剽窃汉诏,虽均无可考,疑以传疑,亦姑过而存之焉。

《总目》判定《三略》为"后人所依托",根本不是"圯桥授受之书"。那么,应该如何认识这个问题呢?这里,让我们先对"圯桥授书"之事做一番考察。这个家喻户晓的故事出自《史记·留侯世家》:

> 良尝闲从容步游下邳圯上,有一老父,衣褐,至良所,直堕其履圯下,顾谓良曰:"孺子,下取履!"良愕然,欲殴之。为其老,强忍,下取履。父曰:"履我!"良业为取履,因长跪履之。父以足受,笑而去。良殊大惊,随目之。父去里所,复还,曰:"孺子可教矣。后五日平明,与我会此。"良因怪之,跪曰:"诺。"五日平明,良往。父已先在,怒曰:"与老人期,后,何也?"去,曰:"后五日早会。"五日鸡鸣,良往。父又先在,复怒曰:"后,何也?"去,曰:"后五日复早来。"五日,良夜未半往。有顷,父亦来,喜曰:"当如是。"出一编书,曰:"读此则为王者师矣。后十年兴。十三年孺子见我济北,谷城山下黄石即我矣。"遂去,无他言,不复见。旦日视其书,乃《太公兵法》也。良因异之,常习诵读之。

这个在司马迁笔下活灵活现的故事的真相只有两种可能:一,这是一个精心虚构的故事。故事的编撰者不是别人,而是张良自己。他编撰了这个故事以后，又故意四处宣扬，将当年投入刘邦起义军中的那些老粗们忽悠得一愣一愣地相信了这个故事的真实性，从而对张良这个神秘兮兮的人物产生了莫名的敬畏之心，对其言听计从。后来又骗过了司马迁，使他将这个根本不存在的故事写进了他那部千古不朽的《史记》。

其实，只要加以深入细致的分析，对这个故事做出虚构的推断并不是没有道理的。第一，在《汉书・艺文志》"道家"类中，记有"《太公》二百三十七篇，《谋》八十一篇，《言》七十一篇，《兵》八十五篇"。照常理推断，《六韬》和《三略》应该包括在里面。作为出身"五世相韩"的贵族之家的张良，完全有条件读到此书，没有必要由这个阴阳怪气的古怪老头前来授书。第二，如果这位授书的怪老头是秦汉之际道家和兵家的双料传人，那么纵使他隐居不仕，也应该在历史上留下记载。然而，他除了在《史记・留侯世家》中留下一个真假莫辨的影子外，在学术史上学派的传授系列中没有留下任何信息，这就使人怀疑他是张良造出来的一个人物。第三，汉初，张良是同韩信一起受命"序次兵法"的人物，如果《黄石公三略》就是这个黄老头授予他的，那他有条件并且完全应该将黄老头和《黄石公三略》整理进兵法系列中，《汉书・艺文志》也应该有所记载。

《汉书・艺文志》的漏载，至少说明到东汉班固写《汉书》的时候，《黄石公三略》的书名还没有出现，其内容还包括在《太公兵法》中。查考现存文献，《三略》的名字最早出现在《三国志・吴书・孙峻传》的注中："好读兵书及三史〇三史元本作《三略》。"其后，又出现在《宋书・谢灵运传》："法奇于《三略》，义秘于《六韬》。"再后，就出现在《魏书・刘昞传》："注《周易》《韩子人物志》《黄石公三略》，并行于世。"这表明，该书在魏晋开始流行，所以《隋书・经籍志》就将其列入。据此可推断，东汉末或三国时期一位具有相当兵学素养的文人学士，将《太公兵法》的一部分内容经过整合润色，加上《黄石公三略》的书名推了出来。同时推出的还有《黄石公略注》《黄石公阴谋乘斗魁刚行军秘》《黄石公神光辅星秘诀》《兵法》《三鉴图》《兵书统要》等。大概因为后面这些书都是胡编乱造的，没有多少价值，所以难以流传下来，很快亡佚了。至于后来黄石山上那些与黄石公有关的古迹，肯定是出自西汉以后人们的创作。因为既然张良靠这样一部神秘的兵书做了帝王之师，并帮助刘邦蹑足九五，登上皇帝的宝座，黄石公和黄石山自然就罩上了神奇的灵光，与之相关的祠、庙、碑、碣自然也就应运而生了。黄石公是一个真实存在的历史人物，是秦汉之际洞悉世事民情的隐者，对道家和兵家学说均有研究。他将《太公兵法》的一部分内容加以精心整理润色，通过巧妙设计的一个神秘形式将它送给了张良。因为张良此前的一些表现使他相信此人是一个“天降大任”的人物，能够在大乱走向大治的岁月里做出一番震古烁今的事业。最后他告诉张良他的故乡在济北谷城山下，遂即隐姓埋名直至终老。而张良之所以没有在整理兵书时将这部书编入其中，或许是因为他当时接受的就是《太公兵法》，亦或许发现该书只是《太公兵法》一部分内容的衍生，在理论上并没有多少创新之处。既然《太公兵法》一直在流传，也就没有必要让这部书滥竽其中了。

二

现在兵学研究者们应该做的主要是，剥去罩在《黄石公三略》之上的神秘灵光，撇开黄石公这个或臆造或真实存在的神秘人物，直面《黄石公三略》的内容，解剖其体系，发掘其内涵，评判其价值。

我们有理由将《黄石公三略》与《六韬》一样视为《太公兵法》的一部分。不仅《黄氏日抄》和《四库全书总目》等否定其与《太公兵法》的联系、直认其为伪托的观点是不可取的，而且否认或贬低其价值的意见也是没有道理的。如果我们将该书的基本观点认作源于姜尚，而将其成书看作经历了自西周至魏晋南北朝的漫长过程，那么，黄震等对该书所指责的问题就都可以理解了。

综观《黄石公三略》的内容，黄震的观点有一点是准确的：“《三略》大率以柔弱不贪为主，此老子之说也。”郑瑗在《井观琐言》中“称其剽窃老氏遗意”也是正确的，这正与《汉书·艺文志》将《太公兵法》列在道家类相契合。其实，道家与兵家和法家都有着十分紧密的联系，因为兵家和法家在世界观和方法论上几乎不约而同地吸纳了道家的思想。请看《黄石公三略》所展示的刚柔、强弱等矛盾对立和转化的观念，很明显是与道家思想接轨的：

> 军谶曰：柔能制刚，弱能制强。柔者德也，刚者贼也。弱者人之所助，强者人之所攻。柔有所设，刚有所施，弱有所用，强有所加，兼此四

者而制其宜，端末未见人莫能知，天地神明与物推移，变动无常因敌转化，不为事先动而辄随，故能图制无疆，扶成天威，康正八极，密定九夷。如此谋者，为帝王师。故曰莫不贪强，鲜能守微。若能守微，乃保其生，圣人存之，以应事机。舒之弥四海，卷之不盈杯，居之不以室宅，守之不以城郭，藏之胸臆而敌国服。

《三略》总结历史经验，看到了经国治军、施政征战中柔弱胜刚强的众多事例，因而将其作为一个重要规律加以宣扬。但它同时认为，柔弱之所以能够战胜刚强，是因为必须有一个柔弱转化为刚强的过程，在柔弱永远柔弱的情况下是无法战胜刚强的。这就抛弃了道家学说中柔弱胜刚强是无须转化的观点。这种积极转化的意识显示的是可贵的军事辩证法思想：

能柔能刚，其国弥光；能弱能强，其国弥彰。纯柔纯弱，其国必削；纯刚纯强，其国必亡。

《三略》中讲得最多的是为将之道。如为将必须崇礼重禄：

夫用兵之要，在崇礼而重禄，礼崇则智士至，禄重则义士轻死。故禄贤不爱财，赏功不逾时，则下力并敌国削。夫用人之道，尊以爵，赡以财，则士自来。接以礼，励以义，则士死之。

为将必须与士卒同甘苦，共死生：

夫将帅者必与士卒同滋味而共安危，敌乃可加。故兵有全胜，敌有全因。昔者良将之用兵，有馈箪醪者使投诸河，与士卒同流而饮。夫一箪之醪不能味一河之水，而三军之士思为致死者，以滋味之及己也。军谶曰：军井未达，将不言渴；军幕未办，将不言倦；军灶未炊，将不言饥。冬不服裘，夏不操扇，雨不张盖，是谓将礼，与之安，与之危，故其众可合而不可离，可用而不可疲，以其恩素蓄谋素合也，故曰蓄恩不倦，以一取万。

为将还必须整齐号令，严肃纪律，持势有威，赏罚必信，恕己治人，推恩施惠。为将还必须具备多种素养：

将能清、能静、能平、能整、能受谏、能听讼、能纳人、能采言、能知国俗、能图山川、能表险难、能制军权，故曰仁贤之智，圣明之虑，负薪之言，廊庙之语，兴衰之事，将所宜闻。将者能思士如渴，则筞（策）从焉。夫将拒谏则英雄散。筞（策）不从则谋士叛。善恶同则功臣倦，专己则下归咎，自伐则下少功，信谗则众离心，贪财则奸不禁，内顾则士卒淫。将有一则众不服，有二则军无式，有三则下奔北，有四则祸及国。

为将还应该勇谋兼备，“将无虑则谋士去，将无勇则士卒恐”。既能绝对保持军事机密，又能绝对统一士卒意志，“将谋欲密，士众欲一”。同时更要了解每一个部下的特性，特别是其优长和缺失，以扬长避短，用其所长：

使智使勇，使贪使愚，智者乐立其功，勇者好行其志，贪者邀趋其利，愚者不顾其死。因其至情而用之，此军之微权也。

军中忌用辩士，“为其惑众”，也“无使仁者主财，为其多施而附于下”，即同情心太重，不讲原则而多施予，达不到激励士气的目的。更不能用巫祝之类来占卜吉凶，“禁巫祝不得为吏士卜问军之吉凶”。因为战争是敌我双方智谋和实力的较量，巫祝的胡言乱语除了扰乱军心没有任何益处。以上这些思想和理念尽管在《孙子兵法》和其他兵书中都有不同程度的阐发，但其中所显示的清醒的理性思维仍然是可贵的。

《三略》对具体战术原则的阐发似远不及《六韬》《司马穰苴兵法》《孙子兵法》《吴子兵法》《尉缭子兵法》等书，它更多的是从国家和君主的角度论述宏观的政治军事理论。它首先要求君主是“体天则地”“正己而化人”的“圣人君子”，能够晓天理，明世势，悉人伦，知去就，集“道德仁义礼”于一身：

夫圣人君子，明盛衰之源，通成败之端，审治乱之机，知去就之节，虽穷不处亡国之位，虽贫不食乱邦之粟，潜名抱道者时至而动，则极人臣之位，德合于己则建殊绝之功。故其道高而名扬于后世。

道德仁义礼，五者一体也。道者人之所蹈，德者人之所得，仁者人之所亲，义者人之所宜，礼者人之所体，不可无一焉。故夙兴夜寐，礼之制也。讨贼报仇，义之决也。恻隐之心，仁之发也。得己得人，德之路也。使人均平不失其所，道之化也。

君主必须具有心怀天下国家的胸怀，为天下开太平，为万民谋福祉，为国强民富致圣求贤：

夫能扶天下之危者，则据天下之安；能除天下之忧者，则享天下之乐；能救天下之祸者，则获天下之福。故泽及于民则贤人归之，泽及昆虫则圣人归之。贤人所归则其国强，圣人所归则六合同。求贤以德，致圣以道，贤去则国微，圣去则国乖。微者危之阶，乖者亡之征。

贤臣内则邪臣外，邪臣内则贤臣毙。内外失宜，祸乱传世。

善善不进，恶恶不退，贤者隐蔽，不肖在位，国受其害。

伤贤者殃及三世，蔽贤者身受其害，嫉贤者其名不全，进贤者福流子孙。故君子急于进贤而美名彰焉。

千里迎贤其路远，致不肖其路近，是以明君舍近而取远，故能全功尚人而下尽力。

与进贤能相联系，君主同时应该禁酷虐，禁暴敛，禁朋党，禁强宗，禁奸猾，禁佞臣：

上行虐则下急刻，赋重敛数，刑罚无极，民相残贼，是谓亡国。

内贪外廉，诈誉取名，窃公为恩，令上下昏。饰躬正颜，以获高官，是谓盗端。

群吏朋党，各进所亲，招举奸枉，抑挫仁贤，背公立私，同位相讪，是谓乱源。

强宗聚奸，无位而尊，威无不震，葛藟相连，种德立恩，夺在位权，侵侮下民，国内哗，臣蔽不言，是谓乱根。

世世作奸，侵盗县官，进退求便，委曲弄文，以危其君，是谓国奸。

吏多民寡，尊卑相若，强弱相虏，莫适禁御，延及君子，国受其害。

枝叶强大，比周居势，卑贱凌贵，久而益大，上不忍废，国受其害。

佞臣在上，一军皆讼，引威自与，动违于众，无进无退，苟然取容，专任自己，举措伐功，诽谤盛德，诬述庸庸，无善无恶，皆与己同，稽留行事，命令不通，造作苛政，变古易常，君用佞人，必受祸殃。

奸雄相称，障蔽主明，毁誉并兴，壅塞主聪，各阿所私，令主失忠。

君主还必须隆恩养民，采取一切可行的措施获得民心，“通志于众”。因为得人得众不仅是取得战争胜利的根本条件，还是国家稳定和兴盛的根本条件。为了获得民心，则必须“下下为君”“务农桑”“薄赋敛”“罕徭役”：

夫主将之法，务揽英雄之心，赏禄有功，通志于众，故与众同好靡不成，与众同恶靡不倾。治国安家得人也，亡国破家失人也。含气之类咸愿得其志。

世能祖祖，鲜能下下。祖祖为亲，下下为君。下下者，务农桑不夺其时，薄赋敛不匮其财，罕徭役不使其劳，则国富而家娱。然后选士以司牧之，夫所谓士者英雄也，故曰罗其英雄则敌国穷。英雄者国之干，庶民者国之本，得其干收其本，则政行而无怨。

《三略》还进一步指明，战争虽然是不可避免的，但君主却不能“乐兵”，而必须坚持战争的正义性质，“以义诛不义”。战争作为解决国家、民族、阶级和集团间矛盾的重要手段，只能是“不得已而用之”：

圣人之用兵非乐之也，将以诛暴讨乱也。夫以义诛不义，若决江河而溉爝火，临不测而挤欲坠，其克必矣。所以优游恬淡而不进者，重伤人物也。夫兵者不祥之器，天道恶之，不得已而用之，是天道也。夫人之在道，若鱼之在水，得水而生，失水而死，故君子常惧而不敢失道。

另外，《三略》还涉及不少王政将略的问题，提出了一些有价值的观点。

总起来看，在《武经七书》中，《三略》作为一部兵学著作，在对战略战术原则的阐发上，不仅远逊于《孙子兵法》，而且不及《六韬》和《司马穰苴兵法》《吴子兵法》《尉缭子兵法》。但它在政治军事理论的论述上具有自己的特色，又对它以前的兵学资源加以吸取和归纳，再加上文字生动流畅，通俗易懂，是初涉兵学者学习的好教材，这大概是它编入《武经七书》的重要原因。

（原载《孙子研究》2011 年总第 12/13 期）

儒法互补的贾谊思想

贾谊(前200～前168年),西汉洛阳人。少年成名,18岁时就以能诵读诗书、善写文章得到时人的赞誉。廷尉吴公将他推荐给汉文帝,被任为博士,不久迁太中大夫。贾谊聪明绝世、才华横溢、识见超群。在西汉王朝面临的社会矛盾和阶级矛盾还不太尖锐的文帝时代,他已经看出这些矛盾必将激化的端倪,大声疾呼高层统治者未雨绸缪。政治上,他力主削弱诸侯王,加强中央集权;经济上,他建议"重本抑末","驱民归农";对周边少数民族尤其是匈奴,他主张以武力回击其侵扰,保卫汉政权与百姓的安全。文帝虽然欣赏感佩他的才华,但由于周勃等老臣的从中作梗,他难以得到朝廷的重用,"可怜夜半虚前席,不问苍生问鬼神"。在他短暂的一生中,始终未能获得掌控实权的官位,只在两个诸侯王那里做了几年太傅,年纪轻轻即在精神抑郁中死去。他犹如一颗美丽的彗星,在发出耀眼的光芒后倏然而逝。

贾谊的著作,在《汉书·艺文志》中著录有《诸子略·儒家类》的《贾谊》58篇,即今名为《新书》的著作。另在《阴阳家类》中录有《五曹官制》五篇(班固可能对贾谊的著作权不敢绝对肯定,所以自注"似贾谊所条"),后亡佚。《诗赋略》中录有《贾谊赋》七篇。贾谊的文、赋在明朝张溥的《汉魏六朝百三名家集》和清朝严可均的《全汉文》中有辑本。

贾谊尽管英年早逝,但在西汉初年的思想家中,他的政治思想却是体大思精、全面深邃,因而具有独占鳌头之势。

贾谊在《汉书·艺文志》中被列在儒家之林,其实他的思想中除了占主流地位的儒家意念外,也明显吸纳了道家和法家的不少内容。请看他的《鹏鸟赋》:

> 万物变化兮,固无休息。斡流而迁兮,或推而还。形气转续兮,变

化而嬗。汤穆无穷兮，胡可胜言。祸兮福所倚，福兮祸所伏。忧喜聚门兮，吉凶同域。彼吴强大兮，夫差以败；越栖会稽兮，勾践霸世。斯游遂成兮，卒被五刑；傅说胥靡兮，乃相武丁。夫祸之与福兮，何异纠缠。命不可说兮，孰知其极？水激则旱兮，矢激则远。万物回薄兮，振荡相转。云蒸雨降兮，错缪相纷。大专槃物兮，块轧无垠。天不可与虑兮，道不可与谋。迟数有命兮，恶识其时？且夫天地为炉兮，造化为工；阴阳为炭兮，万物为铜。合散消息兮，安有常则；千变万化兮，未始有极。忽然为人兮，何足控抟；化为异物兮，又何足患！小知自私兮，贱彼贵我；通人大观兮，物无不可。贪夫徇财兮，烈士徇名；夸者死权兮，品庶冯生。怵迫之徒兮，或趋西东；大人不曲兮，意变齐同。拘士系俗兮，攌如囚拘；至人遗物兮，独与道俱。众人或或兮，好恶积意；真人恬漠兮，独与道息。释知遗形兮，超然自丧；寥廓忽荒兮，与道翱翔。乘流则逝兮，得坻则止；纵躯委命兮，不私与己。其生若浮兮，其死若休；澹乎若深渊之静兮，氾乎若不系之舟。不以生故自宝兮，养空而游；德人无累兮，知命不忧。细故蒂芥兮，何足以疑！①

如果贾谊仅仅留下这篇文章，班固和后世的研究者会毫无悬念地将其归于道家之列。因为不仅《鹏鸟赋》的不少文句抄自《道德经》，而且其整个思想倾向也脱化于老庄的基本理念。其中自然界和人类社会永远变动不居的“变”的意识、事物无不以自己的对立面为根据而存在的矛盾观念、任何事物都在向自己的对立面转化的思想等，都清晰地展现出来。而“天地为炉兮，造化为工；阴阳为炭兮，万物为铜。合散消息兮，安有常则；千变万化兮，未始有极”这样精彩的话语，简直就是当时朴素唯物论的经典表述了。从一定意义上说，《鹏鸟赋》可视为贾谊世界观的集中展示。

尽管贾谊的世界观更多显示了道家思想的影响，然而，他的政治思想却主要受制于儒家思想的主导，具体内容就是民本、中央集权、皇帝表率和举贤用贤。

民本思想自周公提出，经孔子、孟子、荀子等儒学大师的丰富和发展，已经形成了较完备的理论体系。贾谊的贡献在于他进一步深化了对民本的

① 《史记·屈原贾生列传》。

认识：

闻之于政也，民无不为本也。国以为本，君以为本，吏以为本。故国以民为安危，君以民为威侮，吏以民为贵贱，此之谓民无不为本也。闻之于政也，民无不为命也。国以为命，君以为命，吏以为命。故国以民为存亡，君以民为盲明，吏以民为贤不肖，此之谓民无不为命也。闻之于政也，民无不为功也，故国以为功，君以为功，吏以为功。国以民为兴怀，君以民为弱强，吏以民为能不能，此之谓民无不为功也。闻之于政也，民无不为力也，故国以为力，君以为力，吏以为力，故夫战之胜也，民欲胜也。攻之得也，民欲得也。守之存也，民欲存也。故吏率民而守，而民不欲存，则莫能以存矣。故率民而攻，民不欲得，则莫能以得矣。故率民而战，民不欲胜，则莫能以胜矣。……知善而弗行，谓之不明。知恶而弗改，必受天殃。天有常福，必与有德。天有常灾，必与夺民时，故夫民者，至贱而不可简也，至愚而不可欺也。故自古至于今，与民为仇者，有迟有速，而民必胜之。①

在这里，贾谊全面论述了"民无不为本"的道理：国家的安危、君主的威侮、官吏的贵贱，取决于民本；国命、君命、吏命，取决于民命；国功、君功、吏功，取决于民功；国力、君力、吏力，取决于民力；战、守、攻、取，取决于民欲。所以，国家的安危存亡、君主的生死荣辱、官吏的贵贱贤不肖，一切皆取决于民心的向背。因此，他得出结论："夫民者，万世之本也，不可欺。凡居于上位者，简士苦民者，是谓愚，敬士安民者，是谓智。"②

在贾谊看来，既然国、君、吏都必须以民为本，那么，君主的行政理民就应该从爱民出发，以道治民，"爱而使之附"，重德化而轻刑罚，"欲以刑罚慈民，辟其犹以鞭狎狗也，虽久弗亲矣"，"故治国家者，行道之谓，国家必宁"。③以道治民，就要像黄帝那样，"职道义，经天地，纪人伦，序万物，以信与仁为天下先"。像颛顼所说，"功莫美于去恶而为善，罪莫大于去善而为恶"。像帝喾所执着的"政莫大于信，治莫大于仁"④。还应该像周文王时的粥子所

① 《新书·大政上》，《两汉全书》第1册，山东大学出版社2009年版，第318～319页。

② 《新书·大政上》，《两汉全书》第1册，第320页。

③ 《新书·大政下》，《两汉全书》第1册，第321～322页。

④ 《新书·修政语上》，《两汉全书》第1册，第325页。

言，对民如阳光，初则“旭旭然如日之始出”，继而则“暯暯然如日之正中”。更应该如成王时粥子所言，“政曰：兴国之道，君思善则行之，君闻善则行之，君知善则行之。位敬而常之，行信而长之，则兴国之道也”[①]。至于以道治民的具体措施，则大体约制在轻徭、薄赋、节俭、省刑以及赈济鳏寡孤独等穷苦无告之民等诸多方面。贾谊在《过秦论》中，借指斥二世胡亥的失误，阐明了这方面的内容：

今秦二世立，天下莫不引领而观其政。夫寒者利短褐，而饥者甘糟糠。天下之嗸嗸，新主之资也。此言劳民之易为仁也。乡使二世有庸主之行而任忠贤，臣主一心而忧海内之患，缟素而正先帝之过；裂地分民以封功臣之后，建国立君以礼天下，虚囹圄而免刑戮，除去收帑污秽之罪，使各反其乡里；发仓廪，散财币，以振孤独穷困之士；轻赋少事，以佐百姓之急；约法省刑，以持其后，使天下之人皆得自新，更节修行，各慎其身；塞万民之望，而以威德与天下天下集矣。即四海之内，皆欢然各自安乐其处，唯恐有变。虽有狡猾之民，无离上之心，则不轨之臣无以饰其智，而暴乱之奸止矣。二世不行此术，而重之以无道，坏宗庙与民更始作阿房宫，繁刑严诛，吏治刻深，赏罚不当，赋敛无度，天下多事，吏弗能纪，百姓困穷而主弗收恤，然后奸伪并起而上下相遁，蒙罪者众，刑戮相望于道，而天下苦之。自君卿以下至于众庶，人怀自危之心，亲处穷苦之实，咸不安其位，故易动也。是以陈涉不用汤武之贤，不藉公侯之尊，奋臂于大泽而天下响应者，其民危也。故先王见始终之变，知存亡之机，是以牧民之道，务在安之而已。

贾谊这里对二世一系列行政措施的激烈批判，无非是说，以道治民的具体措施不过是反其道而行之罢了。

君主的以道治民，以爱附民，行仁义信善于民，其前提是君明吏贤，“君明而吏贤，吏贤而民治矣。故苟上好之，其下必化之，此道之政也”。如何选取贤吏呢？贾谊提出了“察吏于民”的方针：

夫民者，贤不肖之材也，贤不肖皆具焉。故贤人得焉，不肖者休焉。……故夫民者虽愚也，明上选吏焉，必使民与焉。故士民誉之，则

① 《新书·修政语下》，《两汉全书》第1册，第328～329页。

明上察之，见归而举之；故士民苦之，明上察之，见非而去之。故王者取吏不妄，必使民唱，然后和之。故夫民者，吏之程也。察吏于民，然后随之。夫民至卑也，使之取吏焉，必取其爱焉。故十人爱之有归，则十人之吏也。百人爱之有归，则百人之吏也。千人爱之有归，则千人之吏也。万人爱之有归，则万人之吏也。故万人之吏也，撰卿相焉。夫民者，诸侯之本也；教者，政之本也；道者，教之本也。有道然后教也，有教然后政治也，政治然后民劝之，民劝之然后国丰富也。①

贾谊的"察吏于民"，当然不是后世官吏民选的制度，但他认识到国君选取官吏应该体察民意，并且以民意为依归，则具有鲜明的进步意义。至于贤明官吏的标准，不外乎遵循儒家提倡的道德信条，是父慈，子孝，兄友，弟恭，友友，家和，"夫道者行之于父则行之于君矣，行之于兄则行之于长矣，行之于弟则行之于下矣，行之于身则行之于友矣，行之于子则行之于民矣，行之于家则行之于官矣。故士则未仕而能以试矣。圣王选举也，以为表也。言之然后知其问，谋焉然后知其极，任之以事然后知其信"②。要求所有官吏都是儒学所推尊的道德楷模自然是太高了，但这种对于理想主义目标的设定，恰恰反映了贾谊对官吏素质的超高诉求。

贾谊虽然对秦朝的制度和政策失误进行了当时最具理论色彩的深入分析，但对秦朝高度的专制主义中央集权投去了赞赏的目光。由于发生了淮南王反叛和吴王因其太子在长安死于非命而藐视皇帝的事件，贾谊已经看出诸侯王日益坐大所形成的对汉朝中央的威胁，他忧心如焚，大声疾呼皇帝未雨绸缪，及早加强汉朝中央的权力，削弱诸侯王的力量，以改变诸侯王尾大不掉的政治格局。他首先指出诸侯王坐大的危机：

天下之势，方病大尰。一胫之大几如要，一指之大几如股。臣闻"尾大不掉，末大必折"，恶病也。平居不可屈信，一二指慉，身固无聊也。失今弗治，必为痼疾，后虽有扁鹊，弗能为已。悲夫！枝拱苟大，弛必至心，此所以窃为陛下患也。病非徒尰也，又苦跛盭。元王之子，帝之从弟也。今之王者，从弟之子也。惠王，亲兄之子也。今之王者，兄子

① 《新书·大政下》,《两汉全书》第1册,第322～323页。

② 《新书·大政上》,《两汉全书》第1册,第323页。

之子也。亲者或无分地以安天下，疏者或专大权以偪天子，臣故曰“非徒病瘇也，又苦跛盭”也。①

在指出诸侯王占地广阔、实力几侔中央的同时，进而指出他们在官吏设置、宫室建制、礼仪乘舆、衣服号令等诸多方面已经与天子“等齐”，这与主尊臣卑的等级制度是完全背离的。诸侯王具有如此多的特权和优势，就很难阻止他们在时机有利时走向反叛之路。为了防患于未然，必须将他们的势力削弱到王朝中央可控的程度，即改变他们“权重”的局面：“诸侯势足以专制，力足以行逆，虽令冠处女，勿谓无敢；势不足以专制，力不足以行逆，虽生夏育，有仇仇之怨，犹之无伤也。”②在分析了高帝刘邦对付诸侯王的策略后，贾谊提出了“重建诸侯而少其力”的方针：

窃迹前事，大抵强者先反。……然则天下大计可知已。欲诸王皆忠附，则莫若令如长沙。欲臣子勿菹醢，则莫若令如樊、郦、绛、灌。欲天下之治安，天子之无忧，莫如众建诸侯而少其力。力少则易使以义，国小则无邪心。若与臣下相残，与骨肉相饮茹，天下虽危，无伤也。③

贾谊认为，只要推行这个方针，将当时的各诸侯国析而解之，就会收到“海内之势，如身之使臂，臂之使指，莫不从制”，“社稷长安，宗庙久尊，传之后世，不知其所穷”④的效果。贾谊的建议尽管带有一定的理想化成分，然而基本上切中时弊，切实可行。这个方针，在文帝时期虽然没有得到全面贯彻的执行，但在景帝尤其是武帝时期得到较全面的贯彻执行，从而解决了长期困扰汉朝中央的诸侯王问题。贾谊对诸侯王问题的观察，不仅眼光锐敏，具有前瞻性，而且提出了具有可操作性的政策措施，对汉朝政治进程的优化发展做出了不可磨灭的贡献。在贾谊加强中央集权的措施中，最重要的除削弱诸侯王势力外，还有严等差，以突出皇帝的独尊之势。他说：

人主之尊，辟无异堂。陛陛九级者，堂高大几六尺矣。若堂无陛级者，堂高殆不过尺矣。天子如堂，群臣如陛，众庶如地，此其辟也。故陛九级上、廉远地则堂高，陛亡级，廉近地则堂卑。高者难攀，卑者易陵，

① 《新书·大都》，《两汉全书》第1册，第227～228页。

② 《新书·权重》，《两汉全书》第1册，第234页。

③ 《新书·藩强》，《两汉全书》第1册，第226～227页。

④ 《新书·五美》，《两汉全书》第1册，第234～235页。

理势然也。故古者圣王制为列等，内有公卿大夫士，外有公侯伯子男，然后有官师小吏，施及庶人，等级分明，而天子加焉，故其尊不可及也。[①]

为了维系皇帝的独尊，既要实行严格的等级制度，又要使礼义廉耻的道德信条融化在臣民的血液中。因为在贾谊看来，由于受秦朝贬抑道德的影响，汉初社会也是世风日下，“今俗侈靡，以出相骄，出伦逾等，以富过其事相竞。今世贵空爵而贱良，俗靡而尊奸，富民不为奸而贫为里骂，廉吏释官而归为邑笑，居官敢行奸而富为贤吏，家处者犯法为利为材士。故兄劝其弟，父劝其子，则俗之邪至于此矣”[②]。所以必须大力进行道德建设，扭转不良世风，让礼义廉耻“化成俗定”，“令主主臣臣，上下有差，父子六亲，各得其宜，奸人无所冀幸，群众信上而不疑惑”[③]，“则为人臣者，主耳亡身，国耳亡家，公耳忘私。利不苟就，害不苟去，唯义所在，主上之化也。故父兄之臣诚死宗庙，法度之臣诚死社稷，辅翼之臣诚死君上，守卫捍敌之臣诚死城郭封境”[④]。贾谊在这里特别提倡加强等级制度和强化道德教化，固然有汉初等级不严、主尊之势不彰的背景，但更是他根深蒂固的封建等级观念使然。

贾谊认为，当时世风日下，造成“君臣相冒，上下无别，天下困贫，奸诈盗贼并起，罪人蓄积无已”这样扭曲的情势，其中的重要原因是“俗尚侈靡”，致使人们“背本趋末”。所以应该恢复“重本抑末”的传统，“今驱民而归之农，皆著于本，则天下各食于力。末技游食之民转而缘南亩，则民安性劝业而无县愆之心，无苟得之志，行恭俭蓄积而人乐其所矣”[⑤]。在自然经济条件下，农业是国民经济的主要行业，是国家最重要的税源。贾谊强调重农，要求抑制奢侈品的生产和消费，当然具有积极意义。不过，他不了解，随着社会的发展和经济的繁荣，不仅达官贵人奢侈成风，一般百姓也有逐步提升生活水准的欲望，对于较高档次消费品的需求也会逐步增加。而消费需求的逐步提高恰恰能够促进生产的发展。所以，对于社会消费不能一味施压，而应该正确引导。对于这个消费促进生产的道理，贾谊似乎还难以理解。与倡导

---

① 《新书·阶级》，《两汉全书》第1册，第238页。
② 《新书·时变》，《两汉全书》第1册，第244页。
③ 《新书·俗激》，《两汉全书》第1册，第243页。
④ 《新书·阶级》，《两汉全书》第1册，第240页。
⑤ 《新书·瑰玮》，《两汉全书》第1册，第245页。

“重本抑末”相联系，贾谊指出允许民间铸钱产生的乱象和三个祸端，力主将铸币权收归国家，因为这样会带来“七福”：

上收铜勿令布下，则民不铸钱，黥罪不积，一。铜不布下，则伪钱不繁，民不相疑，二。铜不布下，不得采铜，不得铸钱，则民反耕田矣，三。铜不布下，毕归于上，上挟铜积，以御轻重，钱轻则以术敛之，钱重则以术散之，则钱必治矣，四。挟铜之积，以铸兵器，以假贵臣，小大多少，各有制度，以别贵贱，以差上下，则等级明矣，五。挟铜之积，以临万货，以调盈虚，以收畸羡，则官必富而末民困矣，六。挟铜之积，制吾弃财，以与匈奴逐争其民，则敌必怀矣，此谓之七福。[①]

显然，贾谊的上述观点是正确的。因为铸币是重要的利源，是国家财政的重要支柱，所以铸币权必须由国家掌控。贾谊的货币理论具有前瞻性，被后来的汉武帝接受并实行了，成为他在经济上加强中央集权的重要措施并收到了明显效果。

贾谊在文帝时期生产发展、经济繁荣的一片升平景象中，锐敏地看到了潜伏的社会危机，其中重要的是农民的悲惨处境：“汉之为汉几四十岁矣，公私之积犹可哀痛也。故失时不雨，民且狼顾矣；岁恶不入，请卖爵鬻子。”[②]所以他要求在发展生产的同时，国家和百姓都需要进行适当积蓄。尤其是国家应该有“九年之蓄”，只有如此，在遭遇水旱和社会动乱、外敌入侵时，国家才能够从容对付。

贾谊从儒家的“其身正，不令而行；身不正，虽令不行”出发，要求帝王加强自身的道德修养，成为全国臣民的楷模。在他心目中，明君的形象应该是这样的：

明君在位可畏，施舍可爱，进退可度，周旋可则，容貌可观，作事可法，德行可象，声气可乐，动作有文，言语有章，以承其上，以接其等，以临其下，以畜其民。故为之上者敬而信之，等者亲而重之，下者畏而爱之，民者肃而乐之，是以上下和协，而士民顺一。[③]

---

① 《新书・铜布》，《两汉全书》第1册，第247页。
② 《新书・无蓄》，《两汉全书》第1册，第263页。
③ 《新书・兵车之容》，《两汉全书》第1册，第285页。

在《新书·道术》篇中，他又对明君提出这样的要求：

人主仁而境内和矣，故其士民莫弗亲也。人主义而境内理矣，故其士民莫弗顺也。人主有礼而境内肃矣，故其士民莫弗敬也。人主有信而境内贞矣，故其士民莫弗信也。人主公而境内服矣，故其士民莫弗戴也。人主法而境内轨矣，故其士民莫弗辅也。举贤则民化善，使能则官职治，英俊在位则主尊，羽翼胜任则民显。操德而固则威立，教顺而必则令行，周听则不蔽，稽验则不惶，明好恶则民心化，密事端则人主神。①

这样的明君，自己践行作为君的一切道德，是仁、义、礼、信、公、法的化身。他处高位而忧民之所忧，乐民之所乐，关心民瘼，疏解民困，以德化教民，以礼义抚民，使民富裕安乐。他为民选择贤才为官，表彰廉吏，严惩贪官，虚心纳谏，自奉简约。这样的君主在现实中并不存在，贾谊塑造的这种君主的形象，只能是一种理想化的诉求。

贾谊特别要求明君在"官人"时"举贤使能"，做到使"英俊在位"。他将君主治下的官员按品格和智慧的高下分为六等：

王者官人有六等：一曰师，二曰友，三曰大臣，四曰左右，五曰侍御，六曰厮役。知足以为源泉，行足以为表仪；问焉则应，求焉则得；入人之家，足以重人之家；入人之国，足以重人之国者，谓之师。知足以为砻砺，行足以为辅助，仁足以访议；明于进贤，敢于退不肖；内相匡正，外相扬美，谓之友。知足以谋国事，行足以为民率，仁足以合上下之欢；国有法则退而守之，君有难则进而死之；职之所守，君不得以阿私托者，大臣也。修身正行不�于乡曲，道语谈说不怍于朝廷；知能不困于事业，服一介之使，能合两君之欢；执戟居前，能举君之失过，不难以死持之者，左右也。不贪于财，不淫于色，事君不敢有二心，居君旁不敢泄君之谋，君有失过，虽不能正谏，以其死持之，憔悴有忧色，不劝听从者，侍御也。柔色伛偻，唯谀之行，唯言之听，以睚眦之间事君者，厮役也。故与师为国者帝，与友为国者王，与大臣为国者伯，与左右为国者强，与侍御为国者若存若亡，与厮役为国者亡，可立待也。②

① 《新书·道术》，《两汉全书》第1册，第307页。

② 《新书·官人》，《两汉全书》第1册，第304～305页。

十分明显，贾谊希望国君"举贤使能"的人物中更多的是师、友和大臣之类的干才，并且使之有尊严地得到举荐和重用。只有这类人才成为国君最重要的辅佐，国家政治才能沿着他心目中理想的轨道运行，即他所谓的"帝王之业可得而行也"。

因为太子是未来的皇帝，所以贾谊在对君王"严要求"的同时，也特别重视对太子的教育。在《新书·傅职》中，他要求太子认真学习儒家经典的《礼》《乐》《诗》《春秋》，使之"明圣人之德"：

> 明惠施以道之忠，明长短以道之信，明度量以道之义，明等级以道之礼，明恭俭以道之孝，明敬戒以道之事，明慈爱以道之仁，明僩雅以道之文，明除害以道之武，明精直以道之罚，明正德以道之赏，明齐肃以道之教，此所谓教太子也。①

为此，应该为太子设置保傅，即三太（太保、太傅、太师）、三少（少保、少傅、少师），这些人都是"天下之端士，孝弟博闻有道术者"，他们紧紧围绕太子身边，对其施以精心的教育，使之"谕于先圣之德""知君国畜民之道""见礼义之正""察应事之理""博古之典传""僩于威仪之数"，明白惠庶民，礼大臣，经百官，掌戎事，理刑狱等的道理和操作方法，熟悉"登降揖让""视瞻俯仰"的各种礼仪，即具备做皇帝的道德修养、知识储备和各种技能，以便顺利接班，成为明君。应该说，贾谊对太子教育的设计是相当周全的，对汉代的太子教育产生了积极影响。文帝以后的太子教育，基本上遵循了他拟定的方针。另外，贾谊还对匈奴及边境少数民族、礼仪道德建设等关系国家社会长治久安的大问题提出了不少有价值的建议。

总之，在西汉初年，当经过诸吕之乱实现国家和社会的基本稳定之后，贾谊最先锐敏地发现汉王朝潜在的矛盾，提出具有前瞻性的消弭祸患于萌芽状态的建议，精心筹划长治久安的大政方针，在政治思想领域贡献了具有纲领性的理论和策略，引领着汉初君臣认真思考国家和社会的未来，是政治思想领域最前沿的人物之一。毛泽东充分肯定贾谊的才华，痛惜其不被重用和英年早逝的人生际遇，以《贾谊》和《咏贾谊》两诗抒发了自己三叹而有余哀的感慨：

---

① 《新书·傅职》，《两汉全书》第1册，第270页。

贾生才调世无伦，哭泣情怀吊屈文。
梁王堕马寻常事，何用哀伤付一生。[①]

少年倜傥廊庙才，壮志未酬事可哀。
胸罗文章兵百万，胆照华国树千台。
雄英无计倾庄主，高节终竟受疑猜。
千古同情长沙傅，空白汨罗步尘埃。[②]

（摘自《中国政治思想通史·秦汉卷》，中国社会科学出版社2018年版）

① 毛泽东：《贾谊》。
② 毛泽东：《咏贾谊》。

董仲舒是中国古代社会齐鲁文化由地域文化提升为主流文化的头号功臣

现在，中国学术界似乎可以达成这样的共识：西汉以来的中国古代社会的主流文化是以儒学为核心的文化，这个文化是由齐鲁文化发展而来的。如果说孔子、孟子和荀子是先秦儒学的创始人与承前启后的发扬光大者，那么，董仲舒就是将儒学提升为主流文化的头号功臣。因为正是他与汉武帝在西汉中期一次具有里程碑意义的拥抱，推出了“罢黜百家，独尊儒术”的思想文化政策，从而使以儒学为核心的齐鲁文化跃升为中国的主流文化。

一

孔子创立了儒家学派，孟子和荀子发扬光大了这个学派，使之在春秋战国时期成为影响巨大的显学之一。然而，当时这个学派却没有成为主流文化，原因何在？

春秋晚期，孔子以其世罕其匹的智慧和锲而不舍的努力，创立了博大精深的儒家学派。孔子提倡“仁”“礼”互补，努力追求社会的稳定与祥和。他将追逐利益特别是个人利益看成社会动乱的根源之一，认为“君子喻于义，小人喻于利”[1]。孟子则认为“上下交征利而国危”[2]。他们要求所有人都在等级制度限定的阶梯中各安本分地工作和生活，任何人都不要越位思考。

---

① 《论语·里仁》，《十三经注疏》，中华书局1980年版。

② 《孟子·梁惠王上》，中华书局1980年版。

为了追求和平安定，在思想方法上自然鼓吹“中庸之为德”[①]，要求人们的活动既不“过”，也不要“不及”。孔子的孙子作《中庸》，则将是否中庸看作君子与小人的区别，“君子中庸，小人反中庸”。“中庸”的理念显示了儒学温和保守的特点，既反映了统治者凝固既有社会秩序的愿望，也反映了自然经济条件下中国农民安土重迁、乐天知命、安分守己、渴望稳定和平生活的愿望。儒学还重视文化和亲情，珍视一切文明成果，维护血缘感情和家庭伦理，希望以家庭的和谐促进社会的和谐。所以这一切，就构成了统治者与被统治者利益的结合点。孔子、孟子和荀子等先秦儒学的代表人物，站在前所未有的高度上将传统的道德观念和政治思想提升到一个新的境界，也给齐鲁文化注入了新的灵魂。有了儒家学说，齐鲁文化才真正具有民族、地域的超越性，才真正能够担负起领导中国文化的历史使命。然而，在春秋战国时期，它并不具备跃升为主流文化的条件。因为，从政治上看，这是列国纷争的时代。各诸侯国的统治者尽管“礼贤下士”，对当时各学派发出的声音摆出洗耳恭听的样子，但他们对指导思想的选择主要是从实用的角度而不是从思想文化的角度考虑，而可供选择的思想流派又是九流竟进，纷纷扬扬，令他们眼花缭乱。所以各个诸侯国的统治者也只能多头选择，不可能共同选择一种思想，实现“定于一尊”。从当时学派林立的思想界的状况看，这是一个“显学”并峙、大师辈出的时代。由于儒学仅仅是与墨、道、法、名、阴阳等并立的学派之一，再加上它还没有摆脱“迂远而阔于事情”的弊端，在急功近利的统治者看来，它不过是个好看好听却不中用的学派。而鼓吹耕战、强调国君专制集权的法家学派，“一怒而诸侯惧，安居而天下息”的纵横家者流，则以其立竿见影的时效性赢得了更多统治者的青睐。所以当时进入列国君主庙堂执掌大权的大多是法家和纵横家的代表人物。

秦朝统一全国后，遵循的是法家“以法为教，以吏为师”的传统。虽然叔孙通、伏生、申公之类的儒生也被延揽进博士的行列，但儒学思想上的优长还未进入秦朝当权派的视野。而当儒生们发扬战国“百家争鸣”的言论自由精神评论朝政时，他们遇到的是秦朝专制主义思想文化政策的残酷打压。一场血腥的“焚书坑儒”不仅使民间藏书化为缕缕青烟，而且使儒生和方士

---

① 《论语·雍也》。

血溅渭水河畔。儒学遭遇了历史上的第一次浩劫。这时，儒学面临的是生存困境，只能远离庙堂，等待时来运转。

西汉建立后，秦末农民战争"反无道，诛暴秦"的时代氛围形成了较宽松的舆论环境，战国诸子余绪一度十分活跃。除墨家外，儒、道、法、阴阳、纵横等学派都有代表人物出场活动。其中，儒、道（黄老）互黜特别激烈。但在西汉初年半个多世纪的竞争中，儒学败给了黄老。原因在于，此时主张在尊君前提下"无为而治"的黄老思想既符合统治者要求稳定和平的愿望，也反映了广大百姓休养生息的诉求，因而获得了近六十年的庙堂之尊。这时的儒学尽管在艰难的条件下由一批儒生执着地传播，尽管由叔孙通定朝议实现了它与政治的初步结合，但因为传经的儒生包括叔孙通等出类拔萃之辈，一方面在理论上缺乏创新，另一方面与政治的结合也仅限于实用的层面，其自身还没有改造到足以担当主流意识的水平。随着西汉历史经过文景之治达到巅峰，黄老思想作为主流意识的缺点日益凸显，儒学的优长则日益显现。关键是必须将儒学改造到适应汉朝统治者的需要和为广大百姓所接受的程度。时代呼唤一个儒学大师横空出世，让他来完成将原始儒学改造为新儒学的使命。"如爱尔维修所说的，每一个时代都需要有自己的伟大人物，如果没有这样的人物，他就要创造出这样的人物来。"[①]果然，董仲舒应着时代的呼唤，向年轻的汉武帝走来，向需要他的时代走来。两个历史伟人的热烈拥抱，在思想史上产生了数以千年计的回响。

二

董仲舒是汉代新儒学的创始人。他创立的新儒学由天人感应的神学目的论、君权神授说和专制主义大一统的政治论以及性三品说和"三纲五常"的道德观所组成。他把墨家的天鬼观念和思孟学派的天人合一观念，用邹衍的阴阳五行学说加以改造，进一步神化天人关系，创立了一套较完整的天人感应的神学目的论，由此把被荀子以唯物论打破的天的偶像重新恢复起

① 马克思：《1848年至1850年的法兰西阶级斗争》，《马克思恩格斯选集》第1卷，人民出版社1972年版，第450页。

来。他认为天是“万物之祖”[①],“百神之大君”[②],是明察秋毫、赏善罚恶的自然界和人类社会的最高主宰。自然界的四时运行、风晴阴雨,人类社会的治乱安危、尊卑贵贱,都是天神“阳贵而阴贱”意志的体现。他又用“五行相胜”附会君臣父子之道,神化封建制度。他进而认为,天既安排地上的正常秩序,同时又监督这一秩序的运行。如果君王治理有方,国泰民安,天就会出示祥瑞(凤凰、麒麟等)表示赞赏。如果君王有了过失,天便降下灾异(各种自然灾害)加以谴告;如还不省悟,天就变易君主,另择贤能。这就是天人感应。这一理论不能说完全没有限制君王活动的意图,但其主要用意是对劳动人民进行欺骗,使他们老老实实接受地上君王的统治。为了论证封建制度的永恒性,他又鼓吹“道之大原出于天,天不变,道亦不变”[③]的形而上学思想。这里的“道”实际上指的是全部封建的社会制度和伦理观念,而这些东西却是“万世无弊”的。既然如此,改朝换代又怎样解释呢?董仲舒于是提出了“三统”“三正”的理论。认为每一个王朝代表一统,共有黑、白、赤三统,夏朝为黑统,殷朝为白统,周朝为赤统。与之相适应,每个王朝应有不同的岁首,夏朝以阴历正月为岁首,殷朝以十二月为岁首,周朝以十一月为岁首。这就是“三正”。“三统”“三正”周而复始,王朝的更替也就只是表现为“改正朔,易服色”,而“道”却是永世不变的。这种循环命定论的历史观所论证的恰恰是封建制度的永恒论。

董仲舒的认识论是典型的唯心论的先验论。他认为人类认识的目的就是“发天意”,其途径有两条。因为自然界和人类社会的变化都是由天主宰,所以仔细观察自然界与人类社会的运行即可体察天意。又因为“人副天数”,宇宙的真理也就蕴含在自己身上。通过内心反省,也可以体会到天意,这就是“道莫明省身之天”[④]。这两种途径结合起来,就是“内动于心志,外见于事情,修身审己,明善心以反道者也”[⑤]。君“立于生杀之位,与天共持变化

---

① 董仲舒:《春秋繁露·顺命》,清文渊阁《四库全书》。

② 《春秋繁露·郊祭》。

③ 《大易择言》卷十七,清文渊阁《四库全书》。

④ 《春秋繁露·为人者天》。

⑤ 《春秋繁露·二端》。

之势”[①]。为了使人君保持绝对的权力和威严，必须从政治上加强专制主义的集中统一：“春秋大一统者，天地之常经，古今之通谊也。”[②]同时，把全国臣民的思想纳入儒家学说的轨道，实行“罢黜百家，独尊儒术”的政策：

今师异道，人异论，百家殊方，指意不同，是以上亡以持一统，法制数变，下不知所守。臣愚以为诸不在六艺之科孔子之术者，皆绝其道，勿使并进。邪辟之说灭息，然后统纪可一而法度可明，民知所从矣。[③]

董仲舒一方面看到专制主义中央集权需要在政治上和思想上树立君主的绝对权威，另一方面也隐隐觉察到不受限制的君主权力一旦为所欲为，也会给国家和社会带来意想不到的灾难。于是又在君主之上精心设计了一个天神，希望利用它来对君主的活动加以约束：“且天之生民，非为王也，而天立王以为民也。故其德足以安乐民者，天予之；其恶足以贼害民者，天夺之。”[④]这里，董仲舒要求君主安民乐民的愿望是真诚的，自然也值得肯定。不过，他借助天神的威力限制君主滥用权力的希冀，只不过是一厢情愿而已。天的佑护毕竟靠不住，董仲舒于是更多地把注意力集中在“贤才”的选取、培植和任用上。他深知贤才对国家兴亡有着至关重要的作用，“任非其人，而国家不倾者，自古及今，未尝闻也。……任贤臣者，国家之兴也”[⑤]。他对当时官场出现的“廉耻贸乱，贤不肖浑淆”“主德不宣，恩泽不流”“暴虐百姓，与奸为市”[⑥]等现象痛心疾首，要求选任官吏“毋以日月为功，实试贤能为上，量材而授官，禄德而定位”，反对“累日以取贵，积久以致官”[⑦]的论资排辈恶习和任子制度，提出“兴太学”“举贤良”，在社会上广泛选取德才兼备的知识分子为官吏，以扩大统治基础。这些观点是值得肯定的。董仲舒反对政府对劳动人民一味地施以严刑峻法，主张治民以德教为主，以刑罚为辅。他说：“王者承天意以从事，故任德教而不任刑。刑者不可任以治世，犹阴之不可任以

① 《春秋繁露·王道通三》。
② 《汉书·董仲舒传》。
③ 《汉书·董仲舒传》。
④ 《春秋繁露·尧舜不擅移汤武不专杀》。
⑤ 《春秋繁露·精华》。
⑥ 《汉书·董仲舒传》。
⑦ 《汉书·董仲舒传》。

成岁也。为政而任刑,不顺于天,故先王莫之肯为也。”[①]他敢于面对现实,以比同时代人以更敏锐的眼光揭露“富者田连阡陌,贫者无立锥之地”[②]的贫富对立的事实,指出劳动人民“或耕豪民之田,见税什伍”,“常衣牛马之衣,而食犬彘之食”[③]的悲惨境遇,与贵族富豪们“戴高位”,“食厚禄”[④],“食利而不肯学义”,横暴骄逸,形成了鲜明的对比。针对此,董仲舒提出了一系列缓和阶级矛盾和社会矛盾的主张。如“限民名田,以澹不足,塞并兼之路。盐铁皆归于民。去奴婢,除专杀之威”[⑤]等,这是两汉历史上第一个关于解决土地、奴婢问题的改良方案。又提出“不与民争利”,放弃盐铁国营,禁止官吏经营工商业以及“薄赋敛,省徭役”等经济政策,反映了他对汉代社会矛盾和阶级矛盾的清醒认识和解决矛盾的积极态度。

以上内容表明,董仲舒创立的新儒学在许多方面继承了先秦原始儒学的基本思想、范畴、概念,如孔子、孟子关于天命的理论和仁爱、仁政、德教、任贤、仁、义、礼、智、信等内容,以及缓和社会矛盾、适度减轻剥削的“民本”思想等,大大强化了其儒家思想的外观。同时,也大量吸收融合了先秦诸子中其他学派的一些内容。如吸收了邹衍的阴阳五行学说,作为他构筑天人感应的神学目的论和循环历史观的重要思想资料;吸收了法家的法制主义理论,作为构筑他阳爱阴刑思想的重要资料;吸收了墨家关于“尚同而下不比”的理论,作为他构筑专制主义中央集权的思想资料,等等。他还特别根据汉王朝专制主义中央集权的需要,对原始儒学做了很多修正。例如,孔子虽然讲“天命”,但怀疑甚至否定鬼神的存在,“子不语怪、力、乱、神”[⑥],“敬鬼神而远之”[⑦],“未知生,焉知死?”“未能事人,焉能事鬼?”[⑧]董仲舒却大肆宣传阴阳灾异迷信,并将其作为构筑天人感应体系的主要内容。孔子主张恢复

---

① 《汉书·董仲舒传》。
② 《汉书·食货志》。
③ 《汉书·食货志》。
④ 《汉书·食货志》。
⑤ 《汉书·食货志》。
⑥ 《论语·述而》。
⑦ 《论语·雍也》。
⑧ 《论语·先进》。

周礼:“周监于二代,郁郁乎文哉,吾从周。”[①]孟子主张实行井田制,制民恒产。董仲舒却强调“更化”,主张限田限奴,基本上脱掉了复古的外衣,而把注意力集中到对现行政策的调整上。孔、孟等先秦儒家都主张“贤人”政治,“仲弓为季氏宰,问政,子曰:‘先有司,赦小过,举贤才。’”[②]又讴歌禅让制,认为尧、舜、禹之间的更替就是禅让制的典型体现。在君民关系上,主张“民为贵,社稷次之,君为轻”[③]。在君臣关系上,讲究对等原则:“君之视臣如手足,则臣视君如腹心;君之视臣如犬马,则臣视君如国人;君之视臣如土芥,则臣视君如寇仇。”[④]董仲舒则维护并神化绝对君权,以“三纲五常”的道德信条作为君臣、君民和其他人伦关系的准则,使君臣、君民和其他人伦关系更适应趋于凝固化的封建等级制度。虽然经过董仲舒刻意塑造的孔子形象较前更加崇高伟大、光彩夺目,但也离开了历史的真实,变成了涂满油彩的偶像,人性少而神性多了。

董仲舒改造了传统儒学,将其发展到一个新阶段。他创立了今文经学,开启了儒学神学化、儒家宗教化、孔子教主化的进程,为封建统治找到了较为理想的意识形态。他的学说为稳定和巩固大一统的专制主义中央集权的统治起到了重要作用,对于形成以汉族为主体的中华民族的心理特征产生了不可估量的积极影响。他与汉武帝一起作为西汉鼎盛时代的代表是当之无愧的。

发端、繁荣于齐鲁的儒学,经过历代儒学大师的努力,特别是经过董仲舒的精心改造以后,一跃而成为封建社会的统治思想并且独占鳌头达两千年之久,原因何在?简而言之,是因为儒学既获得统治者的青睐,又得到被统治者的认可,是中国宗法农业社会最适宜的意识形态。

因为它倡导大一统,鼓吹“夷夏之防”,反映了以汉族为主体的中华各族人民对祖国的认同,蕴含着深厚的爱国主义,形成了强大的民族凝聚力。此一凝聚力与时间的积累成正比,历时愈久,力量愈强。

因为它倡导尊君爱民,鼓吹等级秩序,君民皆易于接受。正如梁启超在

---

① 《论语·八佾》。
② 《论语·子路》。
③ 《孟子·尽心下》。
④ 《孟子·离娄下》。

《论中国学术思想变迁之大势》一文中所分析的,儒学"严等差,贵秩序,而措而施之者,归结于君权","于帝王驭民,最为适合"。它"说忠孝,道中庸,与民言服从,与君言仁政,其道可久,其法易行"[①]。

因为它倡导"三纲五常"的伦理学说,给封建社会的人际关系罩上了一层温情脉脉的纱幕,反映了中国宗法农业社会中君主、臣僚和百姓对道德伦理的认同。

因为它有着强烈的民本主义的政治文化意识。儒学虽然反对"犯上作乱",但它不仅重视百姓的利益,关心百姓的冷暖,强调"民为邦本,本固邦宁""民贵君轻""得乎丘民为天子",而且承认百姓有权诛杀夏桀、商纣之类的"独夫民贼"。要求对百姓行"仁政",施"德治",从皇帝到百官都要加强自身的修养,以身作则,率己正人。这种"好皇帝""清官"和廉政意识,长期得到百姓的拥护。

因为它具有博大深广的人道主义精神。儒学提倡"仁爱""立人""达人""推己及人",反对损人利己,以邻为壑;要求每个人都设身处地地为别人着想,自己活,也让别人活;自己活得好,也希望并帮助别人活得好,以爱心和亲情建立友爱和谐的人际关系。这种思想在封建社会里虽然不无理性化的成分,实行起来也非常困难,但这种美好的理想对大多数人还是有吸引力的。

因为它提倡积极进取的人生态度,鼓吹独立不移的大丈夫精神。儒学一贯关心国家和民族的命运,以"修身,齐家,治国,平天下"为己任,在任何艰难困苦和挫折面前不悲观,不气馁,认定目标,勇往直前。为了真理和正义,"知其不可而为之""杀身成仁,舍生取义",以头颅和热血去捍卫自己的理想。这种积极进取的人生态度具有永恒的价值。同时,儒学还一贯提倡"富贵不能淫,贫贱不能移,威武不能屈""三军可夺帅,匹夫不可夺志"的大丈夫精神,呼唤崇高的人格和良知,自尊自信,自立自强,以"达则兼济天下,穷则独善其身"的人生信条策励自己,苦筋骨,劳心志,"慎独"自励,无怨无悔,承天下大任,"养浩然之气",在任何时候都保持自己高洁的品性,决不向恶势力投降,更不与之同流合污。这种人生态度和精神品质,对中华民族的

① 梁启超:《饮冰室合集·文集之七》,《饮冰室合集》第1册,中华书局1989年版。

精英，特别是广大知识分子具有永恒的吸引力。

因为它一贯重视教育。孔子、孟子、荀子、董仲舒以及其他数以千百计的儒家学者，几乎无一例外地以教师为职业，把“得天下英才而教育之”作为人生最大的乐事。儒学重视教育，全身心地投入教育，使我国文化、教育和学术事业得以延续和发展，其功至伟，不可磨灭。

因为它具有开放性的学术品格。儒学从其诞生那天起就不断地从历史文献，从现实社会，从所有有知识的人那里吸纳知识，丰富和发展自己。它不是一个自满自足、故步自封、自我封闭的僵化体系，而是以开放的心态，海纳百川的博大胸怀，“苟日新，日日新，又日新”的积极进取意识，不断地、广泛地吸收其他学派的思想、观念，根据社会的需要，改造自己的学说。孔子的儒学一变而为思孟与荀学，又一变而为董学，在这一过程中，先秦诸子百家中的墨、名、法、道、阴阳等学派的许多思想观念，都被悄悄地吸纳进去，从而使儒学越来越博大精深，增强了它对社会和人生需求的适应能力。

反观先秦以来的其他学派，虽然各有其特定内涵，各有其优长之处，各有其存在价值，各有其对中国传统思想文化的独特贡献；然而，除了法家思想在秦朝取得了公认的主导地位，以黄老名世的新道家在西汉初年有着近六十年作为统治思想的辉煌外，其余各家思想，在两千多年的封建社会中，或者销声匿迹，或者作为主流思想的补充而存在，谁也未能像儒学那样，以统治思想长期左右封建政治的运行。其原因在于，与儒学相比，它们本身所固有的缺点无法适应不断变化的社会对主流思想文化的诉求。

墨家曾是战国前期与儒家相抗衡的影响巨大的学派。然而，在秦朝以后，它却销声匿迹，在汉初一度活跃的诸子余绪中也找不到它的身影。原因在于：第一，它的某些思想观念，如“尚同”之类，已被新儒学吸纳。第二，它提倡的“兼相爱，交相利”“爱无等差”等学说，纯粹是不切实际的幻想，不可能被社会普遍认同。第三，其“节用”“节葬”“非乐”等思想，尽管反映了当时的个体生产者对社会贫富不均的不满情绪和提高生活水平的愿望，但又有着这种小生产者的明显局限。它认为人们的衣食住行的各种消费应以满足基本的生理需要为前提，超过这个界限，就是奢侈淫僻。所以，美好的饮食、华美的房舍、美丽的衣服、动听的音乐，一概是不必要的。它把人们的消费水平固定为一个有着最低标准的模式，并要求社会上所有的阶级和阶层共用这个模式。这种平均主义的保守消费观念不利于生产的发展和人民生活水平的提高，是一种一厢情愿的空想。司马迁批评它“简而难尊”，“其事不可遍循”[①]，是很有道理的。墨家思想最后从社会上消失，是因为剥削者和被剥削者都认为它难以遵行。

名家在战国时期曾名噪一时，但因其学说着重于形式逻辑，缺乏完整的政治、社会、经济和伦理思想，就是形式逻辑的一些论题也容易陷于诡辩，所以司马迁批评它“苛察缴绕，使人不得反其意，专决于名而失人情”，“使人俭而善失”[②]。它只是一种思维的工具，当然没有资格成为统治思想。

法家有一套完整的由法、术、势组成的专制主义中央集权的政治理论和以耕战为手段，以“富国强兵”为目的的经济理论。这两种理论易于操作，立竿见影，因而受到列国统治者的青睐。秦始皇以此理论为指导，不仅完成了中国的统一，而且建立起强大的中央集权的国家，这充分显示了法家理论的效用。然而，法家理论也有它致命的弱点。第一，它迷信武力和刑政，将其视为唯一的夺权和治国的手段。第二，它把人与人之间的关系看成纯粹的利害关系。君臣、父子、兄弟、夫妻、朋友、买者和卖者、地主与农民，无一不是利害关系。人与人之间不存在丝毫的道义和亲情，一切都是互相争夺、互相利用、互相坑害。对于统治者来说，法家理论有成功之道却缺乏长治久安之术。秦朝二世而亡的教训引起了汉初君臣的深刻反思，他们明白，法家理论只能作为统治思想的一个组成部分加以应用，千万不能将其作为旗帜树立起来。所以，在秦朝以后中国两千年的封建社会里，法家思想的命运是被统治者明骂而暗用的。

以老子、杨朱、庄周等为代表的道家思想虽然清醒地看到了人类文明的发展所带来的社会矛盾、贫富分化、压迫剥削等不公平现象，鼓吹自由自在、保身全性的生活，具有一定的积极意义。但是，道家思想的局限也十分突出鲜明。第一，他们对人类社会的发展持悲观态度，认为人类最美好的时代是文明出现前的史前时期，主张社会倒退到“小国寡民”甚至“同与禽兽居，族

---

① 《史记·太史公自序》。

② 《史记·太史公自序》。

与万物并”[1]的时代。第二，他们追求绝对的精神自由，反对一切制度和礼法，倡导“无为而治”，实际上要把社会推向无政府状态。第三，他们强调“任自然”“保身全性”“拔一毛利天下而不为”，放弃对国家、社会和民族的责任。以黄老名世的新道家尽管与原始道家已有很大的不同，但其“无为而治”的放任理论不利于国家实施干预政策，因而只能在汉初的特殊历史条件下成为主流思想，辉煌一时。在中国封建社会的历史上，道家思想虽然没有像墨家那样消亡，但它只能作为儒家的同盟军，作为主导思想的补充而存在。

发端于齐国的阴阳家偏重于哲学思想，其政治、经济和伦理方面的内容甚少或根本没有，因而不具备成为统治思想的条件。况且，它成为董仲舒构筑新儒学的重要资料，实际上已经融入新儒学之中，阴阳家自己也就失去争当统治思想的愿望了。

其他学派，如农家的小农的平均主义空想，根本不具备实践的品格。纵横家只看重纵横捭阖的政治外交斗争策略，理论上十分贫乏。兵家虽有丰富的战略战术思想，但政治经济社会伦理思想相对薄弱，它也没有条件单独争夺统治思想的宝座。只有经过董仲舒改造过的儒学，既保留了原始儒学那博大精深的内涵，又有选择地吸收了其他学派的理论和方法，并且基本上消除了原始儒学“博而寡要，劳而少功”“迂远而阔于事情”等弊端，成为内容最丰富，涉及政治、经济、思想、伦理、文化教育等社会生活的方方面面，最贴近百姓生活，最易为百姓所了解，又较易操作的学说。尤其重要的是，它适应中国宗法农业封建社会的特点，尽量照顾社会上各个阶级和阶层的利益，找到了剥削者与被剥削者、统治者与被统治者利益的结合点，成为他们双方都乐于接受的理论和学说。一句话，经过改造的儒学，最适应社会的需要，最具实践的品格，最善于顺世变异，因而能够拔出同列，登上统治思想的宝座，成为中国封建社会主流文化的核心和主要组成部分。尽管两千多年间，世事不断变迁，思想文化波澜起伏，外来文化强烈冲击，儒学的统治地位却一直稳如泰山，没有丝毫的动摇。

（2015 年山东德州“德文化研讨会”参会论文）

① 《庄子·马蹄》，《诸子集成》，上海书店 1986 年影印出版。

古代学人评董仲舒述论

一

董仲舒在中国思想史，特别是儒学发展史上具有举足轻重的地位，在后世学者众多的评论中也屡屡出现。《四库全书》提供的数据就相当可观。初步统计：《四库全书》共有 2848 卷，4009 次提及董仲舒。其中，《四库全书·总目》提及董仲舒 46 次，《周易》注释 22 次，《尚书》注释 49 次，《诗经》注释 65 次，《三礼》注释 87 次，《春秋》三传及其有关注释 155 次，《说郛》21 次，《太平御览》56 次，《册府元龟》53 次，《记纂渊海》20 次，《群书考索》46 次，《玉海》86 次，《天中记》34 次，《山堂肆考》34 次，《御定渊鉴类函》48 次，《绎史·洪范五行传》83 次，《宋代名臣奏议》25 次，《历代名臣奏议》93 次，《文献通考》88 次，《经义考》44 次。提及董仲舒超过 10 次以上的著作超过百部。这表明，在中国的历史叙事中，他是一个跳不过去的人物。

涉及董仲舒最多的典籍是经书的注释，特别是唐宋至明清时期，所有"五经"的注释都大量引证他的有关著作，将其作为一种权威的释经佐证，置其于不容置疑的尊位。例如，宋朝林之奇在《尚书全解》一书注释《益稷》时讲了这样一段话：

> 董仲舒曰，"尧舜以天下为忧而不以位为乐"，盖为人君者，苟以位为乐则将穷天下之欲以供耳目之娱，故不能保厥位，至于颠覆丧亡而不悟。苟其居是位也，兢兢业业，如临深渊，如履薄冰，以致其畏慎之意，

则其位之安如太山，而四维尚谁得而夺之邪？①

再如清朝的惠士奇，在其注释的《易说》一书中，有这样一段话：

董仲舒曰："为人臣而不知《春秋》，必陷篡弑之祸；为人君而不知《春秋》，必被首恶之名。"其始莫不自以为善而不知其非，自以为善则似有孚，不知其非则不能在道以明。②

这类注释显然都是以肯定董仲舒的话具有真理性的权威为前提的，这也就等于将其著作置于近似经典的重要位置上。

后人对董仲舒历史地位的评价基本上是大同而小异的，即在或完全或基本肯定的前提下稍有差异，主要是肯定多和少、推尊高和较高的差异。完全持否定意见者虽然也有一些，但少之又少，几乎被淹没在歌颂的波涛中了。

董仲舒是汉武帝举贤良文学对策时脱颖而出的大才，尽管仕途并不是一帆风顺，但也达到二千石的高官。就是遭公孙弘忌恨进谗而被免职家居，也享有每逢大事朝廷必派专人登门咨询的殊荣。这在汉代的臣子中，应该属于凤毛麟角之列了。不过，从人才分工看，董仲舒显然属于意识形态的创造者，而不是实际的治国理政者，他出色地完成了分内的任务，为此后两千多年的中国古代社会找到了与之适应的意识形态，他之被屡屡推尊和极尽颂扬应该是实至名归的。

班固的《汉书》，不仅将董仲舒列为汉武帝时期"儒雅"类人才的佼佼者③，而且为他写了一个长长的传记，其中几乎全文辑录了他的《天人三策》。在最后的"传赞"中，还引述了刘向、刘歆父子的评论：

刘向称"董仲舒有王佐之材，虽伊、吕亡以加，筦晏之属，伯者之佐，殆不及也。"至向子歆以为"伊、吕乃圣人之耦，王者不得则不兴。故颜渊死，孔子曰：'噫！天丧余！'唯此一人为能当之，自宰我、子赣、子游、子夏不与焉。仲舒遭汉承秦灭学之后，六经离析，下帷发愤，潜心大业，令后学者有所统一，为群儒首，然考其师友渊源所渐，犹未及乎游夏，而

① 林之奇：《尚书全解》卷六，清文渊阁《四库全书》。

② 惠士奇：《易说》卷一，清文渊阁《四库全书》。

③ 《汉书·公孙弘卜式儿宽传》。

曰筦晏弗及，伊、吕不加，过矣。”至向曾孙龚，笃论君子也，以歆之言为然。

这里班固只是征引刘向、刘歆父子的评论，自己并没有明确表态，但其倾向刘歆的态度还是能显示出来。平心而论，刘向对董仲舒的评价是有偏颇的，他认定董仲舒超过伊尹、吕尚、管仲、晏婴诸人。仅就思想的创造而言，董当然不输于他们；但就事功而言，董却难以与之比肩。

后人的很多评论都是围绕刘氏父子的意见而展开的。相当多的学者认定董仲舒的贡献主要是在思想领域而不是事功，更多的人赞扬他是西汉历史上的一位顶尖级的“纯儒”。宋朝的“二程”就说：“汉儒近似者三人，董仲舒、大毛公、扬雄。”①“西汉儒者，有风度惟董仲舒、毛苌、扬雄。”②“董仲舒曰‘正其谊不谋其利，明其道不计其功’，此董子所以度越诸子。”③有人问“史称董仲舒是王佐才如何?”“二程”的回答是：“仲舒是言其学术，若论至王佐才，须是伊、周，其次莫如张良、诸葛亮、陆宣公。”④宋朝的其他学者也大体有类似评价，如范祖禹说：“董仲舒对册，推明孔氏，帝遂罢黜百家，表章六经”，“周后号令文章焕然可述，后嗣得遵洪业，而有三代之风。”⑤江端礼进而说董既精于学问，亦精于议论：“仲舒不惟道学深醇，亦精于论议，所谓下高其行而从其教，民化其廉而不贪鄙者，真厉世之法也。”⑥朱熹也说：“汉儒最纯者莫如董仲舒，仲舒之文最纯者莫如三策。”⑦真德秀评价更高：“董仲舒名儒也，多得《春秋》要义，所对切中当世之病，如罢黜百家，表章六经，其功不在孟子下。”⑧

对董仲舒的思想贡献，后世思想家最为肯定的要点，一是“君主正心以正朝廷、百官、万民”的一段话。真德秀在引证了这段话后评论说：

仲舒之论，自孟子之后未有及之者。盖朝廷者天下之本，人君者朝

---

① 《二程遗书》卷三，清文渊阁《四库全书》。
② 《二程遗书》卷二四，清文渊阁《四库全书》。
③ 《二程遗书》卷二五，清文渊阁《四库全书》。
④ 《二程遗书》卷二二下，清文渊阁《四库全书》。
⑤ 范祖禹：《帝学》卷二，清文渊阁《四库全书》。
⑥ 江端礼：《节孝集》卷三一，清文渊阁《四库全书》。
⑦ 《朱子语类》卷八七，清文渊阁《四库全书》。
⑧ 真德秀：《西山读书记》卷三〇，清文渊阁《四库全书》。

廷之本，而心者又人君之本也。人君能正其心，湛然清明，物莫能惑，则发号施令罔有不臧，而朝廷正矣。朝廷正则贤不肖有别，君子小人不相易位，而百官正矣。自此而下，特举而措之耳。夫天之与人，本同一气。人事正则正气应之，此善祥之所由集也。人事不正则邪气应之，此灾异之所由臻也。其本在人君之一心而已，呜呼！可不谨欤！①

黄震也评论说：

自孔孟殁，异端纷扰者千四百年，中间惟董仲舒正谊明道二语与韩文公《原道》一篇为得议论之正。迨二程得周子之传然后有以穷极性命之根柢，发挥义理之精微议者。②

在《董仲舒》一文中，黄震进一步评论说：

自孟子没后，学圣人之学者惟仲舒。其天资粹美，用意纯笃，汉唐诸儒鲜其比者。使幸而及门于孔氏，亲承圣训，庶几四科之流亚矣！若其谓“正其谊不谋其利，明其道不计其功”，如许正论，前无古人，其后能见之发挥者，惟伊洛诸儒尝见之；行事者，惟诸葛孔明所谓“汉贼不两立、成败利钝不暇计”者也。呜呼，至矣！③

二是董仲舒关于“正谊谋利”的那段话。还是那个真德秀评论说：

孟子之后，其能深辟五霸者惟仲舒为然。盖仁人者知正义而已，利之有无不论也；知明道而已，功之成否不计也。义谓天下合宜之理，道谓天下通行之路，其实一也。霸者则惟利是谋，而于义有不暇顾；惟功是计，而于道有不暇恤。此所以见黜于孔氏之门也。④

三是董仲舒关于“南面而治天下，莫不以教化为大务”那段话。明朝的丘濬评论说：

董子所谓渐民以仁，摩民以谊，节民以礼，是三言者是诚自古帝王修教立化之本也，所谓治天下之大务，生民习之以为风俗，子孙循之以为治道，虽百世可也。岂但行之五六百岁而不败哉？⑤

---

① 真德秀：《大学衍义》卷一，清文渊阁《四库全书》。

② 黄震：《黄氏日抄》卷三三，清文渊阁《四库全书》。

③ 黄震：《黄氏日抄》卷四七，清文渊阁《四库全书》。

④ 真德秀：《大学衍义》卷十四，清文渊阁《四库全书》。

⑤ 丘濬：《大学衍义补》卷六七，清文渊阁《四库全书》。

显然，学者们对董仲舒的思想贡献最看中的是以上三个要点所显示的“内圣外王”的理念，即君王应该通过内修在道德上成为百官和万民表率的“圣”，进而弘扬和践履“正其谊不谋其利，明其道不计其功”的信条并用以教化万民，使天下协和，国泰民安，最终达到“外王”的治理盛境。

也有学者，如宋朝的孙觌，对刘歆等关于董仲舒“短于治世”的评论不予认同。他说：“董仲舒以《春秋》决狱，而公孙丞相亦以文雅缘饰吏事，故知儒者之效，不独载之空言尔。”①明朝的夏良胜更认可董仲舒的治世本领，甚至认为汉武帝未用他任公卿主大政是汉朝的重大损失：

> 孔孟之后，言王道者无如董子，而董子之本于正心。心者，中和之极也，其所以平治天下，感召和气，王道之大成也。孰谓董子但有儒者气象已哉？使其得究于用汉治，岂终于杂伯乎？尝考汉廷言治，莫若贾山独明于利害也，又若贾谊何急于制度也？惟董子正心之论为贤，卒为公孙弘所忌，出相骄主，竟尼不行。及其既老而归，乃命公卿大政必往决而后从事，武帝独何心哉？亦天未欲平治天下也？②

二

不过，对董仲舒思想贡献的评价，后世也有极少数持批评态度的学者。其中，具有唯物论倾向的学者对他的否定更多一些。如汉代王充批评他的迷信：“董仲舒请雨之法，设土龙以感气。夫土龙非实，不能致雨，仲舒用之致精诚，不顾物之伪真也。”③也批判他的性情阴阳说：

> 董仲舒览孙孟之书，作情性之说，曰天之大经一阴一阳，人之大经一情一性，性生于阳，情生于阴。阴气鄙，阳气仁。曰性善者是见其阳也，谓恶者是见其阴者也。若仲舒之言，谓孟子见其阳，孙卿见其阴也。处二家各有见可也。不处人情性，情性有善有恶未也。夫人情性同生于阴阳，其生于阴阳有渥有泊；玉生玉石有纯有驳，情性于阴阳安能纯

---

① 孙觌：《鸿庆居士集》卷二五《晁公迈开封府尹曹掾》，清文渊阁《四库全书》。

② 夏良胜：《中庸衍义》卷四，清文渊阁《四库全书》。

③ 《论衡》卷二一《死伪篇》，清文渊阁《四库全书》。

善？仲舒之言未能得实。[①]

唐代柳宗元则彻底否定他的“三代受命”说，直斥其观点是“沿袭嗤嗤”“诳乱后代”的歪理邪说：

负罪臣宗元惶恐言：臣所贬州流人吴武陵为臣言，董仲舒对三代受命之符，诚然非耶？臣曰：非也！何独仲舒尔，自司马相如、刘向、扬雄、班彪、彪子固，皆沿袭嗤嗤，推古瑞物以配受命，其言类淫巫瞽史，诳乱后代，不足以知圣人立极之本，显至德扬大功，盛失厥趣。[②]

同是唐代的罗隐则批评他的灾异说：“灾变儒生不合闻，谩将刀笔指乾坤。偶然留得阴阳术，闭却南门又北门。”[③]

应该说，王充、柳宗元和罗隐等对董仲舒的批评触到了他的命门，即他学说中的非理性成分，可惜这种批评并没有深入进行下去。南宋的叶适则集中批评他的“春秋公羊学”的失误和偏颇：

《春秋》甫脱稿，遽为陋儒迷执不置。孔子既死，又驾说以诬之，虽孟子不能辨也。故汉兴最先行，而董仲舒自任以推明孔氏，尊奉一经，盖抹诸书。故学者习用最深而其道蒙蔽最甚。若无左氏，则终沉没矣。[④]

自汉以来，仲舒首为推明孔氏，后世咸从之，宜若修其业者。然而以《春秋》为宗，以公羊为师，以刻薄为义，以操切为法，颠错伦纪，迷惑统绪，学者莫之或正，是则乱孔氏之书亦不无也。嗟夫！尊圣人而不足以知其道，若之何可哉？[⑤]

宋代醉心于理学的诸儒在对董仲舒持基本肯定态度的前提下也有非议之处，这种非议集中在他对“道”——即理学核心理念探索的缺失方面。“二程”说：“汉儒如毛苌、董仲舒，最得圣贤之意，然见道不甚分明。”[⑥]朱熹虽然认为在汉儒中，“只有董仲舒资质纯良，摸索道得数句著（如正谊不谋利之

---

① 《论衡》卷三《本性篇》，清文渊阁《四库全书》。

② 《柳河东集注灌》卷一《贞符》，清文渊阁《四库全书》。

③ 《罗昭谏集》卷四《董仲舒》，清文渊阁《四库全书》。

④ 叶适：《习学记言》卷二二，清文渊阁《四库全书》。

⑤ 叶适：《习学记言》卷二四，清文渊阁《四库全书》。

⑥ 《二程遗书》卷一，清文渊阁《四库全书》。

类），然亦非它真见得这道理”[1]。大文学家欧阳修也认同这种观点，他有点惋惜地说：“董生儒者，其论深极《春秋》之旨，然或于改正朔而云王者大一元者，牵于其师之说，不能高其论以明圣人之道，惜哉惜哉！”[2]明朝有的学者也持有同样的观点，如周琦就说：“汉之董仲舒，唐之韩愈，二子之学冠一代之雄者也，其于圣贤心学之法则，不能得其真矣。”[3]很显然，在他们看来，董仲舒虽然对“道”进行了认真探索，但其精致和深入的程度较之宋儒则有相当大的差距，是远远不够的。

在对董仲舒的评价中，也涉及对他文章的看法。朱熹似乎看他的缺失较多，认为他“文字却平正，只是仄困。董仲舒、匡衡、刘向诸人，文字皆善弱无气焰”[4]。其他人对他文章的评价都较高，如宋朝的刘炎就给予极高的评价：“或问贾谊、董仲舒之文，曰仲舒春风，贾生烈日。”[5]元朝的刘因对自先秦至西汉的代表性人物及其文章进行了通盘评论，指出各自的特点，认为董仲舒的文章有自己独特的风格“冲畅”：

先秦古文可学矣，《左氏》《国语》之顿挫典丽，《战国策》之清刻华削，庄周之雄辩，《穀梁》之简婉，《楚词》之幽博，太史公之疏峻。汉而下其文可学矣，贾谊之壮丽，董仲舒之冲畅，刘向之规格，司马相如之富丽，扬子云之邃险，班孟坚之宏雅。[6]

明朝的杨时则赞誉他与贾谊、司马迁、司马相如和扬雄的文章几乎达到了不可企及的高峰：

汉儒収拾补缀，至建元、元狩之间，文辞粲如也。若贾谊、董仲舒、司马迁、相如、扬雄之徒继武而出，雄文大笔驰骋古今，沛然如决江汉，浩无津涯，后虽有作者，未有能涉其波流也。[7]

公正地说，以上对董仲舒文章的评价不无溢美之嫌。但是，在汉文章的百花园中，他的文章纵使不及贾谊、司马迁、班固诸人影响之大，但决不在扬

① 《朱子语类》卷一三七，清文渊阁《四库全书》。
② 《欧阳文粹》卷十六《书春秋繁露后》，清文渊阁《四库全书》。
③ 周琦：《东溪日谈录》卷六，清文渊阁《四库全书》。
④ 《朱子语类》卷一一六。
⑤ 刘炎：《尔言》卷十，清文渊阁《四库全书》。
⑥ 刘因：《静修续集》卷三《叙学》，清文渊阁《四库全书》。
⑦ 杨时：《龟山集》卷二五《送吴子正序》，清文渊阁《四库全书》。

雄、司马相如之下，这是可以肯定的。

三

在汉朝以后的中国古代社会，思想界和学者们尽管对董仲舒也有非议，但对他在中国儒学史上的地位都是持肯定态度并给予崇高的评价。他们认识到董仲舒的特殊贡献在儒学复兴中具有不可替代的作用。宋朝的孙复对此做了充分的论述：

孔子而下至西汉间，世称大儒者，或曰孟轲氏、荀卿氏、扬雄氏而已，以其立言垂范、明道救时、功丰德巨也。至于董仲舒，则忽而不举，此非明有所未至，识有所未周乎？何哉？昔者秦灭群圣之言，欲愚四海也，盖天夺之鉴以授于汉，故生仲舒于孝武之世焉。于时大教颓缺，学者疏阔，莫明大端。仲舒煌然奋起，首能发圣道之本根，新孝武之耳目，上自二帝，下迄三代，其化基治具咸得之于心，而笔之于书，将以绎乾纲之绝纽，辟王道之梗途矣。故其对策，推明孔氏，抑黜百家，凡诸不在六艺之科、孔子之术者，皆绝其道勿使并进，息灭邪说，斯可谓尽心于圣人之道者也。噫，暴秦之后，圣人之道晦矣。晦而复明者，仲舒之力也。彼孟轲、荀卿当战国之际，虽则诸子纷乱，然去圣未远，先王之典经尽在。扬雄处新室之间，虽则大祸是惧，然汉有天下滋久，讲求典礼抑亦云备，故其微言大法盛于闻见，揭而行之，张以为教易尔。若仲舒燔灭之余，典经已坏，其微言大法，希于闻见，探而索之驾以为说，不其难哉？况乎暴秦之祸甚于战国之乱与新室之惧耶？然四子之道一也。使易地而处，则皆然矣。愚尝病世之学者鲜克知仲舒之懿，又病班孟坚作仲舒之赞言，刘向称仲舒有王佐之材，伊吕无以加，管晏之属伯者之佐，殆不及也。至向子歆以为渊源所渐未及乎游夏，而曰管晏不及，伊吕之不加，过矣。愚谓歆以仲舒盛德先觉，顾已弗及，疾而诋之者也。故虽其父言，亦以为过。且仲舒于孔氏之门其功深矣。观其道也，出于游夏远矣，对孝武大明王道之端与夫任德不任刑之说，虽伊吕又何加焉？盖用与不用耳。使孝武能尽师其言，决而用之，则汉氏之德比隆三代矣。厥后曷有惑于神仙之事、困于征伐之弊哉？仲舒不用，非孝武之过，平津之罪也。平津尝害其能而逐之。两事骄主，才弗克施，既而退死于家。

吁，可惜也，孟坚笔削之际，不能斥刘歆之浮论，惑而书之，失于断矣。[1]

孙复在这里充分肯定了董仲舒在儒学复兴中的划时代的功劳，批驳了刘歆与其父亲相左的观点，认定如果武帝授之大任，使其执政朝堂，必然会出现比隆三代的盛世。此论尽管不乏迂阔之嫌，一厢情愿地设定董仲舒的神奇之力是出于浪漫奇思，但对董仲舒复兴儒学之功的估计还是接近历史实际的。

元朝的郝经在《去鲁记》一文中，将董仲舒与汉高帝刘邦树立为在儒学复兴中"尊圣人之道"和"明圣人之道"的两个标杆式人物：

六经火于秦而士复坑戮，汉兴，高帝过鲁，即以太牢祠孔子，使后王后帝北面而师事之，开其基统发其渊源。又使陆贾说诗书以明帝王之学，启人心于未然，故尊圣人之道者莫如汉高帝。曹参相齐，受教于盖公，启窦氏黄老之学。晁错诸人当文景之盛，而挟申、韩之术，战国余习几于复振。董仲舒出，而孝武方隆儒，乃请罢黜百家，表章六经，尊孔氏，明仁义，圣人之道复立，存人心于欲亡。故明圣人之道者，莫如董仲舒。[2]

明朝的张宇初在《读董仲舒传》一文中进一步申述孙复和郝经的观点：

予观三代之下，周衰而王道息。秦承战国之习气漓志，悖火诗书于灰烬，道之传遂竟泯泯无闻矣。汉兴而天下大治，而其腐儒曲士犹循故习，不能彰先王之教于既绝之余者皆然。文帝号称贤主，有一贾生而不能用，千载之下读其言，尤有悲愤者焉，况有非贾生比者哉？若董仲舒，下帷讲诵，三年不窥园，进退容止，非礼不行学，士皆师尊之。武帝举贤良文学，而仲舒对策焉。当是时，君臣遇合，又岂秦所敢望哉？其言足以发周衰之弊，得王道之正者，仁义礼乐为之本也，性命情质之辨，著阴阳刑德之论切。由是观之，天人相与之际，礼节修于身，善恶感乎天。尧舜禹汤之相传不已者，守一道而无究弊之政也。是岂秦汉庸庸之徒所能至哉？以武帝之英果，卒三策而不能略行之，乃出为江都相，亦岂

① 孙复：《孙明复小集·董仲舒论》，清文渊阁《四库全书》。

② 郝经：《陵川集》卷二六，清文渊阁《四库全书》。

不为当时惜哉？有如公孙弘，希世用事，以治经得侯，乃嫉正论而迁之胶西，仲舒虽不获倡其道，正身以率下，两事骄王，而皆尊礼之，卒以修学著书终于家，是非能全乎？进退之道也哉。其言曰“正其谊不谋其利，明其道不计其功”。逮宋二程子出而后述明之，始足为后世法。盖当是时已非班、贾、刘、扬之足伦儗，况其后也哉？太史公以为刘向称仲舒之才伊吕无以加，管晏殆不及也为之过，是向子歆之言误矣。使仲舒遇其君行其道，亦岂不伊吕之效哉？又何管晏之足方欤？何也？以管晏特霸者之佐，所能行者霸者之事也，又岂王道之大者若乎？且以其师友渊源所渐，犹未及乎游夏，则周元公继绝学于不传，倡道于宋，至今学者皆宗之，道未始亡也。又岂渊源之为戾哉？使太史公其见乃尔，矧后之不足知仲舒者乎？而或知其概者，欲礼之于庙，配祀孔子以不忘乎？推明孔氏，抑出百家之明而卒莫之行，岂不惜哉？然以仲舒之道之言，故不系乎祀否也，抑亦何其遇知之难也？历百代而同焉。夫以汉武之智，尤舍而弗用，矧下乎是者哉？其亦不足感也矣。[1]

在张宇初看来，董仲舒之思想水准不仅班、贾、刘、扬无法比肩，就是与伊、吕、管、晏等先秦名臣相比亦毫不逊色。遗憾的是，他未能获得汉武帝的重用，治世的本领未能得以充分发挥。这样的观点在明朝史鉴的《祭董仲舒文》也得到发挥：

呜呼！天之将丧斯文也，秦灭之；天之未丧斯文也，汉复之。然学者殊途不合不公，世主时臣随见迎合。相如以词赋幸，方朔以诙谐进，惟夫子之所为在天人之三策，论治人则本于明道，语修己则原于正心，德刑取喻乎阴阳，风俗推原于教化，尊仁贵义黜利贱功，使得谟谋廊庙，则汉业庶几乎三代，岂止杂霸而已哉？守正不阿，权臣忌嫉，将置死地，连相外藩，卒使骄王革心动遵礼法，此又人之所难能也。故尝论之，王霸之不分，由夫子之言不用也；礼乐之不兴，由夫子之道不行也。去圣逾远，欲学无师，千载一时，道出祠下，徘徊庙陛，慨然兴悲。行旅悠悠，仪物弗备，敢以诚荐神，其享之。[2]

① 张宇初：《岘山集》卷一《读董仲舒传》，清文渊阁《四库全书》。
② 史鉴：《西村集》卷八《祭董仲舒文》，清文渊阁《四库全书》。

如此三叹而有余哀的祭文，反映的是衰世之时思想家酸楚的悲情。这种评论当然是远离历史实际的。清朝还有陈廷敬的《史评·汉书·董仲舒》一文，他赞颂董仲舒说："仲舒之学，历战国秦汉，未有其匹敌，自孟子以来一人而已。……仲舒遭汉承秦灭学之后，六经离析，下帷发愤，潜心大业，令学者有所统一，为群儒首。"[①]表述了与以上学者同样的观点。看来越到中国古代社会后期，思想家和学者越发对董仲舒心生敬仰和怀念，越发对他的思想和作用有着更高的超越实际的评价。这其中的原因，可能与中国古代社会后期每况愈下的衰颓有关。这些思想家和学者看不到未来的出路，于是将自己的理想寄托于对董仲舒的神化和理性化。这种思绪也更多地表现在对董仲舒的歌咏上。如司马光在《独乐园七咏·读书堂》中就发出了对他由衷的礼赞："吾爱董仲舒，穷经守幽独。所居虽有园，三年不游目。邪说远去耳，圣言饱充腹。发策登汉庭，百家始消伏。"[②]元朝的侯克忠也有两首歌咏董仲舒的诗：

上方用武定羌夷，儒者宜为众所挤。
大匠谩持修月斧，拙工先立倚天梯。
身为当代斯文主，名与南山北斗齐。
许大阙廷无著处，江都才了又胶西。[③]

插架将收万卷书，尚怜衰朽腹空虚。
多才多艺我何有，老圃老农吾不如。
庄叟自夸东海鳖，任公尽钓浙河鱼。
道明义正忘功利，百世当尊董仲舒。[④]

清朝的乾隆皇帝写诗的瘾头特大，一生留下的诗篇超过全唐诗，荣膺皇帝中的写诗冠军，但传世佳作几乎一首也没有。只是有人指出，他是中国古代诗人中第一次以猪入诗的人，可见他还是有创新之处。在他的《御制乐善堂全集定本》卷二八、卷二九中也留下两首咏董仲舒的诗：

① 陈廷敬：《午亭文编》卷三三《董仲舒》，清文渊阁《四库全书》。
② 司马光：《傅家集》卷三，清文渊阁《四库全书》。
③ 侯克中：《艮斋诗集》卷三，清文渊阁《四库全书》。
④ 侯克中：《艮斋诗集》卷四，清文渊阁《四库全书》。

不问苍生问鬼神，犹蒙宣室席前亲。
谁知寂寞江都相，老抱春秋一远臣。
建章奏对策天人，帝眷名儒礼独亲。
谁使江都终老去，千秋史论恨平津。

作为帝王，乾隆皇帝一方面肯定董仲舒不可替代的功绩，另一方面惋惜他被公孙弘谗言所害未能施展治国安民抱负的窘况。他的题咏显然也没有超出上面的学者、思想家和诗人对董仲舒表达的情愫。做过清朝户部侍郎的田雯在《读董仲舒传》一诗中肯定他在《春秋》“公羊学”方面的贡献，也回应此前罗隐诗对其灾异说的不屑：

公羊一卷至今存，千古醇儒道自尊。
繁露何缘传异术，阴阳水火闭城门。[①]

明清两朝对董仲舒越来越出格的颂扬，透出的是中国古代社会历史接近终结时找不到出路的悲情和无奈。他们只能乞灵于董仲舒，但他的那套理论和学说已经无法挽留那一轮即将坠落的夕阳了。

总起来看，董仲舒在中国古代社会所获得的主要是洋洋盈耳的颂赞之声，这说明他在思想史尤其是儒学史的地位具有深固不摇之势，他的两汉经学巅峰的尊位是无可替代的。

（原载《孔子研究》2018 年第 4 期）

① 田雯：《古欢堂集》卷十四，清文渊阁《四库全书》。

“禁民二业”——董仲舒的社会财富分配论

董仲舒是汉武帝时期最具政治敏感、最具理性的思想家和政治家。他不仅在哲学思想上完成了“天人合一”的“神学目的论”的构建，在政治思想上完善了专制主义中央集权理论的重新阐发，而且在经济思想上，尤其在社会财富分配理论方面，提出了自己独特的见解。他从“民本”和“德主刑辅”的基本理念出发，认定要建设一个安定和谐的社会，必须使社会的所有成员都能够安居乐业，起码过上温饱以上的生活。为此，他推出理想的社会财富分配原则，即既要有一定的贫富差距，但这种差距又不能拉得太大，尤其不能使财富集中于少数富人之手而导致大量贫穷之人难以生存。由此，他提出“禁民二业”的社会财富分配论：

> 孔子曰：“不患贫而患不均。”故有所积重，则有所空虚矣。大富则骄，大贫则忧。忧则为盗，骄则为暴，此众人之情也。圣者则于众人之情，见乱之所从生。故其制人道而差上下也，使富者足以示贵而不至于骄，贫者足以养生而不至于忧。以此为度而调均之，是以财不匮而上下相安，故易治也。今世弃其度制而各从其欲，欲无所穷而俗得自恣，其势无极。大人病不足于上而小民羸瘠于下，则富者愈贪利而不肯为义，贫者日犯禁而不可得止，是世之所以难治也。①

董仲舒认识到，一个时期的社会财富总量是一定的，有大富必有大贫，贫富差距过大是“乱之所从生”的根本原因。为了防止生乱而造成社会秩序的失控，国家和政府就要建立制度与制定政策，以调节贫富差距，使二者虽有差距但不致生乱。这里掌握的“度”就是“使富者足以示贵而不至于骄，贫

---

① 《春秋繁露·度制》。

者足以养生而不至于忧”。办法是“禁民二业”：“故君子仕则不稼，田则不渔，食时不力珍，大夫不坐羊，士不坐犬。”同时建立“度制”，使“贵贱有等，衣服有别，朝廷有位，乡党有序，则民有所让而民不敢争”[①]。在举贤良文学对策中，董仲舒进一步搬出“天意”论证“禁民二业”的合理性，同时对达官富豪肆无忌惮地聚敛财富、与民争利的贪婪行径进行毫不留情的鞭挞：

夫天亦有所分予，予之齿者去其角，傅其翼者两其足，是所受大者不得取小也。古之所予禄者，不食于力，不动于末，是亦受大者不得取小，与天同意者也。夫已受大，又取小，天不能足，而况人乎！此民之所以嚣嚣苦不足也。身宠而载高位，家温而食厚禄，因乘富贵之资力，以与民争利于下，民安能如之哉！是故众其奴婢，多其牛羊，广其田宅，博其产业，畜其积委，务此而亡已，以迫蹴民。民日削月朘，浸以大穷。富者奢侈羡溢，贫者穷急愁苦；穷急愁苦而上不救，则民不乐生；民不乐生，尚不避死，安能避罪！此刑罚之所以蕃而奸邪不可胜者也。故受禄之家，食禄而已，不与民争业，然后利可均布，而民可家足。此上天之理，而亦太古之道，天子之所宜法以为制，大夫之所当循以为行也。[②]

董仲舒清醒地意识到，“富者奢侈羡溢，贫者穷急愁苦”造成的“民不乐生”是社会矛盾和阶级矛盾激化的根本原因，所以提出自己理性化的社会财富分配方案。这是一个既维持地主阶级对农民的剥削压迫而又对这种剥削压迫加以限制、既使农民接受剥削而又使他们维持最低生活水准而不犯上作乱的调和矛盾的社会改良方案，实际上是为封建统治设计的长治久安之术。然而，这只是他自己的一厢情愿。因为只要没有办法限制达官富豪无止境的贪欲，就无法阻止劳动者相对贫困化和绝对贫困化，当然也就没有办法消解社会矛盾和阶级矛盾的尖锐化。

这里，在指出他的社会财富分配方案带有相当程度的理想化和空想性的同时，不能忽略他这一方案的理论意义。董仲舒明白，社会在进入文明时代以后，对于财富的追求就成为大势所趋、人心所向，从一定意义说构成了历史发展的恒久动力。这种情况必然造成贫富差距。而这种差距的出现绝

① 《春秋繁露·度制》。

② 《汉书·董仲舒传》。

不是“剥削”二字就能够圆满解释得了的。试想，一个社会一旦抑制了人们对财富的追求，一旦将贫穷作为时尚引导人们的价值取向，这个社会还有活力吗？为了保护这种追求财富的积极性，承认差距不仅是必要的而且是必需的。这里董仲舒没有将先秦农家学派的绝对平均主义拿来作为指导分配的原则，这倒不是因为他“站在剥削阶级的立场上”，而是因为他认定这种绝对平均主义的分配原则除了造成生产力的破坏之外，不会产生任何积极的效果。其实，他的这个分配原则，较之我们史学界过去广泛赞扬的农民起义军“等贵贱，均贫富”的口号更具有现实意义和实践价值。因为“等贵贱，均贫富”的口号除了在能够激发最贫苦的农民投身起义军的宣传上起到暂时的作用外，根本不具备实践的价值，而一旦作为政策得以贯彻执行，它发挥的只能是破坏正常生产和生活的负能量。董仲舒的理论尽管带有一定程度的空想性，但掌握社会财富调控权的国家和政府，还是可以从中找到实施的空间。

汉武帝当国时期达到了西汉历史的顶峰，疆域空前扩大，国力空前强大，社会空前繁荣，但这一切都是建立在劳动人民巨大牺牲的基础之上的。到武帝后期，“海内虚耗，户口减半”的颓象已经显现出来，社会矛盾和阶级矛盾激化所导致的农民起义的星星之火也不时在各地闪现。董仲舒锐敏地看到土地兼并和奴婢急增所引起的社会危机，又提出限田和限奴的建议：

> 古者税民不过什一，其求易共；使民不过三日，其力易足。民财内足以养老尽孝，外足以事上共税，下足以畜妻子极爱，故民说从上。至秦则不然，用商鞅之法，改帝王之制，除井田，民得卖买，富者田连阡陌，贫者无立锥之地。又颛川泽之利，管山林之饶，荒淫越制，逾侈以相高；邑有人君之尊，里有公侯之富，小民安得不困？又加月为更卒，已复为正，一岁屯戍，一岁力役，三十倍于古；田租口赋，盐铁之利，二十倍于古。或耕豪民之田，见税什五，故贫民常衣牛马之衣，而食犬彘之食。重以贪暴之吏，刑戮妄加，民愁亡聊，亡逃山林，转为盗贼，赭衣半道，断狱岁以千万数。汉兴，循而未改。古井田法虽难卒行，宜少近古，限民名田，以澹不足，塞并兼之路。盐铁皆归于民。去奴婢，除专杀之威。

薄赋敛，省繇役，以宽民力。然后可善治也。[1]

董仲舒的可贵之处在于，他在汉武帝使汉朝的国势达到巅峰的“大好形势”下，锐敏地觉察到社会面临的危机，并提出限田和限奴、盐铁归民、薄赋省役等缓和危机的建议。这个建议具有相当的积极意义和实践价值。武帝晚年发布《轮台诏》，宣布恢复文景时期的与民休息政策，这在一定程度上缓和了当时已经趋向尖锐的社会矛盾和阶级矛盾，并为成为转向“昭宣中兴”的先导。可惜昭宣以后，汉朝当国的皇帝和执掌重权的将相一代不如一代，没有实现董仲舒的改良方案，使土地兼并和奴婢激增的问题恶性发展下去，进一步激化了已经趋向尖锐的社会矛盾和阶级矛盾，为王莽的篡汉立新创造了难得的契机。然而，王莽试图解决矛盾的一系列改革方案几乎全部走向反面，他的新朝也就只能被农民起义军推翻。代之而起的东汉王朝推行的诸如“假民公田”“解放奴婢”“精兵简政”“轻徭薄赋”等政策，基本上都是在实施董仲舒的建议，收到的是良好的效果，使东汉的光武、永平之治在一定程度上再现了文景之治的图景。

相当长的时间内，学术界对董仲舒经济思想的积极意义估计不足，认为它不过是改良主义的空想。实际上，在封建社会里，真正的空想一是农家的平均理想、老子的“小国寡民”社会、鲍敬言的“无君”论和邓牧等的空想社会主义理论，二是农民起义军“平等平均”的社会理想。他们的理想看起来激动人心，实际上不具备任何实践价值。而董仲舒之类的改良主义理论和政策构想恰恰具有实践的价值。正是这些改良主义的理论和实践，推动了封建社会的生产关系的部分改革，对推动生产的发展和促进社会的稳定起到了实实在在的积极作用。

董仲舒的社会财富分配论启示我们：一个和谐稳定的社会，一定是一个促进生产发展、经济繁荣的社会，一定是一个使能者能够获得较多回报而弱者也可以获得温饱的社会，一定是一个国家和政府运用制度和政策维持贫富平衡的社会，一定是一个老有所依、少有所养、壮有所用、人人各得其所的社会，即一个处于正常运转中的社会。而一个溢出正常运转的社会，一定有不少非正常的现象。如在人才选拔上存在劣币驱逐良币的现象；在财富分

---

① 《汉书·食货志》。

配上差距巨大、既得利益阶层骄奢淫逸的生活方式成为全社会向往和不择手段追求的目标;或者歌颂贫穷成为时尚,人们都拼命将自家打扮成"苦大仇深"的被剥削者,等等。一旦这种现象出现,或是阶级矛盾和社会矛盾趋于尖锐化,或是社会失去活力造成生产停滞、经济凋敝。这种溢出运行常规的社会,恰恰需要通过革命和变革使之回归常规。

(原载《德州学院学报》2018 年第 3 期)

董仲舒关于统治权合法性的阐释

一

在进入对董仲舒关于统治权合法性问题的考量前，似有必要对这一问题在他之前的发展脉络加以简单回顾。

在中国历史上，统治权合法性的论辩一直是政治思想方面的一个重要议题。从国家产生、历史进入文明时代起，就开始了对这个问题的探讨，直到近代仍然是争论不休。司马迁在《史记》开篇的《五帝本纪》中，记述了五帝统治权合法的四个根据：武力征伐成功，血缘继承，帝王本人道德高尚、能力卓越，禅让。三代夏、商、周的统治者，特别是周公，在统治权合法性问题上除了继承五帝时期的前三个根据外，还进一步增加和论证了“天意所钟”和“民心所向”，特别强调了统治者的“以德配天”和“保民而王”，由此大体上奠定了这一理论的基础。春秋战国时期的五个半世纪，对统治权合法性的论辩主要在诸子百家中进行，大大深化和拓展了对这一理论的探索。道家创始人老子对于这个问题的论述基本上围绕着“合道即合法”进行，既没有接触统治权的来源和授受，也没有对统治权转移的合法性进行辨析，因而难以构成比较完备的体系。特别是，老子坚持小国寡民的社会理想，将刚刚脱离原始社会、生产不发展、交换不发达、生活简单而清苦、民风淳朴而愚昧的景况加以诗化与美化，从而使统治权处于自然生发状态，这就使合法性问题没有得到应有的关注。儒家创始人孔子似乎也没有刻意论证统治权合法性问题，只是在论及尧、舜、禹、汤、周武王时，表露了“君权天授”的观念，他更多地关注人事，即君王以自己的行政方针、政策和各项措施求得统治权的合法性。他认定,不管统治权来路如何,只要人家稳定地坐在了君王的宝座上,实现了社会秩序的稳定,他的统治权就是合法的。墨子也没有刻意论证君王统治权合法性问题,他将自己的主张归纳为十项“纲领”:尚贤、尚同、节用、节葬、非乐、非命、尊天、事鬼、兼爱、非攻,而统治权合法性的人选也就是实行这十项纲领的君王和各级政长。不过,墨子认为决定君王“立”和“选”的终极主宰者是“天”,这就给所有君王的统治都罩上了“神授”的灵光。以猛烈批判墨家和杨朱而高扬儒家旗帜的孟子,在先秦思想学术之林中,是对统治权合法性问题之重要性认识最深刻、论述最明晰的政治家和思想家,也是周公之后,在这个问题上对后世影响最大的思想家。孟子认为君主统治权的合法性来源于“天授”和“民受”,即天授予,民接受。他由此认定,统治权的继承形式,无论是武力征伐、血缘继承,还是“禅让”,体现的都是天授予、民接受的实质。

孟子在统治权合法性问题上的最大贡献是将“民受之”的理念建立在仁政的理想之上,也就是说,君王统治权的合法性体现在始终不渝地实施仁政理想方面。而一旦背离这个理想,其合法性也就失去了依据。仁政是一个完整的思想体系。它是由民本观念、施仁百姓、尊贤使能、反对战争和君主自律等一系列内容构成的。不过,应该指出,孟子与仁政理想相联系的君王统治权合法性的理论显然是一种理想化的理论,在现实政治中,真正符合这种合法性要求的君王几乎是不存在的。然而,孟子的理论仍然具有不可忽视的积极意义。第一,他力图建立一个君王统治权合法性的标准,而这个标准主要体现了对君王品格和能力的要求,从而促使有作为的君王朝着这个目标努力。第二,君王如果达不到这个标准就失去了统治权的合法性,对于桀、纣这样的独夫民贼,人民起来推翻他们就是合理的,这就论证了人民革命的合理性和合法性。

法家是战国时代的宠儿,从严格意义上讲,在那个时代,自己学派的理想真正得以实现的就是法家。战国法家的主要代表人物是商鞅、慎到、申不害和韩非。其中,慎到讲“势”,申不害讲“术”,不怎么涉及统治合法性问题,而讲法的商鞅和熔法、术、势于一炉的韩非虽然涉及合法性问题,但论述也不充分。不过,法家在合法性问题上有一个非常集中的共同点,就是认为智能超群、力能服人者就应该占有帝王的位子。商鞅认为,不论是谁,只要靠智和力占夺了帝王的位子，他的统治就是合法的。在商鞅的字典里，帝王统治的合法性与其本人的道德水准是没有关系的。不论是尧、舜、禹、汤、文、武、周公，还是夏桀、商纣，只要占有了君王的位子，又能实行严格的法制，对天下臣民进行“以赏禁，以刑劝”的稳定统治，他就是一个合法的存在。韩非基本上接续商鞅的观点。他认为社会是不断进化的，统治权的合法性在于“圣人”的智和力。如果说有巢氏、燧人氏、尧、舜、禹“王天下”是因为“智”，那么，汤、武“王天下”则由于“力”，他们都是合法的。在韩非看来，追求权势富贵是人的天性，最具权势富贵的是作为天下共主的帝王。无论何人，无论用什么手段，只要具备“天时”“人心”“技能”“势位”等条件，就能夺得帝王之位，他的统治也就是合法的。韩非同样摒弃一切道德，认为帝王的合法性与帝王本人的道德品格根本不搭界。帝王必须临势、据法、用术，娴熟地驾驭臣民百姓，让社会上的所有人都为自己服务。不仅他的帝王之位是合法的，而且他的一切作为也是合法的。在韩非眼里，忠、孝、节、义、仁、礼、智、信、贤、惠、爱、怜等道德信条，在权势富贵、严刑峻法面前，都是一文不值的虚词。摒弃了社会的伦理，摒弃了帝王的道德人格，唯智与力是视的统治权合法性的理论，在韩非那里得到了最无遮掩的肯定。

战国时期道家的代表人物是庄子。他继承老子“道法自然”的文明退化论，认为除了“至德之世”是合法的之外，文明时代的统治都是对人类自然本性的戕害，都是不合法的。庄子心目中的“至德之世”是人类进入文明社会前的“同与禽兽居，族与万物并”[①]的状态，至迟也是刚刚进入文明社会的“邻国相望，鸡狗之音相闻，民至老死，而不相往来”的状态，后世的道德观念如贤、义、爱、仁、忠、信等还没有被认可，这时根本就不存在统治权，也就没有所谓合法不合法的问题。及至帝王和统治权出现，社会则一步步衰败。所以，对人的本性而言，所有文明社会的所谓统治权都是不合法的。显而易见，在庄子那里，最合法的状态就是没有统治权，而一旦统治权出现，不管这个统治权打着什么圣帝明王的旗号，说着什么好听的由头，统统是不合法的。庄子的观点，就其揭示文明社会的矛盾和政治权力统治百姓的负面作用而言，具有一定的积极意义，但他不知道，文明的发展一定会催生高居于

① 《庄子·马蹄》。

社会之上的权力的出现。这种权力的副作用虽然难以避免，然而，作为文明的伴侣、秩序的守护神，其存在却是必然的，也是必要的。

荀子是战国时代最后一位儒学大师，又是一位百科全书式的学者和思想家。他通过“援法入儒”对“迂阔而远于事情”的孔孟儒学进行改造，为此后两千多年的中国古代社会找到了最适宜的统治思想。与孔子、孟子相通，荀子也是对统治权合法性问题论述得最丰富和深入的思想家之一。不过，荀子基本上摆脱了孔、孟到上天那里寻求统治权合法性的倾向，而是将其与“圣人”联系起来，给出了“圣人为王即合法”的观念。不过，荀子关于统治权合法性问题的论述并没有止步于“王者必圣”，而是进一步论述了圣人为王必须遵循的行政理念。在这方面，他以“民本”为核心，认定“天之生民，非为君也。天之立君，以为民也”。① 既对孔、孟的理论作了较充分的阐发，又强调了严格推行法制的重要性。圣人行政的合法性首先体现在他坚持“民本”的核心意识，以“庶人安政”、国家富强和得百姓死力作为主要目标。

总起来看，先秦时期，在统治权合法性问题的论辩上，儒家学派贡献了最丰富而深刻的内容，墨家学派给了它一个最理想化的阐释，法家学派则将合法性与智、力等同起来，揭示了合法性的谜底。而道家学派在这方面的思想最为贫乏，因为他们有一个根深蒂固的观念：统治权的出现本来就是逆历史潮流而动的非法存在，它与合法性是根本不沾边的伪命题。

二

尽管历史上夏、商、周三代政权的更替都是通过血腥的战争手段完成的，尽管秦朝的统一和汉朝的代秦而起也都是经过战场的拼搏而实现的，他们的合法性是通过浴血的枪刀剑戟赢得的。然而，皇帝本人以及为他们服务的思想家们，在为这些王朝的存在寻找合法性时却几乎都转向了“君权天授”和“五德终始”之类的历史命定论和历史循环论。以武力统一六国的秦始皇，自豪地宣布他统治的合法性是武力征伐：“寡人以渺渺之身，兴兵诛暴

① 《荀子·大略》。

乱,赖宗庙之灵,六王咸伏其辜,天下大定。"[①]刘邦步秦始皇的后尘,毫不讳言他的皇帝位子是自己提"三尺剑"取得的。但他们后来又都借天意加以伪饰,秦始皇依三统、三正、五德终始的理论神化皇权,刘邦杜撰出赤帝子杀白帝子的故事以强化自己皇统的"天命攸归"。然而,所有这些观点,都还显得粗糙直白,在理论上不够系统和深化。这种缺陷被聪明的汉武帝发现了。他在与董仲舒的举贤良文学对策中,就直接提出这个问题并要求董仲舒给予回答。董仲舒经过对汉代以前,特别是对先秦诸子思想学术的吸收消化整合,将原始儒学推进到一个新的阶段,在理论的储备上完全具备了系统回到这个问题的能力。

董仲舒在《举贤良文学对策》和《春秋繁露》等著作中,系统地阐述了"君权天授"的理论,用"天人感应"将天意与人为沟通起来,给予朝代更替和皇权转移一个较以往更合理的诠释,从而奠定了中国此后两千多年皇权即统治权合法性的最经典的主流意识。"君权天授"是董仲舒政治思想的重要内容,他虽不是"君权天授"论的首创者,但是这一理论的最完备、最有深度的论证者,是这一理论的集大成者。这一理论的第一个层次是认定"天地是万物之本",人是天创造的:

> 天者,万物之祖,万物非天不生。[②]
>
> 天地者,万物之本,先祖之所出也。广大无极,其德炤明,历年众多,永永无疆。天出至明,众之类也,其伏无不炤也,地出至晦,星日为明,不敢暗。君臣、父子、夫妇之道取之。[③]
>
> 为生不能为人,为人者天也。人之人本于天,天亦人之曾祖父也。此人之所以乃上类天也。人之形体,化天数而成;人之血气,化天志而仁;人之德行,化天理而义;人之好恶,化天之暖清;人之喜怒,化天之寒暑;人之受命,化天之四时。人生有喜怒哀乐之答,春秋冬夏之类也。[④]

这一理论的第二个层次是认定"天子受命于天""王者配天":

> 惟天子受命于天,天下受命于天子,一国则受命于君。君命顺,则

① 《史记·秦始皇本纪》。
② 《春秋繁露·顺命》。
③ 《春秋繁露·观德》。
④ 《春秋繁露·为人者天》。

民有顺命;君命逆,则民有逆命[①]

天不言,使人发其意;弗为,使人行其中。名则圣人所发天意,不可不深观也。受命之君,天意之所予也。故号为天子者,宜视天如父,事天以孝道也。[②]

圣人副天之所行以为政,故以庆副煖而当春,以赏副暑而当夏,以罚副凉而当秋,以刑副寒而当冬。庆赏罚刑,异事而同功,皆王者之所以成德也。庆赏罚刑与春夏秋冬,以类相应也如合符。故曰王者配天,谓其道。天有四时,王有四政。四政若四时,通类也,天人所同有也。[③]

这一理论的第三个层次是认定"君为民心""民为君体":

天生之,地载之,圣人教之。君者,民之心也;民者,君之体也。心之所好,体必安之;君之所好,民必从之。故君民者,贵孝弟而好礼义,重仁廉而轻财利,躬亲职此于上,而万民听生善于下矣。[④]

古之造文者,三画而连其中谓之王。三画者,天地与人也。而连其中者,通其道也。取天地与人之中以为贯而参通之,非王者孰能当是?人主立于生杀之位,与天共持变化之势。[⑤]

如此一来,董仲舒就把国君变成天意所钟、为天所立,并且能够贯通天地人的地上的最高统治者,其合法性是不容置疑的。既然君权是天授的,那么,对这个君权进行监护和转移的也就只有天了。因此,天意所钟的君王只能按照天的意志即"道"所体现的真理行政,就是改朝换代的新君王也不能改变依"道"行政的本质。所以,即使新王以不同于前代的正朔、服色展示新朝的新面貌,也是"有改制之名,无易道之实":

今所谓新王必改制者,非改其道,非变其理,受命于天,易姓更王,非继前王而王也。若一因前制,修故业,而无有所改,是与继前王而王者无以别。受命之君,天之所大显也。事父者承意,事君者仪志,事天亦然。今天大显已物,袭所代而率与同,则不显不明,非天志。故必徙

① 《春秋繁露·为人者天》。
② 《春秋繁露·深察名号》。
③ 《春秋繁露·四时之副》。
④ 《春秋繁露·为人者天》。
⑤ 《春秋繁露·王道通三》。

> 居处，更称号，改正朔，易服色者，无他焉，不敢不顺天志而明自显也。若其大纲，人伦道理，政治教化，习俗文义尽如故，亦何改哉？故王者有改制之名，无易道之实。[①]

既然地上的君王一切都按上天的意志行事，他就必须能够与天顺利地互通信息，时时交流彼此的意旨和愿望，于是，经董仲舒继承和改造的“天人感应”就派上了用场。董仲舒一方面感到专制主义中央集权需要在政治上和思想上树立君主的绝对权威，因而给他安置上天这样强大的守护神；另一方面也隐隐觉察到不受限制的君主权力一旦为所欲为，也会给国家和社会带来意想不到的灾难。于是又让这个守护神时刻监督君王的行政，希望利用天公正无私、明察秋毫的眼睛来对君主的活动加以监督和约束，从而使君王的行政按照“天意”即“道”运行。否则，天就会来一次改朝换代，形式是“以有道伐无道”：

> 天人相与之际，甚可畏也。国家将有失道之败，而天乃先出灾害以谴告之。不知自省，又出怪异以警惧之，尚不知变，而伤败乃至。以此见天心之仁爱人君而欲止其乱也。[②]

> 且天之生民，非为王也，而天立王以为民也。故其德足以安乐民者，天予之；其恶足以贼害民者，天夺之。……言天之无常予无常夺也。……王者，天之所予也，其所伐皆天之所夺也。……故夏无道而殷伐之，殷无道而周伐之，周无道而秦伐之，秦无道而汉伐之。有道伐无道，此天理也，所从来久矣。[③]

由此，就产生了董仲舒关于统治权合法性理论的第四个层次：天时刻监督地上皇权的运行，对不合天意、违背“内圣外王”原则者予以撤换，所以“汤武革命”就是“顺乎天应乎人”的合理行动。不怀疑董仲舒的愿望有其真诚的一面，不过，必须指出，他天真地借助天神的威力限制君主滥用权力的希冀，只不过是一厢情愿而已。事实是，不仅汉代，就是以后中国历史数以百计的君王，有哪一个时刻怀着对天谴的敬畏之心？又有哪一个因天谴而改弦更张

① 《春秋繁露·楚庄王》。
② 《汉书·董仲舒传》。
③ 《春秋繁露·尧舜不擅移汤武不专杀》。

与民更始呢？当然，指出董仲舒良好愿望的虚幻并不是要谴责他，因为他的时代还不具备产生权力制衡思想的条件。

董仲舒的皇权即统治权合法性的理论尽管披着神权的外衣，但包含着不少合理的内核，其中包括大一统、中央集权、“德主刑辅”、民为邦本、君王自律、上天监督等内容。他理解的德，也可以称之为“王道”的政治理念，要求为政者真诚地“爱民”，“教以爱，使以忠”，使之自觉“修德”，耻于犯法，特别要最大限度地减轻对百姓的索取，给他们创造一个“家给人足”的生产生活条件，使之感受“王道”之下的幸福与满足。与之相联系，他反对国君的骄奢淫逸和对百姓的肆意盘剥和榨取。在社会财富分配上实行“禁民二业”的制度，“使富者足以示贵而不至于骄，贫者足以养生而不至于忧”。同时，还要求帝王加强个人的品格德行修养，笃行孔子“身正，不令而行”的教诲，“正心”正身，使自己成为百官和万民的道德表率。进而要求君王识贤、举贤、用贤，建立起以贤才为基干的官吏队伍。这些内容，实际上是儒家统治权合法性理论的最有价值的内容。就是“君权天授”这一看似毫无可取价值的命题，也包含着一些具有积极意义的合理内核，这就是制衡意识和监督意识。因为在董仲舒看来，让天监督君王的行政总比他毫无顾忌地独断专行更好一些。

可以这样说，在中国历史上，董仲舒对于统治权合法性理论的构建起了承前启后的作用。在他之后，与“君权天授”相匹配，依血缘关系的有序继承的合法性和忠君观念的正当性就几乎成为社会的共识。后来王莽的篡汉，就充分利用了“君权天授”的理论，让自己随意制造的“天意”战胜“忠君”，将一个新朝顺理成章地压到了百姓头上。刘秀同样利用了“君权天授”的理论，再补以“汉室正统”的传统观念，比较顺利地建立起一个名符其旧、实则创新的东汉王朝。东汉末期，皇权极度弱化，曹氏集团经过近三十年的精心经营，已经掌控了东汉朝廷的全部权力，形成皇权转移的不可逆转的水到渠成之势。于是曹丕及其谋士们就精心设计了一出“禅让”戏，自编、自导、自演，牵着如同傀儡的汉献帝，完成了魏代汉的政权转移，再一次凸显了“禅让”的合法性。显然，秦汉时期的政治家们都心知肚明，皇权的合法性其实在于最强大力量的支撑，合法性的观念也随力量的转移而转移，其他任何美妙的说辞都不过是强权的婢女而已。

曹丕的“禅让”戏为后来中国所有野心家的篡政创造了一个经典的模式，这个模式经过“君权天授”的文饰，与血缘继承一起构成了统治权合法性的基本论据。东晋和南朝宋、齐、梁、陈的嬗变，五代梁之朱温代唐，北宋之赵匡胤代周，走的都是“禅让”的路子，其他朝代的更替走的则是武力夺取帝位的路子，但当事人同时都给自己制造一个“天命攸归”的证据。如赵匡胤发动的“陈桥驿兵变”，就是用“黄袍加身”的喜剧为自己的篡政罩上“天意所钟”的神圣灵光。

北宋以后的元、明、清诸朝，一方面由于在制度上进一步强化了对权臣篡弑的防范，一方面由于宋明理学对“臣事君以忠”的宣传更加深入人心，尽管权臣屡屡出现，他们挟持皇帝、权倾朝野，但始终没有发生篡政风潮。“禅让”模式的改朝换代最终退出了历史舞台。统治权的取得只剩下两种模式：武力夺取和血缘继承，但“天意所钟”的旗号则始终被高高举起，作为统治权合法性的最权威的根据不厌其烦地不断向臣民宣示。

总起来看，中国古代社会在长期的发展进程中，由于改朝换代一再重演，更由于思想家在理论上的一再强调和宣传，武力夺权的“创业”和血缘继承的“垂统”就成为统治权合法性的两个最根本的原则，而罩在二者之上的“天意”却是统治者最爱挥舞的旗帜。在对这一合法性的论述中，始终缺乏“民选”的理念，其中最具民主性的精华是“民本”，这个理念大概是勉强可以和现代民主接轨的东西了。

（2019年“董仲舒与儒家思想国际学术研讨会”会议论文）

论董仲舒的“天人合一”论

董仲舒是中国古代儒学史上第二个发展阶段即经学时代的代表人物。他的“天人合一”论是对先秦儒学“天人合一”论的继承和发展。先秦儒家的“天人合一”论发端于周公。他的“天人合一”是以天为主，人合于天。孔子虽然初步赋予天以模糊的自然属性，但基本上没有离开人合于天的定位。子思和孟子的“天人合一”论较之周公、孔子进一步强调人的主观能动性，认定人能够“赞天地化育”“与天地参”“上下与天地同流”，这种“天人合一”尽管从形式上还承认天作为人格神的权威，但实际上其基本倾向已经是以人为主，将天合于人了。荀子认定天即自然界，与人类社会是两个完全不同的事物，作为自然界的天按自己的规律运行，丝毫不干预人类的活动，人类的活动也不能改变或干预自然规律，二者是“相分”，即各自为政，互不干涉。但是由于人类必须存在和生活于自然环境之中，由天、地提供衣、食、住、行的物质基础，他们又与自然界有着不可分割的密切联系。所以天人关系就既不是人合于天，也不是天合于人，而是天人良性互动、协调发展：人认识自然规律，尊重自然规律，顺应自然规律，利用自然规律为自己服务，这就是“制天命而用之”。荀子的“天人合一”论已经摆脱了周公、孔子、子思、孟子等“天人合一”论的神秘色彩，将天人关系建立在唯物论认识论的基础之上，是最科学的“天人合一”论。

董仲舒充分吸纳和利用了先秦儒学和其他诸子的思想资源，并在此基础进行创新和发展，创造出自己远较其前辈更加细密和精致的“天人合一”论。这个理论是由以下几个部分组成的。

第一，董仲舒的“天”是人格神的上帝，是自然界和人类社会的最高主宰，是至高无上的绝对权威，是最高人格神之天、最高道德之天、最高造物主之天：

> 天者，万物之祖，万物非天不生。[①]
>
> 天地者，万物之本，先祖之所出也。广大无极，其德炤明，历年众多，永永无疆。天出至明，众之类也，其伏无不炤也，地出至晦，星日为明，不敢暗。君臣、父子、夫妇之道取之。[②]
>
> 何谓本？曰天地人，万物之本也。天生之，地养之，人成之。天生之以孝悌，地养之以衣食，人成之以礼乐。三者相为手足，合以成体，不可一无也。[③]
>
> 为生不能为人，为人者天也。人之人本于天，天亦人之曾祖父也。此人之所以乃上类天也。人之形体，化天数而成；人之血气，化天志而仁；人之德行，化天理而义；人之好恶，化天之暖清；人之喜怒，化天之寒暑；人之受命，化天之四时。人生有喜怒哀乐之答，春秋冬夏之类也。[④]

在董仲舒看来，自然界和人世间的一切都是那个冥冥中的上天创造的。这个至上神的上帝提供了人世间一切物质和精神的泉源，是自然界和人类社会所有事物存在的前提，自然界和人类社会的一切都是天的附属物。离开天，它们一刻也不能存在。这个天是没有任何物质品性的，所谓“自然之天”在他那里根本就不存在。不过，董仲舒又认定，这个天又是绝对公平的，它让自然界的动物只有一种谋生手段，因而要求人也只能以一种职业获取生活资料：“夫天亦有所分予，予之齿者去其角，傅其翼者两其足，是所受大者不得取小也。古之所予禄者，不食于力，不动于末，是亦受大者不得取小，与天同意者也。”[⑤]这就是说，自然界和人类社会的一切都是天的有目的地创造，人只能顺天从命，一切听从天的公正安排。

第二，天是一个绝对独立的存在，它有自己的运行规律，而这个规律是不受其他任何事物左右，当然也是不受人支配的：

> 天高其位而下其施，藏其形而见其光。高其位，所以为尊也。下其

① 《春秋繁露·顺命》。
② 《春秋繁露·观德》。
③ 《春秋繁露·立元神》。
④ 《春秋繁露·为人者天》。
⑤ 《汉书·董仲舒传》。

施，所以为仁也。藏其形，所以为神。见其光，所以为明。故位尊而施仁，藏神而见光者，天之行也。①

天之道，有序而时，有度而节，变而有常，反而有相奉，微而至远，踔而至精，一而少积蓄，广而实，虚而盈。圣人视天而行，是故其禁而审好恶喜怒之处也，欲合诸天之非其时，不出煖清寒暑也。其告之以政令而化风之清微也，欲合诸天之颠倒其一而以成岁也。其羞浅末华虚而贵敦厚忠信也，欲合诸天之默然不言而功德积成也。其不阿党偏私而美泛爱兼利也，欲合诸天之所以成物者少霜而多露也。其内自省以是而外显，不可以不时。人主有喜怒，不可以不时。可亦为时，时亦为义，喜怒以类合，其理一也。故义不义者，时之合类也，而喜怒乃寒暑之别气也。②

天之道终而复始。③

天道之常，一阴一阳。阳者，天之德也，阴者，天之刑也。④

天之道，春煖以生，夏暑以养，秋凉以杀，冬寒以藏。暖暑清寒，异气而同功，皆天之所以成岁也。圣人副天之所行以为政，故以庆副煖而当春，以赏副暑而当夏，以罚副凉而当秋，以刑副寒而当冬。庆赏罚刑，异事而同功，皆王者之所以成德也。庆赏罚刑与春夏秋冬，以类相应也如合符。故曰王者配天，谓其道。天有四时，王有四政。四政若四时，通类也，天人所同有也。庆为春，赏为夏，罚为秋，刑为冬。庆赏罚刑之不可不具也，如春夏秋冬不可不备也；庆赏罚刑当其处不可不发，若煖暑清寒当其时不可不出也；庆赏罚刑各有正处，如春夏秋冬各有时也。四政者不可以相干也，犹四时不可相干也。四政者不可以易处也，犹四时不可易处也。故庆赏罚刑有不行于其正处者，《春秋》讥也。⑤

你看，在董仲舒眼里，天是按照自己的“道”运行的，“有序而时，有度而节，变而有常，及而有相，微而至远，踔而至精”；是循环往复、“终而复始”的；是借

---

① 《春秋繁露·离合根》。

② 《春秋繁露·天容》。

③ 《春秋繁露·阴阳终始》。

④ 《春秋繁露·阴阳义》。

⑤ 《春秋繁露·四时之副》。

助阴阳两种力量良性互动、相反相成的；特别是“四时”与“四政”交相呼应，天上与人间交感相融，构成了天人之间的协调运行。

第三，“人副天数”，天按照自己的意志和自己的形象形塑了人类和人类社会的一切。首先，人的形体是天按照自己的意愿和形体精心塑造的：

天德施，地德化，人德义。天气上，地气下，人气在其间。春生夏长，百物以兴；秋杀冬收，百物以藏。故莫精于气，莫富于地，莫神于天。天地之精所以生物者，莫贵于人。人受命乎天也，故超然有以倚。物疢疾莫能为仁义，唯人独能为仁义；物疢疾莫能偶天地，唯人独能偶天地。人有三百六十节，偶天之数也；形体骨肉，偶地之厚也。上有耳目聪明，日月之象也；体有空窍理脉，川谷之象也；心有哀乐喜怒，神气之类也。观人之体一，何高物之甚而类于天也。物旁折取天之阴阳以生活耳，而人乃烂然有其文理。是故凡物之形，莫不伏从旁折天地而行，人独题直立端尚正正当之。是故所取天地少者旁折之，所取天地多者正当之，此见人之绝于物而参天地。是故人之身，首而员象天容也，发象星辰也，耳目戾戾象日月也，鼻口呼吸象风气也，胸中达知象神明也，腹胞实虚象百物也。百物者最近地，故要以下，地也。天地之象，以要为带。颈以上者，精神尊严，明天类之状也；颈而下者，丰厚卑辱，土壤之比也。足布而方，地形之象也。是故礼，带置绅必直其颈，以别心也。带而上者尽为阳，带而下者尽为阴，各其分。阳，天气也；阴，地气也。故阴阳之动，使人足病，喉痹起，则地气上为云雨，而象亦应之也。天地之符，阴阳之副，常设于身。身犹天也，数与之相参，故命与之相连也。天以终岁之数成人之身，故小节三百六十六，副日数也；大节十二分，副月数也。内有五藏，副五行数也；外有四肢，副四时数也；乍视乍瞑，副昼夜也；乍刚乍柔，副冬夏也；乍哀乍乐，副阴阳也；心有计虑，副度数也；行有伦理，副天地也。此皆暗肤着身，与人俱生，比而偶之弇合。于其可数也副数，不可数者副类，皆当同而副天，一也。是故陈其有形以著其无形者，拘其可数者。以此言道之亦宜以类相应，犹其形也，以数相中也。①

① 《春秋繁露·人副天数》。

显然，董仲舒如此将天体与人体一一对应比附，是既不符合天体也不符合人体结构实际的。这正暴露了他所构筑的理论体系的远离科学性的硬伤。将天体、人体进行硬性比附已经很荒唐了，但董仲舒意犹未尽，进而又将天子、诸侯、大夫、士之名号说成“天意”：

> 名号之正，取之天地，天地为名号之大义也。……天不言，使人发其意；弗为，使人行其中。名则圣人所发天意，不可不深观也。受命之君，天意之所予也。故号为天子者，宜视天如父，事天以孝道也。号为诸侯者，宜谨视所侯奉之天子也，号为大夫者，宜厚其忠信，敦其礼义，使善大于匹夫之义，足以化也。士者，事也。民者，瞑也。士不及化，可使守事从上而已。五号自赞，各有分。分中委曲，曲有名。①

再进一步，又将《周官》记载的王者官制与天比附，得出“官制象天”的结论：

> 王者制官，三公、九卿、二十七大夫、八十一元士，凡百二十人，而列臣备矣。吾闻圣王所取仪，金天之大经，三起而成，四转而终。官制亦然者，此其仪与？三人而为一选，仪于三月而为一时也。四选而止，仪于四时而终也。三公者，王之所以自持也。天以三成之，王以三自持，立成数以为植而四重之，其可以无失矣。……何谓天之大经？三起而成日，三日而成规，三旬而成月，三月而成时，三时而成功。寒暑与和，三而成物；日月与星，三而成光；天地与人，三而成德。由此观之，三而一成，天之大经也，以此为天制。是故礼三让而成，一节官三人而成一选。三公为一选，三卿为一选，三大夫为一选，三士为一选，凡四选。三臣应天之制，凡四时之三月也。是故其以三为选，取诸天之经；其以四为制，取诸天之时；其以十二臣为一条，取诸岁之度；其至十条而止，取之天端。何谓天之端？曰：天有十端，十端而止已。天为一端，地为一端，阴为一端，阳为一端，火为一端，金为一端，木为一端，水为一端，土为一端，人为一端，凡十端而毕，天之数也。天数毕于十，王者受十端于天，而一条之率。每条一端以十二时，如天之每终一岁以十二月也。十者天之数也，十二者岁之度也。用岁之度，条天之数，十二而天数毕。是故终十岁而用百二十月，条十端亦用百二十臣，以率被之，皆合于天。

---

① 《春秋繁露·深察名号》。

其率三臣而成一慎，故八十一元士为二十七慎，以持二十七大夫；二十七大夫为九慎，而持九卿；九卿为三慎，以持三公；三公为一慎，以持天子。天子积四十慎以为四选，选十慎三臣，皆天数也。是故以四选率之，则选三十人，三四十二，百二十人，亦天数也。[1]

人们不能不佩服董仲舒丰富的想象力和奇特的比附本领，他硬是为三公、九卿、二十七大夫、八十一元上找到了与天体对应的事物，并将这犹如梦呓般的杜撰弥合得似乎天衣无缝。然而，只要以现代自然科学知识加以检视，就能发现他的无类比附是多么荒谬绝伦！

第四，董仲舒进而又将阴阳五行引进他的“天人合一”论：

天有五行：一曰木，二曰火，三曰土，四曰金，五曰水。木，五行之始也；水，五行之终也；土，五行之中也。此其天次之序也。木生火，火生土，土生金，金生水，水生木，此其父子也。木居左，金居右，火居前，水居后，土居中央，此其父子之序，相受而布。是故木受水，而火受木，土受火，而金受土，水受金也。诸授之者，皆其父也；受之者，皆其子也。常因其父以使其子，天之道也。是故木已生而火养之，金已死而水藏之，火乐木而养以阳，水克金而丧以阴，土之事天竭其忠。故五行者，乃孝子忠臣之行也。五行之为言，犹五行欤？是故以得辞也，圣人知之，故多其爱而少严，厚养生而谨送终，就天之制也。以子而迎成养，如火之乐木也；丧父，如水之克金也；事君，若土之敬天也。可谓有行人矣。五行之随，各如其序，五行之官，各致其能。是故木居东方而主春气，火居南方而主夏气，金居西方而主秋气，水居北方而主冬气。是故木主生而金主杀，火主暑而水主寒。使人必以其序，官人必以其能，天之数也。土居中央，为之天润。土者，天之股肱也。其德茂美，不可名以一时之事，故五行而四时者，土兼之也。金木水火虽各职，不因土方不立，若酸咸辛苦之不因甘肥不能成味也。甘者，五味之本也；土者，五行之主也。五行之主土气也，犹五味之有甘肥也，不得不成。是故圣人之行，莫贵于忠，土德之谓也。人官之大者，不名所职，相其是矣。天官之大者，不

① 《春秋繁露·官制象天》。

名所生，土是矣。①

董仲舒在这里充分利用五行的物理性能，比附人间的君臣父子之序，仿佛让自然之天带给人们一个接近“唯物”的境界。其实，这里的物质木、火、土、金、水，都被董仲舒赋予了道德和秩序的属性，本身的物质性能已经被他掏空了。他又以阴阳配合五行，赋予阴阳以道德的属性：

是故春喜、夏乐、秋忧、冬悲，悲死而乐生。以夏养春，以冬丧秋，大人之志也。是故先爱而后严，乐生而哀终，天之当也。而人资诸天，大德而小刑也。是故人主近天之所近，远天之所远，大天之所大，小天之所小。是故天数右阳而不右阴，务德而不务刑。刑之不可任以成世也，犹阴不可任以成岁也。为政而任刑，谓之逆天，非王道也。②

阴阳五行概念在其最早的创始人那里，本来还具有朴素唯物论和辩证法的因素，但到了董仲舒的手里，却被完全改造成政治制度、社会秩序和伦理道德的证物。要将两种根本不能互证的事物硬拉在一起构筑他所需要的体系，只能将其中的唯物论和辩证法的因素剔除净尽。

第五，董仲舒的“天人合一”论经天主宰、天自运行、名号自天、人副天数、官副天数和阴阳五行等一路走来，最后由“天人感应”画上了一个圆满的句号。通过“天人感应”，他将天的意志贯彻到人间，将地上人的作为，尤其是君王的行政上达天庭，由此实现上下交感、天人互动：

天地之物有不常之变者谓之异，小者谓之灾。灾常先至而异乃随之。灾者，天之谴也；异者，天之威也。谴之而不知，乃畏之以威。《诗》云“畏天之威”，殆此谓也。凡灾异之本，尽生于国家之失。国家之失乃始萌芽，而天出灾害以谴告之。谴告之而不知变，乃见怪异以惊骇之。惊骇之尚不知畏恐，其殃咎乃至。以此见天意之仁而不欲陷人也。谨按：灾异以见天意。天意有欲也，有不欲也。所欲所不欲者，人内以自省，宜有惩于心；外以观其事，宜有验于国。故见天意者之于灾异也，畏之而不恶也，以为天欲振吾过，救吾失，故以此救我也。③

① 《春秋繁露·五行之义》。
② 《春秋繁露·阳尊阴卑》。
③ 《春秋繁露·必仁且智》。

董仲舒特别以灾异谴告说论证王朝的更替:“国家将有失道之败,而天乃先出灾害以谴告之,不知自省,又出怪异以警惧之,尚不知变,而伤败乃至。以此见天心之仁爱人君而欲止其乱也。”①他将“五帝”“三王”列为美好治世的代表,认为那时天以大量美好事物作为奖励。又将桀、纣列为最虐无道时代的代表,将周幽王以后社会作为衰世的代表,认定天先是以大量灾异出示警告之意,最后以改朝换代展示天的惩罚:

> 道,王道也。王者,人之始也。王正则元气和顺,风雨时,景星见,黄龙下。王不正则上变天,贼气并见。五帝三王之治天下,不敢有君民之心,什一而税,教以爱,使以忠,敬长老,亲亲而尊尊,不夺民时,使民不过岁三日。民家给人足,无怨望忿怒之患,强弱之难,无谗贼妒疾之人。民修德而美好,被发衔哺而游,不慕富贵,耻恶不犯,父不哭子,兄不哭弟,毒虫不螫,猛兽不搏,抵虫不触。故天为之下甘露,朱草生,醴泉出,风雨时,嘉禾兴,凤凰麒麟游于郊,囹圄空虚,画衣裳而民不犯,四夷传译而朝,民情至朴而不文,郊天祀地,秩山川以时至。封于泰山,禅于梁父,立明堂,宗祀先帝,以祖配天。天下诸侯各以其职来祭,贡土地所有,先以入宗庙,端冕盛服,而后见先德,恩之报,奉元之应也。桀纣皆圣王之后,骄溢妄行,侈宫室,广苑囿,穷五采之变,极饬材之工,困野兽之足,竭山泽之利,食类恶之兽,夺民财食,高雕文刻镂之观,尽金玉骨象之工,盛羽旄之饰,穷白黑之变,深刑妄杀以凌下,听郑卫之音,充倾宫之志,灵虎兕文采之兽,以希见之意,赏佞赐谗,以糟为丘,以酒为池,孤贫不养,杀圣贤而剖其心,生燔人闻其臭,剔妇孕见其化,斮朝涉之足察其拇,杀梅伯以为醢,刑鬼侯之女取其环,诛求无已,天下空虚。群臣畏恐,莫敢尽忠,纣愈自贤。周发兵,不期会于孟津之上者八百诸侯,共诛纣,大亡天下。《春秋》以为戒,曰“蒲社灾”。周衰,天子微弱,诸侯力政,大夫专国,士专邑,不能行度制法文之礼。诸侯背叛,莫修贡聘奉献天子。臣弑其君,子弑其父,孽杀其宗,不能统理。更相伐锉以广地,以强相胁,不能制属。强奄弱,众暴寡,富使贫,并兼无已。臣下上僭,不能禁止。日为之食,星霣如雨,雨螽,沙鹿崩,夏大雨水,冬大雨

① 《汉书·董仲舒传》。

雪，霣石于宋五，六鹢退飞，霣霜不杀草，李梅实，正月不雨，至于秋七月，地震，梁山崩，壅河，三日不流。昼晦，彗星见于东方，孛于大辰，鹳鹆来巢。《春秋》异之，以此见悖乱之征。孔子明得失，差贵贱，反王道之本，讥天王以致太平，刺恶讥微，不遗小大，善无细而不举，恶无细而不去，进善诛恶，绝诸本而已矣。[①]

董仲舒的论述当然是荒诞不经的，但作为一个“天人合一”的体系而言，它又是细密系统的，有着严密的内在逻辑联系。因为在这个体系中，“天”成为绝对主宰自然界和人世的最高神灵，被赋予创造世界万物、推动自然界和人类社会运行的绝对权威。自然界和人类社会的一切都是它有目的的安排，任何超出它目的的行动都是非法的，都要受到惩罚，都要回归它原定的运行轨道。人的主观能动性主要体现在不折不扣的“体天意”，即所谓“道莫明省身之天”，而这个天意就是它所设定的国家和社会制度，礼乐法则，忠、孝、节、义、仁、礼、智、信的核心价值观念，都是世人必须无条件接受和恪守的。在他构筑的这个“天人合一”体系中，人只是天的终极目的的消极承接物，天已经将人彻底吞噬了。董仲舒认为，只有如此，自然界和人类社会才能顺畅有序地运行，人间才能是美好的世界。然而，他的“天人合一”的最大谬误在于，他设定的“天”作为人格神上帝是根本不存在的。因为前提是虚幻的，所以他的看似严密的体系实际上成了空中楼阁。

应该指出，董仲舒的“天人合一”论尽管从体系上讲是唯心主义的，但其中的合理内核却值得珍视。如天人感应论中透出的权力监督意识，阴阳五行理论中幻化出的专制主义中央集权理念、君臣自律理念、德主刑辅理念、选贤用贤理念，目的论中导出的禁民二业的财富分配论等，都是具有积极意义的思想。问题是，董仲舒何以一定要在荀子唯物的“天人合一”之后倒退到唯心的“天人合一”论呢？原因说来似乎也简单：因为当时的社会需要天作为至上神存在。不仅统治者需要，广大百姓也需要，维持对天的敬畏才能维系整个国家和社会的心理恒定。

---

① 《春秋繁露·王道》。

桑弘羊其人及其法家的政治观念

汉昭帝始元六年(前 81 年),朝廷召开了著名的"盐铁会议",召集在野的知识分子的代表贤良文学,就国家的大政方针,尤其是经济政策,如盐铁官营问题,发表意见。会上发生了激烈的辩论。代表政府出场、捍卫盐铁官营政策的是时任御史大夫的桑弘羊。

桑弘羊(前 152～前 80 年),洛阳(今河南洛阳东)人,商贾之子。13 岁进入汉宫廷做郎官,在武帝身边服务。元封元年(前 110 年)任治粟都尉,领大司农,从此执掌汉朝财政经济大权达三十年之久,他自己也成为当时为数不多的大富豪。在与贤良文学辩论时,他不无得意地炫耀自己发财致富的经历:

> 大夫曰:"余结发束脩,年十三幸得宿卫,给事辇毂之下,以至卿大夫之位,获禄受赐,六十有余年矣。车马衣服之用,妻子仆养之费,量入为出,俭节以居之。奉禄赏赐,一二筹策之,积浸以致富成业。故分土若一,贤者能守之。分财若一,知者能筹之。夫白圭之废著,子贡之三至千金,岂必赖之民哉?运之方寸,转之息耗,取之贵贱之间耳。"①

在桑弘羊执掌汉朝财政经济大权三十多年的岁月里,正是汉武帝"内兴功作,外攘夷狄"大有为的政治时期。这一时期,汉武帝出台的所有加强专制主义中央集权的政策措施,尤其是经济方面的统一货币、盐铁官营、酒专卖、平准均输、算缗告缗等,有的是桑弘羊提出并主持实施的,有的是他参与其中积极推动进行。这些政策措施最大限度地以利税的形式将国民财富集中

---

① 《盐铁论·贫富》。

到政府手中,收到了"民不益赋而天下用饶"[①]的效果,支持了汉武帝一系列加强中央集权措施的实施以及北伐匈奴、南平闽越、凿通西域、收服西南夷等军事外交行动的成功。

由于桑弘羊对汉武帝矢志忠贞并善于领会他的意图且政绩卓著,因而得到了汉武帝的绝对信任,到汉武帝病逝前,他已经升至御史大夫的高位。汉武帝病逝后,他又与霍光、上官桀、金日磾作为顾命大臣辅佐年轻的汉昭帝执掌国柄。然而,因为桑弘羊与时任大司马大将军的霍光矛盾日益尖锐,他就卷入了燕王刘旦和盖长公主(皆为武帝子女)、左将军上官桀、车骑将军上官安等的夺取皇位的政变阴谋,企图以刘旦代替昭帝并诛灭首席顾命大臣霍光一族。元凤元年(前80年)九月,这一阴谋败露,昭帝下诏将上官桀、上官安父子,桑弘羊和盖长公主的面首丁外人等下狱诛杀,刘旦自缢身死。在经济财政上以精于计算出名的桑弘羊,在这场统治集团的政治斗争中严重失算,最后被老谋深算的霍光送上了断头台。

桑弘羊尽管生活在汉武帝实行"罢黜百家,独尊儒术"思想文化政策的岁月里,但作为一个具有商人家庭背景、精明而又务实的经济财政专家,他在政治思想上却旗帜鲜明地表述了法家的立场和理念。在两汉时期,他是最后一个具有如此鲜明法家特色的人物。桑弘羊虽然在西汉历史上是一个不可或缺的重要人物,然而,皇皇80余万字的《汉书》却没有为他立传。他的主要思想资料集中在桓宽编辑的《盐铁论》一书中。

桑弘羊政治思想最突出的特色就是钟情法家的基本理念,认为要治理好国家,做到国泰民安,首要条件是必须有雄厚的经济基础,有充裕的财税收入作支撑。所以,凡是能够增加财政收入的社会事业都应该受到重视,得到发展。农业固然重要,但能提供巨大利税的工商业同样重要:

> 大夫曰:"古之立国家者,开本末之途,通有无之用,市朝以一其求,致士民,聚万货。农商工师,各得所欲,交易而退。《易》曰:'通其变,使民不倦。'故工不出,则农用乏;商不出,则宝货绝。农用乏,则谷不殖;宝货绝,则财用匮。故盐铁均输,则所以通委财而调缓急。"[②]

---

① 《汉书·食货志》。

② 《盐铁论·本议》。

大夫曰："自京师东西南北，历山川，经郡国，诸殷富大都，无非街衢五通，商贾之所臻，万物之所殖者。故圣人因天时，知者因地财，上士取诸人，中士劳其形。长沮、桀溺，无百金之积，跖跻之徒，无猗顿之富。宛、周、齐、鲁，商遍天下，故乃商贾之富，或累万金，追利乘羡之所致也。富国何必用本农，足民何必井田也。"①

大夫曰："贤圣治家非一室，富国非一道。昔管仲以权谲霸，而范氏以强大亡。使治家养生必于农，则舜不甄陶而伊尹不为庖。故善为国者，天下之下，我高；天下之轻，我重。以末易其本，以虚荡其实。今山泽之财，均输之藏，所以御轻重而役诸侯也。汝汉之金，纤微之贡，所以诱外国而钓羌胡之宝也。夫中国一端之缦，得匈奴累金之物，而损敌国之用，是以骡驴驮驼衔尾入塞，弹騱騵马尽为我畜。鼲貂狐貉采旃文罽充于内府，而璧玉珊瑚瑠璃咸为国之宝。是则外国之物内流而利不外泄也，异物内流则国用饶，利不外泄则民用给矣。"②

大夫曰："道悬于天，物布于地，知者以衍，愚者以困。子贡以著积显于诸侯，陶朱公以货殖尊于当世。富者交焉，贫者澹焉。故上自人君，下及布衣之士，莫不戴其德，称其仁。原宪、孔伋，当世被饥寒之患，颜回屡空于穷巷，当此之时，迫于窟穴，拘于缊袍，虽欲假财信奸佞，亦不能也。"③

桑弘羊一反传统的"重本抑末"的经济财政理念，推出工商同样能创造财富的理念，这种思想不仅是正确的，而且是超前的。与西欧封建社会庄园经济条件下工商业很不发达的状况相比，中国封建社会从一开始就有比较发达的工商业相伴，而工商业税收也成为国家财政的重要来源。如春秋战国时代的齐国之所以一直是比较强大富裕的诸侯国，其以渔盐之利为代表的工商业相对发达是重要原因。在桑弘羊看来，国富重于民富，所以国家不仅需要重视工商业，而且应该控制最重要的利源。因此，必须坚持统一货币、盐铁官营、酒专卖、平准均输、算缗告缗等政策。其中，统一货币对于禁奸伪、

① 《盐铁论·力耕》。
② 《盐铁论·通有》。
③ 《盐铁论·贫富》。

树立货币在百姓中的信用和保证经济的有序运行都具有不容置疑的积极意义：

夏后以玄贝，周人以紫石，后世或金钱刀布。物极而衰，终始之运也。故山泽无征，则君臣同利，刀币无，则奸贞并行。夫臣富相侈，下专利则相倾也。

大夫曰："文帝之时，纵民得铸钱、冶铁、煮盐。吴王擅鄣海泽，邓通专西山。山东奸猾咸聚吴国，秦、雍、汉、蜀因邓氏。吴、邓钱布天下，故有铸钱之禁。禁御之法立而奸伪息，奸伪息则民不期于妄得，而各务其职。不反本何为？故统一，则民不二也；币由上，则下不疑也。"[①]

桑弘羊进而阐发盐、铁官营、"山海之利"的积极意义，认为这些措施不仅能够增加国家的财政收入，而且有助于"建本抑末"，削弱地方豪强势力，"离朋党"，抑兼并，更好地维护国家和社会秩序的稳定：

今意总一盐、铁，非独为利入也，将以建本抑末，离朋党，禁淫侈，绝并兼之路也。古者名山大泽不以封，为下之专利也。山海之利，广泽之畜，天下之藏也，皆宜属少府。陛下不私，以属大司农，以佐助百姓。浮食豪民，好欲擅山海之货，以致富业，役利细民，故沮事议者众。铁器兵刃，天下之大用也，非众庶所宜事也。往者豪强大家，得管山海之利，采铁石鼓铸，煮盐。一家聚众，或至千余人，大抵尽收放流人民也。远去乡里，弃坟墓，依倚大家，聚深山穷泽之中，成奸伪之业，遂朋党之权，其轻为非亦大矣。[②]

桑弘羊同样为"均输""平准"进行辩护，认为这些政策起到了"平万物而便百姓"的作用：

大夫曰："往者，郡国诸侯各以其物贡输，往来烦杂，物多苦恶，或不偿其费。故郡置输官以相给运，而便远方之贡，故曰均输。开委府于京，以笼货物，贱即买，贵即卖。是以县官不失实，商贾无所贸利，故曰平准。平准则民不失职，均输则民齐劳逸。故平准、均输，所以平万物

① 《盐铁论·错币》。
② 《盐铁论·复古》。

而便百姓，非开利孔为民罪梯者也。"①

再进一步，桑弘羊就借商鞅以严刑峻法在秦国行政的成功经验，阐明在政治经济上实行专制主义的必要性：

大夫曰："昔商君相秦也，内立法度，严刑罚，饬政教，奸伪无所容。外设百倍之利，收山泽之税，国富民强，器械完饰，蓄积有余。是以征敌伐国，攘地斥境，不赋百姓而师以赡。故用不竭而民不知，地尽西河而民不苦。盐、铁之利，所以佐百姓之急，足军旅之费，务蓄积以备乏绝，所给甚众，有益于国，无害于人。"②

他以春秋战国之际的齐国姜氏权移田氏作为反面例证，说明纵使有丰盛的自然资源，如果不由国家控制而任由权势之家操控，最后必然走向衰落和灭亡，由此证明"人主统而一之则强，不禁则亡"的道理：

齐以其肠胃予人，家强而不制，枝大而折干，以专巨海之富而擅鱼盐之利也。势足以使众，恩足以恤下，是以齐国内倍而外附。权移于臣，政坠于家，公室卑而田宗强，转毂游海者盖三千乘，失之于本而末不可救。③

对于汉武帝以来强化法律、推行盐、铁官营政策的积极作用，桑弘羊给予充分的肯定，认为这些政策不仅排击了富商大贾，而且丰裕了国家财政，收到了"兵革东西征伐，赋敛不增而用足"的效果：

御史曰："水有猵獭而池鱼劳，国有强御而齐民消。故茂林之下无丰草，大块之间无美苗。夫理国之道，除秽锄豪，然后百姓均平，各安其宇。张廷尉论定律令，明法以绳天下，诛奸猾，绝并兼之徒，而强不凌弱，众不暴寡。大夫各筹策，建国用，笼天下盐、铁诸利，以排富商大贾。买官赎罪，损有余，补不足，以齐黎民。是以兵革东西征伐，赋敛不增而用足。"④

最后，桑弘羊将其政治思想归结为彻底的法治主义，将治国理政的基点完全落实到法、令之上，认为"执法者国之辔衔，刑罚者国之维楫"，认定只有

① 《盐铁论·本议》。
② 《盐铁论·非鞅》。
③ 《盐铁论·刺权》。
④ 《盐铁论·轻重》。

实行严刑峻法才能使“民不逾矩”，只有轻罪重罚才能使百姓惮于犯法：

大夫曰：“令者所以教民也，法者所以督奸也。令严而民慎，法设而奸禁。网疏则兽失，法疏则罪漏。罪漏则民放佚而轻犯禁。故禁不必，怯夫侥幸，诛诚，跖跻不犯。是以古者作五刑，刻肌肤而民不逾矩。”

今驰道不小也，而民公犯之，以其罚罪之轻也。千仞之高，人不轻凌，千钧之重，人不轻举。商君刑弃灰于道，而秦民治。故盗马者死，盗牛者加，所以重本而绝轻疾之资也。武兵名食，所以佐边而重武备也。盗伤与杀同罪，所以累其心而责其意也。……故轻之为重，浅之为深，有缘而然。

御史曰：“执法者国之辔衔，刑罚者国之维楫也。故辔衔不饬，虽王良不能以致远。维楫不设，虽良工不能以绝水。韩子曰：疾有国者不能明其法势，御其臣下，富国强兵，以制敌御难，惑于愚儒之文词，以疑贤士之谋，举浮淫之蠹，加之功实之上，而欲国之治，犹释阶而欲登高，无衔橛而御捍马也。今刑法设备，而民犹犯之，况无法乎？其乱必也。”①

御史曰：“夫负千钧之重，以登无极之高，垂峻崖之峭谷，下临不测之渊，虽有庆忌之健，贲育之勇，莫不震慴悚慄者，知坠则身首肝脑涂山石也。故未尝灼而不敢握火者，见其有灼也。未尝伤而不敢握刃者，见其有伤也。彼以知为非，罪之必加，而戮及父兄，必惧而为善。故立法制辟，若临百仞之壑，握火蹈刃，则民畏忌，而无敢犯禁矣。慈母有败子，小不忍也。严家无悍虏，笃责急也。今不立严家之所以制下，而修慈母之所以败子，则惑矣。”②

桑弘羊更进一步论证“礼让不足禁邪，而刑法可以止暴”、治民必须“绳之以法，断之以刑”的道理：

御史曰：“犀铫利钼，五谷之利而间草之害也。明理正法，奸邪之所恶而良民之福也。故曲木恶直绳，奸邪恶正法。是以圣人审于是非，察于治乱，故设明法，陈严刑，防非矫邪，若檃栝辅檠之正弧刺也。故水者火之备，法者止奸之禁也。无法势，虽贤人不能以为治。无甲兵，虽孙、

① 《盐铁论·刑德》。
② 《盐铁论·周秦》。

吴不能以制敌。”①

御史曰：“严墙三仞，楼季难之。山高干云，牧竖登之。故峻则季难三仞，陵夷则牧竖易山巅。夫铄金在炉，庄跻不顾。钱刀在路，匹妇掇之。非匹妇贪而庄跻廉也，轻重之制异，而利害之分明也。故法令可仰而不可逾，可临而不可入。《诗》云：‘不敢暴虎，不敢冯河。’为其无益也。鲁好礼而有季、孟之难，燕哙好让而有子之之乱。礼让不足禁邪，而刑法可以止暴。明君据法，故能长制群下，而久守其国也。”

大夫曰：“……夫治民者，若大匠之斫，斧斤而行之，中绳则止。杜大夫、王中尉之等，绳之以法，断之以刑，然后寇止奸禁。故射者因势，治者因法。虞、夏以质，殷、周以文，异时各有所施。今欲以敦朴之时，治抚弊之民，是犹迁延而拯溺，揖让而救火也。”②

桑弘羊强调法令制度的作用显然是正确的，但他一方面对法令的作用作了绝对化的肯定，另一方面又对礼乐教化即德治作了绝对化的否定，这就走向了极端。而秦朝政治的弊端恰恰表现在绝对化的“以法为教，以吏为师”和摈弃道德教化，以致当秦朝灭亡的时候，竟找不到一个为之殉国的忠臣义士。

桑弘羊在治理边疆少数民族政策上也与贤良文学有着根本性的分歧。他认为“讨暴卫弱，定倾扶危”是古代中原王朝的既定国策。只有以坚甲利兵驱逐胡越，建立强大的边防，国家才能安定宴然，黎民才能安居乐业：

大夫曰：“古者，明王讨暴卫弱，定倾扶危。卫弱扶危，则小国之君说，讨暴定倾，则无罪之人附。今不征伐，则暴害不息。不备，则是以黎民委敌也。《春秋》贬诸侯之后，刺不卒戍。行役戍备，自古有之，非独今也。”③

大夫曰：“……缘边之民，处寒苦之地，距强胡之难，烽燧一动，有没身之累。故边民百战而中国恬卧者，以边郡为蔽扞也。……是以圣王怀四方独苦，兴师推却胡越，远寇安灾，散中国肥饶之余，以调边境。边

① 《盐铁论·申韩》。
② 《盐铁论·诏圣》。
③ 《盐铁论·备胡》。

境强,则中国安。中国安,则晏然无事,何求而不得也?”①

大夫曰:“汤武之伐,非好用兵也。周宣王辟国千里,非贪侵也。所以除寇贼而安百姓也。故无功之师,君子不行;无用之地,圣王不贪。先帝举汤、武之师,定三垂之难,一面而制敌,匈奴遁逃,因河山以为防,故去沙石咸卤不食之地,故割什辟之县,弃造阳之地以与胡,省曲塞,据河险,守要害,以宽繇役,保士民。由此观之,圣主用心,非务广地以老众而已矣。”②

在桑弘羊看来,匈奴是中国最大的边患。尽管汉兴以来,与之“修好结和亲”,奉送大量财物,但它依然不停地“寇暴于边鄙”,屡屡给边疆地区百姓造成生命和财产的重大损失,所以必须坚持以武力讨伐的方针。而汉武帝讨伐匈奴的结果,不仅安定了北部边防,使长城以南的滨塞之郡“马牛放纵,蓄积布野”,而且使广大西域内属,使丝绸之路响起了清脆的驼铃声:

大夫曰:“汉兴以来,修好结和亲,所聘遗单于者甚厚。然不纪重质厚赂之故改节,而暴害滋甚。先帝睹其可以武折,而不可以德怀,故广将帥,招奋击,以诛厥罪。功勋粲然,著于海内,藏于记府,何命‘亡十获一’乎?夫偷安者后危,虑近者忧迩。贤者离俗,知士权行,君子所虑,众庶疑焉。故民可与观成,不可与图始。此有司独见,而文学所不睹。”③

大夫曰:“……匈奴数和亲而常先犯约,贪侵盗驱,长诈谋之国也。反复无信,百约百叛,若朱、象之不移,商均之不化。而欲信其用兵之备,亲之以德,亦难矣。”④

大夫曰:“匈奴背叛不臣,数为寇暴于边鄙,备之则劳中国之士,不备则侵盗不止。先帝哀边人之久患,苦为虏所系获也,故修障塞,饬烽燧,屯戍以备之。”

大夫曰:“匈奴桀黠,擅恣入塞,犯厉中国,杀伐郡县、朔方都尉,甚

① 《盐铁论·地广》。
② 《盐铁论·本议》。
③ 《盐铁论·结和》。
④ 《盐铁论·申韩》。

悖不轨，宜诛讨之日久矣。”[1]

大夫曰：“往者匈奴据河、山之险，擅田牧之利，民富兵强，行入为寇，在则句注之内惊动，而上郡以南咸城。文帝时虏入萧关，烽火通甘泉，群臣惧不知所出，乃请屯京师以备胡。胡西役大宛、康居之属，南与群羌通。先帝推让斥夺广饶之地，建张掖以西，隔绝羌、胡，瓜分其援。是以西域之国，皆内拒匈奴，断其右臂，曳剑而走，故募人田畜以广用，长城以南，滨塞之郡，马牛放纵，蓄积布野，未睹其计之所过也。”[2]

桑弘羊极力颂扬汉武帝武力拓边所取得的成就，誉其为“匡难辟害”的“汤、武之举，蚩尤之兵”：“今四夷内侵，不攘，万世必有此长患。先帝兴义兵以诛暴强，东灭朝鲜，西定冉駹，南擒百越，北挫强胡，追匈奴以广北州，汤、武之举，蚩尤之兵也。”[3]桑弘羊严厉驳斥贤良文学以仁义礼让招徕胡越的迂腐谬见，为汉武帝的武力拓边政策辩护，维护了汉武帝的功业。尽管其思想中不乏大汉族主义的偏见，但其基本指向还是正确的。

桑弘羊在不遗余力地褒扬法制主义的同时，对当时已经“定于一尊”的儒学及其“圣人”偶像进行毫不留情的抨击，对大言炎炎而无实际行政本领的贤良文学则加以轻蔑的讽刺，显示了极其鲜明的学派立场：

御史曰：“文学祖述仲尼，称诵其德，以为自古及今，未之有也。然孔子修道齐、鲁之间，教化洙、泗之上，弟子不为变，世不为治，鲁国之削滋甚。齐宣王褒儒尊学，孟轲、淳于髡之徒，受上大夫之禄，不任职而论国事，盖齐稷下先生千有余人。当此之时，非一公孙弘也。弱燕攻齐，长驱至临淄，湣王遁逃，死于莒而不能救；王建禽于秦，与之俱虏而不能存。若此，儒者之安国尊君，未始有效也。”

御史曰：“故马效千里，不必胡、代；士贵成功，不必文辞。孟轲守旧术，不知世务，故困于梁、宋。孔子能方不能圆，故饥于黎丘。”[4]

故居则为人师，用则为世法。今文学言治则称尧、舜，道行则称孔、墨，授之政则不达，怀古道而不能行，言直而行之枉，道是而情非，衣冠

① 《盐铁论·诏圣》。
② 《盐铁论·备胡》。
③ 《盐铁论·地广》。
④ 《盐铁论·论儒》。

有以殊于乡曲，而实无以异于凡人。诸生所谓中直者，遭时蒙幸，备数适然耳。殆非明举所谓，固未可与论治也。[1]

如此鲜明地站在法家立场上表达对儒家创始人孔子和儒学大师孟子的不屑一顾，如此对罩着儒学光环的贤良文学恶语相向，在秦朝以后，桑弘羊是空前绝后的唯一一人。他锋芒毕露的个性似乎也预示了他不得善终的结局。

（摘自《中国政治思想通史·秦汉卷》，中国社会科学出版社2018年版）

① 《盐铁论·相刺》。

严遵的“纸上谈政”与“纸上谈兵”

严遵，西汉末年蜀郡成都（今属四川）人，生卒年不详。他原姓庄，名遵，字君平。班固写《汉书》时，因避汉明帝刘庄讳，更其姓为严。他是一位对道家学说深有研究的平民学者，一生靠卖卜为生，但一直聚徒讲学。据《汉书·王贡两龚鲍传》记载，他每日在成都市上卖卜，一天仅阅数人，收卜资百钱够吃饭即闭门收摊，其余大部分时间为学生讲述《老子》。后“依老子、庄周之旨，著书十余万言”，留下《老子注》二卷（已佚）、《道德指归论》十三卷（残缺），文一篇。流传至今的《道德指归论》七卷和《老子指归佚文》是后世研究严遵思想的主要资料。《道德指归论》七卷，由说目、上德不德篇、得一篇、上士闻道篇、道生一篇、至柔篇、名身孰亲篇、大成若缺篇、天下有道篇、不出户篇、为学日益篇、圣人无常心篇、出生入死篇、道生篇、天下有始篇、行于大道篇、善建篇、含德之厚篇、知者不言篇、以正治国篇、方而不割篇、治大国篇、大国篇、万物之奥篇、为无为篇、其安易持篇、善为道者篇、江海篇、天下谓我篇、用兵篇、言甚易知篇、知不知篇、民不畏威篇、勇敢篇、民不畏死篇、人之饥篇、生也柔弱篇、天之道篇、柔弱于水篇、小国寡民篇、信言不美篇等四十一篇组成，对《道德经》进行了全面系统的解说和阐发。《老子指归佚文》存有道可道篇、天下皆知篇、不尚贤篇、道冲篇、天地不仁篇、谷神不死篇、天长地久篇、上善若水篇、持而盈之篇、载营魄抱篇、三十辐篇、五色篇、宠辱若惊篇、视之不见篇、古之善为士篇、致虚极篇、太上篇、绝学篇、曲则全篇、希言自然篇、企者不立篇、有物混成篇、重为轻根篇、知其雄篇、取天下篇、佳兵篇、知人智篇、执大象篇、将欲歙篇等二十九篇，可看作《道德指归论》的姊妹篇，是对该书的补充。

一

严遵尽管是一位平民思想家，但在西汉历史上，他堪称造诣最高的研究和阐发老子、庄子思想的学者。严遵热衷研究和阐发老子、庄子思想，认定道是天地之始、万物之母，并将"一"认定为"道之子"，将其作为道与万物之间联系的必然环节和过度桥梁，大大拓展了它的神力，从而将其作为道的外化，在很大程度上赋予它造物主的形象。再后，《指归》沿着"一生二，二生三，三生万物"的程序，描绘了整个宇宙万物的生成：

> 三以无，故能生万物。清浊以分，高卑以陈，阴阳始别，和气流行，三光运，群类生。有形脔可因循者，有声色可见闻者，谓之万物。万物之生也，皆元于虚，始于无，背阴向阳，归柔去刚，清静不动，心意不作而形容修广、性命通达者，以含和柔弱而道无形也。是故，虚无无形微寡柔弱者，天地之所由兴，而万物之所因生也，众人之所恶而侯王之所以自名也，万物之原泉，成功之本根也。①

《指归》同时进一步阐发了《道德经》的辩证意识，承认所有事物都时刻处在不断的发展变化中，承认它们无不以对立面的存在为自己存在的前提，论证了事物向对立面转化的必然性：

> 无以有亡，有以无形。难以易显，易以难彰。寸以尺短，尺以寸长。山以谷摧，谷以山倾。音以声别，声以音停。先以后见，后以先明。故无无则无以见有，无有则无以知无；无难无以知易，无易无以知难；无长无以知短，无短无以知长；无山无以知谷，无谷无以知山；无音无以知声，无声无以知音；无先无以知后，无后无以知先。凡此数者，天地之验，自然之符，陈列暴慢，然否相随，终始反覆，不可别离，神明不能遁，阴阳不能违。②

> 道德所经，神明所纪，天地所化，阴阳所理，实者反虚，明者反晦，盛

① 《道德指归论》卷之二《道生一篇》，《两汉全书》第 11 册，山东大学出版社 2009 年版，第 6168～6169 页。

② 《老子指归遗文·天下皆知篇》，《两汉全书》第 11 册，第 6246 页。

者反衰，张者反弛，有者反亡，生者反死，此物之性而自然之理也。[①]

有了不断变化的宇宙万物，有了人类社会，就有了社会政治的运作。在严遵看来，组成国家政治的最主要的两极是君和民："人之生，悬命于君；君之立，悬命于民。君得道也则万民昌，君失道也则万民丧。万民昌则宗庙显，万民丧则宗庙倾。故君者民之源也，民者君之根也。根伤则华实不生，源衰则流沫不盈。上下相保，故能长久。"[②]这里，他已经认识到君和民是不可分割的共同体，谁也离不了谁，二者实际上是生死与共、荣辱与共的关系。然而，君与民同时又是治与被治的对立的两极。那么，究竟什么是君王最理想的治民方略呢？《指归》认为，无论是治身、治家，还是治国、治天下，都必须遵循"无为"的原则，这也是最好的原则。而与之对立的"有为"的原则，则是最坏的原则，这个原则就是法家和儒家确立和歌颂的那些信条：

尊天敬地，不敢忘先，修身正法，去己任人，审实定名，顺物和神，参伍左右，前后相连，随时循理，曲因其当，万物并作，归之自然，此治国之无为也。冠无有，被无形，抱空虚，履太清，载道德，浮神明，秉太和，驱天地，驰阴阳，骋五行，从群物，涉玄冥，游乎无功，归乎无名，此治天下之无为也。……

富国兼壤，轻战乐兵，底威起节，名显势隆，刑严罚峻，峭直刻深，法察网周，操毒少恩，诸侯畏忌，常为俊雄，公强求伯，伯强求王，此治国之有为也。祖孝悌，宗仁义，修礼节，教民知饰。修治色味，以顺民心，钟鼓琴瑟，以和民志，主言臣听，主动臣随，表功厉行，开以恩厚，号令声华，使民亲附，诸事任己，百方仰朝，此治天下之有为也。[③]

显然，《指归》所认定的治国、治天下的"无为"原则，就是顺应自然，摒弃一切人为的法则，"万物并作，归之自然"，"游乎无功，归乎无名"。而治国、治天下的"有为"原则，就是制定法规，强制推行，提倡孝悌仁义，砥砺礼义名节，以求得自己向往的名和利。《指归》进而认为，君王只要按照"无为"的原则治理百姓，一个万民"自化""自富""自正""自朴"的美好社会就会降临人

---

① 《老子指归遗文·将欲歙篇》，《两汉全书》第11册，第6246页。

② 《道德指归论》卷之二《天下有道篇》，《两汉全书》第11册，第6176页。

③ 《道德指归论》卷之三《出生入死篇》，《两汉全书》第11册，第6185页。

间。《指归》展示的“无为”的政治理想，反映了严遵对自然生命的尊重和对人类和谐社会的向往。但是，他对法规和道德的摒弃却是违反社会发展进步的空想和狂想，贯穿其中的是明显的反智主义。因为人类社会的有序运行必须有与之相适应的法规和道德作保证，而法规与道德的出现和日益细密规范恰恰是文明社会的表征。同老子和庄子一样，严遵看到了社会的文明进步所产生的种种弊端，但他不知道，消除这些弊端不是通过回到文明以前的状态，而是依靠文明的更大的进步。然而，《指归》顺着“无为”的政治理想前进，就不能不将反智主义变成愚民政策，将“小国寡民”视为最美好的社会理想。严遵的确看到了文明进步所带来的“智巧诈伪滋生”的弊端，所以在他笔下，智慧变成了罪恶，而“废弃智巧”的愚民政策则变成了维系天下和谐太平的万应灵药。最后，他反对尚贤和爵禄，将“小国寡民”导向无政府主义：“世不尚贤则民不趋，不趋则不争，不争则不为乱。世不贵货则民不欲，不欲则不求，不求则不为盗。世绝三五则民无喜，无喜则无乐，无乐则不淫乱……无爵禄以劝之，而孝慈自起；无刑罚以禁之，而奸邪自止。”[①]但这种“无欲”“无求”“不趋”“不争”“无喜”“无乐”的人生状态只能存在于幻想中，不要说在人类社会，就是在动物界也是不存在的。所以，严遵知道，在他理想的政治范式下，完全无政府还是不行的。而一个国家政务的运转，主要是臣下通过具体的操作完成君王的指令，所以处理好君臣关系是行政正常有序运转的必要条件。而在他看来，君臣关系的基本原则就是君无为而臣有为。

治之于国，则主明臣忠，朝不壅贤，士不妒功，邪不蔽正，谗不害公，和睦顺从，上下无怨，百官乐职，万事自然；远人怀慕，天下同风；国富民实，不伐而强；宗庙尊显，社稷永宁，阴阳永合，祸乱不生；万物丰熟，境内大宁；邻家托命，后世蕃昌；道德有余，与天为常。治之于天下，则主阴臣阳，主静臣动，主圆臣方，主因臣唱，主默臣言。[②]

是以明王圣主，正身以及天，谋臣以及民；法出于臣，秉之在君；令出于君，饰之在臣。臣之所名，君之所覆也；臣之所事，君之所谋也。臣

① 《老子指归遗文·不尚贤篇》，《两汉全书》第 11 册，第 6247～6248 页。

② 《道德指归论》卷之三《善建篇》，《两汉全书》第 11 册，第 6193 页。

名不正，自丧大命。故君道在阴，臣道在阳；君主专制，臣主定名；君臣隔塞，万物自明。故人君有分，群臣有职，审分明职，不可相代，各守其圜，大道乃得，万事自明，寂然无事，无所不尅。臣行君道则灭其身，君行臣事则伤其国。[①]

然而，这里阐述的已经是黄老之学所鼓吹的“君人南面之术”：君主专制，总揽全局，定谋出令，驾驭群臣；臣子听命，承旨担责，亲力亲为，行政临民。这实际上就是将老子的“道”和法家的“术”有机结合在一起了。

二

严遵的《道德指归论》和《老子指归佚文》的主要内容反映的是严遵的哲学和政治理念，但其中也包含了少量的军事思想。可是，由于严遵只不过是一介平头百姓，不仅没做过芝麻大小的行政官员，而且没有在武装部队指挥过一兵一卒。所以，他的军事思想就不是“虎帐谈兵”，而是典型的“纸上谈兵”了。

严遵谈兵，遵循的是老子的基本观念：兵者凶器，圣人不得已而用之。在他看来，“无为”是治国、治天下的最高也是最好的原则。与之相对的“有为”原则就是等而下之的了：因为想着富国，必然要开疆拓土，进而“轻战乐兵”；为了“名显势隆”，必然严刑峻法，惨毒百姓；欲望无止境，做了诸侯国君不满足而想当霸主，当了霸主又想做统一全国的君王。这样的有为政治是没有底止的。显然，在他坚决否定的“治国之有为”的原则中，争强好胜、喜兵乐战、成王定霸就占有重要位置。有鉴于此，他坚决反对君王主动起兵，挑起战端，认为那是“失君之道”：“万人未动，天下未应，为之起兵，失君之道。为兵之道，失君之机，万民怨恨，天心不平，宗庙危殆，终身无功也。”[②]但是，他也明白，几千年来，战争却成为不可避免的社会现象，任你怎么怨恨它诅咒它，它依然故我地在国家间和集团间不时发生，造成万千士卒百姓死亡、尸骨成山、血流成河的悲惨景象。战争的根源就是不止一个“人

① 《道德指归论》卷之六《民不畏死篇》，《两汉全书》第 11 册，第 6231 页。
② 《老子指归佚文·企者不立篇》，《两汉全书》第 11 册，第 6258 页。

君失道”：

故人君失道，好战自损，正事不修，邪事作起；强大骄奢，纪灭纲弛；雕琢宫室，盈饰狗马，高台大囿，声色在后；刳屠忠谏，尊宠姣好，简傲宗庙，欺侮诸父，残贼暴虐，孤人稚子；反逆天地，刑戮阴阳，黥劓道德，破碎神明；和顺溃浊，变化不通，冬雷夏霜，万物夭伤……①

所以，即使坚持“无为而治”的君王，也无法不遭遇“失道之君”强加于己的战争。因此，君王又必须面对战争并且有一套因应战争的取胜之道。这里提出了一个战争的正义原则，即“因天下之怒”和“因天下之力”的原则：

“伐”，犹攻伐也。因天下之怒以伐天下，故黄帝不能与并威；因天下之力以战天下，故汤武不能与之量功。是以普天之下可任，诸侯之后可臣也。②

再进一步，严遵就将兵事上升到“国之威神”的高度，认定其重要性犹如阴阳之于万物：

道无不有，有无不为，体和服弱，括囊大威，生育群类，莫有能违，无有形象，为万物师，得之者安，失之者危，天地体之，久而不衰。何以效之？庄子曰：夫阴而不阳，万物不生；阳而不阴，万物不成。由此观之，有威无德，民不可治；有德无威，宗庙必倾；无德无威，谓之引殃，遭运时变，身死国亡。故人主者，国之腹心也；兵者，国之威神也。……夫德之与兵，若天之与地，阴之与阳，威德文武，表里相当，隐之玄域，不得已而后行。③

更进一步，严遵认为战争尽管为不祥之物，却是无可避免的，所以人主必须有一个万全的因应之道，其核心是“左德右威”，即君王既要有足以服天下万民的德行，又要有足以威慑天下万国的武力：

夫天地之间，万国并兴，小大愚智，皆愿为君。智尽而服，力屈乃穷，非有余力而屈膝乐为人臣也。是以明王圣主，放道效天，清静为首，和顺为常，因应为始，诚信为元。名实为纪，赏罚为纲，左德右威，以应

① 《道德指归论》卷之六《用兵篇》《两汉全书》第11册，第6221页。
② 《老子指归佚文·曲则全篇》，《两汉全书》第11册，第6257页。
③ 《道德指归论》卷之六《用兵篇》，《两汉全书》第11册，第6221、6223页。

不祥，天下抑制，莫能毁伤，故国可保而民可全也。[①]

有了德威并举的战略优势，形成对敌人的巨大压力，使敌人屈从而不敢发动战争，从而维持列国间的和平局面，“未战而海内正，不攻而诸侯下，天地所覆载，日月所照睹，皇皇莫莫，各安其土”[②]，是最为理想的境界。如果这一步做不到，就要正视战争，运用各种正确的战术原则去战胜敌人。这其中包括：第一，团结一切可以团结的人，最多限度地壮大自己的力量。“蓄天下之怒，积能奇之人，飞耳游目，延聪益明，游士四达，结友合亲，生息变怪，因道应奸。饰权养势，以实其民。”第二，最大限度地离间敌方君臣，制造敌方内部的不和与混乱，最大限度地削弱敌方的力量，以达到“不攻而敌自诎，不战而敌自危”的战略目标：

飞言舞事，以惑敌人；卑辞降下，以闭其君；轻使重利，以开其臣；君臣有隙，因制其神。变作于阴，权动于微，悬其死命，因其枢机，使敌狂惑，不得有为，随时进退，无有常仪。不攻而敌自诎，不战而敌自危，克其君不及其臣，诛其将不及其师，战胜民喜，诸侯畏之。此用奇之次也。制其地形，御其君臣，卑体重赏以顺其外，阴谋云布以乱所亲。奸从彼来，道从此兴，数城而封将，连国而子奸。奸来如鬼，谋计如神，方略不测，奇变不穷。分彼之力，疑彼之心，如出于地，若生于天。离其左右，散其相连，起权生变，以制其死。阻其计谋，使不得信，折其强辅，以孤其志。

第三，在战场上保持我方对敌方的绝对优势，“以众制寡”，既要消灭敌人，又能保全自己：“以众制寡，坚校部曲，官队相伍，上护其下，下求其上，三军相保，亲如父子。”第四，攻击敌人最薄弱的环节，不给敌人喘息之机：“动攻其害，静绝其粮。褫而夺之，饥而渴之，重而累之，水而火之，劳而苦之，冻而暍之，利而诱之，狂而惑之，卒而迫之，窘而薄之。”最后，灵活运用各种战术手段，“奇阵分合，隐伏参处，营前轻后，凌左败右，耀以旌旗，惑以金鼓，进如波浪，退如风雨，发如崩溃，合战如虎，守不可攻，攻不可守，战胜威行”[③]，尽快

① 《道德指归论》卷之六《用兵篇》，《两汉全书》第11册，第6221、6223页。
② 《道德指归论》卷之六《用兵篇》，《两汉全书》第11册，第6221、6223页。
③ 《道德指归论》卷之四《以正治国篇》，《两汉全书》第11册，第6200页。

制敌于死命。这些战术原则大都不是严遵的创造发明,而是他对以前兵法著作如《太公兵法》《孙子》《吴子》《尉缭子》等的综合袭用。

严遵军事思想的局限性是明显的,由于他笃信老庄思想,将战争置于他极力否定的所谓"有为"的境域,以消极的态度对待它,因而不可能对前人的兵学进行创造性的创新和发展。更因为他布衣终身,没有带兵实战的经历,难以对秦汉以来丰富的战争实践进行总结和理论升华,所以只能从以前的兵学文献中汲取自己需要的理论,停留在"纸上谈兵"的地步,显得空泛而不切实际,致使他既难以超越前人,更无法对两汉时期的战争实践发挥积极作用。不过,秦汉两朝虽然产生了一批具有卓越战功的将帅,他们指挥了许多著名的取得胜利的战役,但没有留下与以前兵学相媲美的军事著作。这样一来,严遵差强人意的兵学思想,放在中国兵学发展史上,也就有了一定的地位:可以作为承上启下的一个环节而存在。

(原载《孙子研究》2015 年第 1 期)

“天命”与“忠君”

——两汉之际刘氏皇室与王氏外戚的利益博弈

中国历史发展到战国时代，已经走出了传说的迷茫，有了夏、商、周三代的王朝更替。此后，春秋五霸争强，战国七雄图统，改朝换代作为社会向前发展的形式已经是不争的事实。然而，必须给这个改朝换代的合理性以理论的诠释。远在殷周之际，周公旦就从“天命”和“人德”两方面论证武王伐纣、以周代殷的合理性。战国以降，邹衍又以“五德终始”给改朝换代一个命定论的说明。孟子则干脆给作恶多端的桀、纣以“独夫民贼”的恶谥，为“汤放桀，武王伐纣”树立起一面堂堂皇皇的正义之旗。秦王朝建立后，那位名为嬴政的秦始皇帝服膺“五德终始”的理论，于是自占“水德”，以“奉天承运”标榜自己的王朝在历史上的正当性，幻想一世二世子子孙孙永宝用。秦末扯旗造反的英雄们，如陈涉、吴广、项羽、刘邦之流，虽然也不忘“天命攸归”的神力，但更相信王侯将相“无种”和“伐无道，诛暴秦”的口号对百姓的吸引力。一群天不怕地不怕的浑小子揭竿挥剑，转瞬之间就将秦始皇万世一系的理论变成了千年笑柄。西汉建立以后，刘氏皇室尽管也宣传“天命佑汉”的神力，但更钟情于“忠君”观念的灌输。你看，那个在楚汉战争中私自放刘邦一码而于战后向刘邦邀功请赏的原项羽部将丁公，不是被刘邦以“为项王臣不忠”的罪名给砍了脑袋吗？

西汉初年，儒道互黜，辩题之一就是“汤武革命”。道家即黄老学派的黄生以破帽新鞋为喻，否定“汤武革命”，力倡绝对无条件“忠君”。儒家的诗博士辕固则竭力维护孟子的理论，认定“汤武革命”是诛杀独夫民贼的正义行动。二人的争论最后以汉景帝不置可否的和稀泥了之。因为汉景帝虽然特别中意黄生的观点，但他们的汉室江山偏偏是祖宗刘邦作为秦朝的臣子背弃“忠君”观念造反得来的。汉武帝接受董仲舒的建议，实行“罢黜百家，独尊儒术”的思想文化政策，忠、孝、节、义、仁、礼、智、信等道德信条逐步深入人心，作为汉朝的臣子而萌生取汉朝而代之的意识是天字第一号的大逆不道，一般臣子的头脑中是绝对不敢生发出来的。虽然此时的思想家和经学家谁也没有否定“汤武革命”，但是谁也不敢将当今皇帝比喻为夏桀和商纣。然而，西汉自元帝以后的政况国势一天不如一天，一方面是阶级矛盾和社会危机日趋严重，面临“七死”“七亡”的百姓痛苦难耐，不时发起武装的反抗。另一方面是一些儒家的代表人物也认为“汉朝气数已尽”，并以“天命”为幌子悄悄进行“改制”的谋划。因而就有了几个儒生对“禅让”的鼓吹和哀帝改称“陈圣刘太平皇帝”的闹剧出现。不过，与改制有关的几个人物却命运不佳，如盖宽饶、夏贺良之类都被一一送上断头台。这里有一个基本的几乎为朝野所共识的道德判断：忠君是臣子应该恪守的首要的道德信条，无论当今朝廷怎样腐败，当今皇帝如何无能，臣子都必须绝对忠于这个朝廷和皇帝。与之患难与共、生死与共是臣子的本分。

然而，不管臣子们对西汉王朝的衰败如何忧心如焚，但其衰败的势头却在日益加速。更为严重的是，几代皇帝的生育能力也都出了问题，成帝、哀帝、平帝，硬是一个男孩也生不出来；成帝和哀帝，又是一个比一个荒唐，一个比一个短命。而当平帝成长为一个 14 岁的少年时又被他的岳父大人一壶毒酒送进了阴曹地府。大汉王朝全靠元帝的皇后王政君，一个富于春秋的老太太，以皇太后、太皇太后的身份支撑残局。不出房帷的王政君当然最信任她娘家的兄弟子侄，因而只能将权力托付外家帮着打点江山。于是，与刘氏皇室日益衰颓相映照的是王氏外戚集团的崛起。“一门十侯，五大司马”，父子兄弟布列朝堂。二十多年的相继辅政，使汉王朝的权柄通过王政君之手悄悄地转到了王氏外戚手上。到哀帝病逝，王莽二次出任大司马大将军的时候，王氏外戚代替刘氏皇室，改易皇统的局面基本形成了。

“卑劣的贪欲和权势欲是历史发展的杠杆。”皇帝的荣耀、皇帝的权势、皇帝的财富、皇帝的享受、皇帝可以传授给子孙的尊位，这一切实在是太诱人了。王莽已经到了可以改易皇统的骨节眼上，这种千载难逢的机遇为什么不奋力抓住呢？显然，王莽起码在平帝继位的鼓乐声中就开始为自己摄足九五谱写一首动人的乐章了。

王莽要实现代汉立新，虽然从实力讲并不困难，因为他实际上已经以大司马大将军的官职掌控了汉王朝的全部权力，没有任何人有能力阻止他改易皇统。但是，真要迈出这一步，他必须越过一道道德的门槛：对背叛"臣事君以忠"的信条做出解释。王莽无论如何也不愿背上"乱臣贼子"的恶名。为此，他只能求助于"天命"，反正老祖宗有"奉天承运"的理论可以拿来使用，有"天人感应"魔杖下的"符命"可供任意附会，有一群攀龙附凤的无耻臣子可以任意驱使。于是，王莽一面挥舞"天命"的旗子不断加速篡政的步伐，另一面又千方百计将自己打扮成汉室的大忠臣。元始元年（公元1年），他讽喻益州少数民族首领献白雉、黑雉，并以此为由从元后那里讨得"安汉公"的封爵，以元后名义颁发的诏书，就将王莽赞誉为汉室的最大忠臣和救星了："汉危无嗣，而公定之；四辅之职，三公之任，而公干之；群僚众位，而公宰之；功德茂著，宗庙以安，盖白雉之瑞，周成象焉。"[①]不仅如此，对于当时社会上人们称颂的一切美好道德，他都千方百计地让其在自己身上体现出来，将自己打扮成一个突兀而出的道德标兵。

你看，王莽自结发入世以来，二十多年的岁月，由于独特的历史机遇，更由于他运用层出不穷的"激发之行"，从而在朝野获得了"倾其诸父"的声望和权力。他日夜孜孜，励精图治，建策"安汉"，辅佐九岁的刘衎做皇帝，延续大汉王朝的香火，这是他的"忠"；待疾母侧，用药先尝，筵席之上，数次离开，为母服药，又周旋伯父王凤、叔父王根病榻之旁，精心侍候，蓬首垢面，衣不解带月余，这是他的"孝"；对亡兄之子百般爱护，视同己出，择名儒为师，施以严格教育，又让其与己子同日娶妇，不分轩轾，这是他的"慈"；大义灭亲，窃责杀奴的儿子并严令其自杀偿命，这是他的"义"；拜名儒陈参为师，"被服如儒生"，刻苦攻读，亲至侄儿的先生家，恭奉羊酒，惠及同窗学子，这是他的"尊师重道"；数辞封爵，几让户邑，散财赈宾客，下惠至鳏寡，这是他的"谦让"和"清廉"。

二十多年中，王莽不断地猎取美名，制造盛誉，目的是在朝野形成"当今治国平天下舍我其谁"的局面。接着，王莽又策划从元后那里获取当年成王对周国那样的封赏，求得"宰衡"的印章，并加上"九锡"的殊荣。元始五年（5

① 《汉书·王莽传》。

年)五月,元后为王莽举行了加九锡的大典,封赏的策文将他吹到了九天之上:

> 辅朕五年,人伦之本正,天地之位定。钦承神祇,经纬四时,复千载之废,矫百世之失,天下和会,大众方辑。《诗》之灵台,《书》之作雒,镐京之制,商邑之度,于今复兴。昭章先帝之元功,明著祖宗之令德,推显严父配天之义,修立郊禘宗祀之礼,以光大孝。是以四海雍雍,万国慕义,蛮夷殊俗,不召自至,渐化端冕,奉珍助祭。寻旧本道,遵术重古,动而有成,事得厥中。至德要道,通于神明,祖考嘉享。光耀显章,天符仍臻,元气大同。麟凤龟龙,众祥之瑞,七百有余。遂制礼作乐,有绥靖宗庙社稷之大勋。普天之下,惟公是赖,官在宰衡,位为上公。[①]

策文虽然没有多少新内容,但其中的“普天之下,惟公是赖”八个字却透出了王莽的心声,不啻可以看作王莽代汉自立的信号。不久,他就不顾作为平帝皇后的女儿的幸福,为了扫除自己跃上龙座的障碍,残酷地鸩杀了年仅十四岁的汉平帝,立了只有两岁的广戚侯孺子婴作为傀儡。接着,他引经据典,要求元后以周公辅佐成王曾“居摄”“践天子位”,“服天子之冕,南面而朝群臣,发号施令,常称王命”为根据,居然改元践祚而“摄皇帝”“假皇帝”地干起来,同时将象征汉朝的孺子婴贬为自己的“太子”。即便到了这个份上,他还是以汉室的忠臣自居,并将所有这些篡弑的行动都说成是为了汉室的安危。正如张竦为刘嘉起草的一篇呈送王莽为之极尽歌功颂德之能事的奏文思所写的:

> 建平、元寿之间,大统几绝,宗室几弃。赖蒙陛下圣德,扶服振救,遮扞匡卫,国命复延,宗室明目。临朝统政,发号施令,动以宗室为始,登用九族为先。并录支亲,建立王侯,南面之孤,计以百数。收复绝属,存亡续废,得比肩首,复为人者,嫔然成行,所以藩汉国,辅汉宗也。建辟雍,立明堂,班天法,流圣化,朝群后,昭文德,宗室诸侯,咸益土地。天下喁喁,引领而叹,颂声洋洋,满耳而入。国家所以服此美,膺此名,飨此福,受此荣者,岂非太皇太后日昃之思,陛下夕惕之念哉!何谓?乱则统其理,危则致其安,祸则引其福,绝则继其统,幼则代其任,晨夜

① 《汉书·王莽传》。

> 屑屑，寒暑勤勤，无时休息，孳孳不已者，凡以为天下，厚刘氏也。臣无愚智，民无男女，皆谕至意。[①]

正在王莽准备进一步跨向龙座的时候，发生了翟义在东郡起兵之事。王莽在讨伐翟义的诏书中，还继续将自己打扮成汉室的大忠臣，信誓旦旦地重申“还政孺子”的诚意。然而，在讨伐翟义取得胜利不久，王莽就借临淄新廾、巴郡石牛和扶风刻石向元后提出新的要求：此后在朝拜太后时自己不再称“摄皇帝”，而是直接称皇帝。已经到了这个份上，他还不愿丢掉汉室忠臣的美誉，仍然表示将来一定“复子明辟”。可是，言犹在耳，口血未干，蜀郡梓潼的无赖哀章突然献上了昭示天意，要求王莽立刻即真做皇帝的两检铜。王莽于是一不做二不休，立刻下达了即真做皇帝、改易皇统的诏书，理直气壮地将刘氏皇统改易成了王氏皇统：

> 予以不德，托于皇初祖考黄帝之后，皇始祖考虞帝之苗裔，而太皇太后之末属。皇天上帝隆显大佑，成命统序，符契图文，金匮策书，神明诏告，属予以天下兆民。赤帝汉氏高皇帝之灵，承天命，传国金策之书，予甚祗畏，敢不钦受！以戊辰直定，御王冠，即真天子位，定有天下之号曰“新”。[②]

至此，“臣事君以忠”的天字第一号的道德信条终于被“天命”置换。始建国元年(9 年)元旦，王莽举行隆重的登基大典。下令废去孺子婴的太子之位，将其封为只有五县之地封邑的“安定公”。《汉书·王莽传》记载：“读策毕，莽亲执孺子手，流涕唏嘘，曰：‘昔周公摄位，终得复子明辟，今予独迫皇天威命，不得如意！’哀叹良久。中傅将孺子下殿，北面称臣。百僚陪位，莫不感动。”[③]当时年仅五岁的孺子婴，当然无法理解这个戏剧性的场面。而直到这时，王莽还挤出几滴鳄鱼的眼泪，对孺子，实际上更是对群臣，尤其是对那些没有参与王莽篡汉策划的刘汉的公孙王子，表明自己代汉立新做皇帝完全不是一己之私愿，而是迫于天命的不得已之举。这样，王莽就算自欺欺人地摆脱了“乱臣贼子”的拖累，以一个“天命攸归”的真龙天子的形象出现

---

① 《汉书·王莽传》。
② 《汉书·王莽传》。
③ 《汉书·王莽传》。

在世人面前。不管别人怎么看怎么说，经过如此这般的一番运作，至少在王莽及其党徒看来，王莽的篡弑行为也就无愧于“臣事君以忠”的道德信条了。

王莽以“天命”文饰篡弑，轻轻地将自己亵渎“臣事君以忠”的巨奸大憝的嘴脸涂上一层保护色。王莽及其党徒的这一套作为，尽管冠冕堂皇，似乎天衣无缝，但他们自己及其周围的策划者们却心明如镜，明白这不过是骗人的把戏。不过，王莽的以“天命”代“忠君”的置换术尽管拙劣，但后来却被一切篡弑者奉为瑰宝，从而在“天命”的幌子下演出了一幕又一幕的悲喜剧。曹丕导演的取代汉献帝的“禅让”戏，南朝宋、齐、梁、陈四朝花样翻新的“禅让”更替方式，隋文帝从外孙头上摘取皇冠的手段，以及赵匡胤的“黄袍加身”剧目，都离不开以“天命”置换“忠君”的这个张本。这个屡试不爽的“天命”与“忠君”的博弈，实际上背后是不同权势集团的利益博弈。胜利者每每以“天意所钟”自诩，实际上不过是强势集团对弱势集团博弈的胜利。由于中国古代的历史是以王朝不断更替的形式前进的，不管这种更替通过何种手段进行，新建王朝的胜利者们必须对自己的成功在理论上做出说明，给臣民们一个他们自认为合理的交代。于是就有了“天命”和“五德终始”之类的说辞。他们对这类说辞相信到何种程度虽然可以考究，但对历史研究者来说并不重要。因为历史学家研究的对象是历史事实，研究的目的是寻找事实背后的原因和规律。不管用什么手段取得皇位，历史学家一般不对其行径作道德的评价，而主要是就其行政措施进行历史的评价。如对曹丕、司马炎、杨坚、赵匡胤之类篡政者，历史学家也并不作完全否定的评价，因为他们的行政措施在一定程度上促进了历史的发展，与旧朝相比是一个进步。就是对第一个吃螃蟹、从孤儿寡母手上篡汉立新的王莽，也不是从道德的层面上去否定他，而是从其行政措施给社会带来的灾难的分析中认定他是一个应该否定的历史人物。当然，历史学家也不完全拒绝对历史人物的道德评价，因为即使失败者身上所展现的美德，不管是当时社会共识的美德，还是具有永恒意义的美德，其本身具有的魅力都是无形的精神财富。

（原载《秦汉史研究》2007 年第 2 辑）

刘秀政治思想简论

马克思在《路易·波拿巴雾月十八日》一文中讲过一段有名的话：

> 人们自己创造自己的历史，但是他们并不是随心所欲地创造，并不是在他们自己选定的条件下创造，而是在直接碰到的、既定的、从过去承继下来的条件下创造。一切已死的先辈的传统，像梦魇一样纠缠着活人的头脑。当人们好像只是在忙于改造自己和周围的事物并创造前所未闻的事物时，恰好在这种革命危机时代，他们战战兢兢地请出亡灵来给他们以帮助，借用它们的名字、战斗口号和衣服，以便穿着这种久受崇敬的服装，用这种借来的语言，演出世界历史的新场面。

当年，刘秀打着"复汉"大旗创建东汉王朝，就是这样演出的"历史的新场面"。

刘秀（前5～57年），字文叔，南阳蔡阳（今湖北枣阳）人。西汉开国皇帝刘邦的九世孙，汉景帝的七世孙，是由景帝的儿子长沙定王刘发一系传下来的汉朝宗室贵族。其父刘钦做过南顿（今河南项城西）令。刘秀虽然有确切的汉朝宗室血统，但没有封爵继承，已经降至平民百姓的行列。刘秀年轻时曾在洛阳太学读书，后回故乡经营农业和从事粮食贸易。地皇三年（22年），他与长兄刘縯在故乡举义起兵，汇入了新朝末年讨伐王莽的造反队伍的洪流，成为绿林军中的一支劲旅。新朝灭亡后，他于建武元年（25年）在河北高邑（今河北柏乡北）称帝，建立东汉，至建武十二年（36年）统一全国，成为继秦、西汉和新莽之后又一个全国统一王朝的开创者。刘秀虽然是一个雄图远略的政治家、谋略超众的军事家，创建了辉煌的功业，但他并不是传统意义的思想家，他留下的思想资料十分贫乏。我们只能从他的大量诏书和事功中抽绎概括他的思想。

建武十七年(41年)十月,刘秀做皇帝后第二次返回故乡,修园庙,祠旧宅,观田庐,置酒招待宗亲。时宗亲诸母因酣悦,相与语曰:“文叔少时谨信,与人不款曲,惟直柔耳。今乃能如此!”刘秀听后,大笑曰:“吾理天下,亦欲以柔道行之。”[①]这“柔道”二字,有着丰富的内涵,蕴含着他治国平天下的全部南面之术,其中也包括他的一些政治思想。建武二十七年(51年),臧宫与马武二位将军上书刘秀,建议北伐匈奴。刘秀回书,讲了一通以柔克刚、以弱胜强的道理:

> 报曰:“《黄石公记》曰:‘柔能制刚,弱能制强。’柔者德也,刚者贼也,弱者仁之助也,强者怨之归也。故曰有德之君,以所乐乐人;无德之君,以所乐乐身。乐人者其乐长,乐身者不久而亡。舍近谋远者,劳而无功;舍远谋近者,逸而有终。逸政多忠臣,劳政多乱人。故曰务广地者荒,务广德者强。有其有者安,贪人有者残。残灭之政,虽成必败。今国无善政,灾变不息,百姓惊惶,人不自保,而复欲远事边外乎?孔子曰:‘吾恐季孙之忧不在颛臾。’且北狄尚强,而屯田警备传闻之事,恒多失实。诚能举天下之半以灭大寇,岂非至愿;苟非其时,不如息人。”[②]

这里刘秀申述了不对匈奴开战的理由,阐发了他在少数民族政策上采取守势的原因,其中似乎也顺便对“柔道”做了一个解释,这就是以德治国、以逸待劳、以民为本,不贪不残。然而,“柔道”并不能概括刘秀全部的政治思想,他的政治思想比“柔道”的内涵更加丰富和宽泛。

刘秀的政治思想,有许多方面同他的祖先高帝、文帝、景帝、武帝近似。比如,他强调皇帝专制和中央集权,这从他做皇帝后恢复和加强中央集权以及完善从中央到地方的各项制度的举措可以证明。他坚持“家天下”的理念,这从他注重皇太子人选、恢复封国爵邑制、大封宗室贵族为王和功臣宿将为侯的政策可以证明。他同时认为行政的清廉和有序运行需要一支能力卓越、操守廉洁的精干的官吏队伍,所以他裁并郡国,减省官吏,“退功臣,进文吏”,约法省禁,厉行监察,重用循吏,等等。在他统治时期,国家和社会从新朝末年的混乱状态下挣脱出来,转上政治清明、社会安定、经济繁荣的发

① 《后汉书·光武帝纪》。
② 《后汉书·光武帝纪》。

展道路，创造了中国封建社会历史上屈指可数的“盛世”之一。

刘秀具有强烈的民本意识，这既与他具有较深厚的儒学修养有关，又与他布衣出身、曾广泛接触社会下层、了解百姓的疾苦有关，还与他目睹王莽时代的弊政造成的民生凋敝有着密切的联系。所以他登基以后，就采取了一系列发展生产、安定和改善民生的措施，如释放和禁止疟杀奴婢，轻徭薄赋，救灾恤贫等。

作为一个“创业艰难百战多”的帝王，刘秀有着很强的自我约束意识，勤政节俭，谦和纳谏。《后汉书·循吏传》颂扬他说：

> 初，光武长于民间，颇达情伪，见稼穑艰难，百姓病害，至天下已定，务用安静，解王莽之繁密，还汉世之轻法。身衣大练，色无重彩，耳不听郑卫之音，手不持珠玉之玩。宫房无私爱，左右无偏恩。建武十三年，异国有献名马者，日行千里，又进宝剑，贾兼百金。诏以马驾鼓车，剑赐骑士。损上林池御之官，废骋望弋猎之事。其以手迹赐方国者，皆一札十行，细书成文。勤约之风，行于上下。数引公卿郎将，列于禁坐，广求民瘼，观纳风谣。故能内外匪懈，百姓宽息。

刘秀的勤政不仅表现在战争期间的多次亲临前线，运筹帷幄，指挥战事，还表现在和平时期的风尘仆仆巡视各地，了解民情，指导工作，更表现在平日的勤于政务，及时妥善地处理军国大事。

与勤政相联系，刘秀的节俭也相当突出。他认为皇帝必须自觉地在各方面约束自己，借以在臣民中树立率己正人的形象。他的节俭主要表现在以下几个方面：第一，大大减少后宫嫔妃的数量。秦朝与西汉的皇帝大都从民间选取大量妇女充塞后宫，造成“内多怨女，外多旷夫”的局面：“秦并天下，多自骄大，宫备七国，爵列八品。汉兴，因循其号，而妇制莫厘。高祖帷薄不修，孝文衽席无辩。然而选纳尚简，饰玩少华。自武、元之后，世增淫费，至乃掖庭三千，增级十四。”[①]刘秀一反乃祖旧制，不仅减少后宫嫔妃的数量，而且压低她们的待遇，使后宫终光武之世没有成为腐败之源，“及光武中兴，斫雕为朴，六宫称号，惟皇后、贵人。贵人金印紫绶，奉不过粟数十斛。

① 《后汉书·皇后纪》。

又置美人、宫人、采女三等，并无爵秩，岁时赏赐充给而已”[①]。第二，对皇帝备用法物，修旧利废，因陋就简，力避奢华铺张。刘秀在战争年代登基，一切设施都服从战争需要，经常轻车简从，巡视各地。对于展示皇帝威严和气派的仪仗、礼乐等法物既无暇追求，也有意规避。直到平定蜀地割据者公孙述，将他使用的那套“瞽师、郊庙乐器、葆车、舆辇”作为战利品送到洛阳后，“于是法物始备”[②]。此时已是公元37年，距刘秀登基已经13个年头了。第三，明令禁止郡国向皇帝进献贡品。自西汉始，地方郡国就以自己辖地的土特产品作为贡献之物不断地向皇帝进献。东汉建立不久，这一制度也随之复活了。虽经刘秀下令禁止，但进献者仍络绎不绝。刘秀于是于建武十三年（37年）正月，再次下令禁止：

> 往年已敕郡国，异味不得有所献御，今犹未止，非徒有豫养导择之劳，至乃烦扰道上，疲费过所。其令太官勿复受。[③]

此后，这一劳民伤财的进献制度基本上废止了。第四，身体力行，倡薄葬之风。长期以来，统治阶级率先实行厚葬，富贵人家竞相效尤，流风所及，一般百姓也只得倾家荡产厚葬父母，从而造成严重的社会问题。刘秀深感此风不可长。于是在建武七年（31年）下达了薄葬的诏令：

> 世以厚葬为德，薄终为鄙，至于富者奢僭，贫者单财，法令不能禁，礼义不能止，仓卒乃知其咎。其布告天下，令知忠臣、孝子、慈兄、悌弟薄葬送终之义。[④]

为了给天下臣民做出榜样，刘秀在建武二十六年（50年）为自己“初作寿陵”时，即指示管领此项工程的将作大匠窦融一切从简：

> 古者帝王之葬，皆陶人瓦器，木车茅马，使后世之人不知其处。太宗识终始之义，景帝能述遵孝道，遭天下反覆，而霸陵独完受其福，岂不美哉！今所制地不过二三顷，无为山陵，陂池裁令流水而已。[⑤]

在经过新末长期战乱、经济残破、百姓贫弱、极需恢复发展生产的情势下，刘

---

① 《后汉书·皇后纪》。
② 《后汉书·光武帝纪》。
③ 《后汉书·光武帝纪》。
④ 《后汉书·光武帝纪》。
⑤ 《后汉书·光武帝纪》。

秀作为皇帝，率先垂范，将节俭的作风贯彻始终，在当时产生了很大影响，不仅抑制了统治阶级的享受欲望，而且减轻了百姓的负担，使“勤约之风，行于上下”，对形成较好的官风民风起了积极的促进作用。

作为一个创业皇帝，刘秀知道优秀人才对于国家的重要意义。因此，一生礼贤下士，扬人之善，用人之长，对声望卓著的耆老硕儒更是优礼有加。如即位之初，就访求卓茂，任为太傅，封褒德侯。对名儒张纯、郑兴、范升、陈元、桓荣之辈，也给予崇高的礼遇。对于各种来路的将领，更是来者不拒，信任重用，使之人尽其才，才尽其用。如此一来，当时中国最有才干的精英人才便集合在他的麾下，为东汉王朝的建立和巩固发展进行出生入死的奋斗。东汉建立后，他也重视人才的选拔，曾下达《四科取士诏》：

> 方今选举，贤佞朱紫错用。丞相故事，四科取士。一曰德行高妙，志节清白；二曰学通行修，经中博士；三曰明达法令，足以决疑，能案章覆问，文中御史；四曰刚毅多略，遭事不惑，明足以决，才任三辅令：皆有孝悌廉公之行。自今以后，审四科辟召，及刺史、二千石察茂才尤异孝廉之吏，务尽实核，选择英俊、贤行、廉洁、平端于县邑，务授试以职。有非其人，临计过署，不便习官事，书疏不端正，不如诏书，有司奏罪名，并正举者。[①]

规定如此明确具体，足见他对官吏队伍品格与才干的严格要求。同时，刘秀也明白，对于有才干而不愿为自己服务的个别人物，要以帝王的胸襟宽大对待，允许他们按自己的理念生活。如他青年时代的好友严光，坚决拒绝他的征召，一生躬耕富春江边，刘秀不强求。太原名士周党，曾被征召为议郎，但不久即离去，刘秀再次征召时，他坚决拒绝。范升等人认为周党不识抬举，不给皇帝面子，建议对其加以惩罚。但刘秀不同意，还回了范升一个诏书，对周党的行为表示理解：

> 自古尧有许由、巢父，周有伯夷、叔齐，自朕高祖有南山四皓。自古圣王皆有异士，非独今也。太原周党不食朕禄，亦各有志焉。[②]

这种同情的理解，实际上更利于强化刘秀对优秀人才的吸引力和凝聚力。

---

① 《后汉书·百官志一》。

② 袁宏：《两汉纪》卷五。

刘秀更明白,虚心纳谏是所有圣帝明王成就功业的重要原因,所以他善于和乐于听善言,纳忠谏。如建立稳固的河北根据地是听信了冯异、任光、邳彤的建议,亲征南阳群起的“盗贼”是采纳了寇恂的谏言,放弃御驾亲征渔阳彭宠是接受了伏湛的忠告,等等,例子不胜枚举。由于虚心纳谏,刘秀充分调动了臣下的积极性,最大限度地发挥了他们的聪明才智,广收群策群力之效,从而使自己的决策很少失误,即使失误也能很快纠正,从而取得了预期的效果。

最后,应该特别指明,刘秀思想总的倾向是崇尚儒学,迷信谶纬。他把汉武帝开其端的经学治国方略又向前推进了一步。太学生出身的刘秀比他手下的那批赳赳武夫更了解儒学的价值。当战争刚刚在关东地区平息,他就在建武五年(29 年)的十月来到曲阜,命大司空祭祀孔子,同时下令在洛阳重建太学,还亲临太学视察,“赐博士弟子各有差”[①]。此后,他千方百计地将自己的活动与经义联系起来,不断推尊孔子及其后裔。建武十四年(38 年)四月,他下诏封孔子后裔、当时的密令孔志为褒成侯。临终前一年,还“起明堂、灵台、辟雍,及北郊兆域”[②],以完善经书所记载的各种祭祀等礼乐制度。由于刘秀的重视,加上陆续恢复的各种制度上的保证,东汉初年经学又重现昔日的盛况并发扬光大。《后汉书・儒林传》记载:

> 昔王莽、更始之际,天下散乱,礼乐分崩,典文残落。及光武中兴,爱好经术,未及下车,而先访儒雅,采求阙文,补缀漏逸。先是四方学士多怀挟图书,遁逃林薮。自是莫不抱负坟策,云会京师。范升、陈元、郑兴、杜林、卫宏、刘昆、桓荣之徒,继踵而集。于是立五经博士,各以家法教授,《易》有施、孟、梁丘、京氏,《尚书》欧阳、大小夏侯,《诗》齐、鲁、韩,《礼》大小戴,《春秋》严、颜,凡十四博士,太常差次总领焉。

刘秀不仅崇尚儒学,而且在人事制度上又实行“退功臣,进文吏”的政策,所以不少儒生、博士获取了高官。这样,就使汉武帝开其端的“经学治国”达到其成熟期和全盛期。由于经学治国方略基本上适应了中国封建宗法社会的需要,其积极作用应该基本肯定。首先,崇尚经学,有利于思想统

---

① 《后汉书・光武帝纪》。

② 《后汉书・光武帝纪》。

一。因为无论今文经还是古文经，都尊孔子为圣人，将儒家经典视为神圣不可侵犯的教条和评判是非的标准。其次，在政治上，经学鼓吹专制主义中央集权的大一统理论，维护封建王朝政治上的统一和封建帝王的绝对权威，同时又宣扬“王道”“仁政”“轻徭薄赋”“节俭省刑”等民本思想，为封建统治筹措长治久安之策。再次，在伦理思想上，经学提倡三纲、五常、六纪等道德信条，用以规范和调节人与人、人与社会、人与国家之间的关系，这对稳定社会秩序是有利的。最后，经学重视教育，培养了一个人数众多的知识分子群体，为国家提供了源源不断的具有较高文化素质的官吏队伍。特别是经学以一以贯之的强大的舆论导向，影响着社会风气的形成。

如果说，刘秀崇尚儒学其积极意义是主要的话，那么，他之迷信谶纬，就没有多少积极意义可言了。自从今文经学在西汉被立为官学，成为占统治地位的意识形态以来，它就沿着经学神学化的路子发展。到两汉之际，随着社会危机的日趋严重和政治斗争的尖锐激烈，统治阶级越来越崇尚谶纬迷信，今文经学也越来越多地与谶纬迷信相结合，使儒家宗教化，经学神学化，孔子教主化。刘秀在这种氛围中走进激烈的政治军事斗争的漩涡，谶纬成了他进行斗争的一种手段。如《赤伏符》中的谶语“刘秀发兵捕不道，四夷云集龙斗野，四七之际火为主”，成了他登上帝位的舆论先导。后来在他登基的祝文中更郑重其事地提及谶记“刘秀发兵捕不道，卯金修德为天子”。正是因为他的政治活动深受谶纬之益，所以他一生对谶纬情有独钟，对于反对谶纬神学的儒生，如郑兴、尹敏和谭桓等，非但不予重用，甚至进行迫害。直到中兴元年（56 年），即他寿终正寝的前一年，他还“宣布图谶于天下”[1]，向全国公布谶纬的合法性。其实，刘秀之迷信谶纬，更多的是从政治斗争策略的意义上考虑的，但作为一言九鼎的皇帝，他的思想倾向肯定会对当时的思想产生任何人都无法比拟的影响。因此，对整个东汉时期思想界谶纬迷信的泛滥，刘秀是难辞其咎的。

（摘自《秦汉政治思想史》，中国社会科学出版社 2018 年版）

① 《后汉书·光武帝纪》。

桓谭的政治思想

一 反谶纬神学的斗士

桓谭(前43～28年),字君山,沛国相(今安徽淮北相山)人。“父成帝时为太乐令,谭以父任为郎。因好音律,善鼓琴,博学多通,遍习五经,皆诂训大义,不为章句。能文章,尤好古学,数从刘歆、扬雄辩析疑异。性嗜倡乐,简易不修威仪,而憙非毁俗儒。由是多见排抵”。哀平之世,一直在郎官的位子上不得升迁。“当王莽居摄篡弑之际,天下之士莫不竞褒称德,美作符命,以求容媚,谭独自守,默然无言”[①]。王莽建立新朝以后,被任命为掌乐大夫。新朝灭亡后,先任更始政权的太中大夫。归刘秀后,两次上书,对东汉建立初期的政治、经济、思想文化等问题提出极具真知灼见的建议,但因不合刘秀的口味,均未被采纳。

西汉末年尤其是王莽之世,谶纬迷信盛行。刘秀因为做皇帝与当时流行的谶语相符契,于是特别痴迷谶纬。一次在朝议论灵台基址时,群臣争论不休。“帝谓谭曰:‘吾欲谶决之,何如?’谭默然良久,曰:‘臣不读谶。’帝问其故,谭复极言谶之非经,帝大怒曰:‘桓谭非圣无法,将下斩之。’谭叩头流血,良久乃得解。”[②]在刘秀眼里,桓谭简直就是一个不识相、认死理、目无天子的不可理喻之人,于是贬他为六安(今属安徽)郡丞。他只得匆匆离京赶往任所,“意忽忽不乐,道病卒,时年七十余”。显然,桓谭是死于捍卫真理的战斗。

---

① 《后汉书·桓谭传》。

② 《后汉书·桓谭传》。

连仕西汉、新、东汉三朝的桓谭是当时学识最渊博、思想最敏锐的学者。当其时，正是今文经学与谶纬神学日益结合，将经学神学化、儒家宗教化、孔子教主化的岁月。从王莽到刘秀，公孙述之类的政治人物，几乎无一不利用谶纬神化自己，刻意塑造自己天意所钟的帝王形象。而一般攀龙附凤的势利儒生、无耻政客、无聊文人，更是推波助澜，精心制造谶语符瑞投其所好。王莽由权臣篡汉立新、变刘氏皇统为王氏皇统的过程，就是在层出不穷的谶语符瑞推动下完成的。而刘秀自己的登基称帝，在一定程度上也借谶语符瑞为助力。所以东汉建立后，即使最清醒的思想家，也只能以沉默表示自己的态度，谁也不敢站出来揭穿谶语符瑞的虚妄。然而，年逾七十的桓谭却站出来，发出了狮吼般的大海潮音：

> 臣前献瞽言，未蒙诏报，不胜愤懑，冒死复陈。愚夫策谋有益于政道者，以合人心而得事理也。凡人情忽于见事而贵于异闻，观先王之所记述，咸以仁义正道为本，非有奇怪虚诞之事。盖天道性命，圣人所难言也。自子贡以下，不得而闻，况后世浅儒，能通之乎！今诸巧慧小才伎数之人，增益图书，矫称谶记，以欺惑贪邪，诖误人主，焉可不抑远之哉！臣谭伏闻陛下穷折方士黄白之术，甚为明矣；而乃欲听纳谶记，又何误也！其事虽有时合譬，犹卜数只偶之类。陛下宜垂明听，发圣意，屏群小之曲说，述五经之正义，略雷同之俗语，详通人之雅谋。[①]

在当时的情况下，这是多么不容易！人微言轻的桓谭敢于公开站出来，逆龙鳞顶风而上，向这一最粗鄙的神学迷信发起挑战，这就显得极其难能可贵。最后的结果虽然是赔上了自己的老命，但他以生命捍卫真理的无畏勇气和战斗精神却在东汉历史上树起了第一面不朽的旗帜。

桓谭留下的著作是《新论》。《后汉书·桓谭传》记载："初，谭著书言当世行事二十九篇，号曰《新论》，上书献之，世祖善焉。《琴道》一篇未成，肃宗使班固续成之。所著赋、诔、书、奏凡二十六篇，元和中肃宗行东巡狩至沛，使使者祠谭冢，乡里以为荣。"看来，刘秀的后世子孙对乃祖加于桓谭的不公实际上作了一定程度的纠正。桓谭地下有知，也该含笑于九泉了。

---

① 《后汉书·桓谭传》。

二 "明君""贤臣""修德""善政"

桓谭是两汉之际最清醒的唯物论思想家，他继承先秦以荀子为代表的以"气"为万物本原的唯物论思想，对自然界和人类的生、老、病、死等现象以及形、神关系等问题做了唯物论的回答：

草木五谷，以阴阳气生于土，及其长大成实，实复入土，而后能生，犹人与禽兽昆虫，皆以雄雌交接相生。生之有长，长之有老，老之有死，若四时之代谢矣。而欲变易其性，求为异道，惑之不解也。[①]

他以烛火喻形神，说明人的形体与精神是不可分割的关系，驳斥了形神离即精神可以脱离形体单独存在的理论：

精神居形体，犹火之燃烛矣。如善扶持，随火而侧之，可毋灭而竟烛。烛无，火亦不能独行于虚空，又不能后然其灺，灺犹人之耆老，齿堕发白，肌肉枯腊，而精神弗为之能润泽内外周遍，则气索而死，如火烛之俱尽矣。[②]

由形神关系推及对神学目的论的批判：

余与刘子骏言养性无益。其兄子伯玉曰："天生杀人药，必有生人药也。"余曰："钩吻不与人相宜，故食则死。非为杀人生也。譬若巴豆毒鱼，矾石贼鼠，桂害獭，杏核杀猪，天非故为作也。"[③]

不过，桓谭同时认为，在世界万物之中，人是最宝贵的"生之最灵"，因为他所具备的貌、言、视、听、思是别的生物不具备的：

人抱天地之体，怀纯粹之精，有生之最灵者也。是以貌动于木，言信于金，视明于火，听聪于水，思睿于土，五行之用，动静还与神通。貌恭则肃，肃时雨若。言从则乂，乂时旸若。视明则哲，哲则燠若。听聪则谋，谋则寒若。心严则圣，圣则风若。金、木、水、火，皆载于土。雨、旸、燠、寒，皆发于风。貌、言、视、听，皆生于心。[④]

---

① 《新论·祛蔽第八》，《两汉全书》第12册，山东大学出版社2009年版，第6635页。

② 《新论·祛蔽第八》，《两汉全书》第12册，第6634页。

③ 《新论·祛蔽第八》，《两汉全书》第12册，第6635～6636页。

④ 《新论·正经第九》，《两汉全书》第12册，第6637页。

这表明，桓谭将他的政治和社会思想建立在唯物主义的基础之上。

在政治思想方面，桓谭认为，征诸历史事实，治理天下的政治形式，其实只有王、霸两种，而在更多的情况下，两者是混在一起使用的：

> 夫上古称三皇、五帝，而次有三王、五霸，此天下君之冠首也。故言三皇以道理，而五帝用德化；三王由仁义，五霸以权智。其说之曰：无制令刑罚谓之皇；有制令而无刑罚谓之帝；赏善诛恶，诸侯朝事谓之王；兴兵众，以信义矫世谓之霸。王者，往也，言其惠泽优游，天下归往也。五帝以上久远，经传无事，唯王霸二盛之义，以定古今之理焉。夫王道之治，先除人害，而足其衣食，然后教以礼义，使知好恶去就，是故大化四凑，天下安乐：此王者之术。霸功之大者，尊君卑臣，权统由一，政不二门，赏罚必信，法令著明，百官修理，威令必行：此霸者之术。王者纯粹，其德如彼，霸道驳杂，其功如此，俱有天下，而君万民，垂统子孙，其实一也。①

桓谭进而认为："举纲以纲，千目皆张。振裘持领，万毛自整。治大国者，亦当如此。"②那么，这个纲举目张的"纲"究竟是什么？首先就是"明君""贤臣"：

> 臣闻国之废兴，在于政事；政事得失，由乎辅佐。辅佐贤明，则俊士充朝，而理合世务；辅佐不明，则论失时宜，而举多过事。夫有国之君，俱欲兴化建善，然而政道未理者，其所谓贤者异也。昔楚庄王问孙叔敖曰："寡人未得所以为国是也。"叔敖曰："国之有是众所恶也，恐王不能定也。"王曰："不定独在君，亦在臣乎？"对曰："君骄士，曰士非，我无从富贵；士骄君，曰君非士无从安存。人君或至失国而不悟，士或至饥寒而不进。君臣不合，则国是无从定矣。"庄王曰："善。愿相国与诸大夫共定国是也。"盖善政者，视俗而施教，察失而立防，威德更兴，文武迭用，然后政调于时，而躁人可定。昔董仲舒言"理国譬若琴瑟，其不调者则解而更张"。夫更张难行，而拂众者亡，是故贾谊以才逐，而晁错以智

① 《新论·王霸第二》，《两汉全书》第12册，第6615页。
② 《新论·离事第十一》，《两汉全书》第12册，第6640页。

死。世虽有殊能而终莫敢谈者,惧于前事也。[①]

桓谭特别强调“贤臣”的重要性,他说:“治国者,辅佐之本,其任用咸得大才。大才乃主之股肱羽翮也。”[②]他举例说,殷朝的伊尹、周朝的姜太公、秦国的百里奚,尽管出道时都已经70多岁,但也成为“王霸师”,发挥了重要作用。相反,秦始皇、王莽都自视高明,“不听纳谏臣谋士”,最后身死国灭。在桓谭看来,所谓治国理政,就是在明君、贤臣协和,对国事达成共识的前提下,实行“善政”。办法是“视俗而施教,察失而立防,威德更兴,文武迭用”,然后根据形势的发展不断进行调整。再进一步说,就是根据形势决定政策,建立制度,德教与刑罚交互为用,也就是王道与霸道紧密结合。不过,因为其时儒学的影响已经深入人心,所以桓谭有时特别强调德治的重要性:“圣人治国,崇礼让,显仁义,以尊贤爱民为务,是为卜筮维寡,祭祀用稀。”对于自然界的所谓灾异,要以一颗平常心因应:

夫灾异变怪者,天下所常有,无世而不然。逢明主贤臣智士仁人,则修德善政省职慎行以应之,故咎殃消亡而祸转为福焉。[③]

与此相联系,他对迷信卜筮鬼神的帝王如楚灵王、王莽等进行了辛辣的批判:

王翁好卜筮,信时日,而笃于事鬼神,多作庙兆,洁斋祀祭,牺牲肴膳之费,吏卒辨治之苦,不可称道。为政不善,见叛天下。及难作兵起,无权策以自救解,乃驰之南郊告祷,搏心言冤,号兴流涕,叩头请命,幸天哀助之也。当兵入宫日,矢射交集,燔火大起,逃渐台下,尚抱其符命书及所作威斗,可谓蔽惑至甚矣。[④]

桓谭对东汉初期实行的法禁也提出了意见和建议。他认为“县赏设罚,以别善恶”,目的是使恶人得到惩罚,而善人得到“蒙福”:

且设法禁者没非能尽塞天下之奸,皆合众人之所欲也,大抵取便国利事多者,则可矣。夫张官置吏,以理万人,县赏设罚,以别善恶,恶人诛伤,则善人蒙福矣。

---

① 《后汉书·桓谭传》。
② 《新论·求辅第三》,《两汉全书》第12册,第6616页。
③ 《新论·谴非第六》,《两汉全书》第12册,第6628页。
④ 《新论·言体第四》,《两汉全书》第12册,第6623页。

然而，对于血亲复仇的法禁不力容易引发冤冤相报，仇杀无已，毒化社会风气，必须严禁，使所有人只接受国家法律的制裁。他建议，今后凡血亲复仇者，一律按国家法律严惩不贷。同时，在量刑上必须以事实为根据，以法律为准绳，坚决杜绝无良官吏上下其手，量刑畸轻畸重，贪赃枉法，草菅人命：

又见法令决事，轻重不齐，或一事殊法，同罪异论，奸吏得因缘为市，所欲活则出生议，所欲陷则与死比，是为刑开二门也。今可令通义理明习法律者，校定科比，一其法度，班下郡国，蠲除故条。如此，天下知方，而狱无怨滥矣。

最后，桓谭对于国家的经济政策也重申“重本抑末”“禁民二业”的传统理念，目的是稳定农业和农民，保证国家最重要的税源稳定和发展：

夫理国之道，举本业而抑末利，是以先帝禁人二业，锢商贾不得宦为吏，此所以抑并兼长廉耻也。今富商大贾，多放钱货，中家子弟，为之保役，趋走与臣仆等勤，收税与封君比入，是以众人慕效，不耕而食，至乃多通侈靡，以淫耳目。今可令诸商贾自相纠告，若非身力所得，皆以臧畀告者。如此，则专役一己，不敢以货与人，事寡力弱，必归功田亩，田亩脩则谷入多而地力尽矣。[1]

（摘自《秦汉政治思想史》，中国社会科学出版社 2018 年版）

① 《后汉书·桓谭传》。

论班彪

东汉时期的班彪、班固、班超父子，尽管官位都不太高，却有名于当时，留声于后世，声名远远超过不少三公和二千石的高官。原因其实也简单：班固撰《汉书》，首创断代史的基本模式，为后世史学界所景仰和模仿。班超投笔从戎，率吏士三十六人深入西域，勠力奋斗三十年，艰险备尝，九死一生，驱除匈奴势力，使天山南北五十余国重新内属，又一次将大汉帝国的军旗插上了帕米尔高原的雪峰，立下不世之功，被荣封定远侯，成为历史上为祖国开疆拓土的一面旗帜。较之两个儿子，班彪就有点稍逊声光了。他之有名，仿佛主要是因为生了两个声名远播的儿子，人们只有在提起班固和班超时才想起他们有一位教子有方的父亲。由于近两千年来班彪一直生活在两个儿子的阴影中，因而他的事功，尤其是思想品格没有得到史学界应有的重视。平心而论，班彪算得上两汉之际不可多得的历史学家、洞明世事的政治家和思想家。他与两个儿子各有千秋，都有不可替代的价值。

班彪家居扶风安陵（今陕西泾阳南），出身世宦官僚之门。其祖、父辈有四人是二千石的高官。其中一个伯父班斿任右曹中郎将，曾与刘向一起校秘书，这说明其家族有着较深厚的文化素养。班彪首先是一个大历史学家。《汉书》中《纪》和《传》相当多的篇章是由他完成的，班固不过是踵其绪并发扬光大了他的事业。虽然他的历史观固守儒家正统，对司马迁偏离儒家轨道的思想倾向进行了并不正确的批评，但其史识中仍有不少灼灼闪光的卓见。比如，王莽居摄二年（7 年）九月，东郡太守翟义起兵反对王莽，十二月被王莽镇压下去。翟义之父，曾做过丞相的翟方进在汝南的坟墓也遭到开棺焚尸，其宗族被夷灭。班彪在对翟义进行评论时，认为“当莽之起，盖乘天威，虽有贲育，奚益于敌；义不量力，怀忠愤发，以陨其宗，悲夫！”表明他已经认识到王莽的篡汉具有成功的必然性，当其处于势威之时，任何激于义愤的反抗都是不可能成功的军事冒险，虽然壮烈，但只能是悲剧的结局。对王政君面对王莽篡政、胁迫其交出传国玉玺时悲痛欲绝的表现，班彪不以为然，评论说：

> 汉兴，后妃之家吕、霍、上官，几危国者数矣。及王莽之兴，由孝元后历汉四世为天下母，享国六十余载，群弟世权，更持国柄，五将十侯，卒成新都。位号已移于天下，而元后卷卷犹握一玺，不欲以授莽，妇人之仁，悲夫！[①]

这里，班彪指出了王政君作为历四朝的皇太后在使王氏外戚坐大并最终代汉这一历史进程中的决定作用，以及她在感情上无法接受改易皇统的“妇人之仁”，显示了其对历史因果的深入探索和对王政君心路历程的准确把握，三叹而有余哀。

班彪的史识更多地贯穿于对历史人物和历史事件的记述中，他坚守刘汉正统，以儒家的忠奸之辨作为评判人事的价值尺度，褒贞贬佞，激扬清浊，特别重视发扬学术文化传统，使《汉书》成为保存和传扬民族精神的载体。班彪具有政治家的聪明睿智。尽管他的青少年时代是在王莽的新朝度过的，但他没有投靠王莽谋取官位，只是沉潜于读书学问之中，“唯圣人之道然后尽心焉”[②]。事实上，班家与王莽一家堪称世交。班彪的祖父班沉在成帝时任上河农都尉和左曹越骑校尉，他的姑母为成帝的婕妤，在名分上是王莽姑母皇太后王政君的儿媳。班彪的父辈斿、穉与王莽“同列友善”，王莽“兄事斿而弟畜穉”[③]。有如此关系，加上班彪的才干，只要他愿意投靠王莽，混个一官半职实在是易如反掌。但是，终王莽之世，他一直家居，静观世变。随着年龄的增长和阅历的加深，班彪看出王莽的败局已经不可避免。王莽垮台后，刘玄的更始政权占据长安，一时显现出刘氏皇统再造的气象。此时，年已 20 岁的班彪也没有贸然投效。大概他已经觉察到刘玄一群乌合之众难成大事。建武元年(25 年)，刘秀在河北高邑称帝。班彪立即断定他是

---

① 《汉书·元后传》。
② 《汉书·叙传》。
③ 《汉书·叙传》。

中国未来秩序的救主。虽心向往之，但山川阻隔，遍地烽烟，他一时无法投效。

关中由于更始政权与赤眉军的火拼，更是刀光剑影，一片混乱。班彪只得西走天水，投奔割据陇西的隗嚣，希冀说服他归顺刘秀，自己也有个最后的归宿。然而，此时的隗嚣正在做七国并立、群雄割据的美梦。他问班彪："往者周亡，战国并争，天下分裂，数世然后乃定，其抑者纵横之事复起于今乎？将承运迭兴在于一人也？愿先生试论之。"看似虚心求教，实则试探班彪的政治倾向，看他如何预测时局的走势。班彪已窥透隗嚣的内心隐秘，于是极力论证时异势异，战国之局不会再现，未来必定是刘秀重新统一天下：

> 周之废兴，与汉异。昔周立爵五等，诸侯从政，本根既微，枝叶强大，故其末流有纵横之事，势数然也。汉家承秦之制，并立郡县，主有专己之威，臣无百年之柄。至于成帝，假借外家，哀、平短祚，国嗣三绝，危自上起，伤不及下。故王氏之贵，擅倾朝廷，能窃号位，而不根于民，是以即真之后，天下莫不引领而叹，十余年闻，外内骚扰，远近俱发，假号云合，咸称刘氏，不谋而同辞。方今雄杰带州城者，皆无七国世业之资。……今民皆讴吟思汉，乡仰刘氏，已可知矣。[①]

隗嚣认为班彪的观点与己意隐然对立，十分不快，干脆亮出自己的观点："先生言周、汉之势，可也，至于但见愚民习识刘氏姓号之故，而谓汉家复兴，疏矣！昔秦失其鹿，刘季逐而掎之，时民复知汉乎！"[②]班彪明白三言两语无法让隗嚣回心转意，且与隗嚣持同一观点的割据者又大有人在，于是写了一篇《王命论》，从天命、人事两方面论证刘汉之兴的必然性，规劝隗嚣和其他沉迷于割据称雄之梦的野心家认清时势，归顺刘秀：

> 历古今之得失，验行事之成败，稽帝王之世运，考五者之所谓，取舍不厌斯位，符瑞不同斯度，而苟昧于权利，越次妄据，外不量力，内不知命，则必丧保家之主，失天年之寿，遇折足之凶，伏鈇钺之诛。英雄诚知觉悟，畏若祸戒，超然远览，渊然深识，收陵、婴之明分，绝信、布之觊觎，距逐鹿之瞽说，审神器之有授，毋贪不可几，为二母之所笑，则福祚流于

① 《汉书·叙传》。

② 《汉书·叙传》。

子孙，天禄其永终矣。[1]

班彪的《王命论》没有动摇隗嚣割据自立的决心，他明白此人已不可理喻，就又转投河西窦融。原来更始政权的张掖属国都尉窦融此时已乘新朝灭亡后的混乱之机，联合河西五郡武威、张掖、酒泉、敦煌、金城的地方官，建立了一个割据政权，拥兵自保。得知刘秀在河北称帝的消息后，他即愿诚心归顺。但河西与中原隔着盘踞陇西的隗嚣，而此时的隗嚣又以上将军的名号奉东汉朝廷正朔。因而窦融只得暂时归附隗嚣名下，以期与之一起归顺刘秀。但隗嚣实际上是首鼠两端，他希望与窦融合力对抗刘秀的统一，以便长期割据称雄。他派人游说窦融："今豪杰竞逐，雌雄未决，当各据其土宇，与陇、蜀合从，高可为六国，下不失尉佗。"[2]在决定河西何去何从的谋议中，班彪力主拒绝隗嚣，投效刘秀。他仍从天命和人事两方面说服窦融集团中那些摇摆不定的人，结论是："今称帝者数人，而洛阳土地最广，甲兵最强，号令最明。观符命而察人事，它姓殆未能当也。"[3]窦融集团最后决策归向刘秀，班彪在其中起了重要作用。

建武五年(29 年)九月，窦融派长史刘钧奉班彪起草的文书到洛阳表达归诚之意，刘秀十分高兴，立即回书，大加褒奖，同时任命他为凉州牧，授予他统辖凉州八郡(包括隗嚣占有区域)的全权，用以牵制隗嚣。建武六年(30 年)五月，隗嚣公开举起反叛的旗帜。窦融宣布拥护东汉朝廷，积极参与对隗嚣的军事行动。为了表明对刘秀的忠心和对隗嚣的决绝，班彪又为窦融起草了致隗嚣书，对他的反叛行为进行了义正词严的谴责：

> 伏惟将军国富政修，士兵怀附。亲遇厄会之际，国家不利之时，守节不回，承事本朝，后遣伯春(隗嚣之子)委身于国，无疑之诚，于斯有效。融等所以欣服高义，愿从役于将军者，良为此也。而忿悁之间，改节易图，君臣分争，上下接兵。委成功，造难就，去从义，为横谋，百年累之，一朝毁之，岂不惜乎！殆执事者贪功建谋，以至于此，融窃痛之！当今西州地势局迫，人兵离散，易以辅人，难以自建。计若失路不反、闻道

① 《汉书・叙传》。
② 《后汉书・窦融传》。
③ 《后汉书・窦融传》。

犹迷，不南合子阳（公孙述），则北入文伯（卢芳）耳。夫自虚交而易强御，恃远救而轻近敌，未见其利也。融闻智者不危众以举事，仁者不违义以要功。今以小敌大，于众何如？弃子徼功，于义何如？且初事本朝，稽首北面，忠臣节也。及遣伯春，垂涕相送，慈父恩也。俄而背之，谓吏士何？忍而弃之，谓留子何？自兵起以来，转相攻击，城郭皆为丘墟，生人转于沟壑。今其存者，非锋刃之余，则流亡之孤。迄今伤痍之体未愈，哭泣之声尚闻。幸赖天运少还，而大将军复重于难，是使积疴不得遂瘳，幼孤将复流离，其为悲痛，尤足愍伤，言之可为酸鼻！庸人且犹不忍，况仁者乎？融闻为忠甚易，得宜实难。忧人大过，以德取怨，知且以言获罪也。区区所献，惟将军省焉。[①]

班彪撰写的这一书信，对隗嚣晓之以理，动之以情，声情并茂，义薄云天。其中特别是对两州所处形势的分析，"易以辅人，难以自建"，更显示了他的清醒和明察。但所有这一切，对已经迈出反叛第一步的隗嚣无异于对牛弹琴。与隗嚣进入战争状态后，鉴于瑰嚣对河西的军事压力陡增，班彪又为窦融起草了上刘秀书，恳请他及早发起对隗嚣的军事行动：

隗嚣闻车驾当西，臣融东下，士众骚动，计且不战。嚣将高峻之属皆欲逢迎大军，后闻兵罢，峻等复疑。嚣扬言东方有变，西州豪杰遂复附从。嚣又引公孙述将，令守突门。臣融孤弱，介在其间，虽承威灵，宜速救助。国家当其前，臣融促其后，缓急迭用，首尾相资，嚣势排迮，不得进退，此必破也。若兵不早进，久生持疑，则外长寇仇，内示困弱，复令谗邪得有因缘，臣窃忧之。惟陛下哀怜。[②]

这封奏书对刘秀加速进兵起了一定作用。

建武八年（32年），刘秀联合窦融平定隗嚣、巴蜀后，班彪随窦融来到京师晋见刘秀。刘秀问窦融："所上奏章，谁与参之？"窦融老实回答："皆从事班彪所为。"这一年班彪30岁，他横溢的才华和政治上的远见卓识得到了比较充分的展示。刘秀欣赏他的才干，亲自召见他，"举司隶茂才"，任命他为徐县（今安徽泗洪南）令，但不久他即因病去职。以后他多次应三公征召，来

① 《后汉书·窦融传》。
② 《后汉书·窦融传》。

来去去，担任时间最长的职务就是司徒掾了。这个官职不过是丞相府的幕僚，俸禄只有几百石，但是，班彪却长期在这个位卑言轻的位子上无怨无悔地供职，并利用其接近中枢决策核心的条件，于关键时刻屡屡为朝廷贡献自己的卓见。

建武十七年(41年)，刘秀封诸子为王。十九年(43年)，改立刘庄为太子。不久，王况任司徒，班彪为司徒掾。他鉴于"时东宫初建，诸王国并开，而官属未备，师保多闭"的状况，上书建言为太子和诸王设立宫属，配备师保：

> 孔子称"性相近，习相远也"。贾谊以为"习与善人居，不能无为善，犹生长于齐，不能无齐言也。习与恶人居，不能无恶，犹生长于楚，不能无楚言也"。是以圣人审所与居，而戒慎所习。昔成王之为孺子，出则周公、邵公、太公史佚，入则大颠、闳夭、南宫括、散宜生，左右前后，礼无违者，故成王一日即位，天下旷然太平。是以《春秋》"爱子教以义方，不纳于邪。骄奢淫逸，所自邪也"。……汉兴，太宗使晁错导太子以法术，贾谊教梁王以《诗》《书》。及至中宗，亦令刘向、王褒、萧望之、周堪之徒，以文章儒学保训东宫以下，莫不崇简其人，就成德器。今皇太子诸王，虽结发学问，修习礼乐，而傅相未置贤才，官属多缺旧典。宜博选名儒有威重明通政事者，以为太子太傅，东宫及诸王国，备置官属。①

这显示了班彪对皇室贵族子弟教育的重视以及他对国家长治久安的思考。他的建议被刘秀采纳。东汉初期，太子和诸王大都受到良好的培育，其能力和品行堪称卓异。光、明、章三代是东汉历史上的"盛世"，这一"盛世"出现的原因固然是多方面的，但与太子诸王因辅育得宜还是有密切关系的。

班彪任司徒掾时期在政治上的贡献，主要表现在对东汉朝廷处理与少数民族关系问题上的建言，如处理与西羌的关系。羌人是中国最古老的民族之一。秦汉时期，它聚居于河湟一带，即今之兰州至青海湖的黄河与湟水的河谷地区。秦朝和西汉时期，曾与中原王朝发生多次战争。元帝后，汉政府设护羌校尉对其进行管理，汉羌才有一段较长时期的和平。王莽新朝时期，汉羌关系恶化。新朝灭亡后，羌人一度与隗嚣联合对抗刘秀。建武九年

① 《后汉书·班彪传》。

(33年),隗嚣失败,羌人表示归附东汉王朝。这时,班彪适时提出沿袭西汉旧制,设立护羌校尉对羌人进行管理的建议:

今凉州部皆有降羌,羌胡被发左衽,而与汉人杂处,习俗既异,言语不通,數为小吏黠人所见侵夺,穷恚无聊,故致反叛。夫蛮夷寇乱,皆为此也。旧制益州部置蛮夷骑都尉,幽州部置领乌桓校尉,凉州部置护羌校尉,皆持节领护,理其怨结,岁时循行,问所疾苦。又数遣使译通动静,使塞外羌夷为吏耳目,州郡因此可得儆备。今宜复如旧,以明威防。①

班彪提出的以怀柔之策处理汉羌关系的方针无疑是正确的,刘秀当时也接受这一建议并任命牛邯为护羌校尉。然而,刘秀和其他当朝大臣没有估计到羌人问题的严重性,对班彪建议的深远意义认识不足,因而在牛邯死后即撤销了护羌校尉一职。东汉朝廷在处理羌人问题上屡屡失误,结果导致羌患与东汉王朝相始终,是东汉王朝最后走向衰败和灭亡的重要原因之一。

班彪也对东汉王朝处理与乌桓的关系提出了较好的建议。乌桓是生活在今之东北与内蒙古接壤地区的一个古老民族,西汉以前称"东胡"。西汉初年,匈奴冒顿单于吞灭东胡,一部分残余势力退保乌桓山,此后即以乌桓名号。东汉初年,乌桓依附匈奴,屡次南下袭扰。建武二十二年(46年)匈奴发生分裂后,乌桓摆脱对匈奴的依附关系,转而依附东汉,与东汉一起参与讨伐匈奴和鲜卑的军事行动。刘秀让他们居于塞内缘边各郡,作为防御匈奴和鲜卑的屏障。这时,班彪就处理乌桓问题上书刘秀:

乌桓天性轻黠,好为寇贼,若久放纵而无总领者,必复侵掠居人,但委主降掾史,恐非所能制。臣愚以为宜复置乌桓校尉,诚有益于附集,省国家之边虑。②

这里,班彪对乌桓的看法虽然摆脱不了华夷之辨的传统偏见,但对刘秀对乌桓毫无防范之心的举措提出警示,要求设置专门官吏管理内附的乌桓人,还是颇有见地的。刘秀采纳了他的建议,重新设置护乌桓校尉,在上谷宁城(今河北张家口)开营府,使其担负起管理乌桓的重任,同时兼领鲜卑,每年

① 《后汉书·西羌传》。
② 《后汉书·乌桓传》。

在固定时间设立互市，让汉人与乌桓进行贸易。光武、明帝、章帝时期，政治清明，国力强威，加上朝廷处理乌桓事务比较得体，就使东汉王朝与乌桓之间维持了较长时期的和平与合作的局面。

班彪还对东汉处理与匈奴的关系提出过较好的建议。匈奴是长期生活在中国北方草原地区的一个游牧民族，西汉前期曾与中原地区发生过激烈的冲突。汉武帝时期，汉匈间进行过大规模的战争。元帝时，以昭君出塞为标志，汉匈关系进入了和平的经济文化交流时期。王莽新朝破坏了汉匈间由“和亲”相联系的友好关系，匈奴再度南侵，汉匈间又出现了怒气冲冲的对峙局面，发生了血雨腥风的战争。建武二十二年(46 年)，匈奴分裂为南北两部，互相攻伐，势力大大削弱。南匈奴归附东汉朝廷，东汉政府设匈奴中郎将护领南匈奴，双方联合戍守北部边陲。北匈奴势单力薄，也愿归附东汉朝廷，遂于建武二十七年(51 年)派使者至武威郡求“和亲”。刘秀采纳太子刘庄的意见，加以拒绝。第二年，北匈奴使者来洛阳，再次乞求“和亲”，化干戈为玉帛。刘秀要求三府官员讨论，研究一个比较得体的对策。时任司徒掾的班彪提出了自己的建议：

> 臣闻孝宣皇帝敕边守尉曰：“匈奴大国，多变诈。交接得其情，则却敌折冲；应对入其敷，则反为轻欺。”今北匈奴见南单于来附，惧谋其国。故数乞和亲，又远驱牛马与汉合市，重遣名王，多所贡献，斯皆外示富强，以相欺诞也。臣见其献益重，知其国益虚，归亲愈数，为惧愈多。然今既未获助南，则亦不宜绝北，羁縻之义，礼无不答。谓可颇加赏赐，略与所献相当，明加晓告以前世呼韩邪、郅支行事。①

班彪对北匈奴情况的分析，尽管显露了传统的夷夏观念，但大体上还是准确的。既然北匈奴一再对东汉王朝示以友好之态，为了边疆的和平安宁，实在不应该加以拒绝。刘秀采纳班彪的建议，对北匈奴由拒绝交往转而为开始礼尚往来。不过，因为过于迁就与南匈奴的关系，刘秀一朝对南北匈奴没有实行等距离政策，而是拉南拒北，对北匈奴屡屡发出的亲善信号不予积极回应，使东汉与北匈奴的关系始终处于隔膜和不信任的状态，加上南匈奴从中挑拨作梗，终于导致东汉与北匈奴之间连绵不断的战争。这一结局的出现，

① 《后汉书·南匈奴传》。

责任当然不全在东汉朝廷一方,但其政策的失误也是显而易见的。其实,顺着班彪的思路,东汉王朝完全可以对南北匈奴实施等距离的交往之策。如此,东汉在南北匈奴关系上就不会付出后来那么大的代价。班彪在司徒府服务多年,"后察司徒廉",被外放为望都(今河北唐县东北)长,仍然是秩级很低的小官。但他依然勤勤恳恳、兢兢业业地履行职责,"吏民爱之"。建武三十年(54年)卒于任上,只活了52岁。在他身后留下的除《汉书》中的大量篇章外,再就是赋、论、书、记、奏事九篇。

班彪生当两汉之际由动乱转向和平的特殊岁月。从20岁起,以做隗嚣和窦融的幕僚开始了自己的政治生涯。30岁后入仕东汉朝廷,从徐令始,以望都长终,大部分时间是在司徒掾的位子上服务国家和社会的,始终是一个秩级不足千石的小官。他才华灼灼而不刻意张扬,识见卓异而不追逐高官显爵,贡献嘉谋良策而不求高额回报。一生甘于寂寞,安于清贫,既不露丝毫愤懑之情,亦不发半点怀才不遇之意。平平淡淡而生,平平淡淡而逝。在人人争名于朝、人人争利于市的社会大环境中,班彪的行状实在给人以另类的印象。对此,为他作传的范晔也感到困惑不解:

> 班彪以通儒上才,倾侧危乱之间,行不逾方,言不失正,仕不急进,贞不违人,敷文华以纬国典,守贱薄而无闷容。彼将以世运未私,非所谓贱焉耻乎?何其守道恬淡之笃也。[①]

其实,班彪做人行事的表现并非太难解读。他生当社会极端混乱的年代,改易皇统,无穷政争,连绵战祸,割据称雄,众多的历史事变纷至沓来,使他目睹了无数生死祸福、富贵贫贱迅速转化的悲喜剧。作为那个时代顶尖的历史学家,他对世事变迁、人生价值有着比常人更深的感悟。特别是他笃信孔子"死生有命,富贵在天"的理念,为国家、百姓做事尽自己的努力,但求无愧我心;对个人出身、富贵利禄,则以一颗平常心坦然面对。来时不拒,不像某些儒生隐士故作清高,但决不蝇营苟取,丧失人格尊严。尤其重要的是,班彪一生的大部分时间都埋首于古代历史文化,特别是对西汉历史的研究,沉潜于往日的时代风云中,与形形色色的亡魂进行心灵的对话,探索国家民族的命运,诠释千奇百怪的人生。在这里他找到了自己的用武之地和价值领

---

① 《后汉书·班彪传》。

地，找到了能够充分展示自己舞步的“逻各斯”。他安于斯，迷于斯，乐于斯，当然也就视官位利禄为身外之物，虽然还不能如道家隐士那样弃之如敝屣，但绝不会舍命去追求。这种淡泊的人生态度恰恰成就了班彪。他的一生尽管与高官厚禄无缘，却也没有遭遇任何凶险，官小事简而有闲，又未卷入政治斗争的漩涡，这就使他能够在朝政的重大问题上屡屡建言而不致招来妒意，更能够营造一个安定的环境完成《汉书》的奠基工作。班彪平平淡淡的人生步履中透出的何尝不是绝顶的深谋远虑、睿智神明！

（原载《东岳论丛》2006 年第 1 期）

董　宣

董宣(约前 28～47 年),字少平,两汉之际陈留圉(今河南杞县南)人。东汉初年,被司徒侯霸征辟至幕府任职,后逐步晋升至北海(今山东昌乐)相,因诛杀当地为非作歹的大姓公孙丹宗族数十人,被廷尉判处死刑,幸被光武帝刘秀遣使赦免,降职任怀县(今河南武涉西南)令,继而升任江夏(今湖北新洲)太守,因轻慢外戚阴氏,被免职。不久,又被刘秀特征为洛阳令。在任上,他依法处死了仗势杀人的湖阳公主的苍头,令朝野震惊。任洛阳令五年后,74 岁去世。董宣一生为官的最大特点,一是忠于职守,不畏强权,敢于依法惩办豪强和权贵;二是为官清正廉洁,坚拒贪腐,自奉简约,安于清贫,显示了崇高的操守。

一　北海灭豪强江夏平叛乱

董宣的青年时代是在王莽的新朝度过的,他没有在这个以“篡弑”改变皇统的朝代做官,既显示了他的气节,也展示了他的智慧。因为他已经觉察到这个新朝“皇灵之不永”,为之献身是不值得的。建武元年(25 年),刘秀建立东汉后,董宣立刻认定这是一个前景看好的王朝,于是在知天命之年入仕,被司徒侯霸辟为司徒府的属吏。司徒府是掌控国家行政运转的中心,董宣想必在这里得到了很好的磨炼,官位不断升迁,不久即被朝廷任命为北海相。北海国是诸侯王刘兴的封国,王国相的职务相当于二千石的郡守,全面主持王国的行政事务。所不同的是他还要侍候一个诸侯王,因而比一般郡守所处的地位更微妙。董宣到任后,可能为了减少封国内大姓豪族对行政的阻力,更可能是为了将他们放在眼皮底下监视起来,就任命最具代表性的大姓公孙丹为五官掾，让他协助自己管理王国事务。但公孙丹并不把这位相爷放在眼里，依然横行无忌。当时他正准备建造一处宅第，就请卜师观风水，选吉日。卜师算定应该有人在开工之日死去才吉利，公孙丹就指使他的儿子，在开工之日将一个正行走于道上的人杀死，把尸体藏在一所房子内，还认为可以轻而易举地逃脱惩罚。不久，此事被董宣察知，他毫不通融地命吏卒将公孙丹父子抓捕归案，按律处以死刑。这可惹恼了公孙丹的宗族，他们纠合三十多人，手持兵器，蜂拥相府门前，叫号喊冤，向董宣示威。董宣考虑公孙丹以前曾依附王莽，又怕他们与海贼交通，给境内治安造成大的麻烦，就借机将闹事者全部逮捕至剧县(今山东昌乐)的监狱，并指令门下书佐水丘岑将他们悉数杀掉。从法律的角度看，这显然量刑过重了。青州刺史知悉此事之后，认定董宣滥杀无辜，上奏朝廷要求对董宣和水丘岑加以惩处。董宣于是被解送京城，由廷尉审判，定为死罪。在狱中待刑期间，他神情自若，晨夜诵读诗文，毫无忧惧之色。当赴刑场的时候，他的属官置办酒食为之送行，董宣拒绝食用，厉声对他们说：“我董宣一生没有吃过别人的饭，何况现在死到临头，就更不能吃了！”说完，自己登上囚车，旁若无人地走向刑场。同时被执行死刑的共九人，当轮到董宣的时候，光武帝派出的使者飞马赶来，宣布了皇帝暂缓执行的诏令，将董宣押回监狱。光武帝又遣使者至狱中，诘问董宣滥杀无辜的案情。董宣将该案实情一一言明，并说水丘岑是受自己指使，不应承担罪责，自己愿意以死抵罪，请求免除水丘岑的死罪。使者将了解到的实情禀告光武帝，光武帝下诏将董宣降职为怀县(今河南武涉西南)令，同时指令青州刺史免除水丘岑之罪。水丘岑后来多次晋升，做到司隶校尉的高官。在这次事件中，董宣疾恶如仇的品性、勇于承担责任的担当意识，都展露无遗。

后来，江夏(今湖北新洲)郡发生剧贼夏喜等寇乱事件，朝廷调董宣转任江夏太守，责令他平息叛乱。董宣奉旨前往，甫至郡界，即发出告示：“朝廷鉴于我这个太守有能力擒杀奸贼，故而让我承担这个职务。现在我已经率兵到达郡界，克日即采取行动。檄文到处，望有关人等慎思自安之策。”夏喜等人早听说新太守的威名，知道他来者不善，惊惧不安，只得一面向官府自首，一面解散余众，于是一场暴乱，瞬间被董宣的一纸檄文平息。然而，此时的江夏郡都尉，即郡中最高级别的武官，是由外戚阴氏家族的人担任，董宣偏偏对这位权贵不理不睬,没有给予他出格的礼敬。这个都尉自然气不过,就挖空心思地编造董宣的"劣迹"上奏朝廷。所以,董宣不久就被免除太守职务,以一介平民之身回家过他无官一身轻的日子了。

二 洛阳斗贵戚荣膺"强项令"

年过60岁的董宣悠然在家过着平民百姓的日子,他以为从此就会在这种状态下度过余生了。谁知忽然有一天,朝廷特征的敕令送到他的面前,命他立即束装就道,赴首都担任洛阳令。由于洛阳是东汉皇帝居住的首都,是国家的政治中心,地位特别重要,朝廷就在这里设立管理洛阳和周边地区的行政机构河南尹和监察官司隶校尉。在它们之下,设置洛阳令具体管理洛阳城的事务。显而易见,洛阳令尽管是一个县级的主官,却是一个责任重大、事务繁杂、婆婆众多、上下级关系复杂、特别费力不讨好的艰难险重的职位。因为洛阳是首都,正如汉明帝刘庄所言,"洛阳帝城多近臣,南阳帝乡多近亲"。这里布满朝廷的各级官府和众多达官贵人的府第,有多如过江之鲫的高官显贵,有数量众多的卫戍皇宫和京城的将士,以及从事各种行业的三教九流。所以,维持首都的治安和有序运行就是一个颇大的难题,而这正是洛阳令的重要职责。或许是洛阳的治安遇到了麻烦,或许是期望洛阳的治理出现新面貌,让洛阳吏民感受新风气,汉光武帝便想到了罢官家居的铁腕能吏董宣,于是特地征调他来首都就任这个不足千石的洛阳令。

董宣此前担任的北海相和江夏太守,都是二千石的高官,而今以69岁的高龄屈就不足千石的县级主官,在常人看来,的确有点委屈他了。但董宣似乎并不在意,他显然是将自己的重新出山看成一次难得的为国家和百姓服务的机会。所以他还是按时奉诏走马上任,坐上了洛阳令的位子,并在这个位子上创造了他一生为官经历中最辉煌的篇章。

董宣上任伊始,一桩特别棘手的案子便劈头摆在了自己面前:当今皇帝的姐姐、湖阳公主的苍头,一个奴婢头子,依仗公主的权势,光天化日之下杀了人并迅速藏匿公主的府第。按照当时的制度规定,没有皇帝的批准,任何人都不能擅自进入公主的府第。这样,董宣派出的执行拘捕罪犯任务的吏卒,就只能眼睁睁地看着犯人逃入府第,在公主府门外无可奈何地徘徊。这是一桩轰动首都的大案，全洛阳的吏民百姓都看着董宣，看他任何处置这个案子，为受害人讨回公道。

曾经以强势搏击豪强闻名全国的董宣，此时已经为处理该案谋划了一个万全的方案。他让吏卒在公主府门外隐蔽侦察，候公主出行。因为杀人的苍头是公主所坐马车的驭手，只要公主出行，他必定随侍在侧，在路上出其不意地拦车抓捕，定能破除公主的阻挠，获得成功。

这个机会终于等来了。一天，侦察人员报告公主出行，董宣立即率领吏卒，在公主车骑的必经之地夏门亭等候。当公主车骑赶到夏门亭时，董宣突然出现在车前，指挥吏卒拦住车马。公主看清是小小的洛阳令阻挡车骑，勃然大怒，斥责董宣犯上无礼。董宣毫不示弱，以刀画地，大声历数公主纵奴犯法的过失，喝令驾车的苍头下车伏法。吏卒上前，将吓得手足无措、面无人色的苍头拉下车，当场格杀。这场发生在首都街头的执法活剧，引来围观百姓的阵阵欢呼！

骄横无忌的湖阳公主感觉受到莫大侮辱，立即命令车驾赶往皇宫，向光武帝哭诉董宣的犯上作乱之行。光武帝听了，也陡然心生怒意，认为这个董宣实在太过分，居然不给自己的姐姐留面子，也就是眼中没有他这个当今天子。当即命人将董宣召至皇宫，打算当着公主的面将他棰杀。董宣跪在皇帝面前，毫无惧色，叩头触地，说："请陛下听完臣几句话，我就甘愿受死。"皇帝厉声发话："到了这个时候，你还有什么理可讲？"董宣激昂地说："陛下凭借自己的盛德，成就了汉室的中兴大业。现在公主纵奴杀死无辜的百姓，如果得不到惩罚，您将何以治理天下？臣不需棰杀，让我自己了断吧！"说罢，一头向殿上的楹柱猛撞过去，致使头破了，血流满面，满殿的人都惊呆了。听了董宣一番话，看着董宣宁死不屈的样子，光武帝意识到他罪不至死，但又觉得应该给自己的老姐一个面子，于是指令两个小黄门（太监）上前挟持董宣，严令他向公主叩头谢罪，董宣坚决不从，大声抗议："我为朝廷执法，何罪之有？"皇帝见他如此倔强，也很生气，就令小黄门强使董宣叩头，董宣两手据地，任凭小黄门如何压他弯腰低头，他始终扬着高昂的头，不肯屈服。双方僵持着，气氛紧张到了极点。湖阳公主气急败坏地质问皇帝："文叔（刘秀的字）你当年做平头百姓时，屡屡藏匿亡命徒、死刑犯，连吏卒都不敢上门搜查。今天你已经是权倾天下的天子了，威权为什么对一个小小的县令不起作用?”面对老姐近乎揭老底的质问,光武帝反倒怒气渐消,笑着回答:“正是因为我做了天子,才不能与平头百姓一样啊!”经过如此一番折腾,湖阳公主不但没有挽回情面,反而显得有点灰头土脸,只好悻悻离去。而此时,皇帝内心已经隐隐对董宣产生了敬意,他笑着对董宣说:“忙乎了大半天,你肯定饿了,就去太官那里吃一顿吧。”要知道,太官就是御厨,是专门为皇帝做饭的。“太官赐食”,对于臣子来说那可是天大的荣耀。此时,董宣的属吏已经为他擦净了脸上的血迹,包扎了伤口。当他在属吏的陪同下来到御厨,几样简单的饭菜已经摆放在食案上。董宣也不客气,一屁股坐定,狼吞虎咽吃个精光,之后,将食器反扣在食案上,扬长而去。太官从来未见赐食的官员如此做派,惊得舌撟而不能下,赶忙向皇帝报告。几天后,光武帝又见到董宣,就问他如此做派是什么意思?董宣掷地有声地回了一句话:“臣食不敢遗余,如率职不敢遗力!”[①]其实,皇帝内心对董宣还是相当欣赏的。当董宣那天在太官吃完饭回到自己的衙门时,发现皇帝奖赏的三十万钱已经送到,董宣明白这是皇帝支持他行动的表示。他高兴地当着全体属吏的面,宣布了对他们的奖赏,将三十万钱悉数分发净尽,自己没要一个子儿。

董宣处置湖阳公主苍头的事件震惊朝野。有了皇帝的支持,董宣更是敢于铁腕执法,在他的权限内,无论何等达官显贵、恶霸豪强,只要触犯法律,他一定严惩不贷。由于他的有效治理,恶人束手,百姓称快,首都的社会秩序大为好转,董宣也因此获得“卧虎”的徽号,其中蕴含的,显然是既敬又怕的情绪。董宣的强势执法得到了广大百姓的拥护,百姓歌颂他“枹鼓不鸣董少平”[②],意思是由于他的治理,首都治安良好,已经听不到报警的击鼓声了。从此,“强项令”的美名不胫而走,在城市和乡里播扬。

董宣在洛阳令的位子上尽责尽力地干了五年,74岁辞世。光武帝得到消息后,不胜唏嘘,下诏遣使者前去他家,吊唁逝者,慰问家属。使者来到董宣家宅,只见董宣的尸体被一领破旧的布被覆盖,妻子儿女正相对痛哭失声。检视所余家产,仅有大麦数斛、破车一辆。使者回报,光武帝既痛惜又伤感,感慨万端地说:“董宣这样廉洁,我是到他死后才知道呀!”因为董宣曾

① 《后汉书·酷吏列传》注引《谢承书》。
② 《后汉书·酷吏列传·董宣》。

担任过二千石的高官，皇帝特令将他的葬礼提高到大夫的级别，同时任命他的儿子董并为郎中。这个儿子后来官至齐国相，达到了与老子一样的级别。

三 名留青史万代传扬

董宣一生，能官能民，能上能下。但在官场上不是步步高升，而是几经沉浮，每况愈下。尽管两度担任二千石的王国相和郡太守，最后却在不足千石的县令的位子上以身殉职。但他无论是任高官还是被贬降，无论是面对荣誉还是被黜为民，甚至面对死亡，他始终都是坦然淡定，宠辱不惊。在什么官位上他都忠于职守、刚正不阿、严格执法，对倚势犯法的达官显贵、豪强恶霸，绝不假以辞色和通融庇护，而是高调惩罚，宁肯执法过度，也不枉法纵恶，从而维护了社会秩序的正常运转，为百姓保了一方平安。所到之处，他之所以敢于碰硬，毫不畏惧，在皇帝面前也敢于坚持自己的主张，根本原因是他心系朝廷，关爱百姓，一切奉公循法，不徇私情，不谋私利，清正廉明。因为没有私心，不怕失掉什么，自然也就无所畏惧地面对生死荣辱。

由于董宣这样的官吏在封建社会绝对是凤毛麟角，因而当时就得到天下臣民的广泛赞誉。在董宣惩办湖阳公主苍头不久，与他同时的广汉太守蔡茂就上书光武帝，一方面表彰董宣的刚烈之行，另一方面向皇帝对董宣的处置提出委婉的批评："近湖阳公主奴杀人西市，而与主共舆出入宫省，逋罪积曰，冤魂不报。洛阳令董宣直道不顾，干主讨奸。陛下不先澄审，召欲加箠。当宣受怒之初，京师侧耳，及其蒙宥，天下拭目。"①而元世祖时期的赵天麟则认为光武帝的处置蕴含深意，他在《上策》中说："主还宫诉帝，帝赐宣钱三十万，且光武宁不知主之贵而令之贱哉？所以然者，为天下计也。"②清朝的翰林院侍读学士何焯则为范晔在《后汉书》中将董宣列于《酷吏传》鸣不平，认为他"不当列之酷吏"③。这个观点显然是有道理的，就董宣的基本倾向看，他列入《循吏传》似乎更名实相符。后世一些诗人也对董宣屡加咏叹，

---

① 《后汉书·蔡茂传》。

② 杨士奇等撰：《历代名臣奏议》卷七七，清文渊阁《四库全书》。

③ 《义门读书记》卷二四，清文渊阁《四库全书》。

如宋朝的黄庭坚就赞颂他“强项莫低”的强项风骨：

谪官犹得住蓬莱，抱牍人稀书卷开。

张敞抚眉应急召，董宣强项莫低回。[①]

元朝的吴镇也赞颂他宁死不屈的刚烈品性：

董宣之烈，严颜之节，斫头不屈，强项风雪。[②]

从此，董宣作为一个不畏强权、公正执法、清正廉明的“强项令”，名留青史，万代传扬。

（摘自孟祥才、刘保贞：《中国古代贤明县令》，人民出版社2014年版）

① 《山谷集·外集》卷七，清文渊阁《四库全书》。

② 《梅花道人遗墨》卷上《雪竹》，清文渊阁《四库全书》。

论张俭其人

“望门投止思张俭，忍死须臾待杜根。我自横刀向天笑，去留肝胆两昆仑。”戊戌六君子之一的谭嗣同的这首绝命词，慷慨悲壮，大义凛然，充分表现了一个伟大爱国者忠于信仰、勇于担待、视死如归的牺牲精神。诗中提到东汉“党锢之祸”中一个著名的人物张俭，坚决否定了他的“望门投止”。戊戌政变发生时，谭嗣同本有时间从容逃逸，但他执意不走，静候缇骑，最后义无反顾地走向刑场。谭嗣同与张俭，在大难临头时一死一逃，在人格上分出了轩轾。对张俭这个名震一时，得寿 84 岁的历史人物，究竟应该如何评价呢？

张俭因“党锢之祸”而名扬天下。发生在东汉末年桓帝和灵帝时期的“党锢之祸”是太学生与以州郡诸生为代表的儒生和一部分耿直派的官僚相结合，同以宦官为代表的当权集团进行的一场殊死斗争。他们被挟持皇帝的宦官诬为“共为部党，诽讪朝廷，疑乱风俗”的党人，遭遇死、徙、废、禁者六七百人。“党锢之祸”实际上是不同，统治集团对政治权力的争夺，但因为太学生官僚集团中有一批如李膺之类的清正廉明之士，他们对宦官集团黑暗腐败统治的揭露和斗争在一定程度上又反映了百姓的愿望与要求，加之他们在舆论上的优势，当时和后世的人们自然将同情的目光投向了他们。

张俭还是“党人”中有广泛社会影响的一个人物。张俭，字元节，山阳高平（今山东邹城西南）人，他是西汉初年刘邦分封的赵王张耳之后，其父张成曾任江夏（以今之武汉为中心的豫鄂一带）太守。张俭青年时期被举为茂才，本有机会在兖州所属的郡县任官，但他感到与兖州刺史的关系不易协调，就以生病为由加以拒绝。东汉后期社会上形成了这样一种风气：有名望的知识分子往往以拒绝官府征召显示清高，抬高身价。“党人”中的不少在野之人几乎都有拒绝朝廷或下级官府征召的经历，有的甚至屡征屡拒，终身不仕。在朝的官僚和在野的儒生在反对宦官的总目标下互相标榜，激浊扬清，在士林的名气越来越大，与宦官的斗争也达到白热化程度。延熹八年（165 年），以河南尹李膺捕杀以“方技交通宦官”的杀人犯张成之子为导火线，宦官怂恿桓帝下达了惩办“党人”的诏令，“班下郡国，逮捕党人，布告天下”，以李膺、陈寔为代表的两百多人都榜上有名，列入逮捕之列。第二年，因窦武等人为之说情，桓帝将党人免去死罪，“赦归田里，禁锢终身”①，这就是第一次“党锢之祸”。张俭在第一次党锢之祸中并没遭到追捕，因为延熹九年（166 年）第一次“党锢之祸”中被捕囚的人都被“赦归田里”，党人还未受到致命的一击。而且，由于“党锢之祸”在社会上引起的“逆反心理”，党人的声誉反而上了一个新的台阶。“自是正直废放，邪枉炽结，海内希风之流，遂共相标榜，指天下名士，为之称号。”张俭于是成为“导人追踪”的“八及”之首。早在延熹八年（165 年），同为“八及”之一的翟超正做山阳太守，显然是因为“同声相求”，他就请张俭做了该郡的东部督邮。督邮是一个秩低权重的监察官员。当时每郡大都设东、西、南、北四个督邮，分部对所属的县乡官吏和地方豪强进行监察。也是冤家路窄，宦官侯览正是山阳防东（今山东单县北）人，其家正在张俭的监察区。此时的侯览正做着中常侍，特别受桓帝的信任与赏识，被封为高乡侯。他“以佞猾进，倚势贪放，受纳财遗以巨万计”。其兄侯参依仗他的势力，当上了益州（辖区囊括今四川、云南、贵州大部分）刺史。此人贪残成性，辖区内百姓“凡丰富者”，即“诬以大逆”加以诛灭，将其财产没为已有，“前后累亿计”。后被太尉杨秉参奏，桓帝下令槛车征京师治罪。大概他感到罪孽深重，在途中自杀了。“京兆尹袁逢于旅舍阅参车三百余辆，皆金银锦帛珍玩，不可胜数。”②为此，侯览一度免官，但不久又官复原职。

永康元年（167 年），桓帝死去，灵帝继位。他与桓帝一样是昏庸无道之君，被宦官玩于股掌之上。建宁元年（168 年），大将军窦武、太傅陈蕃与重新被起用的李膺等合谋诛杀宦官，因计事不密，为宦官侦知，宦官挟持灵帝，疯

---

① 《后汉书·党锢列传》。

② 《后汉书·宦者列传》。

狂反噬，窦武、陈蕃反而死于非命。

形势急转直下，对党人的杀伐已是箭在弦上。这时，张俭正在督邮任上，他可能已经感到危险正向自己逼近。建宁二年(169年)，侯览母亲死去，侯览返家，大事张扬地为母亲办丧事，修起高大的茔冢。侯览离家赴京师，张俭即刻上奏章，揭发他“贪侈奢纵，前后请夺人宅三百八十一所，田百一十八顷。起立第宅十有六区，皆有高楼池苑，堂阁相望，饰以绮画丹漆之属，制度重深，僭类宫省。又豫作寿冢，石椁双阙，高庑百尺，破人居室，发掘坟墓，虏夺良人，妻略妇子”[①]。再加上其他罪行，请皇帝加以诛死。谁知奏章被任中常侍的侯览截于手中，没有到达皇帝手里。其实，即使到达灵帝那里，也不可能对侯览构成威胁。张俭知道奏章没能“上达天听”，干脆一不做，二不休，带人捣毁侯览家宅，没收其资财，再上奏章，揭露侯览之母“生时交通宾客，干乱郡国”。由于侯览从中作梗，奏书还是送不到灵帝那里。侯览决定对张俭进行反击，指使张俭同乡朱并上书，诬告张俭。这位朱并“素性佞邪”，属乡间流氓无赖者流。他曾想攀结张俭，为其所拒，因而怀恨在心。经侯览点拨，立即上书，诬告“张俭与同乡二十四人别相署号，共为部党，图危社稷”。朱并罗织的二十四人是张俭、檀彬、褚凤、张肃、薛兰、冯禧、魏玄、徐乾，八人为“八俊”；田林、张隐、刘表、薛郁、王访、刘祇、宣靖、公绪恭，八人为“八顾”；朱楷、田槃、疏耽、薛敦、宋布、唐龙、嬴咨、宣褒，八人为“八及”。在侯览、曹节等宦官的谋划下，以灵帝的名义下达了逮捕张俭等人的诏令。时任大长秋的曹节又借机“讽有司”，逮捕列入前次“党锢之祸”的党人故司空虞放、太仆杜密、长乐少府李膺、司隶校尉朱寓、颍川太守巴肃、沛相荀翌、河内太守魏朗、山阳太守翟超、任城相刘儒，太尉掾范滂等百余人，最后他们都毙死狱中。“自此诸为怨隙者，因相陷害，睚眦之忿，滥入党中。又州郡承旨，或有未尝交关，亦离祸毒，其死徙废禁者，六七百人”，这就是第二次“党锢之祸”。官僚集团和太学生诸生中的许多精英人物，几乎被一网打尽了。“党锢之祸”虽然是统治集团的内部斗争，但在一定意义上又是其中健康力量与腐败势力的斗争。这场斗争以健康力量的失败而告终，预示着东汉王朝距其末日已经越来越近了。

---

① 《后汉书·宦者列传》。

第二次“党锢之祸”的导火线是张俭对宦官侯览家族势力的惩罚，因而张俭也就作为第一号要犯被追捕。面对死亡的威胁，张俭的求生本能主宰了自己的行动，他“困迫遁走，望门投止”。由于他名重一时，特别是朝廷搞的“党锢之祸”不得人心，所以张俭所到之处，人们都是“破家相容”，以能为他提供救助而自豪。他曾逃到孔融家，当时与之有旧的孔融之兄孔褒不在家，但孔融还是不避凶险毅然收留了他。后事泄，张俭逃走，孔融兄弟双双被捕入狱。官吏讯问时，兄弟二人与其母争着承担藏匿张俭之责。后来张俭流转至东莱（今山东龙口），投奔李笃家。跟踪而至的外黄（今河南兰考东南）令毛钦带兵将张俭堵在李笃之家。李笃明白张俭已无法逃掉，于是干脆将毛钦也引入家门，挑明说：“张俭知名天下，而亡非其罪。纵俭可得，宁忍执之乎？”李笃的义气感动了毛钦，他站起来，抚慰李笃说：“蘧伯玉耻独为君子，足下如何自专仁义？”李笃立即巧妙地将仁义的高帽送给毛钦：“笃虽好义，明廷今日载其半矣。”毛钦只得放张俭一马，叹息而去。李笃认为张俭留在内地很难脱离危险，就辗转将他送到塞外，从此逃脱了官府的追捕。张俭为逃避官府的追捕，东躲西藏，冒险为之提供方便的不下数十家，“其所经历，伏重诛者以十数，宗亲并皆殄灭，郡县为之残破”。

中平元年（184 年），黄巾起义爆发，灵帝为缓和统治集团内部矛盾，宣布解除对党人的禁锢，张俭平安返回故里，此时他已是望七之年。由于他是党人中硕果仅存的大名人之一，所以大将军、三公争着征辟他出来做官，“又举敦朴，公车特征，起家拜少府”，许给的已是二千石的高官，但张俭一一加以拒绝。献帝初年，其故乡发生饥荒，张俭“倾竭财产，与邑里共之，赖其存者以百数”，算是为桑梓办了件好事。建安初年被朝廷征为卫尉，张俭勉强赴任。这时的张俭已是年过八旬的耄耋老人，年老力衰，眼见曹操家族完全控制了东汉朝廷，他既不愿党附曹氏，又无力与曹氏进行抗争，只有采取明哲保身一法，“乃阖门悬车，不豫政事”。他以卫尉的官衔在许都（今河南许昌）闭门休息一年多，以 84 岁高龄辞世。

张俭一生的活动，以第二次“党锢之祸”为分水岭，前后判若两人。前期，他以在野之身，奔走呼号，不遗余力地抨击宦官擅权下东汉政治的黑暗与腐败，一旦当上小小的督邮，即运用手中的权力对宦官进行毫不妥协的斗争。他两次上书朝廷，参奏已获得高位的侯览，揭露他本人及其家族罪恶昭彰的行径。在未获得朝廷批准的情况下,他毅然出手,毁掉侯览的家园,籍没其财产。这是何等的大义凛然,刚毅果决,显示出顶天立地的大丈夫品格。为自己赢得了光荣,也使自己的声名进一步远播朝野。然而,由他同侯览的斗争引发了第二次"党锢之祸"以后,面对牢狱和死亡,他却失去了往日的勇敢、坚毅和豪情,失魂落魄地选择了逃命。不管多少人为掩护他破家舍业,甚至牺牲亲人的生命,他仍然是不停地从这一家逃到那一家,毁掉这一家,再毁掉那一家。在别人为自己付出的鲜血和生命面前,他懵懂木然,无动于衷,似乎这一切为他的付出都是应该的。其实,张俭的逃逸标明他对自己应负的责任采取了可耻的逃脱态度。在为救他而牺牲的志士仁人绽放人格光辉的时候,张俭极端自私的品格毫发毕现地暴露出来,是那么渺小、猥琐和卑劣。

与张俭同时的不少党人在面临生死抉择的时候,显得那么坚定镇静,义薄云天,不畏葸,不逃避,自请入狱,含笑赴刑场,充分展示了他们君子人格的光彩和魅力。如李膺,第一次"党锢之祸"中被执入狱,后赦出狱,陈蕃与窦武秉政时又任长乐少府,不久又随陈、窦之败去职。第二年第二次"党锢之祸"事起,朝廷大肆收捕党人。李膺的乡人都劝他逃走,他较张俭更有时间和条件逃脱被拘捕的命运。但他说:"事不辞难,罪不逃刑,臣之节也。吾年已六十,死生有命,去将安之?"之后坦然自投牢狱,被判死刑,妻子徙边,门生、故吏及其父兄,并被禁锢。又如范滂,在第一次"党锢之祸"时即被系黄门北寺狱。狱吏在对同狱囚犯进行刑讯时,范滂因同狱囚犯大多有病,主动请求先对自己刑讯,与同郡的另一囚犯"争受楚毒"。桓帝使中常侍王甫主持审讯,范滂等人"皆三木囊头,暴于阶下"。王甫诘问范滂:"君为人臣,不惟忠国,而共造部党,自相褒举,评论朝廷,虚构无端,诸所谋结,并欲何为?皆以情对,不得隐饰。"范滂侃侃而谈:"臣闻仲尼之言,'见善如不及,见恶如探汤'。欲使善善同其清,恶恶同其污,谓王政之所愿闻,不悟更以为党。"王甫进而追问:"卿更相拔举,迭为唇齿,有不合者,见则排斥,其意如何?"范滂昂首仰天,慷慨陈词:"古之循善,自求多福;今之循善,身陷大戮。身死之日,愿埋滂于首阳山侧,上不负皇天,下不愧夷、齐。"由于范滂的回答义理昭然,连王甫这样的宦官也被感动,不仅"愍然为之改容",还为他们解除了刑具。第二年,范滂获释,返回故乡汝南(今安徽阜阳北)家居。建宁二年第二次“党锢之祸”事发，朝廷下诏大捕党人，范滂自然名列其中。奉命前来执行拘捕任务的督邮吴导到了范滂家乡，住进传舍，怀抱诏书“伏床而泣”，他实在不忍心前去逮捕范滂。范滂听到消息，说：“他必然为我而来。”遂即自动投案。县令郭揖知道后，大吃一惊，立即抛却县令印绶，劝范滂与他一同逃亡。范滂坚决谢绝郭揖的好意，说：“滂死则祸塞，何敢以罪累君，又令老母流离乎！”说完，转身与老母诀别：我弟仲博孝顺，足以为老母养老送终，儿从先父龙舒君归黄泉，存亡各得其所。唯大人您须割舍对儿子难以割舍的恩义，请不要过于悲伤。范滂的母亲是深明大义之人，她反过来安慰儿子说：你今天能与李膺、杜密齐名，死了又有什么遗憾！既有美好的名声，又要求能够长寿，二者可以兼得吗？范滂跪着聆听了母亲的教诲，“再拜而辞”。他最后对自己幼小的儿子说：“吾欲使汝为恶，则恶不可为；使汝为善，则我不为恶。”范滂诀别母亲和儿子的情景，所有看到和听到的人都为之感动得泪流不止。就这样，年仅 23 岁的范滂心地坦然地接受了死亡。李膺和范滂的死何等悲壮！他们二人对人生价值的理解，不仅表现在生时的作为，更表现在对死亡的选择。范晔对二人送上了由衷的赞誉：

> 李膺振拔污险之中，蕴义生风，以鼓动流俗，激素行以耻威权，立廉尚以振贵势，使天下之士奋迅感慨，波荡而从之，幽深牢破室族而不顾，至于子伏其死而母欢其义！壮矣哉！①

“党锢之祸”解除以后，张俭在为他牺牲的人墓木已拱的时候，安然返回故乡。这时，他当年同恶势力做斗争的勇气和豪情已经被岁月的风霜消磨得无影无踪。尽管此时与他不共戴天的宦竖们依然存在，朝廷又给了他少府的高官，他同恶势力做斗争的环境条件比往昔改善了许多，他满可以再一次写壮志，抒豪情了。然而，他却仿佛对政治完全丧失了兴趣，连在卫尉的位子上等因奉此地混日子也懒得应付了，只求不再面对凶险！不再目睹鲜血！平平安安度过余生。

如何诠释张俭前后如此之大的反差呢？可否这样认识：第二次“党锢之祸”发生前的张俭之所以那样意气风发，疾恶如仇，敢作敢为，不计成败，是因为名士的桂冠使他名扬四海，极尽风光。并且，第一次“党锢之祸”不仅无

① 《后汉书·党锢列传》。

一党人丢掉性命，而且一年后被捕者又都免除了牢狱之灾，党人们进一步成为全社会颂扬的对象。这就使张俭产生了一种错觉：可以尽情地玩政治并享受它所带来的荣光，但又不必为之付出生命的代价。既然如此，何不使出浑身解数玩上一把呢！然而，正在他玩得如醉如痴名满天下时，第二次“党锢之祸”从天而降。一霎时，党人的头颅被抛在洛阳街头，党人的鲜血洒在城乡的刑场。张俭喜欢玩政治却没有坚定的政治信仰，贪恋政治的荣光却不愿为政治付出生命的代价，所以在大难临头时他只能选择逃遁一途。在目睹了无数党人的牺牲，经历了无数不眠之夜的痛苦思索之后，他终于认定，生命最重要，没有什么东西值得以生命为之牺牲，个人生命之外的一切都不值得关注。基于以上的感悟，回到故乡的张俭，既不因自己连累致死了那么多人而感到愧疚，也不敢投入新的政治斗争。因为在他的视野里，信仰已经消失，正义与邪恶的界限已经泯灭了。对于张俭，为他作传的范晔也没有吃透，他评论说：

> 昔魏齐违死，虞卿解印；季布逃亡，朱家甘罪。而张俭见怒时王，颠沛假命，天下闻其风者，莫不怜其壮志，而争为之主。至乃捐城委爵、破族屠身，盖数十百所，岂不贤哉！然俭以区区一掌，而欲独堙江河，终婴疾甚之乱，多见其不知量也。[①]

其实，张俭之贤不过徒有虚名，如果施救者知道他以后的表现，还会相救吗？他与宦官侯览的斗争也不存在自量与否，关键在于对斗争的后果取何种态度。总起来看，张俭是不值得肯定和表彰的人物。与李膺和范滂相比，张俭不过是一抔黄土，而前者却是耸入云霄的高峰。

（原载《齐鲁学刊》2006年第5期）

① 《后汉书·党锢列传》。

王符的"民本"意识

王符（约 85～162 年），字节信，安定临泾（今甘肃镇原）人，生平事迹已不可详考。据《后汉书》本传记载，他"少好学，有志操，与马融、窦章、张衡、崔瑗等友善。安定俗鄙庶孽，而符无外家，为乡人所贱。自和、安之后，世务游宦，当途者更相荐引，而符独耿介不同于俗，以此遂不得升进。志意蕴愤，乃隐居著书三十余篇，以讥当时失得，不欲章显其名，故号曰《潜夫论》。其指讦时短，讨谪物情，足以观见当时风政"。由他的交游者可以看出，由于王符为人为学不同流俗，因此在士林已经具有相当的知名度。本传还记述了这样一个故事：

> 后度辽将军皇甫规解官归安定，乡人有以货得雁门太守者，亦去职还家，书刺谒规。规卧不迎，既入而问："卿前在郡食雁美乎？"有顷，又白王符在门。规素闻符名，乃惊遽而起，衣不及带，屣履出迎，援符手而还，与同坐，极欢。时人为之语曰："徒见二千石，不如一缝掖！"言书生道义之为贵也。

王符终生不仕，隐居家乡，埋首做学问，对经、史、子、集无所不窥，既钟情儒术，又着意申、商、韩非等的刑名之学，特别关注当时的政治状况和社情民意。他倾一生精力撰写的《潜夫论》三十六篇，既展现了他对东汉末年腐败政治、黑暗社会现实的痛彻针砭，也展示了他具有浓烈"民本"意识的政治理想。

王符有一个唯物论的自然观，对于天、地、人的关系有着他自己的辩证的理解：

> 上古之世，太素之时，元气窈冥，未有形兆，万精合并，混而为一，莫制莫御。若斯久之，翻然自化，清浊分别，变成阴阳。阴阳有体，实生两

仪。天地絪缊，万物化醇，和气生人，以统理之。是故天本诸阳，地本诸阴，人本中和。三才异务，相待而成，各循其道，和气乃臻，机衡乃平。天道曰施，地道曰化，人道曰为。为者，盖所谓感通阴阳而致珍异也。人行之动天地，譬犹车上御驷马，蓬中擢自照矣。虽为所覆载，然亦在我何所不可。孔子曰："时乘六龙以御天。""言行，君子所以动天地也，可不慎乎?"从此观之，天呈其兆，人序其勋，《书》故曰："天工人其代之。"如善理其政，以和天气，以臻其功。[1]

这里，王符对人与自然(天、地)的关系作了具有相当辩证意义的理解。他认为，人虽是自然不断运动变化的产物，但人一旦出生，又有着自己的主观能动性，与天地有着不同的运动空间和运动方式，这就是"天道日施，地道日化，人道日为"。由于他认定"人道日为"，更由于他钟情儒家的政治理念，因此，他就认定君王治民的最根本原则是道、德、教、化：

人君之治，莫大于道，莫盛于德，莫美于教，莫神于化。道者，所以持之也；德者，所以苞之也；教者，所以知之也；化者，所以致之也。民有性，有情，有化，有俗。情、性者，心也，本也；化、俗者，行也，末也。末生于本，行起于心。是以上君抚世，先其本而后其末，慎其心而理其行。心精苟亡，则奸匿无所作，邪意无所载矣。[2]

道、德、教、化最后归结为"治民心"，"化变民心也，犹正变民体也"，"是故上圣常不务治民事而务治民心"。这种将"治民心"先于治民事的理念，尽管在物质和精神的关系上有颠倒之嫌，却是儒家一贯的传统思维。而在王符看来，民心能否治好，世俗民风能否良好，关键在于君王的所作所为：

是故世之善否，俗之薄厚，皆在于君。上圣和气以化民心，正表仪以率群下，故能使民比屋可封，尧、舜是也。其次躬道德而敦慈爱，美教训而崇礼让，故能使民无争心而致刑措，文、武是也。其次明好恶而显法禁，平赏罚而无阿私，故能使民辟奸邪而趋公正，理弱乱以致治强，中兴是也。治天下，身处污而放情，怠民事而急酒乐，近顽童而远贤才，亲谄谀而疏正直，重赋税以赏无功，妄加喜怒以伤无辜，故能乱其政以败

---

① 《潜夫论》卷八《本训第三十二》，清文渊阁《四库全书》。

② 《潜夫论》卷八《德化第三十三》。

其民，弊其身以丧其国者，幽、厉是也。①

正因为如此，王符对君王提出了非常高的要求。他认为，君王必须是道德学问皆可成为官民表率的“圣人”，为此，君王必须虚心向学：

天地之所贵者人也，圣人之所尚者义也，德义之所成者智也，明智之所求者学问也。虽有至圣，不生而智；虽有至材，不生而能。故志曰：黄帝师风后，颛顼师老彭，帝喾师祝融，尧师务成，舜师纪后，禹师墨如，汤师伊尹，文武师姜尚，周公师庶秀，孔子师老聃。若此言之而信，则人不可以不就师矣。夫此十一君者，皆上圣也，犹待学问，其智乃博，其德乃硕，而况于凡人乎？②

君王只有虚心向学才能“明智”，不唯如此，君王要想成为明君，更必须“通聪兼听”，即不仅听取最亲近的贵臣亲信的意见，还要听取疏远而卑贱者的意见，让各色人通过不同的方式、不同的途径，将真实的意见反映上来：

国之所以治者君明也，其所以乱者君暗也。君之所以明者兼听也，所以暗者偏信也。是故人君通心兼听，则圣日广矣；庸说偏信，则过日甚矣。《诗》云：“先民有言，询于刍荛。”……故人君兼听纳下，则贵臣不得诬，而远人不得欺也；慢贱信贵，则朝廷谠言无以至，而洁士奉身伏罪于野矣。

夫朝臣所以统理，而多比周则法乱；贤人所以奉己，而隐遁伏野则君孤。而能存者，未之尝有也。是故明君莅众，务下言以昭外，敬纳卑贱以诱贤也。其无距言，未必言者之尽可用也，乃惧距无用而让有用也；其无慢贱，未必其人尽贤也，乃惧慢不肖而绝贤望也。是故圣王责小以厉大，赏鄙以招贤，然后良士集于朝，下情达于君也。故上无遗失之策，官无乱法之臣。此君民之所利，而奸佞之所患也。③

是以明圣之君于正道也，不专驱于贵宠，惑于嬖媚，不弃疏远，不轻幼贱，又参而任之。故有周之制也，天子听政，使三公至于列士献典，良史献书，师箴，瞍赋，矇诵，百工谏，庶人传语，近臣尽规，亲戚补奏，瞽瞍

① 《潜夫论》卷八《德化第三十三》。
② 《潜夫论》卷一《赞学第一》。
③ 《潜夫论》卷二《明暗第六》。

教诲，耆艾修之，而后王斟酌焉，是以事行而无败也。[①]

同时，明君还有一个重要的表征，就是“尊贤任能，信忠纳谏”[②]。这其中，一要谨慎选举，通过“贡士”选拔贤才；二要注重考功，通过严格有效的考绩辨明各级官吏的德才智能，以便升陟黜赏：

圣王之建百官也，皆以承天治地，牧养万民者也。是故有号者必称典名，理者必效于实，则官无废职，位无非人。夫守相令长，效在治民；州牧刺史，在悉聪明，九卿分职，以佐三公；三公总统，典和阴阳；皆当考治以效实为王休者也。侍中、大夫、博士、议郎，以言语为职，谏诤为官。及选茂才、孝廉、贤良方正、惇朴、有道、明经、宽博、武猛、治剧，此皆名自命而号自定，群臣所当尽情竭虑称君诏也。[③]

接着，王符痛切地指出，当时东汉的政治腐败已经达到无以复加的程度，从三公到州县的各级官吏，几乎没有一个称职者：

今则不然，令长守相不思立功，贪残专恣，不奉法令，侵冤小民。州司不治，令远诣阙上书讼诉。尚书不以责三公，三公不以让州郡，州郡不以讨县邑，是以凶恶狡猾易相冤也。侍中、博士谏议之官，或处位历年，终无进贤嫉恶、拾遗补阙之语，而贬黜之忧。群僚举士者，或以顽鲁应茂才，以桀逆应至孝，以贪饕应廉吏，以狡猾应方正，以谀谄应直言，以轻薄应敦厚，以空虚应有道，以嚚暗应明经，以残酷应宽博，以怯弱应武猛，以顽愚应治剧，名实不相副，求贡不相称。富者乘其材力，贵者阻其势要，以钱多为贤，以刚强为上。凡在位所以多非其人，而官听所以数乱荒也。[④]

在王符笔下，东汉的官场似乎已经不可救药了。这是他以在野之身对政局的准确观察。他转而进一步探索造成这一困局的原因：“凡有国之君者，未尝不欲治也，而治不世见者，所任不贤故也。”而这种状况之所以屡屡出现，是因为“乱臣”“污吏”与“正义之士”势不两立，是他们用种种卑鄙的手段阻塞了贤人的进身之阶：

① 《潜夫论》卷二《潜叹第十》。
② 《潜夫论》卷二《思贤第八》。
③ 《潜夫论》卷二《考绩第七》。
④ 《潜夫论》卷二《考绩第七》。

夫贤者之为人臣，不损君以奉佞，不阿众以取容，不惰公以听私，不挠法以吐刚，其明能照奸，而义不比党。是以范武归晋而国奸逃，华元反朝而鱼氏亡。故正义之士与邪枉之人不两立。而人君之取士也，不能参听民氓，断之聪明，反徒信乱臣之说，独用污吏之言，此所谓“与仇迁使”，“令囚择吏”者也。①

王符同时认为，在排除“乱臣”“污吏”的干扰后，君王在选贤任能的时候，还应该注意不要求全责备。因为“金无足赤，人无完人”，所以应该注重大节，不计小疵，避其所短，用其所长：

是故选贤贡士，必考核其清素，据实而言，其有小疵，勿强衣饰，以壮虚声。一能之士，各贡所长，出处默语，勿强相兼，则萧、曹、周、韩之伦，何足得矣？吴、邓、梁、窦之徒而致之。各以所宜，量材授任，则庶官无旷，兴功可成，太平可致，麒麟可臻。②

王符热切期望出现一个“君明”“臣正”“百姓化”“奸匿绝”的美好社会：

是故明君临众，必以正轨，既无厌有，务节礼而厚下，复德而崇化，使皆阜于养生而竞于廉耻也。是以官长正而百姓化，邪心黜而奸匿绝，然后乃能协和气而致太平也。《易》曰：“圣人养贤，以及万民。”国以民为本，君以臣为基。基厚，然后高能可崇也；马肥，然后远能可致也。人君不务此而欲致六平，此犹薄趾而望高墙，骥瘠而责远道，其不可得也必矣！③

然而，这样的美好社会只能存在于王符的殷殷想望之中，在当时的社会中是找不到一点影子的。

王符在强调道、德、教、化、君王自律和选贤任能这些儒家传统理论的同时，并没有忽略法、术、势在治国理民中的重要作用。因为单靠教化还不能保证社会的安宁，所以他特别重视“法”的功用：

无法制而成天下者，三皇也；画则象而化四表者，五帝也；明法禁而和海内者，三王也；行赏罚而齐万民者，治国也；君立法而下不行者，乱

① 《潜夫论》卷二《潜叹第十》。

② 《潜夫论》卷三《实贡第十四》。

③ 《潜夫论》卷四《班禄第十五》。

国也；臣作政而君不制者，亡国也。是故民之所以不乱者，上有吏；吏之所以无奸者，官有法；法之所以顺行者，国有君也；君之所以位尊者，身有义也。夫义者，君之政也；法者，君之命也。人君思正以出令，而贵贱贤愚莫得违也，则君位于上，而民氓治于下矣。人君出令而贵臣骄吏弗顺也，则君几于弑，而民几于乱矣。夫法令者，君之所以用其国也。君出令而不从，是与无君等。主令不从则臣令行，国危矣。夫法令者，人君之衔辔棰策也，而民者，君之舆马也。若使人臣废君法禁而施己政令，则是夺君之辔策，而己独御之也。……是故妄违法之吏，妄造令之臣，不可不诛也。①

在论述了以法治国理民的重要性和君王执掌出令权的必要性之后，他进而批驳"德化可独任"的迂儒之论，认为那只是尧、舜之类"上圣"行政的特殊岁月实行的特殊政策，而即使在那样的时代条件下，"刑杀"也仍然使用，从而强调了君王与法令的不可须臾离的关系。再进一步，他突出术和势的重要意义。他认为，"人君之称，莫大于明；人臣之誉，莫美于忠。此二德者，古来君臣所共愿也"。而要做到君明臣忠，关键在于君王"明操法术，自握权秉"。他解释说："所谓术者，使下不得欺也；所谓权者，使势不得乱也。术诚明，则虽万里之外，幽冥之内，不得不求效；权诚用，则远近亲疏，贵贱贤愚，无不归心矣。"②由于君王势处独尊之位，握有生杀予夺之权，利重威大，这正是诱使臣民尽忠心、出死力的最有利的条件：

夫帝王者，其利重矣，其威大矣。徒悬重利，足以劝善，徒设严威，可以惩奸。乃张重利以诱民，操大威以驱之，则举世之人，可令冒白刃而不恨，赴汤火而不难，岂云但率之以共治而不宜哉？若鹰也，然猎夫御之，犹使终日奋击而不敢怠，岂有人臣而不可使尽力者乎？③

王符进而认为，"贡忠言"与"奉法术"，对治国而言皆不可少，但能否做到，关键在于君王，因为只有君王才能创造让臣子心甘情愿地"贡忠言"与"奉法术"的条件：

---

① 《潜夫论》卷五《衰制第二十》。

② 《潜夫论》卷八《明忠第三十一》。

③ 《潜夫论》卷八《明忠第三十一》。

> 夫忠言所以为安也,不贡必危;法禁所以为治也,不奉必乱。忠之贡与不贡,法之奉与不奉,其秉皆在于君,非臣下所能为也。是故圣人求之于己,不以责下。[①]

而在这些条件中,最重要的是形成使臣民乐于"贡忠言"与"奉法术"的"治势",即社会大环境:

> 治势一成,君自不能乱也,况臣下乎?法术不明而赏罚不必者,虽曰号令,然势自乱。乱势一成,君自不能治也,况臣下乎?是故势治者,虽委之不乱。势乱者,虽勤之不治也。尧、舜恭己无为而有余,势治也;胡亥、王莽驰骛而不足,势乱也。故曰:善者求之于势,弗责于人。是以明王审法度而布教令,不行私以欺法,不黩教以辱命,故臣下敬其言而奉其禁,竭其心而称其职。此由法术明而威权任也。[②]

王符的上述观点尽管基本没有超出儒家传统的"德主刑辅"的理论,但面对东汉末年日益腐败的官场和混乱的社会情势,他更强调易操作、见效快的法、术、势的作用,这显然已经与儒家思想拉开了一段距离。不宁唯此,从严格实行法、术、势的理论出发,他对被视为"德化"重要标志的由皇帝发布的赦免罪犯的举措表示了深恶痛绝的态度,认定这一举措只能起到相反的作用:

> 今日贼良民之甚者,莫大于数赦。赎赦赎数,则恶人昌而善人伤矣。奚以明之哉?曰:孝悌之家,修身慎行,不犯上禁,从生至死,无铢两罪,数有赦赎,未尝蒙恩,常反为祸。何者?正直之士之为吏也,不避强御,不辞上官,从事督察,方怀不快,而奸猾之党又加诬言,皆知赦之不久,则且共横枉侵冤,诬奏罪法,令主上妄行刑辟,高至死徙,下乃沦冤。而被冤之家,乃甫当乞鞫告故以信直,亦无益于死亡矣。[③]

这里王符认定一般孝悌守法的百姓之家无人犯罪,而犯罪者都是社会上敢于违法犯禁的刁民,赦赎对善良百姓毫无意义,只能徒然让刁民捞好处,甚至鼓励"奸猾之党"陷害善良百姓,实在是有百害而无一利,应该坚决杜绝。

---

① 《潜夫论》卷八《明忠第三十一》。

② 《潜夫论》卷八《明忠第三十一》。

③ 《潜夫论》卷四《述赦第十六》。

他严厉批驳“久不赦则奸宄炽而吏不制”的观点是“招乱之本原，不察祸福之所生者之言”，给出的理由是：“凡民所以轻为盗贼，吏之所以易作奸匿者，以赦赎数而有侥望也。若使犯罪之人终身被命，得而必刑，则计奸之谋破而虑恶之心绝矣。”他对当时皇帝“不显行赏罚以明善恶，严督牧守以擒奸猾，而反数赦以劝之”的政策提出质疑，认为与其屡屡赦赎，不如严格执法：“夫国无常治，又无常乱。法令行则国治，法令弛则国乱。法无常行，法无常弛。君敬法则法行，君慢法则法弛。”[①]他这些论断尽管不无偏颇之处，某些观点也有极端化倾向，但从总体上看，不啻是对当时改良东汉政治极有价值的谏议。

王符政治思想中最珍贵的是他的“民本”理念。请看他的论证：

凡人君之治，莫大于和阴阳。阴阳者以天为本，天心顺则阴阳和，天心逆则阴阳乖。天以民为心，民安乐则天心顺，民愁苦则天心逆。民以君为统，君政善则民和治，君政恶则民冤乱。君以恤民为本，臣忠良则君政善，臣奸枉则君政恶。以选为本，选举实则忠贤进，选虚伪为则邪党贡。选以法令为本，法令正则选举实，法令诈则选虚伪。法以君为主，君信法则法顺行，君欺法则法委弃。君臣法令之功，必效于民。故君臣法令善则民安乐，民安乐则天心慰，天心慰则阴阳和，阴阳和则五谷丰，五谷丰而民眉寿，民眉寿则兴于义，兴于义而无奸行，无奸行则世平，而国家宁、社稷安，而君尊荣矣。是故天心、阴阳、君臣、民氓、善恶相辅至而代相征也。夫天者国之基也，君者民之统也，臣者治之材也。工欲善其事，必先利其器。是故将致太平者，必先调阴阳；调阴阳者，必先顺天心；顺天心者，必先安其人；安其人者，必先审择其人。是故国家存亡之本，治乱之机，在于明选而已矣。圣人知之，故以为黜陟之首。[②]

且夫国以民为基，贵以贱为本。是以圣王养民，爱之如子，忧之如家，危者安之，亡者存之，救其灾患，除其祸乱。[③]

王符这里论述了天、君、民、臣的关系，其最重要的结论则是“天以民为心”和

① 《潜夫论》卷四《述赦第十六》。

② 《潜夫论》卷二《本政第九》。

③ 《潜夫论》卷五《救边第二十二》。

"民者国之基"。接下来,他就将民本引导至重本抑末的经济政策,重申中国传统经济思想的核心观念:

凡为人之大体,莫善于抑末而务本,莫不善于离本而饬末。夫为国者以富民为本,以正学为基。民富乃可教,学正乃得义;民贫则背善,学淫则诈伪;入学则不乱,得义则忠孝。故明君之法,务此二者,以为成太平之基,致休征之祥。夫富民者,以农桑为本,以游业文末;百工者,以致用为本,以巧饰为末;商贾者,以通货为本,以鬻奇为末。三者守本离末则民富,离本守末则民贫。贫则厄而忌善,富则乐而可教。①

他的民本思想最后归结为"力田所以富国",因而要求"明君莅国,必崇本抑末,以遏乱危之萌"。那么,如何保证民全力从事本业呢?他认为最重要的是保证民有充裕的生产时间,因而提出"爱日"之说:

国之所以为国者,以有民也。民之所以为民者,以有谷也。谷之所以丰殖者,以有人功也;功之所以能建者,以日力也。治国之日舒以长,故其民闲暇而力有余;乱国之日促以短,故其民困务而力不足。②

为了保证民有充裕的生产时间,最根本的条件是"君明察""臣循正",政治清明,赋役轻而均平:

所谓治国之日舒以长者,非能谒羲和而令安行也,又非能增分度而益漏刻也;乃君明察而百官治,下循正而得其所,则民安静而力有余,故视日长也。所谓乱国之日促以短者,非谒羲和而令疾驱也,又非能减分度而损漏刻也;乃君不明则百官乱而奸宄兴,法令鬻而役赋繁,则庶民困于吏政,仕者穷于典礼,冤民就狱乃得直,烈士交私乃得保,奸臣肆心于上,乱化流行于下。君子载质而车驰,细民怀财而趋走,故视日短也。③

王符深情呼唤君王"为民爱日":"孔子称庶则富之,既富则教之。是礼义生于富足,盗贼起于贫穷;富足生于宽暇,贫穷起于无日。圣人深知力者乃民之本也而国之基也,故务省役而为民爱日。"然而,东汉的现实却与王符的理

---

① 《潜夫论》卷一《务本第二》。

② 《潜夫论》卷四《爱日第十八》。

③ 《潜夫论》卷四《爱日第十八》。

想决然相反，腐败的政治已经造成百姓之日既短而又难熬了：

今则不然。万官挠民，令长自炫。百姓废业而趋府庭者，非朝餔不得通，非意气不得见，讼不讼辄连月日，举室释作，以相瞻视。辞人之家，辄请邻里应对送饷，比事讫，竟亡一岁功，则天下独有受其饥者矣。而品人俗士之司典者，曾不觉也。郡县既知冤枉，州司不治，令破家活，远诣公府。公府不能昭察真伪，则但欲罢之以久困之资，故猥说一科，令此注百日，乃为移书，其不满百日，辄更造数，甚违召伯颂棠之义，此所谓诵《诗》三百，授之以政，不达，虽多亦奚以为者也。[1]

王符与当时的几乎所有致力于社会批判的思想家一样，只要面对现实，他们就气短情悲，因为现实的黑暗、龌龊，从政情、士风到民俗，几乎使他们看不到希望。这似乎也可以解释他终生不入仕的原因。

王符《潜夫论》的内容非常丰富，对他所处时代的政治、经济、军事、思想、文化，几乎所有的问题都有所涉及。如《劝将》就涉及军事，从中可以看出他对《孙子》等中国古代兵书下过一番功夫和具备一定的军事素养。《救边》《边议》《实边》可以窥见他对朝廷处理周边少数民族政策的思考，等等。更为可贵的是，他贯穿全书的人文主义精神。例如在谈到卜筮时，他虽然没有从正面完全否定它，但在其论述中却展示了极为清醒的理性。他说："圣王之立卜筮也，不违民以为吉，不专任以断事。"又说：

圣人甚重卜筮，然不疑之事，亦不问也；甚敬祭祀，非礼之祈，亦不为也。故曰"圣人不烦卜筮"，"敬鬼神而远之"。夫鬼神与人殊气异务，非有事故，何奈于我？故孔子善楚昭之不祀河，而恶季氏之旅泰山。今俗人策于卜筮，而祭非其鬼，岂不惑哉！[2]

与卜筮相联系的还有对鬼神祭祀的态度，他认定："凡人吉凶，以人为主，以命为决。行者，己之质也；命者，天之制也。在于己者，固可为也；在于天者，不可知也。巫觋祝请，亦其助也，然非德不行。"进而又说：

夫妖不胜德，邪不伐正，天之经也。虽时有违，然智者守其正道，而不近于淫鬼。所谓淫鬼者，闲邪精物，非有守司真神灵也。鬼之有此，

---

① 《潜夫论》卷四《爱日第十八》。

② 《潜夫论》卷六《卜列第二十五》。

> 犹人之有奸言卖平以干求者也。若或诱之，则远来不止，而终必有咎。鬼神亦然。……是谓人不可多忌。多忌妄畏，实致妖祥。[1]

再如对社会上广泛流传的“骨相”之类的迷信，他虽然没有全然否定，但也给予了相当理性的解释：

> 虽然，人之有骨法也，犹万物之有种类，材木之有常宜。巧匠因象，各有所授，曲者宜为轮，直者宜为舆，檀宜作辐，榆宜作毂，此其正法通率也。若有其质，而工不材，可如何？故凡相者，能期其所极，不能使之必至。十种之地，膏壤虽肥，弗耕不获；千里之马，骨法虽具，弗策不致。[2]

这种解释，强调了人们后天作为的重要性，透出的是从经验出发的现实理性，较之王充的命定论更接近真理。

总起来看，布衣之身的王符不愧为东汉末年黑暗政治社会的理性批判者之一。他的《潜夫论》所展示的学识、素养、眼界、认识、论辩，是一个不与腥秽官场同流合污的智者冷眼向洋观察与思考的成果，其中凝结着的深沉的历史眼光和强烈的使命意识，足以使他站在当时思想家的最前列。尽管他终生布衣，一介寒素，但其“位卑未敢忘忧国”的情怀，仍然透出了一个不忘国忧民瘼的知识分子的担当意识。

（摘自《秦汉政治思想史》，中国社会科学出版社 2018 年版）

---

① 《潜夫论》卷六《正列第二十六》。

② 《潜夫论》卷六《相列第二十七》。

徐干的“贤人”政治思想

徐干(171～218年),字伟长,北海剧(今山东昌乐西)人。少时聪慧过人,博览群书。灵帝之后,董卓带兵入洛阳,挟持皇室去长安。关东地方军阀联合讨伐董卓,长安、洛阳一线狼烟四起,血雨腥风。徐干怀着“乱世独善其身”之志,隐居不仕,以读书自娱。建安年间,曹操统一北方,政治渐上轨道。他认为展示自己才能的时机到了,才应征进入曹操父子麾下做幕僚。建安十三年(208年)前,徐干应曹操之邀,出任司空军谋祭酒掾属、五官中郎将文学。当时曹丕任五官中郎将,徐干作为“建安七子”之一在他幕中服务。因为都喜好文学,他们彼此结下了深厚的情谊。但徐干淡泊功名利禄,热衷于读书思考,写下了《中论》二卷20篇。建安二十二年(218年),全国发生大的疾疫,徐干和建安七子中的陈琳、应玚、刘桢一时俱逝。曹丕评价他“怀文抱质,恬淡寡欲,有箕山之志,可谓彬彬君子矣。著《中论》二十余篇,辞义典雅,足传于后”[①],显示了他的知人之明。

徐干对富贵利禄有自己的看法。他认为在“邦有道”的政治清明的时代,德才兼备的有志之士应该入仕并获得高官厚禄。而在“邦无道”的时代,入仕并获得高官厚禄则是一种耻辱:“文武之教衰,黜陟之道废,诸侯僭恣,大夫世位,爵人不以德,禄人不以功,窃国而贵者有之,窃地而富者有之,奸邪得愿,仁贤失志,于是则以富贵相诟病矣。故孔子曰:‘邦无道,富且贵焉,耻也。’”[②]在徐干的心目中,他所处的东汉末年恰恰就是一个“邦无道”的时代。在《中论·亡国》篇中,他借“亡国”政象的描绘,影射当时的社会现实:

---

① 《三国志·魏书·王卫二刘传》。

② 《中论·爵禄》,清文渊阁《四库全书》。

粗秽暴虐，馨香不登，谗邪在侧，佞媚充朝，杀戮不辜，刑罚滥害，宫室崇侈，妻妾无度，撞钟舞女，淫乐日纵；赋税繁多，财力匮竭，百姓冻饿，死殍盈野，矜己自得，谏者被诛，内外震骇，远近怨悲。则贤者之视我，容貌也如魍魉；台殿也如狴犴，采服也如衰绖，弦歌也如号哭，酒醴也如滫涤，肴馔也如粪土，从事举措，每无一善。彼之恶我也如是，其肯至哉？

面对如此昏暗的时代，特别是面对一些卓尔不群的才华之士惨死于军阀的屠刀下，徐干显然激发不出从政的热情。他认为在这样的时代取得高官厚禄是一种耻辱，但作为无权无勇的一介书生，他本人既无力改变这种现状，也不愿与这个社会的统治阶层决裂，他只能将自己的冷峻思考留给世人，传于后世。

徐干的《中论》内容丰富，涉及生命观、富贵观、言论观、辩论观以及学习的意义和方法等许多问题，但比较集中的还是对清明政治和君子人格修养的论述。在他看来，政治清明与否关键在于国君是英明还是愚暗，二者的区分在于是“务本”还是“详于小事而略于大道，察于近物而暗于远数”[①]。一个英明的君主必须眼光远大，胸怀四海，其所务必在“大道、远数”：

为仁足以覆帱群生，惠足以抚养百姓，明足以照见四方，智足以统理万物，权足以变应无端，义足以阜生财用，威足以禁遏奸非，武足以平定祸乱；详于听受，而审于官人；达于兴废之原，通于安危之分。如此，则君道毕矣。[②]

这就是说，一个英明的君主必须致力于中正之道和长远谋略。为此，要求他们仁德足以覆盖生民，慈惠足以抚养百姓，光明足以照耀四方，智慧足以管理万物，机变足以应付无穷变化，道义足以丰富财物器用，威严足以应付奸邪不法，雄武足以敉平灾祸混乱。同时，还要求他们明达国家治乱兴废的原因，熟知社会安定与危殆的区别。而且，他还应该能够虚心详尽地听取他人的意见，审慎地选取和任用人才。这里，徐干为他心目中的“圣明天子”立下了一个标准。这个标准基本上涵盖了传统儒学对一个英明君主的要求，其

① 《中论·务本》。

② 《中论·务本》。

中包括他的品格修养、智慧才能、威严气度和用人准则。徐干明白，尽管一个“务本”的“圣明天子”是清明政治的首要条件，但一个清明政府的运作却必须有成千上万的贤才组成的官吏队伍去完成。所以，选取和任用忠贞睿智的宰辅去领导整个国家机器的运转就十分重要了。在《中论·审大臣》中，他一再阐明大臣是“治万邦之重器”，任用得人是良好政治的关键：

> 大臣者，君之股肱耳目也，所以视听也，所以行事也。先王知其如是也，故博求聪明睿哲君子，措诸上位，执邦之政令焉。执政则其事举；其事举，则百僚任其职；百僚任其职，则庶事莫不致其治；庶事致其治，则九牧之民莫不得其所。

为了选取符合要求的执政大臣，君主不仅要看“众誉”，即众人尤其是时论对他们的评价，更必须“亲察”他们的品格和才能，犹如文王之识姜尚，齐桓公之拔擢宁戚。徐干还特别指出，对“众誉”不能迷信和盲从，因为“众誉”往往反映的是流俗之见，而大贤一般都居于“陋巷”，不去刻意迎合流俗。如果君主“非有独见之明，专任众人之誉，不以己察，不以事考”，就难以发现他们，就会与之失之交臂。徐干认为，大贤不但有着独特的品格和才干，而且也有着自己独特的行事原则，“诚非流俗之所豫知”。不过，只有他们执政秉权，国家才能得到治理，社稷才能得到安宁：

> 大贤为行也，裒然不自见，儡然若无能，不与时争是非，不与俗辩曲直，不矜名，不辞谤，不求誉，其味至淡，其观至拙。夫如是，则何以异乎人哉？其异乎人者，谓心统乎群理而不缪，智周乎万物而不过，变故暴至而不惑，真伪丛萃而不迷。故其得志，则邦家治以和，社稷安以固，兆民受其庆，群生赖其泽，八极之内为一。[①]

这里，徐干的观点隐含着对东汉末年浮华交会之风和通过清议臧否人物的否定，这似乎与曹操“破浮华交会”的意愿不谋而合。徐干进而认为，“圣明天子”在选取大贤之人为辅弼之臣的同时，还应该虚心纳谏，随时听取那些公忠体国的真知灼见。因为国君地位显赫，众目睽睽，经常需要面对来自方方面面的言论，因而就有一个辨别取舍问题。他不同意将“明君舍己而从人，故其国治以安；暗君违人而专己，故其国乱以危”的观点绝对化。在他看

① 《中论·审大臣》。

来，明君之明不在于“舍己而从人”，暗君之暗也不在于“违人而专己”，而在于接受什么言论和排拒什么言论。他说：“凡安危之势，治乱之分，在乎知所从，不在乎必从人也。”①因为事实上绝对不听从别人意见的国君是不存在的，可是有的却造成社会的动荡不安，这是因为他听从的意见是不正确的；完全不拒绝他人意见的国君也是不存在的，可是有的却能使社会安定不乱，这是因为他知道应该拒绝什么样的意见。圣明的国君所亲近信任的都是符合大道的坚贞、贤能、聪明睿智的仁人君子，他们的言论都是符合大道的仁德信义忠诚之类，所以听从就安宁，不听从就动荡；反之，那些昏庸的国君亲近信任的都是奸佞邪恶、愚昧无知的宵小之辈，他们的言论都是奸恶邪僻、阿谀奉承之论，听从这样的言论怎么能够使社会安定，不听从又怎么会使社会陷于混乱呢？因此，国君对言论必须有一个取舍的标准，取其当取，舍其当舍。徐干认为，听从他人的意见并不难，鉴别意见的正确与否而决定取舍却十分困难。因为不少佞臣都是巧舌如簧，极能迎合国君心理，所以国君往往对其言听计从，最后招致灭国破家。骨鲠之臣的忠言傥论一般都是逆耳之言，国君不易听从，因而极易失去良策善谋。

总起来看，徐干的政治思想没有超越传统儒学的框架，但他希望有一个“圣明天子”，选取几个“大贤”的宰辅，主持一个高效运作的官府，创造一个清明的政治局面的思想还是有进步意义的。因为他的理想同当时昏乱的政治局面恰恰成为鲜明的对比映照，势必引起人们的深沉思索，启迪人们改变现状的愿望。

徐干《中论》的另一个论述重点是君子人格。东汉末年，清议盛行，士林浮华交会成为时尚。士子对皓首穷经已失去兴趣和耐心，希冀在浮华交会中通过名流品评一举成名，身价百倍。整个知识界弥漫着浮躁、矫饰的风气。徐干对这种风气十分痛心。他认为古代人们之所以不事交游，努力工作，原因在于当时政治清明，人人各安其位，各得其所，升迁制度完备合理，人人都能得到及时晋升。可是，后来世道衰微，国君是非不明，臣下黑白不分；录取士人不由乡党举荐，考察德行不根据功德阅历；帮衬多的人就是贤才，帮衬少的人就是不肖；安排爵位听从没有验证的言论，颁发俸禄依据州

① 《中论·慎所从》。

郡的歌谣。这种风气自然就成了浮华交会盛行不衰的土壤：

> 民见其如此者，知富贵可以从众为也，知名誉可以虚哗获也，乃离其父兄，去其邑里，不修道艺，不治德行，讲偶时之说，结比周之党，汲汲皇皇，无日以处，更相叹扬，迭为表里。梼杌生华，憔悴布衣，以欺人主、惑宰相、窃选举、盗荣宠者，不可胜数也。既获者贤己而遂往，羡慕者并驱而追之，悠悠皆是，孰能不然者乎！桓、灵之世，其甚者也！自公、卿、大夫、州牧、郡守，王事不恤，宾客为务，冠盖填门，儒服塞道，饥不暇餐，倦不获已；殷殷沄沄，俾夜作昼，下及小司，列城墨绶，莫不相商以得人，自矜以下士，星言夙驾，送往迎来，亭传常满，吏卒传问，炬火夜行，阍寺不闭，把臂捩腕，扣天矢誓，推托恩好；不较轻重，文书委于官曹，系囚积于囹圄，而不遑省也。详察其为也，非欲忧国、恤民、谋道、讲德也，徒营己、治私、求势、逐利而已，有策名于朝而称门生于富贵之家者，比屋有之；为之师而无以教，弟子亦不受业，然其于事也，至乎怀丈夫之容，而袭婢妾之态；或奉货而行赂以自固结，求志属托，规图仕进，然掷目指掌，高谈大语。若此之类，言之犹可羞。而行之者不知耻。嗟乎！王教之败，乃至于斯乎！①

此一段对东汉末年士林风气的描绘，特别是对热衷仕进的知识分子心灵的揭示和行为的剖析，实在是入木三分、淋漓尽致！徐干痛心于士林的堕落，希望儒生们恢复传统的君子人格。为此，他特别强调知识分子的人格修养。他认为，要达到人格的完善，具备高尚的道德，就必须抓住根本。这就要从四个方面下功夫：第一，严以律己，宽以待人，学习别人长处，去掉自己短处："君子之于己也，无事而不惧焉：我之有善，惧人之未吾好也；我之有不善，惧人之未吾恶也；见人之善，惧我之不能修也；见人之不善，惧我之必若彼也。"②一生兢兢业业，不断反省自己，做到日新又日新，"故君子不恤年之将衰，而忧志之有倦"。第二，要言行一致，言信行果，"君子务以行前言"。第三，见微知著，从小事做起，从自我做起，处处时时以君子人格要求自己，只有积小才能致大，"朝为而夕求其成"，"行一日之善而求终身之誉"，纯粹是

① 《中论·谴交》。

② 《中论·修本》。

小人的心理和行为。第四,一生修养,一生为善,不求福之必至,而求心之所安。不能因为个别人为善得祸就弃善而不为,更不能因为个别人为恶得福而去为恶。君子修养抓根本,就是着重练内功,在练内功的同时,也要注意自己的仪表容貌、言行举止,即"正容貌,慎威仪",因为它是一个人内在操行的外在表现。而一个"威而不猛,泰而不骄"的君子,"无尺土之封而万民尊之,无刑罚之威而万民畏之,无羽籥之乐而万民乐之,无爵禄之赏而万民怀之"①。因此,他必须使自己的言谈举止合乎礼法,不管在孤身独处的时候,还是在颠沛穷困的时候,都不要忘记自己的君子身份,都要随时检点自己的言行,做到"立必磬折,坐必抱鼓,周旋中规,折旋中矩,视不离乎结袷之间,言不越乎表著之位,声气可范,精神可爱,俯仰可宗,揖让可贵,述作有方,动静有常,帅礼不荒,故为万夫之望也"②。徐干进而认为,君子人格还表现在虚怀若谷,永不自满,时时检点自己的短处,学习别人的长处。一个人最可贵的品质不在于他有超常的才智和能力,而在于他能不断学习别人的长处和改正自己的错误:"君子之于善道也,大则大识之,小则小识之,善无大小,咸载于心,然后举而行之;我之所有,既不可夺,而我之所无,又取于人;是以功常前人而人后之也。故夫才敏过人,未足贵也;博辩过人,未足贵也;勇决过人,未足贵也;君子之所贵者,迁善惧其不及,改恶恐其有余。"只要"鉴于人以观得失",就会目光宏远,"见邦国之表","闻千里之外",使"我之聪明无敌于天下"③。

最后,徐干将君子与孜孜不倦的学习联系在一起。他说:"昔之君子,成德立行,身没而名不朽,其故何哉?学也。学也者,所以疏神、达思、怡情、理性,圣人之上务也。"④而能否学有所成,关键在于有正确的态度和方法。首先,必须有坚持不懈、锲而不舍的精神。因为学如"登山","动而益高";学如"寤寐","久而愈足"。所以君子必须"不懈犹上天之动,犹日月之行,终身亹亹,没而后已"⑤。其次,必须立下大志,自强不息,认定目标,全力以赴。再

① 《中论·法象》。
② 《中论·法象》。
③ 《中论·虚道》。
④ 《中论·治学》。
⑤ 《中论·治学》。

次，兼收并蓄，触类旁通。最后，学大义，择名师。不要学鄙儒只能"务于物名，详于器械，矜于诂训，摘其章句，而不能统其大义之所极"[①]。这些关于学习态度和学习方法的论述，有针对性地批评了当时经师们僵化烦琐的教学方法，要求恢复孔子、孟子当年教书育人的生动活泼的教学方法，显示了徐干在教育思想上的进步倾向。

显然，在东汉末年政治极度昏乱的时代，徐干的《中论》展示了一个清醒士人的冷峻思考。他既不满意清议士人的浮华交会，又不满意经生们的皓首穷经，希望恢复儒家知识分子关心国家民族命运的优良传统，共同创造一个天子圣明、宰辅贤良、百官尽职、百姓安乐的政治清明局面。然而，他的理想在当时不过是一厢情愿而已。与同时代人相比，徐干对东汉末社会的批判锋芒远逊于王符、仲长统，在经学上的造诣也远不及何休、郑玄，唯有对士风的思考和对君子人格的呼唤显示出他的个性特色，这恰恰是他立足于思想之林的最重要的条件。

（摘自《秦汉政治思想史》，中国社会科学出版社 2018 年版）

① 《中论·治学》，清文渊阁《四库全书》。

论两汉循吏的儒学情结

司马迁在《史记》中首创《循吏列传》。在该传中，他劈头写下的几句话是："法令所以导民也，刑罚所以禁奸也。文武不备，良民惧然修身者，官未曾乱也。奉职循理，亦可以为治，何必威严哉？"在司马迁看来，循吏就是本法循理之吏，尽管法令刑罚是治民不可或缺的手段，但循吏为治民却主要不靠法令刑罚之威严，而是靠循理的教化。司马迁在《史记·循吏列传》中只记载了五个先秦时期的人物，即楚相孙叔敖、石奢、郑相子产、鲁相公仪休、晋文公的理官李离。不知什么原因，西汉的循吏一个也未入传。倒是在《史记·酷吏列传》中，所记述的十多个人物全部出自西汉。司马迁之后，历代正史大都沿用了《循吏列传》这一模式对此类官员加以记述和褒扬。只是名称有些变化，除继续用"循吏"外，也用"良吏""能吏""清官"等名目。

《汉书·循吏传》所记载的循吏有河南守吴公、蜀守文翁、江都相董仲舒、内史公孙弘、儿宽、赵广汉、尹翁归、韩延寿、严延年、张敞、王成、黄霸、朱邑、龚遂、郑弘、召信臣，共十六人。其中，董仲舒、公孙弘、儿宽、赵广汉、韩延寿、尹翁归、张敞、郑弘八人自有传。严延年被列在了《酷吏传》，吴公在《贾谊传》中提及。《循吏传》记载的只有文翁、王成、朱邑、黄霸、龚遂、召信臣六人而已。《后汉书·循吏列传》记述的人物较多，计有卫飒、茨充、任延、锡光、王景、秦彭、王涣、谭显、任峻、孟尝、第五访、刘矩、刘宠、仇览、童恢，加上自有传的人物如杨震、羊续等，共有二十人左右。

两汉时期的循吏，尽管官职高低不同，品性千差万别，结局亦各式各样，但因为所处的历史发展阶段、社会条件、思想文化环境基本上相同，因而他们的思想倾向、行为模式、做人准则、治政抚民理念，还是有不少共同之处。

两汉是中国封建社会两千多年的统治思想儒家思想得以确立并广泛传

播的时期，特别是西汉后期和东汉时期，以经治国的理念日益强化，以《洪范》察变，以《禹贡》治河，以《春秋》决狱，以三百篇当谏书，几乎被绝大多数官员认可。在这种情况下，循吏身上比其他官员显示出更浓烈的儒学情结是比较容易理解的。因为他们的政治思想、行政观念、为官做人准则比较接近儒家思想。

两汉循吏中不少人出身儒生，或受过系统的经学教育。如董仲舒以治《公羊春秋》起家，是两汉新儒学——经学的奠基者，是先秦以后对儒学发展贡献最大的大师之一。公孙弘以治《春秋》杂说起家，是两汉以儒生入相的第一人。儿宽先从欧阳生学习《尚书》，后入太学，师从孔安国学习经术。赵广汉出身郡吏，以"举茂才"任平准令，"察廉为阳翟令"，与儒学关系十分密切。尹翁归"晓习文法"，也显示出与儒学有缘。韩延寿"少为郡文学"，也有相当的儒学修养。其他如文翁"少好学，通《春秋》"，朱邑"举贤良为大司农丞"，龚遂"以明经为官"，召信臣"以明经甲第科为郎"[①]，只有王成未记其学养。黄霸"少学律令"，可能与儒学的关系稍淡一点。东汉的循吏中，卫飒"家贫好学问，随师无粮佣以自给"。任延"年十二，为诸生，学于长安，明《诗》《易》《春秋》，显名太学，学中号为任圣童"。王景"少学《易》，遂广窥众书，又好天文术数之事，深沉多伎艺"。秦彭笃信儒学，崇"好儒雅"。王涣"敦儒学，习《尚书》，读律令，略举大义"。许荆"举孝廉"。孟尝"策孝廉，举茂才"。第五访"少孤贫，常佣耕以养兄嫂。有间暇，则以学文"，后"察孝廉，补新都令"。刘矩"少有高节"，举孝廉。刘宠之父是博学的"通儒"，他"少受父业，以明经举孝廉"。仇览"少为书生，淳默"[②]。杨震出身世宦之家，家学渊源，其父杨宝"习《欧阳尚书》"。杨震"少好学，受《欧阳尚书》于太常桓郁。明经博览，无不穷究。诸儒为之语曰：'关西孔子杨伯起'"[③]。以上史实表明，在两汉以经治国原则逐步确立的前提下，在儒学与"禄利之路"已经紧密联系的情况下，在"遗子黄金满籝，不如一经"的社会风气里，两汉官吏大都具备一定的儒学修养，这既为做官所必需，也成为一部分人的自觉追求。循吏

① 《汉书·循吏传》。
② 《后汉书·循吏列传》。
③ 《后汉书·杨震传》。

与其他官吏的区别在于，他们学习儒家经典，不是作为进入官场的敲门砖，而是作为“修齐治平”的行动指南，笃信而实行之。

指导两汉循吏做官行政的重要理念是民本思想。这一理念正是儒家思想的核心内容之一。周公最早提出“敬德”“保民”的观念。孔子则以“仁者爱人”“敬事而信，节用而爱人，使民以时”①，“其养民也惠，其使民也义”②，“富之”“教之”等，大大丰富了民本思想。孟子将孔子“仁”的思想发展为“仁政”理想，提出“民为贵，社稷次之，君为轻”③的观点，主张“治民恒产”，“五口之家，百亩之田”，薄赋敛，轻徭役，使百姓“仰足以事父母，俯足以畜妻子，乐岁终身饱，凶年免于死亡”④。荀子进一步发展了民本思想，提出了著名的以“舟水”喻君民关系的观点：“君者，舟也；庶人者，水也。水则载舟，水则覆舟。”⑤两汉儒生对民本思想做了进一步的阐发。如贾谊：“闻之于政也，民无不为本也。国以为本，君以为本，吏以为本。故国以民为安危，君以民为威侮，吏以民为贵贱。”“民者万世之本……故自古至于今，与民为仇者，有迟有速，而民必胜之。”⑥两汉的循吏大都本着“爱人以德”的观念，贯彻“德主刑辅”的行政原则，坚持以教化感民，不以杀伐为威，实行宽松缓和的治民之策。他们为百姓的生计着想，为百姓的冷暖操心。一方面注重发展生产，兴修水利，改进耕作技术，使百姓尽量得到较多的收获。另一方面又轻徭薄赋，节俭省刑，尽量减轻百姓的负担。在凶年恶岁，则想方设法，救灾减灾，尽量减少百姓的损失和痛苦。如文翁为蜀郡太守时，“仁爱会教化”，见蜀地还残留着浓厚的“蛮夷之风”，于是一面选拔人才送到京师太学读书，一面“修起学官于成都市中”，招下县子弟入校学习，从而大大提高了蜀地官民的文化素养和文明程度，“蜀地学于京师者比齐鲁”。黄霸为扬州刺史时“使邮亭乡官皆畜鸡豚……赡鳏寡贫穷者。然后为条教，置父老师帅伍长，班行之于民间，劝以为善防奸之意，及务耕桑，节用殖财，种树畜养，去食谷马”。他

① 《论语·学而》。
② 《论语·公冶长》。
③ 《孟子·尽心下》。
④ 《孟子·梁惠王上》。
⑤ 《荀子·王制》。
⑥ 《新书·大政上》。

“力教化而后诛伐”，“外宽内明得吏民心，户口岁增，治为天下第一”。朱邑年轻时任舒县桐乡啬夫，“廉平不苛，以爱利为行，未尝笞辱人，存问耆老孤寡，遇之有恩，所部吏民爱敬焉”。龚遂年70岁时被任为渤海太守，其时该地发生了百姓反抗官府的起事。就任前，宣帝问他如何“息其盗贼”，安抚百姓时，龚遂认为该地百姓起事的原因是“其民困于饥寒而吏不恤”，要使他们放弃与官府对抗，只能缓，不能急。在从宣帝那里讨得“便宜行事”的许诺以后，他立即单车赴任。至渤海郡界，他遣还迎接他的官兵，“移书敕属县悉罢逐捕盗贼吏。诸持钼钩田器者，皆为良民，吏无得问”，“盗贼于是悉平，民安土乐业”。接着，又“开仓廪假贫民，选用良吏，慰安牧养”，使渤海一郡重新恢复了秩序与生机。召信臣为上蔡长时，“其治视民如子”。任南阳太守时，“好为民兴利，务在富之。躬劝农耕，出入阡陌，止舍离乡亭，稀有安居时，行视郡中水泉，开通沟渎，起水门提阏凡数十处，以广溉灌，岁岁增加，多至三万顷。民得其利，畜积有余”。又“为民作均水约束，刻石立于田畔，以防纷争。禁止嫁娶送终奢靡，务出俭约”。结果是“其化大行，郡中莫不耕稼力田，百姓归之，户口增倍，盗贼诉讼衰止”[①]。

东汉循吏继承西汉循吏的传统，每个人在任上都为百姓办了不少好事。如卫飒任桂阳太守时，因该地距中原偏远，百姓“不知礼则”。他下车伊始，即“修庠序之教，设婚姻之礼，期年间，邦俗从化”[②]。以后，他又组织凿通山道五百多里，列亭传，置邮驿，为含洭、浈阳、曲江三个边远县省却了沉重徭役。其后，茨充代卫飒为桂阳太守，“亦善其政，教民种植桑柘麻纻之属，劝令养蚕织屦，民得其利益焉”。任延为九真太守时，“九真俗以射猎为业，不知牛耕，民常告籴交阯，每致困乏。延乃令铸作田器教之垦辟。田畴岁岁开广，百姓充给。又骆越之民无无嫁娶礼法，各因淫好，无适对匹，不识父子之性，夫妇之道。延乃移书属县，各使男年二十至五十，女年十五至四十，皆以年齿相配。其贫无礼聘，令长吏以下各省俸禄以赈助之。同时相娶者二千余人。是岁风雨顺节，谷稼丰衍。其产子者，始知种姓，咸曰：‘使我有是子者，任君也。’多名子为‘任’”。任延后转任武威太守，“河西旧少雨泽，乃为

① 《汉书·循吏传》。
② 《后汉书·循吏列传》。

置水官吏，修理沟渠，皆蒙其利。又造立校官，自掾吏子孙，皆令诣学受业，复其徭役。章句既通，悉显拔荣进之。郡遂有儒雅之士”[①]。王景与王吴共同治理黄河，使泛滥多年、危害极大的黄河中下游，即自荥阳至千乘免除水患。王景任庐江太守时，督率吏民，重修战国时楚相叔孙敖修建的芍陂，“修起芜废，教用犁耕，由是垦辟倍多，境内丰给”。秦彭任山阳太守时，“以礼训人，不任刑罚。崇好儒雅，敦明庠序”，大力提拔重用好学明礼之士，“吏有过咎，罢遣而已，不加耻辱，百姓怀爱，莫有欺犯。兴起稻田数千顷，每于农月，亲度顷亩；分别肥瘠，差为三品，各立文簿，藏之乡县。于是奸吏跼蹐，无所容诈”。许荆任桂阳太守时，该地“风俗脆薄，不识学义荆为设丧纪婚姻制度，使知礼禁。尝行春至耒阳县，人有蒋均者，兄弟争财，互相言讼。荆对之叹曰：‘吾荷国重任，而教化不行，咎在太守。’乃顾使吏上书陈状，乞诣廷尉。均兄弟改悔，各求受罪”。孟尝任合浦太守时，“郡不产谷实，而海出珠宝，与交阯比境，常通商贩，贸籴粮食。先时宰守并多贪秽，诡人采求，不知纪极，珠遂渐徙于交阯郡界。于是行旅不至，人物无资，贫者饿死于道。尝到官，革易前敝，求民病利。曾未逾岁，去珠复还，百姓皆反其业，商货流通，称为神明”。第五访任新都令后，“政平化行，三年之间，邻县归之，户口十倍”。后升任张掖太守，遭遇“岁饥，粟石数千，访乃开仓赈给以救其敝。吏惧谴，争欲上言。访曰：‘若上须报，是弃民也，太守乐以一身救百姓。’遂出谷赋人。……由是一郡得全。岁余，官民并丰，界无盗贼”。刘矩任雍丘令时，“以礼让化之，其无孝义者，皆感悟自革。民有争讼，矩常引之于前，提耳训告，以为忿恚可忍，县官不可入。使归更寻思。讼者感之，辄各罢去。其有路得遗者，皆推寻其主”。刘宠任东平令时，“以仁惠为吏民所爱”。后转任会稽太守，“简除烦苛，禁察非法，郡中大化”。仇览为浦亭长时，“劝人生业，为制科令，至于果菜为限，鸡豕有数，农事既毕，乃令子弟群居，还就黉学。其剽轻游恣者，皆役以田桑，严设科罚。躬助丧事，赈恤穷寡。期年称大化。览初到亭，人有陈元者，独与母居，而母诣览告元不孝。览惊曰：‘吾近日过舍，庐落整顿，耕耘以时。此非恶人，当是教化未及至耳。母守寡养孤，苦身投老，奈何肆忿于一朝，欲致子以不义乎？’母闻感悔，涕泣而去。览乃亲到

① 《后汉书·循吏列传》。

元家，与其母子饮，因为陈人伦孝行，譬以祸福之言。元卒成孝子。乡邑为之谚曰：'父母何在在我庭，化我鸤枭哺所生。'"童恢任不其令时，"吏人有犯违禁法，辄随方晓示。吏若称其职，人行其善者，皆赐以酒肴之礼，以劝励之。耕织种收，皆有条章。一境清静，牢狱连年无囚。比县流入归化，徙居二万余户"。

两汉循吏虽然主张"德主刑辅"，以教化导吏民向善，但也并非不重视法禁的惩治作用，这一点与儒家思想并不矛盾。儒家代表人物从来不否定法禁的作用。孔子提倡"以直错枉"。荀子主张对悖乱行为"起法正以治之，重刑罚以禁之"①。两汉循吏中不少人兼习文法，对国家的各种法令条规非常熟悉。面对社会上的邪恶势力，他们也敢于出手严惩，决不姑息养奸。同时能公平执法，避免草菅人命。如西汉公孙弘认为游侠郭解蔑视国家法律禁令的行为决不能姑息，建议族灭他的全家。这对维护国家法律的尊严和社会的正常秩序是有好处的。儿宽、黄霸在行政中也敢于以刑罚打击恶势力。东汉任延为武威太守时，该郡将兵长史田绀为"郡之大姓，其弟子宾客为人暴害。延将绀系之，父子宾客伏法者五六人。绀少子尚乃聚会轻薄数百人，自号将军，夜来攻郡。延即发兵破之。自是威行境内，吏民累息"。王涣任温令时，"县多奸猾，积为人患。涣以方略讨击，悉诛之。境内清夷，商人露宿于道。其有放牛者，辄云以属稚子，终无侵犯"。后任洛阳令，"以平正居身，得宽猛之宜。其冤嫌久讼，历政所不断，法理所难平者，莫不曲尽情诈，压塞群疑。又能以谲数发擿奸伏。京师称叹，以为涣有神算"。永和年间，又有任峻任洛阳令，他"擢用文武吏，皆尽其能，纠剔奸盗，不得旋踵"。孟尝任会稽户曹吏时，碰上上虞寡妇的冤案。该县一寡妇侍养婆母至孝。婆母年老寿终后，小姑"怀嫌忌，乃诬妇厌苦供养，加鸩其母，列讼县庭。郡不加寻察，遂结竟其罪"。孟尝"先知枉状，备言之于太守，太守不为理。尝哀泣外门，因谢病去，妇竟冤死"。后来换了殷丹做会稽太守，孟尝即至郡府，"具陈寡妇冤诬之事"。殷丹于是重新审理此案，为寡妇平反，"刑讼女而祭妇墓"。② 两汉的循吏与酷吏都重视刑罚的作用，都认识到法律对于维护国家

① 《荀子·性恶》，《诸子集成》，上海书店1986年影印出版。

② 《后汉书·循吏列传》。

尊严和社会稳定的积极意义。所不同的是，酷吏执法特别严苛，有时公然在执法时明目张胆地违法，甚至贪赃枉法，草菅人命，干出一些伤天害理的残暴之事；而循吏则是“德主刑辅”，以刑罚作为教化的补充，同时坚持公正执法，平反冤、假、错案，执法中也充满人情味。

儒家坚持“修身，齐家，治国，平天下”的人生理想，坚信“身正令行”的为官行政之道。两汉循吏大都具有严格、自觉、强烈、一贯的自律意识，追求道德的自我完善，努力塑造自己道德完人的形象。他们忠于君王，忠于职守，忠于国家的各项政纪法规，公正执法，清正廉明，自奉简约，公私分明，生活清苦。如朱邑“为人谆谆，笃于故旧，然性公正，不可交以私”，“身为列卿，居处俭节，禄赐以共九族乡党，家无余财”。宣帝下诏表彰他“廉洁守节，退食自公，亡强外之交，束修之馈，可谓淑人君子”[①]。任延拜武威太守时，光武帝亲自召见他，大概知道他性格倔强，不易合群，就劝他同上级搞好关系，“善事上官，无失名誉”。但任延义正词严地回答说：“臣闻忠臣不私，私臣不忠。履正奉公，臣子之节。上下雷同，非陛下之福。善事上官，臣不敢奉诏。”与绝大多数官员在皇帝面前的唯唯诺诺相比，这是何等的风骨！刘宠任会稽太守时，政绩卓著，特别是解除了以前官吏扰民的许多苛政，得到百姓的衷心拥戴。在升任将作大匠离开会稽时，百姓自发组织起万人恭送。其中有山阴县“龙眉皓发”的“五六老叟”自“若邪山谷间出”，每日带一百钱执意送给刘宠。刘宠非常感动，慰劳他们说：“父老何自苦？”他们回答说：“山谷鄙生，未尝识郡朝。它守时吏发求民间，至夜不绝，或狗吠竟夕，民不得安。自明府下车以来，狗不夜吠，民不见吏。年老遭值圣明，今闻当见弃去，故自扶奉送。”刘宠听罢，愈加感动，动情地说：“吾政何能及公言邪？勤苦父老！”于是从每人手里选一枚钱留作纪念。刘宠入京后，一路高升，历任司空、司徒、太尉等高官，但一直“清约省素，家无货积”。由于他一贯穿着朴素，外出办事更是轻车简从，因而不熟悉的官员简直认不出他是京城三公级的高官。有一次他从京师出发去外地，有关部门通知沿途亭舍接待。可他们一行到一亭舍准备休息时，竟遭亭吏拒绝，理由是“整顿洒扫，以待刘公，不可得止”。其实自己正是他们精心准备要接待的刘公。面对拒纳，刘宠不加辩

① 《汉书·循吏传》。

白，“无言而去”[1]。自律最典型的要数杨震。他被任命为东莱太守后，由京师赴任路经昌邑（今山东金乡）。此时的昌邑令王密正是他当年任荆州刺史时举荐的茂才，他对杨震一直怀着深深的感激之情。今日得见，很想对师尊有所表示，于是“夜怀金十斤以遗震”。杨震生气地质问他：“故人知君，君不知故人，何也？”王密悄声说：“暮夜无知者。”杨震正色说：“天知，神知，我知，子知，何谓无知？”王密只得羞愧而出。后杨震又转任涿郡太守。由于他一直廉洁自持，家属都过着十分俭朴的生活：“性公廉，不受私谒。子孙常蔬食步行。故旧长者或欲令为开产业，震不肯，曰：‘使后世称为清白吏子孙，以此遗之，不亦厚乎？’”[2]东汉羊续，事迹堪与杨震媲美。他任南阳太守时，“班宣政令，候民病利，百姓欢服。时权豪之家多尚奢丽，续深疾之，常敝衣薄食，车马羸败。府丞尝献其生鱼，续受而悬于庭；丞后又进之，续乃出前所悬者以杜其意。续妻后与子秘俱诣郡舍，续闭门不内，妻自将秘行，其资藏唯有布衾，敝袛裯，盐、麦数斛而已，顾敕秘曰：‘吾自奉若此，何以资尔母乎？’使与母俱归。”羊续官声甚佳，后来汉灵帝欲以羊续任太尉。按当时的惯例，正式任命下达前，被任者必须输东园礼钱千万，算是对皇帝的孝敬。届时，令中使前去升任者之家，监督钱入东园，“其所之往，辄迎致礼敬，厚加赠赂”。中使至羊续家，满以为会满载而归，可遇到的是羊续不卑不亢的面孔，他“举缊袍以示之，曰：‘臣之所资，唯斯而已。’”[3]中使回复灵帝，羊续的太尉之职也就泡汤了。

两汉循吏们之所以都能自奉简约，生活清苦而又安之若素，心安理得，不以为苦，原因就在于他们自觉真诚地追求儒家设定的“仁人”境界和君子人格，能够以严格的自律规范自己的行动，视名誉为第一生命，不仅能够抵拒财富的诱惑，而且能够经受住生死的考验。还是以杨震为例。他后来历官司空、太尉，达到东汉官吏的最高级别，可是此时的东汉政治已步入外戚、宦官交替擅权的恶性循环。杨震数次上书，要求对外戚、宦官的横行无忌、贪残枉法加以裁抑。宦官樊丰与大将军耿宝勾结起来，诬陷杨震对皇帝“深

① 《后汉书·循吏列传》。
② 《后汉书·杨震传》。
③ 《后汉书·羊续传》。

用怨怼”。昏聩的安帝下诏令杨震罢官“遣归本郡”。杨震自洛阳西行返乡，走至城西几阳亭，决心以自杀表明自己的清白。他悲愤地对自己的儿子和学生说：“死者士之常分。吾蒙恩居上司，疾奸臣狡猾而不能诛，恶嬖女倾乱而不能禁，何面目复见日月！身死之日，以杂木为棺，布单被裁足盖形，勿归冢次，勿设祭祠。”[①]显然，杨震以自己对生的执着和死的无悔实践了儒学“知其不可而为之”和“杀身成仁，舍生取义”的人生理念。

儒学的创始人孔子相信，以德治国、以德行政的人会得到百姓的拥戴，“为政以德，譬如北辰，居其所而众星共之”[②]；政绩卓著者也会名闻遐迩，“在邦必达，在家必达”[③]。由于两汉循吏在任上大都办了许多利国利民的好事，更加上不枉不贪，清贫自守，在贪残枉法成风的社会里自然如清水出芙蓉展现出无穷的魅力，因而得到百姓衷心的拥戴和倾情歌颂。正如《汉书·循吏传》所评论的，他们“所居民富，所去见思，生有荣号，死见奉祀，此凛凛然庶几德让君子之遗风矣”。如文翁死后，蜀“吏民为立祠堂，岁时祭礼不绝”。朱邑因起自桐乡啬夫，他了解桐乡百姓对自己的感情，死时嘱其子将自己葬于桐乡。果然该地百姓共为他“起冢立祠，岁时祠祭”。召信臣任南阳太守时，深得吏民爱戴，“号之曰召父”。任延任九真太守四年后调回洛阳，九真百姓不忘他的功劳，“生为立祠”，四时祭祀。王涣死于洛阳令任上，消息传出后，“百姓市道莫不咨嗟。男女老壮皆相与赋敛，称奠醊以千数”。“涣丧西归，道经弘农，民庶皆设槃桉于路，吏问其故，咸言平常持米到洛，为卒司所钞，恒亡其半。自王君在事，不见侵枉，故来报恩。其政化怀物如此。民思其德，为立祠安阳亭西，每食辄弦歌而荐之”。许荆为桂阳太守十二年，“父老称歌”，死后，“桂阳人为立庙树碑”。孟尝为合浦太守，因病离职时，“吏民攀车请之。尝既不得进，乃载乡民船夜遁去。隐处穷泽，身自耕佣。邻县士民慕其德，就居止者百余家”。刘宠任东平陵令时，“以仁惠为吏民所爱”，后因病辞官，“百姓将送塞道，车不得进，乃轻服遁归”[④]。百姓对循吏的怀爱和追思完全出于至诚，因为在备受官府压榨盘剥的生活阅历中，循吏毕

① 《后汉书·杨震传》。
② 《论语·为政》。
③ 《论语·颜渊》。
④ 《后汉书·循吏列传》。

竟为他们提供了一个相对安定公平的生产和生活环境以及比较顺畅的喘息的时机。在广大百姓自己不能代表自己而渴望好皇帝和好官赐给他们雨露和阳光的时候,循吏自然成为他们崇拜与讴歌的对象了。两汉皇帝也表彰循吏,多次下诏将他们树立为百官的楷模。因为他们比谁都更清楚,只有循吏才能使其治下的百姓安心生产,为封建国家提供源源不绝的赋税和徭役。汉宣帝一席话可谓道出了所有皇帝的心声:"庶民所以安其田里而亡叹息愁恨之心者,政平讼理也。与我共此者,其为良二千石乎?"①然而,在封建王朝数以万计的官僚队伍中,真正的循吏犹如凤毛麟角,实在是太少了。两汉四百多年的历史上,列入《循吏传》的官员不过四十余人,与庞大的官僚群相比,只能是沧海之一粟。所以东汉的邓太后也在诏书中深深慨叹:"夫忠良之吏,国家所以为理也。求之甚勤,得之至寡。故孔子曰'才难',不其然乎?"②原因其实并不复杂,封建王朝的官僚体制毕竟是一个大量产生佞臣和贪官的机制而不是产生循吏的机制,主要依靠个人自律产生的循吏也就只能寥若晨星了。

应该说,儒学以自己的政治理想和道德观念哺育了两汉为数甚少但足可做历代官吏楷模的循吏。而循吏则以自己的行政实践和人格魅力展示了儒学精华的光辉。二者良性互动,相得益彰,共同绘制出两汉官场的一抹亮色。

(原载《儒林》第3辑,山东大学出版社2006年版)

---

① 《汉书·循吏传》。

② 《后汉书·循吏列传》。

黄宪政治思想简论

黄宪，字叔度，生卒年不详，大致生活于桓、灵之世。汝南慎阳（今河南正阳）人，“世贫贱，父为牛医”。颍川的名士荀淑至慎阳时，与他相遇于旅社。当时黄宪年14岁，荀淑与他交谈，十分投缘，“移日不能去”，誉其为自己的“师表”，又对名士袁弘说他是当今该郡的“颜回”。当时汝南有一个才高倨傲的戴良，见着黄宪也“未尝不正容”。就是同郡的陈蕃、周举也常深有感触地说：“时月之间不见黄生，则鄙吝之萌复存乎心！”后来陈蕃做到三公的高官，还临朝叹息说：“叔度若在，吾不敢先佩印绶矣！”大名士郭泰赞扬他：“汪汪若千顷陂，澄之不清，淆之不浊，不可量也。”①可见黄宪当时名气之大。不过，他举孝廉，辟公府，至京师上任后不久就返乡隐居。再后，正值四十八岁的有为之年即溘然长逝，其才华没有得到灿烂地绽放。

按说以黄宪的名气和才华，他应该有著作留世，然而《后汉书》本传却没有这方面的信息。明朝时期，出现一部名为《天禄阁外史》的著作，注明为黄宪所撰。因为晚出，明以前无文献称引著录，所以自明末以迄清朝，多数学者视其为伪托。该书初刊于嘉靖二年（1523年），王鏊为其撰写的《序》这样说：

> 此书不恒有于世，仅处于晋，后藏于唐之田宏万卷楼，复流散不传，至宋韩洎学士乃得之秘阁典籍中……加之以论赞。岂斯文之绝续果有数乎？……其文多自述之辞，虽或出弟子之所记，而事不征诸列国，以或类于左氏之诬，未可知也。……意者晋时隐君子值晋室之末运，忠愤激烈而不敢言，托为此书……其或然与？

① 《后汉书·黄宪传》。

王鏊显然也不敢绝对肯定黄宪对该书的著作权。由于该书是一部游说东汉中期诸侯王的著作，类似《战国策》，且所指韩、鲁、齐、魏、秦、晋、蜀、楚等诸侯国也难以与东汉时期的各地诸侯国确切对应，这自然使后世学者怀疑该书为黄宪所作。仔细考察该书的内容，其人和事大致能与东汉史实对应，黄宪对此是熟悉的，所以他有条件撰写；但征诸黄宪经历，他又似乎没有可能与诸侯王们进行如此坦率且内容丰富的对话，否则，《后汉书》失记的可能性是很小的。所以只能做出这样的判断：要么该书是好事者伪托，要么出自黄宪想当然地闭门造车。正因为是闭门造车的近乎梦游之作，所以他羞于拿出来面世，这就是该书蹉跎后出的原因。

我们姑且将《天禄阁外史》作为黄宪的著作予以置评。《天禄阁外史》展现的政治思想基本上是儒家的传统理念。书中多次涉及东汉后期的昏乱腐败政治，对外戚的擅权、贵宠的作威作福、百姓的啼饥号寒以及羌与匈奴的侵扰所形成的边患，特别是官吏贪赃枉法造成的刑罚不当，发出了椎心泣血的忧心之论：

> 陛下龙飞初，躬勤于政，天下想太平之风。日食则赦，地震则省，此初政之勤是矣。安、顺之朝，贵戚怙宠以卖威福于天下，延及今日，海内愁困，相寻以兵。市无商贾，陛下则以为清静之治；饥民号泣，陛下则以为鸡犬之鸣。由此观之，奸臣之壅也，亦众矣。陛下不悟其奸，而高拱无为，以避其乱。①
>
> 今外戚盛而主柄移，羌虏獗而皇威伏，赋敛急而颂声息，灾异虐而德音乖，云扰之祸酿于朝夕，可坐而待也。②
>
> 今之为廷尉者，刑不当其罪，罚不当其过，以货为权衡而折刑于民，民以轻过而受重刑，微罪而得厚罚，故笞者多桎梏，不赦者多无刑，禁弛而暴者多纵逸。囹圄成市，强弱相欺。……自廷尉不平，而郡县之有司皆效其刑罚，亦以货为权衡，是以刑之不平，以贪致也。贪则馁而诐，廉则刚而直，故贪者若明，廉者若愚，此刑之所缘而疑晰也。是故郡县之失刑于民者，其起于廷尉之不平乎？虽然，廷尉之不平，亦视乎国之诛

① 《两汉全书》第22册，第12673～12674页。

② 《两汉全书》第22册，第12694页。

赏黜陟焉尔矣。今无罪者诛，无功者赏，无过者黜，有过者陟。由此观之，廷尉安得而平哉？[1]

黄宪进而将东汉王朝的危殆之势归结为“六蠹在汉室”：“地瘠于芜莽而不知屯，兵弱于私役而不知战，马疲于驱驰而不知畜，将委于执政而不知廉，财困于空币而不知信，武玩于饵虏而不知驭。”[2]有鉴于此，黄宪将扭转颓势的希望寄托于皇帝的圣心独断和睿智之行。他衷心期望皇帝是圣明天子，能够“慎刑罚，躬节俭，礼儒臣，放佞人，以疏骨鲠忠言之路”[3]，同时坚持文武并用的治世方略，“修文德于用武之世”，“修武德于用文之世”，兴礼乐，行仁义，用贤士，特别要兢兢业业，励精图治，不避危险，不怕麻烦，放低身段，躬践“牛马之劳”：

夫为天子而有牛马之劳，则天子益尊；为诸侯而有牛马之劳，则诸侯益强；为大夫而有牛马之劳，则大夫益显；为庶人而有牛马之劳，则庶人益义。……昔虞舜殛鲧而诛有苗，伯禹掘壤而疏洪水，伊尹负鼎而干汤，周公吐哺而求士，宁戚贩牛而兴齐，勾践卧薪而霸越，墨翟九拒而存宋，曹沫三败而复鲁，毛遂歃血而动楚，蔺生完璧而秦靡。夫以圣贤而有牛马心，故勋德流于海内，馨香覆于民伸，而民至于今不替，是皆效牛马之劳者也。[4]

黄宪认为，作为君王，还应该加强自身的道德修养，切戒“六荒”：“兽而无度则荒，色而无度则荒，味而无度则荒，役而无度则荒，音而无度则荒，弃贤而事鬼则荒。慎此六者，国其不亡。”[5]更进一步，必须“远欲而亲民”：

夫有国者，将以远欲而亲民也。故封建一国，则一国之民赖焉，不敢弃也，民亦不能弃其所牧而求治于邻。故天子远欲以亲兆民，诸侯远欲以亲百姓，百姓怀之，是以能有其国。[6]

与此同时，君王还必须加强对官吏的恰切的赏罚黜陟，使之成为激励他们向

---

① 《两汉全书》第 22 册，第 12784～12785 页。
② 《两汉全书》第 22 册，第 12764～12765 页。
③ 《两汉全书》第 22 册，第 12678 页。
④ 《两汉全书》第 22 册，第 12733 页。
⑤ 《两汉全书》第 22 册，第 12801 页。
⑥ 《两汉全书》第 22 册，第 12751 页。

廉戒贪的工具：

> 黜而不诛，则贪者希进而忘其耻；诛而不黜，则贪者希退而忘其忠。既黜而赏，非以劝廉也；既陟而诛，非以劝能也。宜黜者黜，宜陟者陟，宜赏者赏，宜诛者诛，然后贪鄙化而廉能劝。典刑明于上，政教畅于下，则黎民乂安而优于唯正之供。故农者乐为农，工者乐为工，商贾者乐为商贾。无流徙之患，无鬻贷之忧，无怨讟之悖，而信让行焉。①

不唯如此，由于爵和禄是国家的名和器，因而在赏授的时候必须慎重，切不可胡封滥赏，只有做到“诏爵以德，诏禄以功”，才能弘扬正气，避免“主弱臣强”这种“国病”现象的产生：

> 夫先王之爵禄，自畿甸而颁于侯国，太宰掌之，天子不得而私其臣，诸侯不得而私其士。故诏爵以德，诏禄以功，皆天子之明制也。至于衰世庸主，废灭先王之法，爵禄无纪，轨物不经。挟权据宠之家珠玉以为渊，丹青以为谷，罗绮丝竹之乐交陈于前，互以长夜。若此者，岂皆君之赐乎？卖宠幸于士庶，借甫福于人主，无德者爵，无功者禄，百姓怨困于下，而国病矣。人主疑而不能悟，昏也；悟而不能振，弱也。主弱则臣强，强则侵，侵则毒。臣毒于内则诸侯毒于外。②

黄宪这里所以对爵禄赏赐如此措意，显然是对着东汉后期的胡封滥赏而来的，认为作为一种激励机制，爵禄的滥施只能起“主弱臣强”的相反作用。所以，与其胡封滥赏使爵禄丧失其激励作用，不如从提倡仁义、收揽民心士心人手，挽回世道人心：“得民之心者不以威武，得士之心者不以爵禄，得诸侯之心者不以山川，亦自得其心而已矣。”③黄宪最后又回到儒家传统的道德说教。这说明，面对东汉末年日益衰颓的政况国势，谁也没有起死回生的灵丹妙药了。

黄宪在《天禄阁外史》中多次提到“党锢之祸”，曾直言不讳地说：“臣闻明仁之主，国无锢忠；幽、厉之王，国无锢佞。今主昏于上，忠锢于下，外则乌孙之种骄而入寇，内则黄巾之属叛而不宁，又甚于窦宪、梁冀之世矣。”④愤激

① 《两汉全书》第 22 册，第 12785 页。
② 《两汉全书》第 22 册，第 12744～12745 页。
③ 《两汉全书》第 22 册，第 12745 页。
④ 《两汉全书》第 22 册，第 12767 页。

之情溢于言表。这或许就是他坚持不入仕的自保之策。《天禄阁外史》卷二《宾鲁文·论易》透出了这样的信息：

征君将见鲁王，骤雨至，居而读《易》，周岑、左权、朱儁、孔绍祖侍坐。

朱儁曰："儁闻之，古之豪杰不以章句而媚时，故有志者往往得奋其策而树功于天下，刊名于竹帛，此豪杰之所为也。夫子宾于鲁，鲁王师之，出不为宁戚之穷，进不为冯谖之乞，动不为子方之骄，语不为韩非之激；温裕足以宁其人民，忠恕足以达其政事，贞亮足以光其社稷，而值多难之朝，遭昏蚀之世，此诚豪杰得志之秋也。今夫子踈踈然，暗而若拙，默而若愚，终日端居而读《周易》，不亦钝乎！"

征君曰："汝恶知哉！昔者吴起以兵机见魏文侯，得显其身，而卒以自毙。商鞅以刑名说秦孝公，秦国治强，封商于之地，秦是以有窥周之心。苏秦以纵术说六国诸侯，得相其身，然二子卒蹈车裂之祸，民无思焉。至于韩非、李斯、刘淮南之徒，皆明智而通达，博文而延誉，然犹不免于显戮，此由昧《易》之道也。故知《易》者，善为巧拙愚智之间，随时而动，缘机而流，宜柔宜刚，宜弛宜张，宜行宜藏，宜圆宜方，此之谓知《易》，故曰：'知变化之道者，其知神之所为乎？'"①

面对混乱失序、臣子随时有性命之忧的东汉末年的政治局面，黄宪只能退守《周易》和老庄"随时而动，缘机而流，宜柔宜刚，宜弛宜张，宜行宜藏，宜圆宜方"的处世哲学，"苟全性命于乱世，不求闻达于诸侯"了。

（摘自《秦汉政治思想史》，中国社会科学出版社 2018 年版）

① 《两汉全书》第 22 册，第 12709～12710 页。

曹丕代汉："禅让"戏的一次经典演出

公元220年(魏文帝黄初元年)十月，继承父亲曹操魏王之爵、丞相之位的曹丕，自编、自导、自演了一出精彩纷呈的"禅让"戏，将汉朝的刘氏皇统变成了魏朝的曹氏皇统，从而将中国历史上传说的尧、舜、禹的还有些模糊不清的依次"禅让"的戏码，进行了一次精心谋划的复排，给后世野心家们篡改皇统，留下了一个经典的样本。今日还原这场闹剧，仍然令人忍俊不禁。

一

东汉最后一位君王汉献帝刘协(181～234年)，是灵帝的中子，中平六年(189年)，被即位的少帝刘辩封为渤海王，继而改封陈留王。第二年，带兵进京的雍州牧董卓废少帝，刘协被立为帝，时年9岁。当时，朝廷孱弱，地方军阀势力坐大，献帝被董卓控制。由于关东地方军阀联合讨伐董卓，关东地区一时烽烟滚滚，首都洛阳周围更是战乱频仍，血雨腥风。董卓在战场失利后，一怒而焚烧洛阳，进而胁迫献帝迁都长安。初平三年(192年)，董卓被王允、吕布合谋诛杀，长安刀兵又起，陷入一片混乱。献帝在杨定、杨奉、董承等将军保护下，借机逃出长安，辗转东归，于建安元年(196年)返回洛阳。然而，此时的洛阳已是断壁残垣，几乎不具备生存的条件。已在北中国站稳脚跟的曹操看中献帝的价值，就将其接至许城(今河南许昌)安顿。献帝从此成为曹操"挟天子令诸侯"的工具，进退出处，一切由曹操摆布。延康元年(220年)正月庚子，曹操死去，继承曹操爵位和权力的曹丕，立即启动酝酿已久的"禅让"程序。献帝作为这出戏的被动主角，按照曹丕编撰的脚本，尽管痛苦无奈却又装得诚心诚意、急不可耐地将帝位"禅让"给了曹丕，由此宣告了东汉朝廷的灭亡。之后，他被曹丕封为山阳公，守着山阳（今河南焦作东）一县之地，享受着一万户百姓提供的衣食租税，又度过了14年的凄苦岁月，于青龙二年（234年）病逝。这一年，他54岁。

平心而论，在东汉历史上，献帝并不是最差劲的皇帝，就抱负和智商而言，他决不在桓帝、灵帝和少帝之下。然而，当他被推上帝位的时候，时代条件却注定了他只能扮演亲手结束刘氏王朝的悲剧角色。因为不仅他的帝位是由别人授予的，而且他的活动也一直由别人操控着。他虽有皇帝之名，且在位31个年头，但他在龙座上享有的仅仅是皇帝的形式上也残缺不全的一点尊严，而在实际上，他不过是一个地道的傀儡，一切听命于他的监护人，先是凶悍残暴的董卓，后是雄猜而又无情的曹操。但是，作为刘氏皇统的继承人，他骨子里又不甘于傀儡的地位，一刻也没有忘记恢复皇帝应该享有的真正的尊严和权力，也试图为他的子民做一些恤灾救穷的好事。兴平元年（194年），他14岁时，就惩罚了一个贪污救灾粮米的侍御史：

> 秋七月……三辅大旱，自四月至于是月。帝避正殿请雨，遣使者洗囚徒，原轻系。是时谷一斛五十万，豆麦一斛二十万，人相食啖，白骨委积。帝使侍御史侯汶出太仓米豆，为饥人作糜粥，经日而死者无降。帝疑赋恤有虚，乃亲于御坐前量试作糜，乃知非实，使侍中刘艾出让有司。于是尚书令以下皆诣省阁谢，奏收侯汶考实。诏曰："未忍致汶于理，可杖五十。"自是之后，多得全济。①

这是他作为皇帝唯一一次自主行使权力的记载。由于无关军国大政，董卓乐得让他体味一下行使权力的乐趣，寻觅一点做皇帝的感觉，没有出手干预。献帝进入曹操彀中后，也不时希冀突破樊笼。建安五年（200年），他就冒险策划了一次诛除曹操的密谋，结果却以失败告终：

> 五年春正月，车骑将军董承、偏将军王服、越骑校尉种辑受密诏诛曹操，事泄。壬午，曹操杀董承等，夷三族。②

这一年，他19岁，策划这次冒险行动，目的显然是夺回本来属于自己的权力。事后曹操尽管没有追究他的责任，但对其他参与者进行了最严厉的

① 《后汉书·献帝纪》。
② 《后汉书·献帝纪》。

惩罚，意在警告他小心自己的脑袋。然而，由于皇帝的实权实在太具诱惑力，献帝后来仍然又冒着生命危险策划了两次诛杀曹操的密谋。一次是建安十九年(214年)十一月，他与伏皇后及伏后的父亲伏完密谋除掉曹操，结果事泄，付出了伏后父女和伏后所生两个皇子命丧黄泉的代价，同时曹操的女儿被硬送进宫做了他的皇后，成为安插在他身边的人。一次是建安二十三年(218年)，他与少府耿纪、丞相司直韦晃密谋起兵诛杀曹操，结果被打垮，耿纪和韦晃遭到"夷三族"的惩罚。此后，他的胆子大概已经被彻底吓破，在曹操严密而有效的监控下，献帝只能守住苟全性命的底线，再也不敢向曹操集团叫板了。

二

延康元年(220年)正月曹操病逝，到十月，曹氏集团精心策划的"禅让"闹剧就敲起了开台锣鼓并迅速演完了全部内容：

> 汉帝以众望在魏，乃召群公卿士，告祠高庙。使兼御史大夫张音持节奉玺绶禅位，册曰："咨尔魏王：昔者帝尧禅位于虞舜，舜亦以命禹，天命不于常，惟归有德。汉道陵迟，世失其序，降及朕躬，大乱兹昏，群凶肆逆，宇内颠覆。赖武王神武，拯兹难于四方，惟清区夏，以保绥我宗庙，岂予一人获乂，俾九服实受其赐。今王钦承前绪，光于乃德，恢文武之大业，昭尔考之弘烈。皇灵降瑞，人神告征，诞惟亮采，师锡朕命，佥曰尔度克协于虞舜，用率我唐典，敬逊尔位。於戏！天之历数在尔躬，允执其中，天禄永终；君其祗顺大礼，飨兹万国，以肃承天命。[①]

由曹氏集团导演的这场"禅让"戏，是中国自夏朝以来的第二次演出。第一次是王莽代汉立新，以"禅让"的形式完成统治权的转移，向全国臣民昭示新朝取得统治权的合法性。不过，王莽这次"禅让"戏演得太过生硬：他不断用自己制造的"符瑞"说话，以"天命"做工具，生生将他立的汉朝皇位继承人孺子婴拉下龙座，而没有在"让"字上做足功夫。所以引来一片反对的声浪，而王莽自己最终也没有逃脱这一声浪，只能在登上皇位的第15个年头眼睁睁

① 《三国志·魏书·文帝纪》。

地看着自己的头颅被人砍下。

与之成为鲜明对比，这次汉魏禅代，曹丕的"禅让"戏就做得比王莽高明多了。你看，尽管献帝完全出于胁迫和无奈，但曹丕让人为他起草的诏书却以极端"自愿"的形式昭告天下，心悦诚服地拱手将刘氏汉家江山变成曹氏魏家江山，从而创造了朝代"禅让"最标准的款式。据《三国志·魏书·文帝纪》注引《献帝传》记载，这出"禅让"戏实在是演得跌宕起伏，峰回路转，酣畅淋漓，引人入胜。先是，左中郎将李伏上书魏王曹丕，以符瑞屡见为据，吹捧"殿下即位初年，祯祥众瑞，日月而至，有命自天，昭然著见。然圣德洞达，符表豫明，实乾坤挺庆，万国作孚"，"今洪泽被四表，灵恩格天地，海内翕习，殊方归服，兆应并集，以扬休命，始终允臧"。曹丕心知肚明，下令说："以示外。薄德之人，何能致此，未敢当也；斯诚先王至德通于神明，固非人力也。"这表明，曹丕对这种为自己制造的"禅代"舆论是无任欢迎的。一犬吠形，百犬吠声。接着，侍中刘廙、辛毗、刘晔，尚书令桓階，尚书陈矫、陈群，给事黄门侍郎王毖、董遇等，一同借李伏上书对曹丕进谏，认定其言不虚，恳请曹丕俯顺天命："自汉德之衰，渐染数世，桓、灵之末，皇极不建，暨于大乱，二十余年。天之不泯，诞生明圣，以济其难，是以符谶先著，以彰至德。殿下践阼未期，而灵象变于上，群瑞应于下，四方不羁之民，归心向义，唯惧在后，虽典籍所传，未若今之盛也。臣妾远近，莫不凫藻。"曹丕故意表示谦虚，有点嗔怪地发话说："犁牛之驳似虎，莠之幼似禾，事有似是而非者，今日是矣。睹斯言事，良重吾不德。"但他还是令尚书仆射将这份"重吾不德"的上言宣告天下，使臣民周知，这实际上是曹丕准备篡汉的舆论动员。这一层，被太史丞许芝窥透了。他紧接着上书曹丕，将所谓昭示魏代汉的谶纬做了进一步系统详细的梳理，最后说："伏惟殿下，体尧舜之盛明，膺七百之禅代，当汤武之期运，值天命之移授，河洛所表，图谶所载，昭然明白，天下学士所共见也。臣职在史官，考符察征，图谶效见，际会之期，谨以上闻。"对于这一进一步的舆论动员，曹丕自然心知肚明，但他仍然要表现自己的谦恭有加，于是对许芝的上书做了如下回应：

> 昔周文三分天下有其二，以服事殷，仲尼叹其至德；公旦履天子之籍，听天下之断，终然复子明辟，《书》美其人。吾虽德不及二圣，敢忘高山景行之义哉？若夫唐尧、舜、禹之迹，皆以圣质茂德处之，故能上和灵

祇，下宁万姓，流称今日。今吾德至薄也，人至鄙也，遭遇际会，幸承先王余业，恩未被四海，泽未及天下，虽倾仓竭府以振魏国百姓，犹寒者未尽煖，饥者未尽饱。夙夜忧惧，弗敢遑宁，庶欲保全发齿，长守今日，以没于地，以全魏国，下见先王，以塞负荷之责。望狭志局，守此而已；虽屡蒙祥瑞，当之战惶，五色无主。若芝之言，岂所闻乎？心慄手悼，书不成字，辞不宣心。吾闲作诗曰："丧乱悠悠过纪，白骨纵横万里，哀哀下民靡恃，吾将佐时整理，复子明辟致仕。"庶欲守此辞以自终，卒不虚言也。宜宣示远近。使昭赤心。①

由于曹丕自谦功业卑微，德行薄鄙，并表示了仿周公"复子明辟"的志向，侍中辛毗、刘晔，散骑常侍傅巽、卫臻，尚书令桓階，尚书陈矫、陈群，给事中博士骑都尉苏林、董巴等再一次上奏，历历陈述曹丕代汉的理由，认定"汉室衰替，帝纲堕坠，天子之诏，歇灭无闻，皇天将舍旧而命新，百姓既去汉而为魏，昭然著明"，谏议曹丕"览图籍之明文，急天下之公义，辄宣令外内，布告州郡，使知符命著明，而殿下谦虚之意"。曹丕大概认为自己的"谦让"戏刚刚开始，所以还必须继续装模作样下去，作更广泛的舆论动员，于是下令，要求臣下"止息此议"：

下四方以明孤款心，是也。至于览余辞，岂余所谓哉？宁所堪哉？诸卿指论，未若孤自料之审也。夫虚谈谬称，鄙薄所弗当也。且闻比来东征，经郡县，历屯田，百姓面有饥色，衣或短褐不完，罪皆在孤；是以上惭众瑞，下愧士民。由斯言之，德尚未堪偏王，何言帝者也！宜止息此议，无重吾不德，使逝之后，不愧后之君子。②

臣子们知道曹丕是在演戏，所以他越是谦虚，臣子劝进的劲头也越足。就在许芝所上符瑞向全国臣民百姓公布后，督军御史中丞司马懿，侍御史郑浑、羊祕、鲍勋、武周等进而抱团上言，祈求曹丕顺应皇天眷顾，无违"八方颙颙"，毅然迈出代汉的最后一步：

伏读太史丞许芝上符命事，臣等闻有唐世衰，天命在虞，虞氏世衰，天命在夏；然则天地之灵，历数之运，去就之符，惟德所在。故孔子曰：

---

① 《汉魏六朝百三家集》卷二四《答许芝上代汉图谶令》。

② 《汉魏六朝百三家集》卷二四《答辛毗等令》。

"凤鸟不至，河不出图，吾已矣夫！"今汉室衰，自安、和、冲、质以来，国统屡绝，桓、灵荒淫，禄去公室，此乃天命去就，非一朝一夕，其所由来久矣。殿下践阼，至德广被，格于上下，天人感应，符瑞并臻，考之旧史，未有若今日之盛。夫大人者，先天而天弗违，后天而奉天时，天时已至而犹谦让者，舜、禹所不为也，故生民蒙救济之惠，群类受育长之施。今八方颙颙，大小注望，皇天乃眷，神人同谋，十分而九以委质，义过周文，所谓过恭也。臣妾上下，伏所不安。

然而，面对臣子的耿耿忠心和披肝沥胆的劝进，曹丕仍然是"心如铁石"，坚决不答应："吾德非周武而义惭夷、齐，庶欲远苟望之失道，立丹石之不夺，迈于陵之所富，蹈柏成之所贵，执鲍焦之贞至，遵薪者之清节，故曰：'三军可夺帅，匹夫不可夺志。'吾之斯志，岂可夺哉？"

戏演至此，群臣的第一轮劝进节目结束。接着就让献帝出场，发布"禅位诏书"，恳请曹丕接受帝位，"永君万国，敬御天威，允执其中，天禄永终"。但曹丕认为第一次接到"禅位诏书"就立即接受帝位有损自己的谦恭形象，于是轻描淡写地回应："当议孤不当承之意而已。犹猎，还方有令。"我正兴趣盎然地打猎呢，你们还是议一议我不当应承的理由吧！臣子们当然知道他们进一步议的恰恰是曹丕"当承"的大义。所以，紧接着，是他们的第二轮劝进。先是尚书令奏请，曹丕不允。稍后，是侍中刘廙、常侍卫臻等奏议劝进，曹丕还是不答应。再后，是辅国将军清苑侯等一百二十人上书劝进，曹丕再次拒绝。接着，是辅国将军清苑侯等一百二十人再上书劝进，曹丕还是"上还玺绶"，严词拒绝。再后，是侍中刘廙等再奏劝进，曹丕不仅再次拒绝，还上献帝一书，表明心迹，信誓旦旦地表示自己决心"守节以当大命"。然而，这出"禅让"戏一定要有声有色地演下去，所以接着就有给事中博士苏林、董巴的上表劝进，而曹丕仍然以自己"德薄"回应。于是，献帝再来一次"册诏"，命御史大夫张音奉玺绶呈曹丕，再次恳请他接受帝位。紧跟其后，尚书令桓阶等再奏，"死请"曹丕"敕有司修治坛场，择吉日，受禅命，发玺绶"。可是曹丕依然表示不能接受，还不耐烦地斥责说："冀三让而不见听，何汲汲于斯乎？"为了表示自己不接受帝位的至诚，曹丕又上书献帝，假惺惺地做了一番披肝沥胆的表白："敢守微节，归志箕山，不胜大愿。"侍中刘廙于是再上书苦劝，曹丕再加以拒绝，并煞有介事地说："天下重器，王者正统，以圣德当之，犹有惧心，吾何人哉？且公卿未至乏主，斯岂小事，且宜以待固让之后，乃当更议其可耳。”面对曹丕的谦让，献帝再次册诏说：

天讫汉祚，辰象著明，朕祇天命，致位于王，仍陈历数于诏册，喻符运于翰墨；神器不可以辞拒，皇位不可以谦让，稽于天命，至于再三。且四海不可一日旷主，万机不可以斯须乏统，故建大业者不拘小节，知天命者不系细物，是以舜受大业之命而无逊让之辞，圣人达节，不亦远乎！今使音奉皇帝玺绶，王其钦承，以答天下响应之望焉。

紧接着，相国华歆、太尉贾诩、御史大夫王朗及九卿再次联合上言，在历数应该禅汉的百般理由之后，恳求说：“天命不可久稽，民望不可久违，臣等慺慺，不胜大愿。伏请陛下割㧑谦之志，修受禅之礼，副人神之意，慰外内之愿。”然而，曹丕认为自己的谦之德让还有表演的空间，于是再来一次婉拒：

以德则孤不足，以时则戎虏未灭。若以群贤之灵，得保首领，终君魏国，于孤足矣。若孤者，胡足以辱四海？至乎天瑞人事，皆先王圣德遗庆，孤何有焉？是以未敢闻命。

与此同时，曹丕又上书献帝，恳请他收回“禅让”的成命。至此，大概按照原来设定的脚本，“禅让”戏应该达到高潮了，于是相国华歆、太尉贾诩、御史大夫王朗及九卿等再次上奏，将曹丕吹捧成空前绝后的圣君，“死请”他立即受禅：

陛下即位，光昭文德，以翊武功，勤恤民隐，视之如伤，惧者宁之，劳者息之，寒者以暖，饥者以充，远人以恩复，寇敌以恩降，迈恩种德，光被四表；稽古笃睦，茂于放勋，网漏吞舟，弘乎周文。是以布政未期，人神并和，皇天则降甘露而臻四灵，后土则挺芝草而吐醴泉，虎豹鹿兔，皆素其色，雉鸠燕雀，亦白其羽，连理之木，同心之瓜，五采之鱼，珍祥瑞物，杂遝于其间者，无不毕备。……微大魏，则臣等之白骨交横于旷野矣。伏省群臣外内前后章奏，所以陈叙陛下之符命者，莫不条《河》《洛》之图书，据天地之瑞应，因汉朝之款诚，宣万方之景附，可谓信矣著矣；三王无以及，五帝无以加。民命之悬于魏政，三十有余年矣，此乃千世时至之会，万载一遇之秋；达节广度，宜昭于斯际，拘牵小节，不施于此时。仰稽天命，罪在臣等。辄营坛场，具礼仪，择吉日，昭告昊天上帝，秩群神之礼，须禋祭毕，会群寮于朝堂，议年号、正朔、服色当施行，上。

至此，这出“禅让”戏已经演得昏天黑地，曹丕才认为自己的谦让之态已经做足，也就毫不客气地接受帝位：“群公卿士诚以天命不可拒，民望不可违，孤亦曷以辞焉？”接着，献帝发出了最后一道诏书，按预定程序完成了他这个角色的最后一个动作：

> 昔尧以配天之德，秉六合之重，犹睹历运之数，移于有虞，委让帝位，忽如遗迹。今天既讫我汉命，乃眷北顾，帝皇之业，实在大魏。朕守空名以窃古义，顾视前事，犹有惭色，而王逊让至于三四，朕用惧焉。夫不辞万乘之位者，知命达节之数也，虞、夏之君，处之不疑，故勋烈垂于万载，美名传于无穷。今遣守尚书令侍中颤喻，王其速陟帝位，以顺天人之心，副朕之大愿。

紧接着，在繁阳搭建了一个高大宏伟的“受禅台”，并在其上举行了隆重的受禅仪式，完成了“禅让”戏的最后一幕，据《魏氏春秋》记载，曹丕在完成受“禅礼”之后，才讲了一句真心话：“舜、禹之事，吾知之矣。”其实，曹丕对原始社会部落联盟首领通过“禅让”这种形式更替的理解是完全错误的。那时的“禅让”是军事民主的一种实施形式，而王莽和他所导演的“禅让”则是权臣篡政借用的一种皇统转移的形式而已，其形式和内容都已经发生了根本性的变化。这正应了马克思的一句名言，所有历史事件都好像重复一次。不过第一次是悲剧，第二次是喜剧。

这里，我们之所以比较详细地叙述了汉、魏“禅让”的全过程，原因就在于这幕“禅让”戏之精彩绝伦和经典无匹，实在是空前绝后。因为自从秦汉以降，特别是王莽篡汉落得死无葬身之地以后，统治权的合法性问题就受到当权者的极度重视。即使具有操废立之权的重臣，一般也不敢觊觎皇位，改变皇统，而仅仅是选取能够听命于自己的傀儡占据皇位，如霍光、梁冀、董卓之所为。因为皇统已经确立，其合法性就不容置疑，觊觎皇统就成为臣子的大忌。你看，曹操尽管完全掌控了东汉朝廷的统治权，一言九鼎，人莫予毒，但终其一生，也没有窃据龙座。而当孙权劝他做皇帝时，他还怒斥孙权心术不正，要把自己放在炉火上炙烤。有鉴于此，所以曹丕及其亲信党徒，才精心编排了这样一出假戏真唱的“禅让”喜剧。在这出喜剧中，操权的曹丕成竹在胸，面对献帝的一再“主动禅位”，一让再让，做足了谦让的姿态。被动的献帝如木偶般一再下诏，将禅让帝位的急迫和诚意一表再表。急切的臣子一奏再奏，将曹丕的功业和“圣德”吹上九天。所有这一切，无非是给曹魏的篡汉之举披上合法的外衣。而在背后，真正起作用的不过是权力。显然，皇权的合法性如果离开了权力，其合法性也就没有了依恃。这时，另外的权力重心就会寻一个合法性的理由，改变皇统，易姓而治。而在所有的理由中，“禅让”这个古老的模式最能给篡政者文饰道德的亏欠。由于魏代汉的禅让戏创造了一个经典模式，所以以后西晋代曹魏、南朝宋代晋、齐代宋、梁代齐、陈代梁、隋代周、北宋代后周，都几乎无一例外地沿用了这个模式。就是近代袁世凯主导的“洪宪帝制”丑剧，也是从这里获得灵感，将一幕篡国的戏码演得风生水起，极尽扑朔迷离的大观。

附　录

孟祥才学术编年

● 1960～1964 年

山东师范学院历史系学习。

● 1964 年

考入中国科学院历史研究所(简称“历史研究所”),攻读硕士研究生三年,师从侯外庐先生学习中国思想史。

● 1964 年 10 月～1965 年 5 月

随中国科学院哲学社会科学部工作人员在山东海阳县参加农村社会主义教育运动(简称“四清”运动)。此后至年底,在海阳上院口村参加劳动锻炼。

● 1966 年

3 月～6 月初,与历史研究所应永琛等 5 人一起被借调到《红旗》杂志编辑部,协助戚本禹编《毛泽东论历史科学》。

● 1975～1976 年 5 月

在历史研究所思想史研究室从事研究工作,写出《梁启超传》《王莽传》书稿。

● 1976 年

6 月,调入山东大学历史系中国古代史教研室任助教,讲授中国古代史和历史文选等课程。

《江青为什么吹捧吕后?》(署名史真),山东大学《学习与批判通讯》1976 年第 2 期。

《王三槐供单和投降派的哲学》(与冯佐哲合撰),《文物》1976年第3期。

● 1977年

《篡史是为了篡党》,《文史哲》1977年第1期。

● 1978年

晋升讲师,任中国古代史教研室主任。

《驳知识越多越反动的谬论》(山东大学历史系大批判组),《大众日报》1978年6月21日。

《影射史学是"四人帮"篡党夺权的罪恶工具》,《开封师院学报》1978年第1期,后收入河南人民出版社1979年版《影射史学批判》一书。

《试论西汉地主阶级霸王道杂之的统治思想的形成》,《山东师院学报》1978年第2期。

《论封建社会的农民战争与新王朝政策》,《山东师院学报》1978年第4期。

● 1979年

《梁启超哲学思想初探》,《山东师院学报》1979年第1期。

《山东大学1978年文科理论讨论会讨论农民战争和儒家思想评价问题》,《中国史研究动态》1979年第2期。

《论"清官"的历史作用》(与冯佐哲合撰),《北方论丛》1979年第2期。

《周公思想简论》,《山东史学会刊》1979年第2期。

《赤眉绿林起义中的"拥刘"问题》,《山东大学文科论文集刊》1979年第2期。

● 1980年

《梁启超传》,31万字,由北京出版社出版。《学术研究》《齐鲁学刊》《中国历史学年鉴》发文评介。获该年北京出版社优秀著作奖。台北风云时代出版公司1990年重版。

《也谈历史动力问题》,《北方论丛》1980年第1期。

《社会发展的根本动力与农民战争的历史作用》,《菏泽师专学报》1980年第1期。

《三十年来我国义和团运动研究述评》(与傅崇兰合撰),《齐鲁学刊》1980年第4期。

《关于孔子和孔子思想的讨论(代前言)》,收入吉林人民出版社 1980 年版《孔子和孔子思想再评论》一书。

《打破体系,攫取合理内核——关于孔子思想评价的几个问题》,《中国哲学史论文集》第 2 辑,山东人民出版社 1980 年版。

● 1981 年

《正确认识我国历史上的民族英雄》,《北方论丛》1981 年第 1 期。

《关于义和团几个问题的管见》,《北方论丛》1981 年第 4 期。

《论西汉的酷吏》,《文史哲》1981 年第 6 期。

● 1982 年

《王莽传》,12 万字,由天津人民出版社出版,获山东大学著作二等奖。

《梁启超》(与杨希珍合著),5 万字,由江苏人民出版社出版。

《关于中国封建专制主义经济基础的几个问题》,《山东师院学报》1982 年第 5 期。

《周公哲学思想初探》,《中国哲学史研究集刊》第 2 辑,上海人民出版社 1982 年版。《中国哲学年鉴》摘要。

《梁启超》,收入齐鲁书社 1982 年版《中国近代著名哲学家评传》一书。

《中国封建社会农民战争中"平等"、"平均"口号的历史考察》,《中国古代史论丛》1982 年第 2 辑。

● 1983 年

晋升副教授。

《论汉明帝刘庄》(与张启琛合撰),《北方论丛》1983 年第 5 期。

● 1984 年

《"忠"观念在我国的历史演变》(与王瑞起合撰),《历史教学》1984 年第 2 期。《新华文摘》摘要转载。

《梁启超民族观简论》,《山东师大学报》1984 年第 4 期。人大复印资料转载。

《要注意对阶级矛盾缓和关系的研究》,《文史哲》1984 年第 4 期。

《中华民族杰出人物传·韩非》,由中国青年出版社出版。西班牙杂志《中国专号》刊印。

《百代英杰·孔丘·孙武·孟轲·吴起·李贽·王夫之·戴震》,由北京出版社出版。

● 1985 年

《白公胜革命论质疑》,《东岳论丛》1985 年第 2 期。

《论王莽新政》,《文史知识》1985 年第 1 期。

《中国史学家评传·梁启超》,由中州古籍出版社出版。

《中国历代著名文学家评传·梁启超》,由山东教育出版社出版。

● 1986 年

《论秦汉的"迁豪""徙民"政策》,刊《秦汉史论丛》第 3 辑。

《中国古代著名文学家·梁启超》,由山东教育出版社出版。

● 1987 年

当选中国农民战争史研究会副秘书长,中国秦汉史研究会理事。

● 1988 年

晋升教授,评定为山东大学历史系硕士研究生导师。

《刘邦评传》(与安作璋合著),27 万字,由齐鲁书社出版。《光明日报》1989 年 9 月 6 日发文评介。

《论刘邦的思想与性格》,《文史哲》1988 年第 3 期。

《李斯简论》,《北方论丛》1988 年第 1 期。

● 1989 年

《中国农民战争史·秦汉卷》,28 万字,由湖北人民出版社出版。《历史教学》《山东社会科学》《东岳论丛》《烟台大学学报》发文评论。获山东省社科联著作三等奖。

参与编撰的《中国历史大辞典·思想史分卷》,由上海辞书出版社出版,担任编委,撰稿 2 万字。

《一个严整的马克思主义的中国封建社会史体系——侯外庐〈中国封建社会史论〉述评》,《山东大学学报》1989 年第 2 期。

《简论中国古代王朝更替的作用和影响》,《光明日报》1989 年 5 月 17 日。

《重新认识和评价毛泽东的史学思想》,《山东社会科学》1989 年第 3 期。

● 1990 年

当选中国农民战争史研究会秘书长。

参与编撰的《中国名将名相辞典》，由明天出版社出版，任先秦秦汉部分主编。

《南美大陆第一部研究孔子的著作——〈孔子和马丁·菲耶罗〉》，《孔子研究》1990 第 2 期。

《后妃传·佐高祖定天下的吕雉》，由河南人民出版社出版。

● 1991 年

《刘邦评传》获评 1991 年山东省社会科学优秀成果一等奖。《中国农民战争史·秦汉卷》获三等奖。

参与编撰的《世纪之交的城市建设——天津十年建设纪实》，由科学出版社出版，担任编委并撰稿 2 万字。

《中国历史上的反动人物》，16 万字，由中国少年儿童出版社出版。《北京日报》发文评介。

参与编撰的《中国政治制度史》（白钢主编），71 万字，由天津人民出版社出版，撰稿 6 万字。《人民日报》《光明日报》发文评介。

《中国封建土地制度研究中的重要收获——侯外庐"中国封建土地国有论"述评》，收入陕西人民教育出版社 1991 年版《纪念侯外庐文集》一书。

《中国农民战争史问题研究的回顾与展望》，《文史哲》1991 年第 6 期。

● 1992 年

获评中华人民共和国国务院颁发的"政府特殊津贴"。

主编《中华魂·开放卷》，26 万字，由山东人民出版社出版。全书获"五个一工程奖"。

《学习和研究中国历史的几点体会》，《烟台大学学报》1992 年第 2 期。

《刘邦与汉初儒学》，《刘邦研究》1992 年第 2 期。

● 1993 年

当选中国农民战争史研究会副会长兼秘书长。

获评"山东省专业技术拔尖人才"称号。

参与编撰的《秦汉史》（田昌五、安作璋主编），43 万字，由人民出版社出版，撰稿 11 万字。

《应该加强中国农民史的研究》，《德州师专学报》1993 年第 1 期。

《论刘邦分封诸侯王》，《刘邦研究》1993 年第 1 期。

● 1994 年

当选中国秦汉史研究会副会长。

《中华人物故事全书·中国古代思想史分卷》，14 万字，由中国少年儿童出版社出版。

● 1995 年

评定为山东大学历史系博士研究生导师，任历史系学位委员会委员。

《中国近代民主思想发展的艰难历程》，《三峡学刊》1995 年第 2 期。

《墨子“尚同”与中国传统政治文化》，《山东大学学报》1995 年第 2 期。

《儒学“孝论”及其现代价值》，收入山东人民出版社 1995 年版《老年问题论文集》一书。

《万昌华〈郡县制度比较研究〉序》，由巴蜀书社出版。

《二十世纪中国哲学·人物志·侯外庐》，由华夏出版社出版。

《一部富有新意的人物传记——评崔明德新著〈李陵〉》，《中国史研究动态》1995 年第 9 期。

● 1996 年

烟台师范学院聘为兼职教授。

《齐鲁古代兵家评传》，25 万字，由山东大学出版社出版，主编并撰《孙膑》《吴起》两稿。

《中国政治制度通史·秦汉卷》，32 万字，由人民出版社出版。获评中国图书奖、中国社科规划项目一等奖、中国社科院优秀奖、山东省社会科学优秀成果一等奖。

《中国封建社会经济史·先秦秦汉卷》，主编并撰稿 16 万字，由齐鲁书社出版。

《朱元璋反腐败简论》，《烟台大学学报》1996 年第 1 期。

《重评中国历史上的“大同”理想》，《山东大学学报》1996 年第 1 期。

《著名历史学家侯外庐》，《文史哲》1996 年第 1 期。

《山东地方史研究的新收获》，《大众日报》1996 年 1 月 24 日。

《从公孙弘看汉初儒墨的融合》(与范学辉合撰)，《孔子研究》1996 年第 1 期。

《论历史气节教育》，《三峡学刊》1996 年第 3 期。

《唐末五代史研究的新成就——评李炳泉著〈朱温传〉》,《安徽史学》1996 年第 3 期。

《中国民族关系研究的重要成果——评〈隋唐民族关系探索〉》,《社会科学辑刊》1996 年第 5 期。《新华文摘》转载。

《曾振宇〈前期法家研究〉序》,由山东大学出版社出版。

《视野广阔,新意迭出——〈唐代民族与文化新论〉述评》,《中国史研究动态》1996 年第 9 期。

《山东地方史研究的新创获——评〈山东通史〉》,《东方论坛》1996 年第 3 期。

● 1997 年

《中国政治制度通史》被评为 1996 年度国家图书奖。《中国政治制度通史·秦汉卷》获评 1997 年山东省社会科学优秀成果一等奖。

湖北省炎黄文化研究会聘为李自成研究会名誉副会长兼学术委员。

《汉高帝大传》(与安作璋合著),43 万字,由河南人民出版社出版。获中南人民出版社优秀著作奖。中华书局 2007 年、2015 年重版。

《新朝旧政·新帝王莽》,30 万字,由哈尔滨出版社出版。

《世界大人物丛书·孔丘》,13 万字,由中国少年儿童出版社出版。2007 年重版。

《中国少年人物辞典》,36 万字,主编,由中国少年儿童出版社出版。

《我学习和研究中国历史的体会》,《高教自学考试》1997 年第 2 期。

《角色错位的悲剧——评刘歆》,《齐鲁学刊》1997 年第 2 期。

《中国传统政治文化简论》,《山东大学学报》1997 年第 3 期。

《王充历史观评析》,《东岳论丛》1997 年第 6 期,《新华文摘》摘要转载。

《二十世纪中国哲学·中国思想通史》,由华夏出版社出版。

● 1998 年

《中国政治制度通史》被评为中国社科规划项目一等奖。《汉高帝大传》获中南地区人民出版社优秀图书奖。

《论范蠡》,《烟台大学学报》1998 年第 1 期。

《论班固之死》,《山东大学学报》1998 年第 2 期。

《如何认识农战史研究中的"失实"问题》,《泰安师专学报》1998 年第 1

期。人大复印资料转载。

《孔子与儒家文化的现代价值》,高等教育出版社 1998 年版《升华与超越》论文集。

《中国社会史断代研究的新成果——评〈两汉乡村社会史〉》,《中国史研究动态》1998 年第 6 期。

《〈中国儒家学术思想史〉述评》,《东方论坛》1998 年第 3 期。

《曹参治齐与汉初统治思想与统治政策的选择》,《管子学刊》1998 年第 4 期。

《忆胡滨老师》,收入 1998 年版《胡滨先生纪念集》。

● 1999 年

担任山东省历史学会副会长。

获中国少年儿童出版社第二届“金作家”奖。

《汉光武帝大传》(与安作璋合著),41 万字,由河南人民出版社出版。中华书局 2008 年、2015 年重版。

《论王莽的思想与性格》,《烟台大学学报》1999 年第 1 期。

《司马迁悲剧与结局新释》,《齐鲁学刊》1999 年第 2 期。

《扬雄述论》,《人文杂志》1999 年第 2 期。

《一部研究我国古代制度史的力作——〈后宫制度研究〉述评》,《中国史研究动态》1999 年第 1 期。

《一部简明适用的好教材——评〈中国政治制度论纲〉》,《东岳论丛》1999 年第 6 期。

《郑玄的“官”意识》,《山东大学学报》1999 年第 3 期。

《评东汉时期的隐者群》,《聊城师院学报》1999 年第 6 期。

《中国元典研究的新创获》,《中国史研究动态》1999 年第 10 期。

《中国财税商贸史研究的新成果》,《山东社会科学》1999 年第 6 期。

《新千年感言》,《山东大学报》1999 年 12 月 29 日。

● 2000 年

当选山东大学学术委员会委员、历史文化学院学术委员主任。

获评山东大学优秀博士学位论文指导奖。

《中国改革通史・先秦卷》,45 万字,主编,由河北教育出版社出版。

参与编撰的《中国反贪史》(王春瑜主编),由四川人民出版社出版,撰稿秦汉部分(与范学辉、宋艳萍合撰)。

《政治:从专制到民主》,《大众日报》2000 年 1 月 1 日。

《儒道互补仲长统》,《烟台大学学报》2000 年第 1 期。

《秦皇汉武异同论》,《泰安师专学报》2000 年第 2 期。

《论马援的悲剧》,《济南教育学院学报》2000 年第 2 期。

《扑朔迷离的赵飞燕姊妹谋杀皇子案》,《聊城师院学报》2000 年第 6 期。人大复印资料转载。

《任重〈诸子百家通论〉序》,由中国文联出版社出版。

● 2001 年

当选中国农民战争史研究会会长。

山东大学文史哲研究院聘为学术委员,山东师范大学聘为齐鲁文化研究中心首届学术委员、专职研究员,滨州师范专科学校聘为黄河三角洲文化研究顾问。

《先秦秦汉史论》,46 万字,由山东大学出版社出版。

《百科小史博览丛书·社会窗》,16 万字,主编兼撰稿,由中国少年儿童出版社出版。

《论荀彧》,《史学月刊》2001 年第 1 期。

《论孔融的悲剧》,《山东大学学报》2001 年第 3 期。

《析戾太子之狱》,《齐鲁学刊》2001 年第 5 期。

《从地方史研究中寻求诸多中国历史问题的解答》,收入山东省地图出版社 2001 年版《黄河三角洲文化战略研究》一书。

《曾振宇〈中国气论哲学研究〉序》,由山东大学出版社出版。

《彭庆涛〈黄河中下游父系氏族源流探析〉序》,由中国文联出版社出版。

《论公孙弘》,《管子学刊》2001 年第 4 期。

● 2002 年

调山东大学文史哲研究院工作。

青岛大学师范学院聘为客座教授。

《齐鲁思想文化史·先秦秦汉卷》(与胡新生合著),50 万字,由山东大学出版社出版。

《曲阜庙城与中国儒学》(与傅崇兰、曲英杰合著),37 万字,由中国社会科学出版社出版。

《中国古代“德治”思想的历史考察》,《南通师院学报》2002 年第 1 期。

《资本主义萌芽问题断想》,《山东大学学报》2002 年第 3 期。人大复印资料转载。

《从地域文化到主流文化——论齐鲁文化在先秦秦汉时期的发展》,《齐鲁文化研究》第 1 辑。

《求真和致用是历史学的永恒主题》,《聊城大学学报》2002 年第 3 期。

《齐学与秦汉政治》,收入山东文艺出版社 2002 年版《齐国治国思想论集》一书。

《论儒学在先秦两汉时期的传播》,《光明日报》2002 年 9 月 17 日。

《〈后汉书・儒林传〉所记何休卒年献疑》,《中国史研究》2002 年第 3 期。

《中国古代民本思想的发展及其历史作用》,《临沂师院学报》2002 年第 5 期。

《忆漆侠先生》,收入河北大学出版社 2002 年版《漆侠先生纪念文集》一书。

● 2003 年

《齐鲁思想文化史・先秦秦汉卷》获山东省高校优秀科研成果一等奖。

《中国民本思想与农民问题》,20 万字,主编,由山东大学出版社出版。

《中国古典名著文库・老子》,17 万字,由中国少年儿童出版社出版。

《论中国古代儒学对东亚和欧洲的传播》,收入中华书局 2003 年版《中国传统文化与 21 世纪国际学术研讨会论文集》。

《情断嬴政生父案》,《聊城大学学报》2003 年第 5 期。

《“理证”与史实考辨》,《光明日报》2003 年 10 月 14 日。

《东方朔简论》,《烟台大学学报》2003 年第 4 期。

《重新审视中国封建社会的农民起义和农民战争》,《山东大学学报》2003 年第 6 期。

《论汉元帝皇后王政君》,《济南文史论丛》初编。

《评〈中国政治通史〉》,《中国史研究动态》2003 年第 11 期。

● 2004年

山东师范大学聘为齐鲁文化研究中心第二届学术委员。

中共宁波市江北区纪委聘为“反腐丛书史话”编委。

平阴县政协聘为于慎行研究会顾问。

《滑稽大师淳于髡与东方朔》,7万字,由山东文艺出版社出版。

《齐鲁文化通史·秦汉卷》(与王克奇合著),35万字,由中华书局出版。全书获山东省社会科学优秀成果一等奖。

《论祢衡的悲剧》,《齐鲁学刊》2004年第2期。

《西汉前期的历史反思与社会进步》,《江海学刊》2004年第2期。

《论曹爽之败》,《史学月刊》2004年第8期。

《从秦汉时期皇帝诏书称引儒家经典看儒学的发展》,《孔子研究》2004年第4期。

《试论新儒学存在的意义》,收入群言出版社2004年版《曲阜历史文物丛书》一书。

《〈邹鲁历史文化研究〉序》,由中华书局出版。

《齐鲁文化与秦朝政治》,《齐鲁文化研究》第3辑。

《世上沧桑　笔底波澜》,收入山东大学出版社2004年版《岁月有情》一书。

● 2005年

自山东大学文史哲研究院退休。

《秦始皇帝大传》(与安作璋合著),34万字,由中华书局出版。2015年再版。

《杀尽不平方太平——农民战争与反腐败》,10万字,由兰州大学出版社出版。

《秦汉人物散论》,43万字,由上海古籍出版社出版。

《1958年扫盲大跃进亲历记》,《炎黄春秋》2005年第1期。《新长征》2007年第3期转载,收入人民出版社2008年版《“大跃进”亲历记》(王梦初编)一书。

《论蒯通》,《山东大学学报》2005年第2期。

《论秦文化对东方六国文化的两次整合》,《秦文化研究论丛》第12辑。

《历史动力唯一论统摄下的农战史研究》,《史学月刊》2005 年第 7 期。

《从〈读史漫录〉对战国秦汉人物的品评看于慎行的历史眼光》,《济南职业学院学报》2005 年第 4 期。

《一曲自由主义的深情颂歌》,《泰山学院学报》2005 年第 4 期。

《从〈孙子兵法〉看张学良应对"九一八"事变的失误》,《孙子研究》2005 年第 2 期。

《论齐鲁儒生对西汉儒学发展的贡献》,《新儒林》第 1 辑。

《论吕不韦之结局》,收入河南大学出版社 2005 年版《史学新论》(纪念朱绍侯先生 80 华诞论文集)一书。

《孙武、吴起兵法之比较》,《滨州学院学报》2005 年第 5 期。

《论诸葛亮的人格魅力》,《临沂师院学报》2005 年第 5 期。

《先秦兵学与齐鲁文化》,《管子学刊》2005 年第 4 期。

《〈孔孟故里历史文化丛书〉序》,由中国社会科学出版社出版。

《〈忠的现代价值〉序》,由山东大学出版社出版。

《〈孟子与孟氏宗族〉序》,由中国文史出版社出版。

● 2006 年

当选山东孙子研究会副会长。

北京师范大学历史学院聘为"985 教授",潍坊学院聘为兼职教授。

获孔孟颜曾圣裔联谊会颁发的"圣裔之星"荣誉称号。

《细说王莽》,13 万字,由中华书局出版。

《论班彪》,《东岳论丛》2006 年第 1 期。

《倒行逆施,事败遭诛——主父偃的发迹与败亡》,《中国监察》2006 年第 3 期。

《忆张政烺先生》,《历史学家茶座》第 3 期。

《评〈中国古代和亲史〉》,《中国史研究动态》2006 年第 1 期。

《王莽篡政何以成功》,《文史知识》2006 年第 4 期。

《贪得无厌使嫪毐身死族灭》,《中国监察》2006 年第 10 期。

《让更多的人认识历史这面镜子》,《历史学家茶座》第 4 期。

《论张俭》,《东岳论丛》2006 年第 5 期。

《滑稽大师淳于髡与东方朔》,《联合报·文史周刊》2006 年 10 月 14 日。

《中国封建社会基本特点再认识》，收入山东大学出版社 2006 年版《稷下风讲坛》一书。

《评〈社会环境与人才〉》，《中国史研究动态》2006 年第 6 期。

《中韩(朝)早期的历史互动》，《齐鲁文化研究》第 5 辑。

《论两汉循吏的儒学情结》，《儒林》第 3 辑。

● 2007 年

《从地域文化到主流文化》，《齐鲁晚报》2007 年 8 月 30 日。

《我所知道的戚本禹》，《历史学家茶座》第 10 期。

《孟祥才评秦汉人物：秦始皇的生父究竟是谁？》，《联合报·文史周刊》2007 年 11 月 17 日。

《孟祥才评秦汉人物：集英主与暴君于一身的秦始皇》，《联合报·文史周刊》2007 年 11 月 24 日。

《孟祥才评秦汉人物：悲剧强人吕不韦》，《联合报·文史周刊》2007 年 12 月 1 日。

《孟祥才评秦汉人物：刘邦性格漫议》，《联合报·文史周刊》2007 年 12 月 8 日。

《孟祥才评秦汉人物：汉初"三杰"中的绝对智者——张良》，《联合报·文史周刊》2007 年 12 月 15 日。

《孟祥才评秦汉人物：曹参与汉初黄老政治》，《联合报·文史周刊》2007 年 12 月 22 日。

《"天命"与"忠君"——两汉之际刘氏皇室与王氏外戚的利益博弈》，《秦汉史研究》2007 年第 2 辑。

● 2008 年

《论世知人——与历史人物进行心灵的对话》(与刘芳合撰)，《聊城大学学报》2008 年第 1 期。

《我成了学部"五·一六"政委》，《炎黄春秋》2008 年 9 期。

《忆 1964～1965 年的山东海阳"四清"》，《历史学家茶座》2008 年 3 期。

《忽视道德教化：秦王朝灭亡原因的文化视角》，《西安财经学院学报》2008 年第 5 期。

《从儒家之外其他诸子的缺失探索"罢黜百家，独尊儒术"的必然性》，收入文物出版社 2008 年版《曲阜历史文物论丛(二)》一书。

《孔子、孟子、荀子的和谐社会理想述论》,《儒林》第 4 辑。

《孟子的自我和谐论》,收入齐鲁书社 2008 年版《儒家思孟学派论集》一书。

《〈儒家经典著作成语〉序》,由文物出版社出版。

● 2009 年

任山东大舜文化研究会副会长。徐州师范大学(今江苏师范大学)聘为孟子研究院顾问,博兴县聘为董永文化研究会顾问。

《秦汉史》,70 万字,由人民出版社出版。

《汉朝开国六十年》,18 万字,由齐鲁书社出版。

《中华人物故事全书·智慧篇》,12 万字,由中国少年儿童出版社出版。

《"文革"中"群众专政"亲历记》,《历史学家茶座》2009 年第 1 辑。

《〈大风长歌,仁者无敌〉序》,武汉出版社 2009 年版。

《"文革"中我所经历的清查"五·一六"运动》,《春秋》2009 年第 2 期。

《忆性情中人田昌五先生》,《历史学家茶座》2009 年第 2 辑。

《空前辉煌:从地域文化到主流文化——论齐鲁文化在先秦秦汉时期的发展》,《大众讲坛》第 2 辑。

《先秦兵学与齐鲁文化》,收入军事科学出版社 2009 年版《21 世纪孙子兵法应用讲坛精粹》一书。

《20 世纪中国马克思主义史学理论成就的系统检阅——评陈其泰主编的〈中国马克思主义史学的理论成就〉》,《史学集刊》2009 年第 4 期。

《中国封建社会的土地制度与阶级关系》,收入中国社会科学出版社 2009 年版《中国"封建"社会再认识》论文集。

《我在中学读书时经历的"大跃进"》,《春秋》2009 年第 6 期。

《吴起》,收入军事科学出版社 2009 年版《百名学者论兵法》(山东孙子研究会编)一书。

《〈曲阜历史文物论丛(三)〉序》,由文物出版社出版。

《庄子工作和生活的地方是东明没问题》,收入黄河出版社 2009 年版《"南华真人"在南华——"庄子故里在东明"故实与研讨》(萧若然主编)一书。

《与舜相关的地名非常多反映了中国人的祖宗认同意识》,《光明日报》

2009 年 7 月 5 日。

《〈邹城通史〉序》，由中华书局出版。

● 2010 年

《论先秦秦汉时期的“夷”“夏”观念》，《南都学坛》2010 年第 2 期。

《我所知道的“中央文革批判组”》，《春秋》2010 年第 2 期。

《从历史长河中探索农民问题之源——评〈资政通鉴——中国历代农民问题〉》，《山东社会科学》2010 年第 5 期

《追忆“文革”中的学部领导和部分高研（一）》，《历史学家茶座》2010 年第 2 辑。

《中国古代文献记载的炎帝神农其人》，收入三秦出版社 2010 年版《炎帝・姜炎文化与民主》一书。

《学术性和实用性相结合的优秀著作——评〈祭孔礼乐〉》，《济宁日报》2010 年 9 月 17 日。

《英雄身后不寂寞——项羽身后评论的评论》，《项羽文化》2010 年创刊号。

《赵高——巨奸大憝与心理学大师的合一》，收入秦俑博物馆开馆三十周年、秦俑学第七届年会《国际学术研讨会论文集》。

《追忆“文革”中的学部领导和部分高研（二）》，《历史学家茶座》2010 年第 3 辑。

《我所知道的几桩名人遗事》，《春秋》2010 年第 5 期。

《中国古代文献中的大舜其人》，收入人民出版社 2010 年版《诸城大舜研究——2009 年中国（诸城）大舜文化学术研讨会论文集》。

● 2011 年

《一本书读懂秦汉》（与刘保贞合著），18 万字，由中华书局出版。

《中国政治制度通史・秦汉卷》（修订版），37 万字，由社会科学文献出版社出版。

《辛亥著名人物传记丛书・梁启超》，15 万字，由团结出版社出版。

《山东思想文化史》，42 万字，由山东人民出版社出版。

《如何认识黄石公其人和〈三略〉》，《孙子研究》2011 年总第 12～13 期。

《秦汉史研究领域的新创获——评杜庆余著〈汉代田庄研究〉》，《东岳论

丛》2011 年第 3 期。

《追忆“文革”中的学部领导和部分高研(三)》,《历史学家茶座》2010 年第 4 辑。

《忆历史所的几位老先生》,《历史学家茶座》2011 年第 1 辑。

《我与丁肇中教授讨论齐鲁历史文化》,《春秋》2011 年第 2 期。

《我所知道的关锋、林聿时和吴传启》,《历史学家茶座》2011 年第 2 辑。

《有关范蠡身后评论的评论》,《史学月刊》2011 年第 10 期。

《关于青岛城阳区女姑山汉代明堂的几个问题》,《青岛大学师范学院学报》2011 年第 3 期。

《中西文化精华铸就的品格——简评傅斯年的伦理道德指向》,收入天津人民出版社 2011 年版《“傅斯年学术思想的传统与现代”研讨会论文集》。

《千古兵法论孙膑》,收入军事科学出版社 2011 年版《海峡两岸学者论兵》一书。

《忆我大学时代的老师胡滨先生》,《春秋》2011 年第 6 期。

《简论孟子述论虞舜》,收入岳麓书社 2011 年版《虞舜大典》近现代文献卷。

● 2012 年

《中国十大思想家之首——孔子》,16 万字,由中国少年儿童出版社出版。

《梁启超评传》,33 万字,由中华书局出版。

《何兹全先生印象记》,《历史学家茶座》总第 25 辑。

《“文革”中我所接触的艾玲和〈文汇报〉“北办”》,《历史学家茶座》总第 26 辑。

《1975 年深秋大寨行》,《历史学家茶座》2012 年第 2 辑。

《简论孟子述论虞舜》,《舜文化研究与交流》2012 年第 2 期。

《成亦悲壮,败亦悲壮,死亦悲壮》,《项羽研究》2012 年第 3 期。

《我读大学经历的“三年困难”时期》,《春秋》2012 年第 2 期。

《我参加 1980 年高考命题工作的回忆》,《春秋》2012 年第 4 期。

《日照与太阳文化》,《中国旅游报》2012 年 8 月 15 日。

《在〈虞舜大典·近现代文献卷〉出版发行新闻发布会上的讲话提纲》,《湖南社会科学报》2012 年第 13 期。

《简评漆侠先生的中国农民战争史研究》,收入河北大学出版社 2012 年版《漆侠与历史学——纪念漆侠先生逝世十周年文集》(姜锡东主编)一书。

《论秦皇汉武的齐鲁文化情结》,《西安财经学院学报》2012 年第 6 期。

《高全朴其人其事》,《历史学家茶座》2012 年第 4 辑。

● 2013 年

《孟子传》,22 万字,由齐鲁书社出版。

《中国古代著名军事家评传》,50 万字,由齐鲁书社出版。主编并撰稿秦始皇、韩信、郑成功。

《中国古代反贪防腐术》,27 万字,由山东人民出版社出版。

《大舜文化与夏商西周历史》(与王永波、胡新生、吴志刚合著),70 万字,由山东人民出版社出版。主编并撰稿 12 万字。

《我所知道的戚本禹》,《春秋》2013 年第 1 期。

《忆漆侠先生》,《春秋》2013 年第 3 期。

《风生水起离婚潮》,《历史学家茶座》2013 年第 1 辑。

《利益考量下的悲剧——评李全、杨妙真》,《淮阴师范学院学报》2013 年第 3 期。

《一部填补中国经学史研究空白的力作——评阎春新著〈魏晋南北朝"论语学"研究〉》,《东岳论丛》2013 年第 6 期。

《〈素书〉简论》,《孙子研究》2013 年 3 期。

《"拼爹"何如拼自己?》,《山东高教通讯》2013 年 10 期。

《中国古代著名军事家评传·序言》(以安作璋名义发表),由齐鲁书社出版。

《从远征军战士到著名历史学家——忆田昌五先生》,《春秋》2013 年第 5 期。

《忆张政烺先生》,《春秋》2013 年第 6 期。

《我经历的清查"五·一六"》《我所知道的几桩文人趣事》《我参加 1980 年高考命题的回忆》,收入山东人民出版社 2013 年版《几度春秋》一书。

《让历史变得亲切可感》,《联合日报》2013 年 12 月 26 日《专刊》。

《评安作璋主编〈中华杂技艺术通史〉》,《中国史研究动态》2013 年第 6 期。

《忆丁冠之先生》,收入山东大学出版社2013年版《丁冠之先生纪念文集》。

● 2014年

《中国古代的防腐反贪与思想构建》,《山东高等教育》2014年第1期。

《中国古代的防腐反贪与思想构建(一)》,《山东高等教育》2014年第2期。

《论刘基的悲剧》,《东岳论丛》2014年第2期。

《精英人才的逆淘汰是秦朝"二世而亡"的重要原因》,《西安财经学院学报》2014年第2期。

《论春秋战国时期齐文化和鲁文化的良性互动与融合发展》,《管子研究》2014年第1期。

《我所知道的朱维铮》,《历史学家茶座》2014年第1辑。

《中国古代的防腐反贪的制度构建(二)》,《山东高等教育》2014年第3期。

《挖掘中华传统政治文化精髓》,《中国文化报·艺彩山东》2014年4月4日2版。

《中国古代的防腐反贪的制度构建(三)》,《山东高等教育》2014年第4期。

《中国古代的防腐反贪的法律建设》,《山东高等教育》2014年第5期。

《挖掘继承中国传统政治文化精髓——山东大学教授孟祥才访谈录》,《中国文化报》2014年6月27日。

《中国古代防腐反贪中的上书与举报》,《山东高等教育》2014年第6期。

《中国古代对贪腐官吏的惩罚(一)》,《山东高等教育》2014年第7期。

《中国古代对贪腐官吏的惩罚(二)》,《山东高等教育》2014年第8期。

《中国古代对清官廉吏的表彰和奖励(一)》,《山东高等教育》2014年第9期。

《"离婚潮"中的两则见闻》,《春秋》2014年第1期。

《忆宁可先生》,《历史学家茶座》2014年第2辑。收入上海世纪出版股份有限公司、上海古籍出版社2015年版《永远的怀念——宁可先生追思集》。

《鸦片战争至甲午之败前后中国人的历史反思》,《孙子研究》2014年第

2 期。

《中国古代对清官廉吏的表彰和奖励(二)》,《山东高等教育》2014 年第 10 期。

《中国古代防腐反贪中的反腐败文学》,《山东高等教育》2014 年第 11 期。

《中国古代防腐反贪历史的启示》,《山东高等教育》2014 年第 12 期。

《两则追忆》,《历史学家茶座》2014 年第 3 辑。

● 2015 年

《中国古代贤明县令》(与刘保贞合著),14 万字,由人民出版社出版。

《秦始皇帝大传》(与安作璋合著),34 万字,由中华书局重版。

《汉高帝大传》(与安作璋合著),40 万字,由中华书局重版。

《汉光武帝大传》(与安作璋合著),40 万字,由中华书局重版。

《严遵的"纸上谈政"与"纸上谈兵"》,《孙子研究》2015 年第 1 期。

《吴起治军的启示》,《孙子研究》2015 年第 3 期。

《虞舜"五教"及其在中国传统道德建设置的作用》,《舜文化研究与交流》2015 年第 1 期。

《徐州会战何以先胜后败?》,《孙子研究》2015 年第 4 期。

《盖棺难定说王莽》,《天下》2015 年第 3 期。

《军事家须有"进不求名,退不避罪"的远见卓识》,《孙子研究》2015 年第 6 期。

《虞舜——中国"法制"和"德治"优势互补治理体系的开山之祖》,《舜文化研究与交流》2015 年 4 期,收入岳麓书社 2016 年版《依法治国与舜文化》一书。

《中国历史上关于统治权合法性的论辩》,《海岱学刊》2015 年第 2 期。

《李煜终局:才位错置的悲剧》,收入河南大学出版社 2015 年版《朱绍侯先生九十华诞纪念文集》。

● 2016 年

《齐鲁传统文化中的廉政思想》,42 万字,由山东人民出版社出版。

《王莽传》,31 万字,由人民出版社出版。

《汉代的星空》,18 万字,由九州出版社出版

《〈中国古代国家祭祀〉序》，由泰山出版社出版。

《天下尧陵何处寻？》，《海岱学刊》2016 年第 1 期。

《孟子关于统治权合法性的论述》，《天下》2016 年第 1 期。

《从文献中爬梳清理“兵主”蚩尤》，《孙子研究》2016 年第 3 期。

《八旗之殇》，《孙子研究》2016 年第 4 期。

《军事家亦须有政治眼光和政治智慧——以王翦、张良、韩信等为例》，《山东师范大学学报》2016 年第 5 期。

《祝安老师九十华诞》，《山东地方史研究》第 2 辑。

《孙子兵法的核心内容是什么？》，《孙子研究》2016 年第 6 期，《文摘报》2016 年 12 月 13 日摘要报道。

《扑朔迷离的老子和〈道德经〉》，《休闲读品》2016 年第 4 期。

● 2017 年

《王莽传》（修订版），31 万字，由人民出版社出版。

《项羽刘邦异同论》，《孙子研究》2017 年第 2 期。

《从〈顾维钧回忆录〉看解放军武力解放台湾的最佳时机》，《济南大学学报》2017 年第 3 期。

《评王树增的抗日战争研究——从〈抗日战争〉说起》，《孙子研究》2017 年第 4 期。

《徐福东渡与中日朝韩关系》（与安作璋合撰），《秦汉史论丛》第 14 辑。

《齐鲁兵学的起源、形成与发展》，《孙子研究》2017 年第 6 期。

《李煜：才位错位的悲剧》，《济南大学学报》2017 年第 5 期。

● 2018 年

《秦汉政治思想史》，61 万字，由中国社会科学出版社出版。

参与编撰的《山东长寿区域分布及成因研究》，由山东科学技术出版社出版，撰稿 2 万字。

《论白起的事功和悲剧结局》，《孙子研究》2018 年第 1 期。

《我党我军策动吴化文起义的兵学阐释——纪念济南战役胜利 70 周年》，《孙子研究》2018 年第 3 期。

《论战国纵横家的“诡道”运思》，《孙子研究》2018 年第 5 期。

《〈孟子家训〉序》，由青岛出版社出版。

《〈尚书〉是儒家关于治国理政的最基本的理论》,《今日高青报》4 月 11 日。

《“禁民二业”——董仲舒的社会财富分配论》,《德州学院学报》2018 年第 3 期。

《古代学人评董仲舒述论》,《孔子研究》2008 年第 4 期。

《孟祥才:推动儒学“现代化转化”》,《齐鲁晚报·人文周刊》2018 年 9 月 30 日。

《童书业被“扣留”》,《老年生活报》2018 年 11 月 28 日。

● 2019 年

《〈山东诸子名家志·庄子〉序》,由齐鲁书社出版。

《伊尹形象的历史呈现》,《海岱学刊》第 19 辑。

《太平天国败亡的兵学考量》,《孙子研究》2019 年第 1 期。

《先秦人物与思想散论》,45 万字,由上海古籍出版社出版。

在从事历史研究和教学半个多世纪的岁月中,为本科生、硕士研究生、博士研究生讲授过马列主义经典著作选读、中国古代史、历史文选、中国政治制度史、中国古代思想史、中国文学史、中国古代史专题研究、中国古代史文献研究等课程。指导硕士研究生 12 名,他们是:曾振宇、杨爱民、杨爱国、刘厚琴、李栋柱、项扬、范学辉、高广政、王继训、王珏、金裕凤(韩国)、黄圣进(韩国)。指导博士研究生 14 名,他们是:曾振宇、王萍、徐祥民、王继训、赵沛、潘志华、刘保贞、孟天运、马斗成、王成、赵光怀、宋艳萍、金裕凤(韩国)、白浪达(斯里兰卡)。

自 1987 年至 2004 年,先后担任中国农民战争史研究会秘书长、副会长、会长,并主持会务工作,组织了在济南、秦皇岛、曲阜、烟台、青岛、莒南等地举行的多次学术研讨会。

治学兴趣宽广,研究领域涵盖中国古代史、中国近现代史、中国思想史、中国政治制度史、中国农民战争史、中国军事史等;著述宏富,已出版个人专著 28 部,主编、合著、参编 26 部,发表文章超过 300 篇,总数超过 1000 万字。

唯一嗜好是读书

——记我的导师孟祥才先生

刘保贞

我是1999年秋天考到孟祥才先生名下读博士学位的，这时他已经是山东乃至全国史学界颇有名气的教授了。几年前，我在陕西师大硕士毕业，分配到山东大学图书馆工作后，就从周围的同事和朋友那里听说，孟先生是历史系最受学生崇敬的教授之一。原因是他讲课感情充沛，深入浅出，幽默机敏，娓娓动听。他对所授课程的内容十分熟悉，能够将理论和知识冶为一炉，融会贯通，以通俗生动的口语化语言传达给每个学生，所以很受学生的欢迎。1980年历史系全体学生投票公选“最佳教师”，他获得第一名。这些听来的信息虽然使我对孟先生怀着几分敬意，但头脑中仍然很难形成鲜明的形象，只是偶尔在他去图书馆借书时，看到他急匆匆地一步两个台阶上楼或下楼的身影。直到做了他的研究生亲聆教诲时，我才目睹他授课的风采。我们博士生的授课都是在他家的客厅中进行。届时，上午8时半，他和我们几个学生都准时端坐在沙发上，每人面前有一杯清茶。孟先生讲课一般不带讲稿，也不带参考书，全凭记忆。在近三个小时的时间内，他口若悬河，侃侃而谈，尽管不离授课的主要内容，但他的旁征博引却是天南海北，古今中外，在我们面前展开的是一个巨大的知识网络。其中，大段的古典文献和马列主义经典著作的文句，他都能熟练地背诵出来。他讲课的最大特点是深入浅出，生动形象，激情澎湃，极富感染力。无论多么深奥的道理，他都能用十分通俗易懂的语言表述出来，让我们听得懂，记得住。我们特别惊异他那渊博的学识和过人的记忆力。

一次，我们问他达到如此水平的诀窍在哪里，他只笑着回答了两个字：“读书。”接着又说：“同你们比，我读书算多一点，但同老一辈学者比，就不可同日而语了。陈寅恪、钱锺书、张政烺等先生读的书那才叫多呢！他们的学识，那才叫渊博呢！”又一次，孟先生同我们谈起他的读书生活，说：“我这个人除了读书没有其他嗜好，直到现在还不会下象棋、打麻将、玩扑克。在山师历史系读书时，正值三年困难时期，生活十分艰苦，读书的政治环境并不好。当时教育界极“左”思潮泛滥，高校在老师和学生中划分‘红专’和‘白专’，其标准可笑极了：不读书而经常向组织汇报思想的叫‘红专’，认真读书的叫‘白专’。我莫名其妙地成了‘白专’典型，遭冷眼，被批判。但我不管这一套，依然饿着肚子，顶着‘白专’的帽子读书。在学好规定课程的同时，我如饥似渴地阅读了大量的课外书，文、史、哲、法各类书籍都囫囵吞枣地读下去。学习《世界古代史》时，我读了希腊、罗马古代哲学著作的有关选集，希腊三大悲剧家埃斯库罗斯、欧里庇得斯、索福克勒斯和喜剧家阿里斯托芬的著作。学习世界近代史时，我读了莎士比亚、歌德、席勒、拜伦、雪莱、车尔尼雪夫斯基、别林斯基、杜勃洛留伯夫、托尔斯泰、屠格涅夫、契诃夫等大师的名著，还有苏联人写的有关哲学、美学、俄罗斯文学史、苏联文学史等著作。结合中国史学习，我读了《诗经》《左传》《史记》以及郭沫若、范文澜、翦伯赞、吕振羽、侯外庐等我国现代马克思主义历史学家的著作和中国文学史、中国哲学史、中国思想史等方面的著作。中国现代一些著名作家，如鲁迅、茅盾、巴金、曹禺、老舍、夏衍等人的大部分著作，还有当时刚刚出版、引起轰动的如《我的前半生》等著作也是在大学期间阅读的。读书使我感到充实，让我获得乐趣和极大的满足。不少时候，读书也使我忘记了饥饿。多少年后，我仍然庆幸，在最困难的时候我没有浪费最宝贵的时间，从而打下了比较坚实的业务基础。特别是，大学锻炼了我的自学能力。我只用较少的时间复习老师讲过的功课，而将大部分时间用于课外阅读。这样一来，四年中我就比其他同学多读了不少书，使我的知识面大大扩展了。1964 年我考取了中国科学院历史研究所侯外庐先生的研究生，学习中国思想史。当年全国只招收了 1000 多名研究生，山师考取了 3 名。我能考取，显然得益于我的认真读书。1966 年后，我中断了读书，当了一年多时间的‘造反派’。紧接着被打成了‘5・16’分子，先在法学所被关在‘群众专政’的单人牢房约半年(后我在一个深夜越墙逃逸)，后来又在建国门外的历史所的宿舍里被单独关了 9 个月。这期间，我经历了无数的逼供，写了不少所谓的‘交代材料’。即使在这样的环境里，我还是背着专案组读了不少书。因为在法学所我被关在一间办公室里，那里有不少法学方面的书籍。后来关我的建外宿舍是赵国华(后来在中国社科院南亚所做研究员，一个才华横溢的帅哥，可惜早逝)住的房间，他也有不少藏书。正是这些书伴随我渡过了那难熬的岁月。1970～1972年在河南息县和明港'五七干校'的时候，天天不是劳动，就是作为'5·16'骨干分子被批斗，写交代材料。即使如此，我也是见缝插针地读点书。1972年夏天随历史所返回北京后，我尽管还处于'群众专政'状态，不准探亲，出学部大院要打报告，节假日要接受'老老实实，不准乱说乱动'的训话，但毕竟读书的时间多了。在导师侯先生的鼓励下，我认真读了三年书，算是补学了研究生的业务课程。《马恩选集》《列宁选集》《资本论》等马列主义经典著作，前四史、《诸子集成》《资治通鉴》《续资治通鉴》等业务书就是在这一时期读完的。其间，我还读了中华书局1936年版的40册《饮冰室合集》，深深被梁启超那激扬澎湃的爱国之情和华美流畅的文字所吸引，如醉如痴，爱不释手。调回山东大学后，出于教学和科研的需要，我更是将读书当成了最重要的日常功课，不可一日无书，不可一日不读书。对我来说，读书既是需要，也是习惯，更是乐趣。"

的确，不论是听孟先生讲课，还是同他闲聊，你都能发现他读书之多和思考之勤。他读书以自己的专业为主轴，因而对先秦秦汉时期的文献特别熟悉。同时，他又不局限于自己的专业，读的书广而杂，他不仅大量阅读文、史、哲、经、法等人文社科方面的书，而且有些自然科学方面的书也读。他常年订阅《新华文摘》，时刻关注各学科在学术上的新进展。正因为他读书多，记忆力强，他讲的课才能以丰富的内容、大的信息量引人入胜，给人启迪。就是"中国政治制度史"这样比较枯燥的课程，他讲起来也是古今中外、上下左右连通，中间穿插一些生动的典型事例和故事，使学生听起来兴味盎然。有的本科生反映，孟先生讲通史课时，涉及的哲学问题讲得比哲学的公共课老师好，讲文学史也不次于中文系的专业老师。他的专业虽然是中国古代史，但他关于中国近现代史的知识比不少该专业的教师还丰富。有一段时间，学生逃课现象比较严重。学校教务处和系里领导都要求教师上课点名，可是孟先生上课从来不点名。他多次说："学生逃课，主要是教师讲课有问题，对学生没有吸引力。应该从教师身上找原因，改进教学。点名不是解决问题的办法。"的确，孟先生的课，很少出现逃课现象。他讲一些选修课时，有些没有选课的学生也会去听讲。他为全校学生开通选课"中国传统文化"

时，几乎场场爆满，有一些占不到座位的学生就站着听完两节课。

孟先生研究生阶段的学习尽管是在“文化大革命”的大背景下进行的，毕业后也没有从事正常的业务工作，但他提起在中国科学院哲学社会科学部(今中国社科院)历史所12年(1964～1976年)的学习和工作经历，还是充满深深的怀念和感激。他多次对我们说：“我在历史所的12年虽然处在‘文化大革命’的荒诞岁月，但这12年对我业务的成长依然具有重要意义。因为正是在这里，我接触到当时许多第一流的史学家，如老一代的顾颉刚、侯外庐、张政烺、杨向奎、胡厚宣、谢国桢、王毓铨等，中年一代的如李学勤、张岂之、何兆武、杨超、田昌五、王戎生、牟安世等，他们渊博的学识和各有千秋的严谨的治学态度，都使我深受教益和启导。特别重要的是历史所那特有的学术氛围，置身其中，不能不让人受到潜移默化的浸润和影响。因为这里人们经常谈论的是学术，品评的是众多史学论著的优长和不足。有时一句话，就使你豁然开朗。在这样的环境里，只要你是有心人，随时注意倾听，虚心学习，你的学术品位和能力就会不断提高。”从孟先生的回忆中我们可以看出，在历史所的12年中，他除了因参加运动特别是挨整耽误了一些时间外，其余大部分时间还是花在读书和研究上。1973～1976年，他在认真读书的同时，完成了《梁启超传》和《王莽传》两部书稿。据他自己说，当时写这两部书稿的时候，并没有想到日后出版，只是出于一种研究的兴趣和探索的冲动，写了给自己看。不久“文化大革命”结束，中国出现了第一次出版热。先生的这两部书稿分别于1980年和1982年由北京出版社和天津人民出版社出版，出版后即在史学界产生了较大影响。一次苏双碧先生来山大讲学，告诉他胡绳先生读了《梁启超传》后说：“这本书写得还可以。”应该说，在同一辈的史学家中，孟先生是较早“冒”出来的那一批人中的佼佼者之一。

1976年5月，“文化大革命”即将结束的前夕，孟先生为解决夫妻两地分居问题调到山东大学历史系教书。当时，山大历史系需要讲授中国古代史的教师。尽管孟先生对中国近代史有着较浓烈的兴趣并且具有一定的学术积累，但还是服从分配，到中国古代史教研室做了教师。后来，他在一篇谈治学的文章中，对确定自己的专业方向做了这样的叙述：“我读研究生时较系统地学习过中国思想史。通过撰写《梁启超传》，在近代思想史研究上也有所积累。但调到山东大学历史系工作后，根据需要分配我教中国古代史。

这时我冷静地考虑自己的专业方向，感到从古代史到近代史，时间跨度太大，二者兼顾，力不从心。为了使教学和科研一致，我忍痛放弃中国近代思想史，把研究方向定在了先秦、秦汉史。”此后，人到中年的孟先生就在这一领域刻苦读书，潜心研究，在教学和科研上不断取得优异成绩。30 多年来，他为本科生、硕士生、博士生讲授过马克思主义经典著作选读、中国古代史、历史文选、中国思想史、中国政治制度史、中国传统文化、秦汉史专题研究、中国古代史专题研究、中国古代文献专题研究等课程。已发表论文 170 余篇，自撰专著 14 部，主编、参编著作 20 部，累计达 800 余万字。在史学研究方面，孟先生在长期的实践中形成了自己的治学路数和学术风格。他经常说：“研究历史要安于清贫，耐得住寂寞，要有锲而不舍、顽强拼搏、义无反顾、走火入魔般的执着精神。因为史学研究是为了发掘和弘扬中华民族的优秀传统文化，提高中国人民自立于世界民族之林的自信心、自豪感和在 21 世纪创造新的辉煌的使命感，这是一个史学工作者最重要、最艰巨，也是最光荣的任务。”30 多年来，孟先生就是在寂寞中坚守在史学的教学和研究的阵地上，不慕官位，不羡荣华，脚踏实地，兢兢业业，因而不断有新的成果问世，在学术界获得了相当的知名度。孟先生现任山东大学文史哲研究院教授、儒学研究中心研究员，北京师范大学历史学院教授，兼任山东师范大学齐鲁文化研究中心专职研究员，青岛大学、烟台大学、山东理工大学、临沂师范学院、潍坊学院兼职教授，兼任中国农民战争史研究会理事长、中国秦汉史研究会副会长、山东历史学会副理事长、山东孙子研究会副会长、孟氏宗亲联谊会副会长等学术职务。1992 年获国务院颁发的“政府特殊津贴”，1993 年、1999 年两次获得“山东省专业技术拔尖人才”称号。

孟先生在教学和研究中一直坚持马克思主义历史唯物论的理论和方法。他多次对我们说：“中国和西方流行过许多形形色色的历史理论，其中虽然不乏真理的微粒和智慧的闪光，但作为世界观和方法论的体系，从总体上看都是非科学的。只有马克思主义的辩证唯物论和历史唯物论，才能给我们提供科学的世界观和方法论。”他以马、恩、列关于近代资本主义的研究和郭沫若、范文澜、翦伯赞、吕振羽、侯外庐关于中国史的研究为例，证明马克思主义的真理性和科学性。但孟先生也反对对马克思主义进行教条化、概念化和僵化的理解与运用。他总是关注和追踪史学理论的新进展，不断抛弃一些过时的被实践证明是错误的和不完善的理论。例如，他在农民战争史的研究中就对毛泽东关于中国历史的一些观点提出了疑义。孟先生在学术研究中特别强调“博约结合，以博促约，以约制博”。他对我国目前研究生知识面狭窄，所谓“博士不博”的状况很忧心。他认为，学习和研究中国历史，就博的方面而言，要求研究者具备哲学、政治学、经济学、法学、文学、考古学、宗教学、人类学、社会学、民俗学、教育学、语言文字学、逻辑学、文献学、目录学、神话学、中国通史、世界通史以及自然科学常识等方面的基础知识。一次讲课，谈到史学家必须具备较广博的知识时，他感慨地说：“你们想一想，不熟悉世界史，怎么能正确认识中国历史在世界文明史上的地位和影响？不熟悉中国通史，又怎么能搞清某个王朝某个时代的承前启后的作用？不熟悉中国思想通史，又怎么能判定一个思想家比他的前辈贡献了什么新东西以及有什么样的时代局限？”他举例说中国历代的史学大师无一不是百科全书式的学者。司马迁不仅是他那个时代的顶尖历史学家，同时是第一流的思想家、文学家、经济学家和天文学家。近代学术大师王国维既是历史学家，也是甲骨文、金文专家、考古学家和美学家。郭沫若集文学家、史学家、考古学家于一身，他还利用自己的医学知识为古人诊病，查明了不少人的死因。陈寅恪的学识之渊博为史学界所公认。他在双目失明的情况下，仍然以自己口授、助手笔录的方式，写出了《柳如是别传》，该书引用的资料多达 600 余种。这些大师之所以能够在某些断代史和专门史领域取得一系列超越前人的优秀成果，显然是以他们那令人叹为观止的渊博学识为基础的。孟先生一再叹息自己的知识面太狭窄，尤其是没有熟练掌握一门外语，这限制了自己的发展。他教导我们要珍惜时光，多读书，成为一个学识渊博的人。他还对我们说：“其实读书大多数时候都不应该带着功利的目的。林彪当年提倡‘急用先学，立竿见影’，对学者来说是最要不得的。多读书是为了全面提高自己的素养，夯实自己的基础，以便将来在学术上厚积薄发、左右逢源，取得超越前人的成就。”

尽管孟先生自谦他知识面窄，但我在上面的叙述中已经提到，在同辈学者中，应该说他是比较渊博的一个。在干校的时候，宣传队只准读马列和毛主席的著作，将其他著作一律视为“封、资、修黑货”。但在闲暇时，出于知识分子的职业习惯，大家都千方百计找书读。孟先生从别人那里借到一本《爱因斯坦传》,就如饥似渴地读下去。后来在一篇文章中,就引用了这本书的一条材料。孟先生认为,对于做学问的人来说,博虽然重要,但不是为博而博,更不是为了炫耀自己而博。博的目的是促约,即促进对专门问题的研究。中国历史悠久,史料浩如烟海,谁也不可能在所有问题上都达到专深精湛的水平。所以必须选择自己的专业方向,或断代,或专题,或断代之中选专题。自己的主攻方向一经选定,就要持之以恒,努力全面掌握与之有关的资料,熟悉前人、今人对该问题的研究成果,不断选择有意义的课题,一步步地深入研究下去,这样才能取得高、精、尖的学术精品。孟先生在一篇文章中说:“博约结合,先博后约,以博促约,以约制博,互相促进,是任何做学问的人都必须遵守的原则。博不仅为约提供坚实而丰厚的知识基础,而且使约有一个广阔的视野,能收到高瞻远瞩之效。但是,只博不约也不行。因为博的目的是促进学问的深化和开拓,只博不约不过使人成为储存知识的仓库,所谓学问也只能停留在粗浅的水平上。”

孟先生是这样认识的,也是这样做的。他的研究成果相对集中于先秦秦汉史。孟先生主张做学问要扬长避短。他说:“世界上大师级的学者都是智商超常的天才,一般人是学不来的。但是,即使他们也有短处。每个人都有长处和短处,如有的人专于记忆,有的人明于推理,有的人长于综合,有的人善于分析,有的人对于某些事物和问题有着异乎寻常的感应能力。所以每个人都要清醒地认识自己,恰如其分地评估自己的能力和潜力,以确定最适合自己条件的专业方向和奋斗目标。一经确定,就要‘咬定青山不放松’,尽最大努力,坚持下去。”他选择先秦、秦汉史作为自己的研究方向,显然是为了充分扬己之长。孟先生认为,做学问的最终目标是在继承的基础上创新。所以必须虚心向前辈学习,批判地继承他们的优秀成果,使自己在一个高起点上迈步。为此,必须学名师,读名著,广泛汲取,博采众长。他反复精读过梁启超、王国维、顾颉刚、陈垣、陈寅恪、郭沫若、范文澜、翦伯赞、吕振羽、侯外庐的几乎所有著作,并深入探索他们为学为文的风格。在一篇文章中,他归结说:“王国维为学的善于创新,文风的简洁凝练;顾颉刚为学的博取专精,文风的深入浅出;陈援庵为学的细密扎实,文风的质朴通达;陈寅恪为学的痴迷执着,文风的细致周密;郭沫若为学的善脱窠臼,文风的汪洋恣肆;范文澜为学的严谨不苟,为学的平正畅达;翦伯赞为学的独辟蹊径,文风的华丽磅礴；侯外庐为学的善构体系，文风的深奥严整，都是各有千秋，在史坛上显出迥异的个性，形成了独特的文风，值得学习的地方是很多的。但是，继承前辈的成果不是亦步亦趋地做他们学术的保管员，而是为了创造出超越他们的新成果。学术研究的目的是通过求异追求真理，衡量学术成果的价值是看它提出了多少新观点新见解。”孟先生多次对我们讲，学习前辈的学风、文风和治学方法，也不能机械模仿，而应该广采博取，择善而从，找到适合自己特点的治学方法，并最终形成自己史学论著的独特风格。他说，风格的形成是一个史学家成熟的标志。当人家只看文章不看名字就知道是你的文章时，就说明你成熟了。对此，他谈自己的体会说：“我的导师侯外庐先生是一位蜚声中外的马克思主义史学大师，他深厚的马克思主义的理论素养，对于历史科学的执着的追求精神，以及待人宽厚坦诚的品格，都使我难以忘怀。从他的言传身教中，特别是从他那些在近代史学史上占有重要地位的大量著作中，我学到了不少终身受益的东西。但是，对于他受康德、黑格尔等德国古典哲学家和马、恩早期著作影响而形成的近于艰涩的深奥博雅的文风，我却没有刻意模仿和学习。我更多地学习郭沫若、范文澜、翦伯赞和刘大年诸前辈的文风，为文追求生动流畅、通俗易懂，目的是拉近自己与读者的距离。”

由于多年的潜心研究，默默耕耘，孟先生取得了丰硕的学术成果。这些成果尽管主要集中在先秦、秦汉史领域，但因为他兴趣广泛，对其他领域也多有涉及。如在中国近代史方面，他不仅有《梁启超传》面世，还撰写了一组有关康有为、梁启超和近代民主问题的文章。在中国农民战争史研究方面，他出版了《中国农民战争史·秦汉卷》《杀尽不平方太平：农民战争与反腐败》，发表了一组文章。他还应中国少年儿童出版社之约，撰写了《世界大人物丛书·孔丘》《中国历史上的反动人物》《中华人物故事全书·中国古代思想史分卷》《中国古典名著文库·老子》，主编了《中国少年人物辞典》《百科小史博览丛书·社会窗》等，并因此获得了该社五年一度的第二届(1999年)“十大金作家奖”。他在先秦、秦汉史方面的著作，涉及了该时期的政治、制度、经济、思想文化诸多内容，主要著作有《中国政治制度通史·秦汉卷》《齐鲁思想文化史·先秦秦汉卷》(与胡新生合撰)、《齐鲁文化通史·秦汉卷》(与王克奇合撰)、《中国封建社会经济史》第一卷(与安作璋先生合编)、《先秦秦汉史论》等。而有关此期人物的研究更是硕果累累。其代表作有《刘邦评传》《秦始皇帝大传》《汉高帝大传》《汉光武帝大传》(以上著作皆与安作璋先生合作)、《王莽传》《新朝旧政·新帝王莽》《细说王莽》《滑稽大师淳于髡与东方朔》等。另有《秦汉人物散论》等论述秦汉人物的结集。

孟先生的著作和论文大都具有自己的特色,形成了自己的风格。他的论著的第一个特点是学术含量丰厚,创新之点较多。如在《梁启超传》中,他提出梁启超虽然是在舆论上反对"洪宪"帝制的急先锋,但他并不是"共和派",而是有条件的"帝制派";之所以反对张勋复辟前清,却不是因为复辟危害了人民的利益,而是因为复辟给清废帝带来了危险。这些观点自然引起了史学界的争议。又如,他在《秦始皇帝大传》中提出秦始皇的失误是"在和平年代继续战争时期的政策";在《汉高帝大传》中指出吕后当政并没有废除刘氏皇统,因而不能说是"篡政";在《汉光武帝大传》中分析刘秀废立皇后之举主要不是感情的好恶,而是有着河北集团和南阳集团争权夺利、势力消长的背景;在《王莽传》中,则认为"篡位"不是王莽的罪恶,也不是他灭亡的主要原因,他的垮台是因为他的"新政"违背了经济运行的规律,等等。这些论点都是发前人所未发,给人以耳目一新之感。

孟先生论著的第二个特点突出表现在他对历史人物的评论中。他认为要想正确地评价历史人物,"关键在于深入到他们思想的腠里,与之进行心灵的对话,从而揭示支配他们行动的心灵的奥秘"。他的所有关于历史人物的评论基本上都贯彻了这一原则。例如,"忠君"是中国古代社会天子第一号的伦理观念,可是历史上的"篡弑"者却是子孙绳绳。这些人并不是不知道"篡弑"对于臣子来说是"罪大恶极",但皇位所带来的巨大利益和荣耀的诱惑仍然使他们敢于越过道德的门槛,并自欺欺人地以"天命"置换"忠君"。在《"天命"与"忠君":两汉之际刘氏皇室与王氏外戚的利益博弈》一文中,孟先生以细密的笔触揭示了王莽篡汉过程中的心路历程。在《司马迁悲剧结局新释》一文中,孟先生对司马迁受腐刑前后判若两人的内心变化做了深入的发掘,他写道:"你看,以前他以小小的太史令之官,敢于毫无顾忌地为只有点头之交的李陵仗义执言;而后,面对即将受死刑的挚友任安的请求,他却冷漠地不予理睬。尽管他此时已处在能够对武帝进言的高位上。在常理看来,这时的司马迁实在太不近人情了。然而,这恰恰是司马迁大彻大悟的表现，透出的是强烈的自我保护意识。因为司马迁明白，为任安说情，纵使侥幸成功，也不过使这个人的生命得以稍稍延续；而一旦引起武帝震怒，不仅促成任安速死，而且自己也会牵进死亡之网，那梦牵魂绕的《史记》就中途夭折了。在这个问题上，孰轻孰重，孰大孰小，孰得孰失，司马迁有自己冷静的判断：在他心目中，《史记》重于自己的生命，与《史记》同在是他唯一的选择。”在《论班固之死》一文中，孟先生对班固不安于清贫的兰台令史而热衷于高官厚禄的追求心理作了细致入微的探求，指出他的悲剧来自越位的攀缘，最后评论说：“班固的才具不过是一个兰台令史而已，他在这个位子上也能够把自己的聪明才智发挥到淋漓尽致的程度。可悲的是，班固不安其位，既缺乏自知之明，也缺乏知人之明，他的超越定位的努力带来的竟是杀身之祸。最后，不管他愿意与否，他必须饮下自己酿造的苦酒。联想到班固对司马迁‘不能以智免刑’的讥评，真不禁使人发出‘后人哀之而不能鉴之，亦使后人而复哀后人也’的浩叹了。”在《论郑玄的“官”意识》一文中，孟先生追踪郑玄的心理变化，认为他多次拒绝到手的官位源于对自己才具的正确定位和对时代条件的准确把握。他指出：“郑玄拒绝做官的最深层次原因是他的自我认识与人生价值。郑玄最了解自己的资质、脾性，特别是自己的优长与不足。他知道自己的特长是对传统文化的执着，对经书的特殊的感悟能力。在治经这一领域，他如鱼得水，游刃有余，为别人所不能为，做别人所难以作，成别人所难以成。反之，他对官场淡漠，既不乐于任事，也不善于周旋，权力威势激发不出热情，富贵利禄也难以引发兴味。由是，他视官场为畏途，对之产生自然的排拒心理。此种心理，初生于辞去乡啬夫的瞬间，以后越来越强烈，以至终生挥之不去。这里，最根本的是他认为自己的价值在‘学’而不在‘官’，汉末社会少了一个郑玄做官，对官场和百姓不会有什么影响，而汉末经学如果少了一个郑玄和他的著作，则犹如天缺一角。官场少了一个郑玄，可替补者成百累千；学界少一郑玄，可替补者一个也找不出来。所以，郑玄的人生抉择是正确的。他拒官而致力于学，正是扬己之长而避己之短。他这样做使官场少了一个平庸的官吏，而使经学领域有了一颗璀璨的巨星。”不能不说孟先生与这些古人的对话是对他们心灵入情入理的解剖，他既是这些古人的知音，也是他们无情的评判者。他对先秦、秦汉时期近 50 位历史人物的评价，几乎每一篇都是他与古人推心置腹的对话录。没有对这一时期社会历史背景烂熟于心的把握，没有对每个历史人物家世、行状、品格和脾性透入骨髓的了解，是很难写出如此摄魂捏魄的文字来的。孟先生对历史人物的研究不仅停留在心灵对话上，而是通过对话诠释他们不同的命运成因，探索时势与个人能动性之间的关系。长期的研究使他得出这样的结论：

> 虽然任何个人都不能摆脱和超越时代条件的严格制约，但个人的命运在很大程度上还是掌握在自己手上。关键在于他们如何因应时代，如何面对富贵贫贱与生死荣辱。例如，当伍员、文种等人惨死在他们为之建立了不朽功勋的君王面前时，与他们处于同一时代并得到更高尊位的范蠡却抛爵禄如敝屣，携绝代佳人西施逍遥于三江五湖、黄淮齐鲁。西汉时期几个顶尖的学问家，司马迁惨遭腐刑，刘歆、班固死于非命，而董仲舒、王充和郑康成却能有惊无险地寿终正寝。其结局如此不同，造因主要在他们自己。

孟先生史学论著的第三个特点是行文的华美流畅，生动感人。正如他自己所言，他的文风有意地避开了导师侯外庐先生的影响，自觉地学习梁启超、郭沫若、范文澜、翦伯赞、刘大年等人的优点，形成了有自己特色的文章风格。他的不少文章文字优美，词彩华丽，犹如行云流水，一泻千里，是一篇篇才气纵横的散文，对读者具有很强的吸引力。如他在《论范蠡》一文中，充分肯定了范蠡的勇敢智慧和超越同时代人的价值理想。在对比了与伍员、文种不同的进退出处以后，他给范蠡送上了崇高的赞美词：

> 在范蠡身上，透出了他对人生价值理想的特殊理解。尽管他不能脱离当时的社会踽踽独行，但是，他却一直坚持自己的独立人格，坚持自己掌握自己命运的权力。在越国面临亡国危险，勾践处境最困难的时候，他坚定地留下来，与之一起受辱，一起奋斗，一起谋划艰难的崛起。终于一战而雪会稽之耻，为越国和勾践赢得了无上荣光，也展示了范蠡对日月可表的耿耿忠心以及世罕其匹的才智、勇毅和果敢。作为一个臣子，他已经完美地履行了自己的职责，不欠勾践一分一毫，他无愧于越国和勾践。然而，范蠡又反对愚忠，反对臣子将自己像金银财宝一样一劳永逸地出卖给君主。他坚持自己是自己命运的主宰，他的生命不属于任何人，而只能属于他自己。由此出发，范蠡对勾践发出的威

胁嗤之以鼻，我行我素，毫无顾忌地毅然离开了越国的王庭。在勾践看来，生活在越国界内的任何人都是他的奴才，他对之都有生杀予夺之权。但是，在范蠡的观念中，每个人都有自己独立的人格，独立的意志，都有权决定自己的进退出处，别人不应该也无权干涉。既然留在越国已经没有发挥自己才能的余地，并且连生命也时时处于危殆中，自己就完全没有必要坐以待毙，无辜牺牲。这时离开就是一种明智的选择。在范蠡看来，臣子对君主的忠诚不应该是绝对的，无条件的。这个君主起码自己有所作为又能知人善任，臣子在其麾下服务，立功可以不受奖，但起码不应该遭到诛杀。一个臣子对君主有选择的权力，这就是所谓"择木而栖"。因此，他不必要也不应该对一个喜怒无常的君主忠心到底。当一个君主变得暴戾恣睢、昏庸无能、刚愎自用、拒谏饰非，听不进逆耳之言，甚至滥杀无辜、达到不可救药的程度时，一个臣子为什么还必须忠于他，并以自己毫无价值的牺牲去换取忠臣孝子的美名呢！范蠡最后出走越国的行动之所以值得珍视，是因为此一行动体现出的是人的自我意识的觉醒。在奴隶社会向封建社会过渡的时代，在人的生命、人的价值、人的尊严还被统治者普遍漠视的情况下，范蠡身上所体现的人的自我意识的觉醒，不啻报春的燕子，特别难能可贵，应该大书特书。

在《扬雄述论》中，他将扬雄同他的蜀郡老乡司马相如作了有趣的比较，对他们犹如天壤之别的不同命运进行了深刻的诠释：

如果将扬雄与他的同乡司马相如加以比较，就会发现，尽管扬雄对他这位乡贤景仰不已，视为榜样，但他们二人实际上同少而异多，走的是两条完全不同的路。司马相如仅仅是一个文学家，而扬雄则不仅是文学家，同时还是思想家与语言学家。就学问的博大精深而言，司马相如实难望扬雄之项背，然而司马相如的一生却比扬雄顺畅千百倍。由于他风流倜傥，放荡不羁，性格外向，才华横溢又善于表露，更加上他适逢汉帝国最繁荣昌盛的时代，碰上宏图远略、好大喜功、识才爱才又善于用才的汉武帝，就使他能够大展文才，潇洒一世，极尽风光。你看，司马相如年轻时虽然"家贫无以自业"，"往舍都亭"，有点潦倒，但不久即时来运转。他偶赴卓王孙家宴，以一阙"凤求凰"的琴曲，挑得才女卓文君春情荡漾，结果引出了私奔的风流韵事。他不仅得到了如花似玉的夫人，而且获取了不菲的嫁资跻身富豪之列。不久，又因同乡引荐得侍汉武帝，以《子虚》《上林》《大人》诸赋绘形绘色地反映了大汉帝国强盛时期的气象和声威，赢得了汉武帝的欢心。一时宠贵莫比，“千金难买相如赋”。从而使他如鱼得水般地周旋于皇帝嫔妃、达官贵人、名媛淑女之间，享尽荣华富贵和声色犬马之乐。他还以中郎将的高官作为皇帝特使持节通西南夷，衣锦还乡，“至蜀，太守以下郊迎，县令负弩先驱，蜀人以为宠”，致使他的功名心与荣誉感得到了极大的满足。司马相如临终时，汉武帝还命使者速去他家取视遗书，希望看到他对国事的最后意见。由此可见他在皇帝心目中举足轻重的位置。综观司马相如一生，可谓生荣死哀。一个知识分子在当时梦寐以求的东西，他几乎都得到了。反观扬雄，尽管才能不亚于司马相如，但由于性格内向而不善于交际，行为迂阔而不能投权贵之好，“文义至深”而不为时人所赏识，他所侍奉的汉成帝又是一个不能知才用才的庸主，更加上此时的西汉王朝已是日薄西山、气息奄奄的末世，如此众多的因素结合在一起，就注定了扬雄的人生历程只能是一次悲剧之旅。

我之所以摘引如此长的两大段文字，是因为它们比较能代表孟先生的文章风格。实际上，他的很多文章都不乏精彩之笔，如他在《论刘邦的思想和性格》一文中这样描述刘邦：“刘邦有着非常鲜明独特的个性，在司马迁和班固笔下，他时而可爱，时而可憎；时而可笑，时而可畏；时而聪明，时而愚蠢；时而高傲，时而谦逊；时而大度，时而小气；时而如天高气爽的秋天清晨，时而又如阴霾四合的冬日黄昏……而所有这些看来似乎矛盾的特点，又都有机地统一在刘邦一个人身上，形成了极其生动的、色彩斑斓的多角形象。”在《论孔融的悲剧》一文中这样评论孔融：“总之，孔融是一个古道热肠、个性鲜明的文士，却不是一个机敏睿智的政治家；是一个心雄万夫的理想主义者，却不是一个足智多谋的政治军事干才。他忠于汉室，却看不清汉祚将尽；他戏侮曹操，却不明白他正是当时中国北方秩序的救主；他学识渊博，却窥不透历史的走向；他的气质、才情根本就不适宜从事政治活动，他却偏偏热衷于此道。正是这种错位的选择，铸就了他合家死灭的悲剧。”读孟先生才华灼灼、声情并茂，甚至具有汉字音韵美的文章，不仅能够学到历史的理论和知识，而且能够感受到强烈的人文关怀和对人生价值的独特理解，实在是一种精神享受。孟先生的文风已为圈内学人所熟悉。20 世纪 90 年代初，中国秦汉史研究会在泰安召开国际学术讨论会。来自台湾的马先醒先生见到他的第一句话是："你们的《刘邦评传》我拜读了，文笔好极了！一看就知道是你的文风。"

孟先生多次说中国古代兵学资源十分丰富，值得认真发掘和研究，但由于自己的军事理论修养太差，在这一领域很难取得有建树的成果。不过，出于教授中国通史的需要，他对先秦的几部兵书如《孙子兵法》《孙膑兵法》《吴子》《六韬》等还是认真阅读过。他主编了《齐鲁古代兵家评传》，撰写了《吴起》《孙膑》《孙武、吴起兵法之比较》《先秦兵学与齐鲁文化》《从〈孙子兵法〉看张学良应对"九一八"事变的失误》等论文，展示了自己的一些学术思考。其中，如《先秦兵学与齐鲁文化》一文，就对先秦齐鲁多兵学的原因提出了很有见地的观点。

在孟先生的论著中，单纯考证史实的文章很少。而在"文化大革命"以后，这方面的史学文章较多，形成了一种风气。有同学问他为什么不多写点这方面的文章，他谦虚地说写考证文章需要大量的知识储备，他读书少，不敢写。其实他在给我们讲课时，不止一次地讲到一个史学家应该有考据的基本训练，因为这是搞清一件件史实的基本功。他还特别称颂周总理的名言："只有忠于事实才能忠于真理。"在他的论著中也不乏对一些史实的精心考据和辩证。如他在《秦始皇帝大传》中对史学界至今聚讼纷纭的秦始皇生父是异人还是吕不韦的问题，在《汉高帝大传》中对"白马之盟"的有无问题，在《新朝旧政・新帝王莽》中对汉成帝皇后赵飞燕及其妹赵合德谋杀皇子案的真实性问题，都进行了细密的考证，同时发表了两篇专门文章《情断嬴政生父案》《扑朔迷离的赵飞燕姊妹谋杀皇子案》，以史实和情理推断嬴政生父只能是庄襄王异人而不是吕不韦，所谓赵飞燕姊妹谋杀皇子案则纯粹是以王莽为首的王氏外戚集团制造的冤案。在史实的辩证中，孟先生特别推崇"理证"，还在《光明日报》发表了《"理证"与史实考辨》的文章。他认为在判断史实的有无真伪问题上，不少时候史料的证据不太充分，这时从情理出发的推断即"理证"的运用就十分必要。他这两篇文章就都运用了"理证"。他论证说，嬴政是谁的儿子，异人最清楚。他既然毫不犹豫地将王位传给嬴政而不是传给其他更能确定血统的儿子，则说明他明确无误地知道嬴政是自己的儿子。孟先生之所以断定赵飞燕姊妹谋杀皇子案是一桩冤案，一是由史实确认汉成帝本人没有生育能力，不可能生出所谓皇子；二是如果汉成帝真的与其他宫女生了两个儿子，在王氏外戚集团能够严密控制宫室的情况下，赵飞燕姊妹根本没有条件实施谋杀。这些文章表明孟先生在考据上具有很扎实的基本功。

孟先生在培养研究生方面也花了大量心血。他从 1985 年开始指导硕士生，1995 年起指导博士生。尽管他按照学校的有关规定给研究生开了不少课程，但一再强调研究生的主要学习方式是自学。他以自己的经历现身说法："我读研究生的时候，侯外庐先生对我说，跟他读研究生，主要学习方式是自学。首先读他主编的五卷 6 册《中国思想通史》，读书中碰到的问题，马列主义理论方面的，请教杨超（'文化大革命'中因被诬为'5·16'分子自杀）；文献方面的，请教李学勤；外文方面的，请教何兆武；论文写作方面的，请教张岂之；他们解决不了的问题，再去问他。所以我读研究生主要靠自学，读书和学习中遇到问题，就去请教各方面的行家。这样针对性强，学习的效果也好。"他特别重视毕业论文的写作，尤其重视确定选题。他说："一篇论文的选题定得好，就是 50％的成功。"他认为一个好的论文选题必须具备两个条件，一是有较大的学术创新空间，二是作者的学识和能力能够驾驭。他一般不给学生拟定论文题目，而是让学生自己确定，认为这样才能更好地发挥他们的主观能动性。当然，学生自己拟定的选题也有被他否定的时候，否定的原因就是该选题不具备上面的两个条件。孟先生鼓励学术创新，他说："政治上应该讲'一致'，学术上应该讲'求异'。只有这样学术才能不断发展。但是，学术创新只能是提出'异说'，而不是随便'胡说'，并且要对提出的'异说'进行充分的论证，务必做到'言之成理，持之有故'。"有的学生在论文中表述的学术观点与他不一致，他不但不介意，反而顺着学生的思路，帮着学生进行更周密的论证，以便这一论点能够立得起，站得住，尽量做到无懈可击。孟先生既关心学生的学业，也关心他们的品德修养，希望他们为学与做人都好。他对社会上越来越多的婚变不以为然，多次对我们说："两个人结婚生子，组成家庭，夫妻双方就必须承担责任，特别是要对孩子负责。离婚对孩子的创痛最大，不到万不得已，千万别离婚！"

孟先生是性情中人,口无遮拦,实话实说,没有防人之心。孟先生多次对我们说,他的性格和资质都不适宜做官,自己也从来不想做官,只是想当个"甩手教授",做点自己感兴趣的教学和研究工作。所以当山大组织部部长动员他出来做图书馆长时,他一口回绝。一次他同我们一起吃饭,谈起"文化大革命"中的经历,他回忆说:"'文化大革命'中我被打成'5·16'分子,专案组非逼我承认自己是'野心家'不行,追问我'反革命政变'后给我什么官?我说我在大学读书时就是'白专'典型,想当专家教授,从来就没有想做官。他们不相信,仍然没完没了地逼,我只得承认自己想当历史所所长。可他们仍不放过,直到我承认想当部长他们才满意。你说可笑不可笑!"在孟先生身上,传统道德的烙印很深。他敬事年轻守寡、含辛茹苦抚育自己成长的母亲,也敬事丈夫牺牲在抗日战场的岳母,对妻女尽责。家庭生活比较和睦,1998 年荣获山东大学工会评定的"十大五好文明家庭"。他特别敬重自己的老师和史学前辈,每逢春节,必定去山师的老师家和山大历史系的老教授家拜年。他对"文化大革命"中参与批判自己的导师侯先生一直怀着深深的愧疚之情,不仅在"文化大革命"后期去医院当面向先生赔情,而且在纪念侯先生的会议上也当众检讨对老师的不恭之罪。侯先生去世,他赶往北京,洒泪为导师送行。胡滨先生去世,他赶往青岛,面对师母痛哭失声。漆侠先生去世,他赶往保定,挥泪向这位忘年之交的前辈致最后的敬礼。后来,他又写了悼念三位先生的文章,颂扬了他们为学为人的高风亮节,记述他与这些先生交往的许多动人的情景,抒发自己对他们的钦敬与思念之情。他与在"文化大革命"中结下生死情谊的一批朋友一直保持着密切的来往。周绍泉(中国社科院历史所研究员,著名徽学专家)患肺癌住院,他一月中两次赴京探望。蒋忠新(季羡林先生高足,中国社科院南亚所研究员,著名梵文、巴利文专家)、杨陞南(中国社科院历史所研究员,著名先秦史专家)住院,他也赴京送去朋友的关切之情。周、蒋去世后,他又专程去京,安慰他们的夫人,陪着她们流泪痛悼这两位情同手足、英年早逝的朋友。孟先生是一个古道热肠的人,对于学生、朋友甚至素不相识的求助者,他都在力所能及的条件下尽力提供帮助。他帮助不少学生联系工作,为许多人审阅书稿、文章并向出版社和杂志社推荐,给数以十计的著作写序言和书评,最近还为一位毫无瓜葛的作者义务审阅 50 多万字的有关刘邦的书稿。

孟先生精力充沛，乐观坦荡。我认识他近十年，从没看见他有愁眉苦脸的时候。他常说："人的一生中，好事坏事都可能碰上。遇到高兴的事儿，你就想这是无意碰上的，不要得意忘形；遇到不好的事儿，你就想这是应该碰上的，既不怨天，也不尤人，自己想办法破解。"虽然年近古稀，但他仍然步履矫健，思维敏捷，声音洪亮，不见老态；仍然不停地读书、写作，应邀做学术报告，参加学术会议，不断有论著名世。人们都认为智者乐，仁者寿，勤者健。我想，孟先生似乎可以当之。

（原载《孙子年鉴》2007～2008年卷）